研究者が、学界を越えて大きな提言を試みた研究成果である。二〇〇五年一一月二七日に「黄河下流域の生態環境と東アジア海文明」のテーマで国際シンポジウムを学習院大学で開催した。韓国慶北大学校の研究者もコメンテイターとしてお呼びした。そのときの報告をもとにまとめたものが本書である。二〇〇名を越える参加者からは、これまでにない熱気が伝わってきた。

　歴史学はたんに過去の時代を後追いで説明する学問ではない。新しい時代の到来を敏感に感じながら、過去に埋もれた未知の遺産から新たな知識を掘り起こしていく学問である。黄河下流域の生態環境を歴史的に振り返り、東アジア海文明という新しい文明観を構築しようとする歩みはこのシンポジウムでスタートした。黄河下流域からはじまり、行き着く先は東アジア海の海域である。五年近いスパンで研究は進展していく。すでに二〇〇六年三月から四月にかけて本書の執筆者たちは分担して沖縄、上海、蔚山、平壌と回り、さらに黄河下流域の洪水史跡の調査から、中国沿海部の運河、海港の調査までを実施している。黄土高原や黄河下流域の調査で培ってきた現地調査の技量は、これからも余すことなく発揮される。とくに本書執筆の中心でもある三〇歳代の若手研究者たちは伸び盛りである。東アジア海域の共同研究がいろいろと見られるなかで、生態環境史の視点から黄河下流域や東アジア海の文明をとらえていく共同作業は、着実に進んでいる。

二〇〇六年一二月

黄河下流域の歴史と環境——東アジア海文明への道　目次

第一章　古代東アジア世界における黄河下流域

黄河と東アジア海文明の歴史と環境

鶴間　和幸

私たちは黄土高原からはじまり黄河下流域までの調査をこれまで行ってきた。一九九六年にまず日中合同「中国西北専線考察（寧夏・陝北調査）」で陝西省北部の黄土高原や沙（砂）漠を回り、一九九七年から三年間は「黄土高原における都市と生態環境史」のテーマで黄土高原の都市や水利の調査を進めた。二〇〇二年、〇三年には古都長安の南に連なる水源地であり木材資源地でもある秦嶺山脈の森林を学習院大学東洋文化プロジェクト「中国古代における森林資源と生態環境」のテーマでさぐり、さらに二〇〇四年には財団法人福武学術文化振興財団研究助成「衛星画像による黄河古河道復元の研究」、二〇〇五年にも学習院大学東洋文化研究所プロジェクト「黄河下流域の生態環境と古代東アジア世界」で黄河下流域の古河道の調査を行ってきた。その結果、黄土高原と黄河下流域という自然環境がきわめて密接な連関をもっていたことが明らかになってきた。

黄土が厚く堆積している黄土高原全体のきっちりした総面積は確定しがたいが、四五万から六〇万平方キロメートルにも及び、それは日本の面積よりもはるかに広い。西は青海省、甘粛省の一部から、北は寧夏回族自治区、陝西省の大部分を含んで、東は山西省に広がる。黄河は全長五四六四キロメートル、流域面積は七五万平方キロメートルにも及ぶ。黄土高原の黄土が黄河に流入し、はるか下流まで運ばれる。黄土高原の自然環境が変化すれば、黄河にすぐ影響が及ぶことは容易に想像がつく。

中国文明を生み出した自然環境は時とともに変化するものであり、現在の自然環境が古代と同じではないことには異論はない。古代の黄土高原は現在よりも温暖湿潤で、森林が繁茂した緑の平原であったとも見られている。その地を多大な人口を養うために開発した結果、自然環境が変化してきたのである。森林があれば、降水はいったん地下に浸透し地下水となり、徐々に河川に注ぎ込む。森林を伐採すれば、降水は表面の黄土を押し流し、河川に直接注ぎ込む。当然河川の土砂の量が増え、黄濁度も増すことになる。古代の黄河は黄河とは呼ばれておらず、河あるいは河水といった。唐代から黄河と呼ばれ、宋代以降に定着していった。黄色い河水の意味から黄河という固有名詞が定着してきた。譚其驤氏は、後漢以降、黄河中流域の遊牧化が黄河を安定させたという（「何以黄河在東漢以後会出現一個長期安流的局面」『長水集』下、人民出版社、一九八七年）。

現在の中国では、北方では黄河の断流、南方では長江の洪水という大きな自然災害の深刻な問題に直面している。黄河の水が過度な工業用水と灌漑用水の利用によって河口まで流れる日数が少なくなって水不足をきたし、長江でも過度に森林を伐採し湖沼を埋め立てていく開発が、かつての黄河のように濁流が押し寄せる大洪水を引き起こした。一九九八年夏の長江の大洪水は二カ月以上も続き、八度も増水の波が津波のように中下流の平原部に押し寄せた。明らかに人間の開発が自然を変え、その反動が人間社会に襲いかかっているといえる異常な現象であった。

黄土高原も黄河も大きく変動してきた。黄土高原は現在浸食溝が葉脈のように無数に広がり、丘陵の斜面にはきれいに耕された棚田が見られ、オルドス高原では沙漠化が進んでいる。浸食溝も沙漠も拡大し続けている。黄土高原を調査したときに、同行した現地の研究者が、三〇年前の小学生のときに登校した道が絶ちきられ、新しい道に切り替えられていたことを何気なく語ってくれた。城壁内にも浸食溝が入り込んでいる場合、城壁の建造時期以降に浸食されたことがわかる。黄土高原における史跡を自然環境から読み取ろうとした史念海氏が指摘したことである。

黄河は下流域で水平方向に大きく移動した。現在の黄河は山東丘陵の北を流れ渤海に注いでいる。黄河が南流して黄海に流れた時期は、歴史時代では一一九四（南宋・紹熙五）から一八五五（清・咸豊五）年までの六六〇年間と、一九三八年〜四六年のわずか八年の二回であった。元の時代の黄河は南流していた。マルコ＝ポーロが一二七五年に元の大都を訪れ、一二九〇年に泉州から帰国する途中見たカラ・モレン、黒い河の意味の黄河は南流時期の黄河であった。幅は一キロメートル以上、深くて大きな船も航海でき、一万五〇〇〇以上の船が浮かんでいたという。南流時期の黄河の古道は、現在の地図でも廃黄河として示され、徐州、宿遷、清江へと延びている。六六〇年間の黄河南流時期の痕跡として、江蘇省東の黄海には沿海に沙州が多い。万里長灘という大沙・長沙・北沙・暗沙・黄子沙・金家沙などと命名されている。衛星写真では、この地の沿海が白く映し出されている。

黄河は一般に「黄河の一斗の水に、泥はその七」と呼ばれ、泥土が多い。毎年黄土高原から流されてきた泥沙は一六億トン、堆積させて一立方メートルの堤防を作ったら赤道を二七周りするといわれる。細かな黄土は海水と混じり合うと急速に沈殿するといわれる。その泥沙の急速な堆積の様子は、現在の山東省内の黄河三角洲に見ることができる。一八五五年に六六〇年ぶりにふたたび北流しはじめたときの海岸線は、いまの河口よりも一〇〇キロメートルは内陸にある。わずか一五〇年前のことである。

渤海湾に注いだ時期は六六〇年を遙かに超える。夏の時代からでも三〇〇〇年を超える。その間にも大きく動いた。二〇〇〇年以上の間は天津近くまで流れていた。北流黄河が渤海に注ぎ、河口には三角洲を形成してきた。天津から現黄河河口までの間、黄河が移動するたびに河口は移動した。

黄土高原とは西北の沙漠の砂が飛来して堆積した地域であり、私たちには実感として各地の黄土の特徴が目に焼き付いている。黄色い山並みに整然と階段状に耕された棚田には、可耕地をどこまでも求めていく人間の生命力の執念を見ることができたし、雨が降ったあとのペースト状の黄土には、調査の車もしばし立ち往生し、雨に弱い土壌の性質を実感した。強い降雨のあとは、交通路も遮断されてしまう。一方乾燥した黄土は小麦粉のようなパウダー状で、空中に舞い上がり、すぐに埃まみれになってしまう。その黄土が雨によって流され、河川に流入すると、河床や岸辺に黄土が沈殿する。足を踏み入れると、粘土状の深みにはまってしまう。何とも不思議な土壌であった。その同じ土壌が黄河の古河道にも残っていた。黄河が河口にたどり着く前に、東方の傾斜のない平原に堆積した。河道が移動したために、その土沙は乾燥した。河南省濮陽県から山東省の間を調査したときに、紅い沙漠のような場所に出会うことがあった。西方の泥沙が東方に運ばれることで、西方では水土流失によって貧困になり、東方はかえって肥沃な沖積平原の豊かさを得て、中国の東方と西方に文明の大変化があったという指摘はおもしろい（藍勇編著『中国歴史地理学』高等教育出版社、二〇〇二年）。

私たちは三年間のうちに、黄土高原の南部、関中平原の水利施設や都市の史跡を重点的に調査した（『黄土高原の自然環境と漢唐長安城』アジア遊学二〇、勉誠出版、二〇〇〇年）。この地では、人間が手を弛めれば、すぐに地下水が上昇し、地上の作物に塩害を引き起こす。黄土を潤す水をいかに確保し、管理していくのか、農民たちから聞き取り調査をした。関中平原は、古都長安が中央に位置する黄土高原の南部、粘黄土地帯であるが、そこでさえも緊張した水との闘いが繰り広げられてきた。古代秦の鄭国渠や漢の龍首渠が、現在でも生きていた。降水量は少なくても人間の力で灌漑すれば黄土は潤っていくのだが、同時に地下水が上昇しないように排水溝をしっかりと設けなければならない。

黄河は渤海に注ぎ、あるときには黄海（東海）に注いだ。中国では東の海を渤海、黄海、東海、南海といい、朝鮮半島では東の海を東海（日本海）といい、日本では西の海を日本海、東シナ海、南シナ海と呼んでいる。共通の呼称はない。ヨーロッパ、西アジア、北アフリカに囲まれた地中海と同じように、東アジア海とでも名付けてよい海が、中国、朝鮮半島、日本列島に囲まれている。ここが交流の海域であったことは忘れ去られてきた。中国の海岸線は一万八〇〇〇キロメートルにも及ぶ。渤海、黄海、東海、南海は中国の四つの海であり、総称して中国海という。中国文明の歴史は、西方にばかり目を向け、大河の注ぐ東方の海への関心は高くなかった。

自然現象に国境はないことに、われわれはあらためて気がついてきた。黄沙という自然現象は、空間を通じて日本列島と中国大陸が一つの連鎖・連動の地域をなしていることをあらためて教えてくれた。中国黄土高原の森林の伐採による環境の変遷は、黄河の水量の増減や洪水にも影響を与えてきた。黄河が洪水を起こせば、東方大平原では龍のごとく大きく流れを変える。そのことが東アジア海に与えた影響など、まだ研究されはじめたばかりである。黄河と長江だけでも、毎年一二億トン、五億トンの淡水と泥をそれぞれ海に流し続けてきた。そのことが海水の温度と水産資源にどのような影響を与えるのか。われわれは毎日のように、東アジア海の気象衛星画像を眼にしている。東アジア海域海洋環境モニタリングのインターネットを見れば、瞬時に変化する気象状況を見ることができる。大陸の黄河、長江下流域の平原の気象は、海を介在して日本列島の気象とつながっている。このことは過去の時代にさかのぼって文献史料を再検証していく必要がある。

東アジア海の地勢図を見ると、大陸棚の海底平原は九州につながっていることがわかる。その平原からさらに一段下がったところが沖縄トラフ、その南に琉球群島がある。日本列島は深海平原にある島嶼である。黄河と長江はこうした大陸棚に土沙を堆積させてきた。海水を除いたとすると、中国大陸と日本の間はゆるやかな平原で結ばれている。そこは黄河長江下流の東方大平原の延長ともいえる。いまから二万三〇〇〇年前には黄海も渤海も陸地であった。黄海の平均深度は四〇～四五メートルにすぎない。一万年前に氷河期が終わると海面が上昇しはじめ、六〇〇〇年前にはいまの地勢になった。歴史時代には、渤海湾も海岸線が上昇し（譚其驤「歴史時期渤海湾西岸的大海侵」前掲『長水集』下）、また近年には「環渤海考古学」として沿海考古学の重要性が指摘されている（湯卓煒『環境考古学』

科学出版社、二〇〇四年）。

環境を視点に入れると、東アジア海をめぐる地域は、まさに共存すべき世界にあることがわかる。中国文明や中華帝国を生み出した大陸も遠い世界ではない。書物から想像した世界でもない。すべてありのままに受け入れて相互に理解しながら付き合っていける器量をもたなければならない。私たち自身がそのなかで鍛えられていくのだから。

移民から見た黄河流域の外向傾向の変遷

葛　剣雄
（福島恵訳）

本稿で検討すべき問題に関して、私はすでにある程度の考察を行ったが、いまだ完全には答えを出しきれていない。今回のシンポジウムに提出したものについて、皆様のご意見を伺い、この研究を継続させていきたいと思う。様々な事象が示しているとおり、先秦時代、中国北方と海外との交流はやはりかなり頻繁であった。孔子はかつて、「(五三) 道行わざれば、桴《いかだ》に乗りて海に浮かばん」と言った。この記述から、孔子の考えは、国内と海外には内外・前後の区別はあるが、それは海外を排斥するものではないことが分かる。これはまた当時の斉・魯一帯では、海外に移住することが、当たり前あるいは比較的普遍的な現象であったことを証明している。

戦国後期、斉の方士が海外に対して強い関心を示したことは、秦の始皇帝の時代に大規模に仙人を求め、長生不老の薬を探し求めたことから実証できる。徐福は童男童女を率いて海外に移民した。彼らが秦の始皇帝の追跡から逃げ延びたのは偶然であったが、歴史史料の記載からはもちろん、民間伝承からも、海外への移住がある程度必然的であったことが証明でき、その移住には必然性があったと説明できる。

燕が遼東を開拓して以来、多くの移民が遼東と朝鮮半島に移り住み、衛氏朝鮮を樹立する基礎を築いた。この種の移住の傾向は前漢初めには、まだ継続していた。例えば、秦から漢への移行期に難民の一部は朝鮮に東遷し、後漢始めに黄河の治水をしたことで知られる王景の祖先は、呉楚七国の乱の時、山東から楽浪に移住している。
前漢末の揚雄が著した『方言』は、燕・代を朝鮮半島までを含む同一の方言地域としているので、朝鮮に住む移民は主に燕・代一帯から来たと見ることができる。

この後、魏晋・五胡十六国時代まで、この移民傾向は変化しなかった。前漢から後漢、後漢末から三国、西晋から十六国の各時代に、中原の流民は多くいたが、その中には上流階級の人間もわずかながら含まれており、陸路や海路によって遼東・朝鮮に移動した。このような中原からの移民は数段階に渡って一時的に非常に盛んとなり、現地の人口の主流となった。現地を統治する非華夏民族は、しばしばこうして華夏文明を受容し、内地と似た制度を作り上げた。

以上に述べてきた移民が、南への移動を継続し、朝鮮半島南部あるいは日本にまで至ったかどうか、現時点では根拠となる史料が不足している。ただし、移民が移動する動力と地理環境の分析から見ると、これは絶対にありうる話である。

早期の長江流域から海外への移民状況は、現段階ではやはり根拠とする適切な文献史料が見当たらず、考古発見から推定できるにすぎない。それは単に、現存する歴史文献は主に黄河流域で作り出され、正史もまた主に華夏諸族によって構築されたのであって、これは黄河流域のみが中心ではないとするからである。ただ、長江流域そのものは人口が少なく、人口増加による土地や資源に対する需要に完全に応えることができた。そのため偶然の要因がなかったのならば、海外移住は人口流動の主流とはなり得なかったのである。

しかし、北朝後期以降になると、中国北方、特に山東半島・遼東であっても、再び海外移住が盛んになることはなかった。その原因はどこにあるだろうか。

長江流域とその南方の開発は、これらの地域を北方移民にとっての楽園とし、多くの人々を呼び入れ、定住させた。南方の開発の余地は充分にあったので、北方移民はまるで寄る波と同様に、一波ごとに南下し、ついには嶺南・海南島に達した。物質文化と精神文化の共通性により、中国南方は、北方移民に対して、持続的に吸引力を持ち続けており、加えて彼らの定住に都合が良かったのである。

中原で戦乱が発生したり、あるいは北方遊牧民が侵入・支配した時、華夏（漢族）政権は往々にして長江流域に南遷した。政治・文化の正統性は多くの移民、特にその中の上層と中層、官吏と知識人にとっての選択基準となった。

これと同時に非華夏民族が朝鮮・遼東・東北で政権を建立したが、特にこれらの政権が中原の政権と関係を絶ち、あるいは中原政権と敵対したことは、やはり華夏の移民活動に多少影響を与え、ひどい時には、移民はほぼ停止状態になることさえあった。五世紀後半、高句麗が現在の吉林省集安市から平壌に遷都した後は、基本的にはみな中国以外の政権が立てられた。安史の乱の際には、唐王朝の東北支配は、名ばかりで実を伴っていなかった。契丹が決起した後は、膨大な数の北方漢人が連れ去られると同時に、自ら投降した漢人も多くいたが、彼ら多くの移民は、主に現在の内モンゴル東部に居住させられた。遼と宋が敵対するようになると、双方ともに人口の転出を禁止し、中原の人々は遼を通過して海外へ赴くことがさらに難しくなった。遼の後の金・元・清の前期はともにこのような状況であった。

気候と自然環境の変遷もまた原因の一つである。周代以降、気候には数度の寒暖の変化があったが、しかし総じて言えば寒冷化し、前世紀までに顕著な変化が見られた。これにより、長江流域と中国南方は次第に人類の居住と生産活動に適するようになった。農業技術の進歩と新しい作物の選定は、さらに南方を中国農業の最先端地区とし、多くの北方移民に生存空間を提供しさえした。北方から南方へ、そして東部から西部への移民傾向は近代までずっと続いたのである。

当然、これは決して中国大陸の人々が、朝鮮半島・日本列島への移民を完全に停止したことを意味していないが、しかし少なくとも支流となり、民間や個人レベルに限られるようになったのである。

朝鮮に大量に存在する中原の人々の後裔については、どのように解釈したらよいだろうか。一つは、このような移民活動はおそらく確実にあったことなのだが、しかしまだまだ中国側の史料根拠が乏しく、さらに研究を進める必要があるだろう。もう一つは、問題の大部分が文化アイデンティティによるもので、歴史事実ではないかもしれないということである。これは次に示す例と似ている。中国南方の一族は、ほとんど北方の名族を族源としているが、その実、大多数は地元原住民で、ただ民族差別が長期間存在したために、意識下あるいは無意識下の文化アイデンティティを通して、彼らに本来の民族を変えさせたのである。朝鮮の状況も果たしてこのようであるのだろうか。

四世紀〜一〇世紀の黄河下流域におけるソグド人

森部　豊

はじめに

本論は、四世紀から一〇世紀、すなわち魏晋南北朝から五代までの期間、黄河下流域において中央アジア出身のソグド人が、政治・社会・経済・軍事の各方面で果たした役割について論じていくものである。ソグド人とは、かつてユーラシア大陸全域において商業活動を展開した国際商人である。彼らは中央アジアにあるアラル海へ注ぎこむシル河とアム河の間を流れるザラフシャン河の流域、ソグドとよばれる地域のオアシスに居住していた。彼らは中世ペルシア語の東部方言にあたるソグド語を話し、その記録にはアラム文字、後にはそれから派生したソグド文字を使用した。その顔立ちは、彫りの深いコーカソイド種の特徴をそなえていた。

このソグド人について、彼ら自身はあまり記録を残していない。その一方、古代中国人は、彼らに関して漢文で記録を残しているため、我々はソグド人の活動を、漢文史料を通じて多く知ることができる。これは、中国において古くからソグド人が活発に活動していたことの反映とみなすことができる。

さて、四世紀から一〇世紀までの黄河は、河南省鄭州市の西北で現在の黄河の流れより少し北側にむきを変え、現在の黄河の流れと平行するように流れていた。本論では、おおむね鄭州以東の流域で、現在の河南省東北部、山東省北部そして河北省南部、さらに河北省中部から北京市と山東半島全域を「黄河下流域」という名称で呼んで話を進めていく。この地域は、史書には「山東」、すなわち太行山脈の東側という表現で頻出する空間であり、古代中国人には、一つの空間として認識されていた。この地域は、魏晋南北朝時代に栄え、後に北斉の都となる鄴が置かれ、また唐朝の歴史を大きく変えた安史の乱の主要な舞台となった空間であり、さらに安史の乱後の唐代後半期には唐朝に対し半独立割拠の体制を維持し続けた河朔三鎮の拠点となるなど、華北政治史を語る上での重要性は改めて説明する必要はないであろう。さらに、黄河下流域は清河の崔氏、博陵の崔氏、趙郡の李氏、范陽の盧氏といった隋唐史上、その存在を無視することのできない所謂「山東貴族」の出身地でもあり、彼らの手によって伝統的漢族文化が保持された空間であった。このような地域空間において、西域出身のソグド人はいかなる歴史的存在であったのだろうか？　この点については、今まで十分に明らかにされてきたとは言いがたい。

　ところで近年、中国では中央アジア出身のソグド人に関する文物や石刻史料（特に墓誌銘）が陸続と出土している。それらの発掘報告は中国内外の学界に大きな衝撃を与え、中国史の中でソグド人がどのような役割を果たしたのかを改めて問い直す動きがはじまっている。筆者も特に唐代から五代にかけてのソグド人で、軍人として活動していた者をその墓誌銘の分析を通じて研究してきた（一）。その中で、彼らの活躍する主要な舞台の一つが黄河下流域であることは分かっていたが、ではいつごろからこの地域でソグド人が活動するようになったのか、また一般には商人としてイメージされるソグド人と筆者の研究対象とする軍人としてのソグド人がどのような関係にあるのかなど、明らかにし得ていない問題がある。

　そこで本論では、黄河下流域という空間におけるソグド人の活動を、先学の研究に拠りながら、編纂史料に最新の考古学的発見の成果を加えて素描し、その中から上記の問題に答えていきたい。

一、ソグド人の中国における活動

ソグド人がいつからユーラシア大陸東端部にあたる黄河下流域に進出してきたのかという問題を論じる前に、ソグド人が中国へいつやってきたのかという問題をまず扱いたい。この問題については、羽田明氏がすでに要領を得たまとめをされているので、[二] ここではそれにもとづき、さらに羽田氏が利用しなかった史資料を補いつつ、概観してみたい。

ソグド人と中国との関係について、秦以前については全く不明である。前漢武帝の時に張騫が西域およびパミール以西に足を踏み入れ、これをきっかけに西域から商人もやってきたという説明もなされるが、その中にソグド人が確実に含まれていた確証は、現在のところ文字史料からは確認できない。後漢以降、わずかながらソグドに関する情報が正史などの編纂史料に現れてくるので、この頃から、中国とソグドは確実に交渉を持ったことが推測できる。その最も確かな史料は、『後漢書』巻八八「西域伝」に見える「粟弋国」である。それには、

粟弋国は、康居に属している。名馬や牛・羊・「蒲萄《ブドウ》」・多くの果物を産出する。その風土はすばらしく、そのため「蒲萄酒」は特に有名である。

とするされている。この「粟弋国」はソグディアナを指すというのが、現在の一般認識である。[三] すなわち後漢王朝がソグドに関する情報を有していたため、「西域伝」に記録が残ったということができる。ただし、ソグド商人が明らかに後漢王朝の領域内で活動していたという証拠は見出せない。

現在、確認できるのは、西域の商人が後漢時代に中国へやってきて活動していたという事実のみである。以下、その証拠を示すと、まず『後漢書』巻八八「西域伝」の末尾に、

「商胡」や行商人は、毎日のように塞下にやってくる。

としるされる。また『後漢書』巻五一「李恂伝」には、李恂が西域副校尉となった時のエピソードとして、

西域は豊かで栄えており、珍宝が多い。西域のオアシス都市国家からの侍子（漢王朝に人質として差し出された子）や使者の「賈胡」は、しばしば李恂に奴婢や大宛の馬・金銀・香・罽《けい》（毛織物の一種）を贈ったが、李恂は一つとして受けとらなかった。

と伝える。

さらに興味深い記述が、『後漢書』巻三四「梁統伝・附冀伝」に見える。梁冀という人物は、豪奢な大邸宅を建築し、帝室に匹敵するような林苑を拓いた。さらに河南城（洛陽）の西側に「菟苑」（菟はウサギの意）をつくり、ここで「菟」を飼育していた。ところが「かつて西域出身の賈胡がいた。彼は、禁忌を知らず、誤って兎を殺してしまった」という事件が起きた。梁冀は桓帝（在位：一四六〜一六七）の頃の人であるから、二世紀なかばの後漢の王都・洛陽には、「西域の賈胡」が来ていたことが確認できる。

「商胡」や「賈胡」は、『史記』や『漢書』には見えず、『後漢書』で初めて登場する語句である。「商」「賈」は商人を意味し、「胡」は非漢族を意味し、すなわち西域出身の商人の意味であることは間違いない。ただ、これら

が必ずしもソグド商人とは断定できないが、西域の商人が後漢王朝の領域にやってきていたことは明らかである。(四)三国時代の涼州(甘粛省武威市)にソグド人が居住していたという説は有力であり、一部では定説とさえなっている。その根拠となるのが、『三国志』巻三三「蜀書・後主伝」の「五年春、丞相亮出屯関中、営沔北陽平石馬」の注に引用される『諸葛亮集』の「禅三月下詔」である。その中に、

涼州諸国の王は、それぞれ月支・康居の胡侯である支富・康植等二十余人を派遣して節度を受けさせ、大軍が北に出軍する際には、兵馬をひきいて、戈を奮って先駆しようとしている。

と見え、この記述から魏・蜀抗争の時代、涼州においてソグド商人、あるいはソグド武装集団が存在したという説が提出されてきた。(五)

しかし、この史料に関して、近年、馬雍氏によって別の解釈が提出されている。馬氏によれば、文中の「涼州諸国王」とは西域諸国の王を指すのだという。というのは、後漢の後期以降、西域諸国を統括する西域長史は涼州刺史の命を受けており、「西域」は涼州刺史の管轄であった。西域長史の管轄はパミール以東であるから、「涼州諸国王」とは、「涼州(刺史)」が管轄する西域の「諸国王」、すなわち西域南北道のオアシス国家の国王という意味になる。「月支・康居の胡侯である支富・康植等」が涼州から派遣されたと考えるものもいるが、当時、涼州にはいかなる「王」も存在しなかった、と論じる。(六)すなわち、この史料によって三国時代の涼州にすでにソグド人聚落が存在したと論じることはできないことになる。また、余太山氏は馬雍氏と同じ見解を示しつつ、さらに一歩考証を進め、この史料に登場する「康居の胡侯」の「康植」は、康居に属していたソグド人の「康植」である可能性が十分にある、という。(七)

以上のきわめて簡単な素描からではあるが、中国人がソグドの確実な情報を有するようになったのは後漢時期からであることが明らかになった。ただ、西域の商人も後漢時代に中国へやってきてはいたが、その中に確実にソグド商人が含まれていたことは断定できない。そして、三国時代にいたるまで、中国国内にソグド人の聚落が存在したことも確認できないのである。中国にソグド人が確実に居住し、商業活動を展開していたのは、西晋時代からとなる。以下、その姿をみていこう。

二、西晋～北斉時期の黄河下流域のソグド人

中国におけるソグド人の活動が確認できるのは、西晋時代からであり、と同時に黄河下流域における彼らの活動も確認することができるようになる。この時期にソグド人が、中国東方のどの地域まで進出していたのかは、はっきりとわからない。ただ華北においては、洛陽から鄴あたりまでは、彼らの交易圏であったことが確実に推測できる。それは、スタインが敦煌の西郊で発見したソグド語のいわゆる「古代書簡（Ancient Letters）」から明らかとなる。そのうち「古代書簡」No.2は、西晋時代のソグド人の商業活動の範囲や実態を示唆する興味深い史料ということができる。この手紙は、Nanai-vandakというソグド人が、故郷のサマルカンドにいる家族にあてて書いた手紙である。[八] Nanai-vandakの居住地ははっきりとしないが、中国西北部の河西地域のオアシス都市の一つであったことは間違いないだろう。彼の仲間のArmat-sachは酒泉に住んでおり、別の仲間のArsachは敦煌で暮らしていると手紙にしるされる。Nanai-vandakはそれ以外の河西のオアシス都市、たぶん姑臧（甘粛省武威市）あたりに住んでいたと推測できる。

この書簡の書かれた年代比定には諸説があるが、西晋（二六五～三一六年）が滅亡する原因となった永嘉の乱のことがしるされるという解釈に従えば、四世紀に書かれたものと見なすことができる。[九]この書簡には、長安・洛陽のほかに鄴といった中国華北の各地域にある都市名が見えることから、Nanai-vandakをはじめとする、河西地域の武威や酒泉、敦煌に住んでいたソグド人は、商業活動のため中国華北地域にまで出かけていたことがわかり、西晋時代のソグド人の交易圏が黄河下流域にまで及んでいたことがうかがえる。そして、近年、このことと関連する考古学的資料が発見されたのである。

二〇〇三年四月、山東省臨沂市で西晋時代の墓が発見され、そこから明器（墓に入れる埋葬品）が出土した[一〇]（写真1）。この明器は獅子に胡人が跨っている姿を象ったものである。発掘報告によれば、この明器は浙江の越窯のものであるという。これと相似するものが、北京の故宮博物院が所蔵する西晋時代の越窯の作品「騎獣形容器」である[一一]（写真2）。この明器は、西晋時代の越窯の作品としては非常に珍しいものであるとは、出川哲朗氏（大阪市立東洋陶磁美術館学芸課長）の話である。西晋時代の越窯は、中国屈指のレベルと規模を誇った窯であるが[一二]、この「騎獣形容器」という作品の製作には、直接「胡人」を見てモデルにしたと考えられる[一三]。とすれば、西晋時代の浙江には、ソグド人も進出していた可能性が十分にある。では、今回、山

写真１　山東省臨沂出土の騎獣形容器（『文物』2005-7より）

写真２　北京・故宮博物院蔵の騎獣形容器（『中国☆美の十字路展』図録より）

東で越窯の「騎獣形容器」と相似する明器が発見されたことは何を意味するのであろうか？

西晋時代、越窯の製品が山東半島にまで達している、つまりかなり広範囲に越窯が流通していたことがわかる。その一方で、その担い手が誰であったのかという問題は、明らかにされていない。漢族の商人であったのか、またはソグド商人であったのかは不明であるが、「古代書簡」の記述から明らかなように西晋時代にすでに黄河下流域にまでソグド商人が進出していた事実と重ね合わせれば、越窯の製品の流通にソグド商人が関わっていた可能性も否定はできないであろう。

さて、時代は下って「五胡十六国」の動乱時期のことになるが、この時期にもソグド人が黄河下流地域で活動していたことは、確実に判明する。『晋書』巻一〇七「石季龍載記・下・冉閔」に、後趙末期の河北の政治情勢をしるす中で、

降胡の栗特康等は、冉胤および左僕射の劉琦らを執らえて石祗に送り、ことごとくこれを殺してしまった。

と見える。この「栗特康」は「粟特」の誤写と考えることができる。とすれば、この字句はソグドの漢字音転写「粟特」の古い用例の一つと見なせるかもしれない。[一四] ただ、五胡十六国時期の華北には、ソグド人がいたことは想像できるが、広範囲な商業ネットワークは、政治的不安定さと相まって形成されにくかったのではなかろうか。華北に政治的安定がもたらされ、河西から黄河下流域までつながるソグド・ネットワークが再び形成されるのは、北魏になってからであろう。このことは、北魏時期になると、黄河下流域にまでソグド人が進出し居住していた事実が、石刻史料から裏付けられることから言えるのである。次にこのことをややくわしく述べていこう。

北魏時代（三八六～五三四）になると、河西回廊の涼州にソグド人がコロニーをつくっており、また北魏の都・洛

陽にもソグド商人がいたことが『魏書』や『洛陽伽藍記』の記載から明らかになるが、[一五]これらの史料からは、黄河下流域におけるソグド人の姿はよく分からない。この点、墓誌銘などの石刻史料の利用によって、黄河下流域におけるソグド人の姿が具間見えてくる。

例えば、「唐故処士康君墓誌」[一六]には、

君の諱は元敬、字は留師といい、相州安陽の人である。……(北魏の)孝文帝に従って鄴へ移住した。祖父の楽は、北魏の驃騎大将軍で、また徐州諸軍事に遷った。

としるされる。また、「大唐故処士康君墓誌銘幷序」[一七]にも、

君の諱は悊、字は慧悊といい、燉煌郡の人である。その昔、鄴で仕官することになり、そこでここに住居を定めた。(その家系は)北魏を補佐して忠を尽くし、北斉をたすけて真っ正直さを献じた。……曾祖父(名は未詳)は北斉の金紫光録大夫であった。祖父は君政、父は積善という。

とある。この二つの石刻史料から康元敬と康悊の先祖は北魏時代の鄴に移住したことがわかる。康姓は、ソグディアナのオアシス都市サマルカンド出身のソグド人が中国で名乗った彼ら特有の姓である。

また、河北から出土した考古学資料にも、西域と関係するものがいくつか見出される。黄河下流域における北魏から東魏時代の遺跡・古墓から、ペルシア銀貨やビザンツ金貨、あるいは西方の製作技術を反映したガラス器が発見されているのである。

写真３　河北省定州市で出土した北魏時代のガラス製鉢。「吹きガラス技法」で作られたもの。（『中国☆美の十字路展』図録より）

写真４　写真３のガラス製鉢と共に出土したガラス製の小壷。やはり「吹きガラス技法」でつくられている。（『中国☆美の十字路展』図録より）

例えば、一九六四年、河北省定県（現定州市）の県城内の東北隅から、大代（北魏）の太和五年（四八一）の紀年を持つ石函が出土した。この石函の中からササン朝ペルシア銀貨、ガラス製の鉢（写真3）、ガラス製の小壷（写真4）などが発見された。[一八] これらのガラス製品は中国製であるが、西方から伝わった「吹きガラス技法」で作られている。このことから、西域と密接な関係があることが推測される。中央アジア出身のガラス職人が北魏時代の定州にいたとは断言できないが、北魏時代の定州に西域の文化が及んでおり、おそらくその文化交流の担い手はソグド人であったと想像できる。

北魏が東西に分裂し、華北東部に北斉（五五〇～五七七）が成立すると、この王朝下でのソグド人の姿が浮かび上がってくる。北斉王朝でのソグド人の活動については、『北斉書』『北史』などの編纂史料の記載から彼らの状況は明らかとなる。[一九] それによれば、北斉王朝でのソグド人は、特に後主の恩寵を得ていた。『北史』巻九二「恩倖伝」には、武平年間（五七〇～五七六）の北斉で活動していたに様々なソグド人の姿を伝えている。

例えば康阿駄・穆叔児という裕福な家庭の子弟で、こざかしい者数十人が選ばれ、北斉の後主の側近となり、中には開府儀同になる者もあった。曹僧奴とその子の妙達は、胡琵琶を弾くことができたので寵遇され、府を開き王に封ぜられた。また、何海とその子の洪珍は、府を開き王に封ぜられ、皇帝に信用され要職にあった。何朱弱・史醜多の徒十数人は、みな歌舞・音楽に秀でていたので、儀同開府となった。ちなみに曹はカブダーン出身、何はクシャーニヤ出身、史はキッシュ出身のソグド人がそれぞれ中国で名乗った彼ら特有の姓である。さらに和士開は、「その先祖は西域のソグド商人で、もとの姓は素和氏」であったし、安吐根という酒泉出身のソグド商人の子孫もいた[二〇]ことが伝えられる。また個人名は判明しないが、北斉においてソグド商人の買官が一般的風潮であったことが史書にしるされる[二一]。

北斉の版図のうち、おそらく鄴でソグド人が数多く活動していたことは、以上の編纂史料の記述からも明らかであるが、石刻史料でも彼らの活動の一端を補うことができる。先に引用した「康元敬墓誌銘」には、康元敬の「父の件相は、北斉の九州摩訶大薩宝で、ついで改めて龍驤将軍を授けられた」としるされる。この九州摩訶大薩宝は、あるいは北斉全土のソグド人を統括する責任を帯び、あるいは鄴にあったソグド人聚落のリーダーであった可能性もあるといわれる[二二]。

近年、考古学的新発見とそれに伴う従来発見されていた文物の再考察とにより、北斉時代におけるソグド人の具体的姿が浮かびあがってきている。以下、考古学の成果に拠りつつ、北斉時代の黄河下流域のソグド人について述べていこう。

一九九九年、山西省太原市で虞弘（隋の開皇一二年＝五九二卒）の墓が発見され、二〇〇〇年には陝西省西安市で安伽（北周の大象元年＝五七九卒）の墓が発見された。墓誌銘から彼らはソグド人であることが明らかとなり、同時に出土した石棺牀に注目があつまった。というのは、これらの石棺牀と類似するものが一九八九年に甘粛省天水市で発見されており、そのほかにもパリのギメ美術館、ケルンの東洋美術館、ワシントンのフーリア美術館、ボストン美術館がそれぞれ所蔵する石棺牀のパーツ、日本のMiho Museumが所蔵する石棺牀も類似のものであったから

写真５　山東省青州市出土の線刻石板の拓本写真。左手前に腰をかがめたソグド商人の姿がみえる。カールした髪と柄の入った服装に注目。（『中国☆美の十字路展』図録より）

である。これらの石棺牀にはレリーフが施され、その共通する内容は「邸宅で杯を傾ける男女」「葡萄の木の下で酒を飲む男たち（主人はリュトンを持つ）」「馬・象・駱駝に乗って狩りをする男たち」「馬に乗って出かける男女」「楽団とダンサー」「天幕とテュルク人」「鞍をつけた馬」「牛車」「口を布（パダーム）で覆った祭司」などに分類される。[二三]このうち、ギメ美術館、ケルンの東洋美術館、フーリア美術館、ボストン美術館に分散して所蔵される石棺牀は、もとは一つのものであり、二〇世紀前半の隴海鉄道建設の際に出土し、蘇州の骨董商人である盧芹斎がパリとニューヨークで開いた骨董店を通じて中国国外へ流出したものである。その出土地は北斉の都・鄴に近い河南省彰徳府（今の安陽市）であったと伝えられる。[二四]このことから、北斉時代の都、鄴で活動したソグド人、もしくはソグド人と深いかかわりを持つ人物の墓が、実際に安陽に存在したことが判明するのである。

また、一九七一年山東省青州市傅家村で一〇枚の石板が発見され、そのうち八枚に線刻が施されていた。墓誌も発見されたが、わずかに墓主の卒年が北斉の「武平四年（五七三）」と分かるのみであった。[二五]この石板の線刻には、複数のソグド人の姿が描かれている。この墓主はソグド人ではないとされるが、ソグド商人の姿がリアルに描かれていることから、北斉時代に山東の青州にまで、ソグド商人がやってきていたと考えることができる。写真5は「商談図」とキャプションのつくものであるが、膝を折り、貴人の前に立つソグド商人の姿が刻されている。[二六]

三、隋～唐前半期におけるソグド人聚落

隋から唐前半期（安史の乱以前）にかけて、黄河下流域で活動したソグド人の姿は、編纂史料からはほとんどうかがい知ることができない。この時期のソグド人の姿は、石刻史料から明らかとなる。その地点は、黄河下流域よりやや北上し、太行山脈東麓を走っていた幹線道路上のいくつかの都市に見られる。具体的には定州（博陵郡：カッコ内は隋名）、恒州（恒山郡）、幽州（涿郡）である。

定州は、現在の河北省定州市にあたる。この地には隋代からソグド人聚落が存在したことが確認できる。開皇五年（五八五）に建立された「隋重建七帝寺記」に、

摩訶檀越の前の定州贊治・幷州惣管府戸曹参軍・博陵の人崔子石、前の薩甫下の司録、商人の何永康の二人に、同に贖いて七帝寺院を得んことを頼む。

とある。[二七]「薩甫」とは「薩保」「薩宝」ともしるされる語句で、「キャラバン隊のリーダー」を表すソグド語、s'rtp'w の漢字音転写である。[二八]隋代の「薩甫」の職掌はソグド人の植民聚落を統轄することであった。[二九]また「大唐故洛陽康大農墓銘」[三〇]には、

君の諱は婆、字は季大、博陵（定州）の人である。本は康国王の後裔である。高祖の羅は、北魏の孝文帝の治世に国を挙げて中国へ内附し、洛陽に帰朝した。よって洛陽に居を定め、そのために洛陽の人となったのであ

る。祖父の陁は北斉の相府常侍であり、父の和は隋の定州薩宝であった。

としるされ、隋代の定州に「薩宝」が置かれていたことが判明する。この二つの史料から隋の定州にソグド人聚落が存在したことは確実である。[三一] さらに『太平広記』巻二四三・治生部・何遠明にも、

唐の定州の何遠明は大富豪である。駅道上の三つの宿駅を取り仕切っていた。宿駅ごとに邸店（ホテル兼レストラン兼倉庫業）を経営して商人を休ませ、専ら「胡（ソグド人）」を襲うことをなりわいとしていた。その資財は巨万であった。

と見える。これは小説史料なので、どこまで史実を伝えているか分からないが、唐代の定州にソグド人がいたことを反映していることは間違いないだろう。

恒州は現在の河北省正定県にあたる。[三二] 唐前半期に恒州付近にソグド人が居住していた事実を示すのは、「開元寺三門楼石柱刻経造象弁柱主題名（以下、三門楼題名[三三]）」である。開元寺は東魏の興和二年（五四〇）の創建と伝えられ、唐の開元二六年（七三八）に詔を奉じて開元寺と改名した寺院で、[三四] 三門楼石柱とは如意元年（六九二）に建立された開元寺の山門の石柱である。[三五] この三門楼は現存しないが、一部の石柱は二〇〇五年八月現在、開元寺に移されている。[三六] この三門楼題名の中には、安・康・米・何・史・石・曹といったソグド人が中国で称した彼ら特有の姓（ソグド姓）を確認でき、延べ約二四〇〇人中、ソグド姓を持つ四八人を検出できる。さらにソグド姓同士で結婚している事例が一一例あり、一部のソグド系住民の間では依然として、婚姻を通じた結束が見られる。ただ、これらのソグド系住民の具体的居住地や集落をなしていたのかなどの形態は不明である。しかし、恒州城内にあった開元寺

山門の建造に関係していることから、恒州界内に居住していた可能性が高い。

しかし、三門楼題名からは彼らの出自や生業に関する情報もほとんど得られない。唯一肩書きがしるされているのは米山徳で、「梁州盤和県上軽車都尉」と刻されているが、実際には梁州に盤和県はなく、これは「涼州番禾県」の音転写の誤りであるという沈濤（『常山貞石志』の編者）の考証に従うべきであろう。とすれば、米山徳は、涼州から河北へ移住してきた者となる。さらに、「上軽車都尉」は、正四品の勲官であることから、米山徳は涼州を本貫とし、唐朝に対し何らかの軍功があった者と推測できる。唐代の涼州には多くのソグド人が居住しており[三七]、あるいは涼州のソグド人がある程度の集団で河北中部の恒州付近へ移住してきたものと推測することも可能であろう。以上、少なくとも七世紀末に河北中部の恒州にソグド人、あるいはその後裔が居住していることが確認できるのである。

幽州は現在の北京市にあたり、旧北京城外城の西部分が大体唐代の幽州となる。この地にも、ソグド人がいた。その事実は、現在の北京市から西南へ約七〇キロメートル離れた房山県の雲居寺に奉納された石経の題記[三八]（以下、房山題記とする）から判明する。この房山題記には、それを奉納した幽州やその周辺に住んでいた人々の名やその肩書きなどが刻されている。房山題記にも、安・康・米・何・史・石・曹といったソグド姓を持つものを見出すことができ、その数は延べ八三七人である。その中には、幽州の「行」――すなわち唐代の商業組合に属する商人の名を検出することができるほか、「店」――ホテル兼倉庫業兼レストランの機能を持つ――に名を連ねるソグド人もいる。これらの題記の多くは安史の乱以前のものであり（安史の乱中・乱後のものも存在する）、唐代の幽州にソグド人が居住し、商業活動を行っていたことがうかがえるのである。

四、唐後半期・河北におけるソグド系武人の活躍

安史の乱（七五五～七六三）以降、黄河下流域には旧安史軍がほとんどそのまま安置され、盧竜・成徳・魏博という河朔三鎮に代表される藩鎮勢力として、半独立割拠の体制を維持した。唐後半期の黄河下流域においても相変わらずソグド人の活動を認めることができるが、前節までに見てきたソグド人の多くが非武人であったのに対し、安史の乱以降に見える者は武人という点に特徴が見出せる。彼らは河朔三鎮などに属していたが、そのソグド人のうち史憲誠や何進滔・何弘敬などは、節度使という地方軍閥のリーダーの地位にまで上り詰めた。ところで彼らの出自は直接ソグディアナから移住したソグド人ではなく、かつてモンゴル高原に覇を唱えていた突厥に従属していたソグド人に求められる。このソグド人は長期間、突厥に従属し、モンゴル高原に居住していたため、騎馬遊牧文化の影響を多分に受けたと考えることができる。それは騎射技術の取得であると指摘できる。では、このようなソグド人は、どのような来歴を持つものなのであろうか。

モンゴル高原で強大な勢力を有していた東突厥第一カガン国は、六三〇年に唐朝に服すこととなった。唐朝は羈縻政策によって東突厥第一カガン国の遺民を中国北辺の地帯に移住させたが、この時、東突厥に従属していたソグド人もともに移住した。ただ、その具体的移住先はよくわからない。その後、唐朝は六七九年にオルドス南辺の地に六つの羈縻州を設置し、東突厥遺民の一部をここに置いた。この羈縻州を「六胡州」といい、そこの住民を「六州胡」（三九）と呼ぶ。突厥碑文には、この地の住民を altï čub soγdaq、すなわち「六州のソグド人」といっていることからソグド人であることが判明する。この六州胡は、騎馬遊牧文化の影響を受けたソグド人であったが、依然としてソグド人固有の習俗も保持していたらしい。それは、彼らがソグド人同士で婚姻関係を結び、種の結束を図ってい

ること、また彼らが康・安・米・何・史・石・曹などのソグド姓を冠していたことからうかがえる。このソグド人集団を、従来のソグド商人やソグドから直接中国へ移住してきたソグド人と区別するために、「ソグド系突厥」と呼んでおく。

編纂史料からうかがえるソグド系突厥の動向として、安史の乱に安史軍の一構成要素として参画していたこと、貞元年間（七八五〜八〇五）に山西省西部の離石付近におり、その後山西の北部（代北）へ移住したこと、唐末にはこの代北に移住したソグド系突厥と沙陀が合流し、一大勢力となって五代の歴史を展開させる原動力となったことを指摘できる。それと同時に注意しなければならないソグド系突厥のもうひとつの動向は、河朔三鎮、特に藩鎮魏博と密接な関係を持ったことである。上述のごとく、魏博節度使となった史憲誠や何進滔・何弘敬は、本来オルドスにいた六州胡、すなわちソグド系突厥の末裔と考えることができるからである。

近年、河北省大名県で出土した唐代の墓誌銘の中に、魏博節度使に仕えたソグド系武人のものがある。魏博節度歩軍左廂都知兵馬使であった米文辯がそれである。(四〇) 米文辯がソグド系突厥か、あるいはソグディアナから直接中国へやってきたソグド人の後裔であるかは不明である。しかし、この墓誌銘は、藩鎮魏博の兵士の中にも広範囲にソグド軍人がおり、彼らの利益を代弁する形で史憲誠や何進滔・何弘敬といった者たちが節度使に選出されたのではないかという推測を裏付ける史料ということができるのである。というのは、何進滔の節度使選出の事情が特異なためである。

何進滔は霊州（寧夏回族自治区）を本貫とする者であるが、彼の曾祖父と祖父は霊州節度使に属し、父は夏州節度使の軍人であった。そして何進滔は、若かりし時にオルドスから河北の魏博へ移住してきたことが正史から明らかなのである。このような魏博になんら権力基盤を持たないと考えられる何進滔が、一代にして節度使に選出されたことには、必ず特殊な事情が存在するはずである。筆者はそれを魏博にいたソグド系軍人集団の推戴と考えたい。

米文辯墓誌銘の発見は、それを裏付ける貴重な史料ということができるのである。

河北省の大名県には、「唐・故御史大夫・贈工部尚書・長沙郡、羅公神道之碑」と碑額のある墓碑も存在する。これは、唐末の魏博節度使であった羅弘信の祖父か父の墓碑と考えられる。新旧『唐書』では、羅氏の詳しい経歴は不詳である。羅姓もソグド人が中国で名乗った姓の一つであることから、この墓碑の解読は魏博におけるソグド系突厥の実態に迫る新史料になる可能性があるが、現状は半分以上が地中に埋もれた状態であり、今後の調査がまたれるところである。（四一）

おわりに

黄河下流域におけるソグド人の活動は、遅くとも西晋頃から始まっていたと考えることができるが、確実にこの地域にソグド人の居住を確認できるのは北魏からである。北魏から北斉時代にこの地域に居住していたソグド人は、ソグド商人かあるいはその末裔である。そしてその一部は北斉皇帝の恩寵を受け出世し、また一部の商人は買官を行い、北斉の政治・社会に相当の影響を与えていたと考えることができる。

隋では、「薩甫」の存在を確認することができ、黄河下流域で活動するソグド人の聚落が形成されるが、その地点は鄴や定州といった太行山脈東麓を走る幹線道路上にあった。唐代では、さらに恒州・幽州においても聚落が確認でき、これらの聚落の主たる構成員はソグド商人だったと推測できる。

しかし、安史の乱以降、この状況は変化していく。すなわち、六州胡の流れを汲み、騎馬遊牧文化の影響を受けたソグド系突厥がこの地に移住し、河朔三鎮に属する武人として活躍し、中には節度使の地位にまで上り詰める者も出現する。すなわち唐代後半期以降、このソグド系突厥は政治的・軍事的影響を中国史に与え続けたということができる。

【附記】本稿は第三三回（平成一六年度）三菱財団人文科学研究助成金「東方ユーラシア諸民族集団に関する新出一次史料の基礎的研究」による研究成果の一部である。

【注】

（一）森部豊「「唐魏博節度使何弘敬墓誌銘」試釈」（吉田寅先生古稀記念論文集編集委員会『吉田寅先生古稀記念アジア史論集』、東京、一九九七年、一二五～一四七頁）、同「略論唐代霊州和河北藩鎮」（史念海［編］『漢唐長安与黄土高原』、陝西師範大学中国歴史地理研究所、一九九八年、二五八～二六五頁）、同「後晋安万金・何氏夫妻墓誌銘および何君政墓誌銘」（『内陸アジア言語の研究』一六、二〇〇一年、一～六九頁）、同「唐代河北地域におけるソグド系住民――開元寺三門楼石柱題名及び房山石経題記を中心に」（『史境』四五、二〇〇二年、二〇～三七頁）、同「安史の乱とソグド人」（NHK「文明の道」プロジェクト他［著］『NHKスペシャル文明の道　海と陸のシルクロード』NHK出版、二〇〇三年、二〇二～二一一頁）、同「唐末五代の代北におけるソグド系突厥と沙陀」（『東洋史研究』六二―四、二〇〇四年、六〇～九三頁）、Moribe Yutaka, "Military officers of Sogdian origin from the late Tang Dynasty to the period of Five Dynasties", É. de la Vaissière, É. Trombert (ed.), *Les Sogdiens en Chine*, École française d'Extrême-Orient, Paris, 2005, pp. 243-254. 森部豊「唐後期至五代的粟特武人」（『粟特人在中国：歴史・考古・語言的新探索』、中華書局、二〇〇五年、二二六～二三四頁）。

（二）羽田明「ソグド人の東方活動」（『岩波講座　世界歴史』六、岩波書店、一九七一年→『中央アジア史研究』、臨川書店、一九八二年）。

（三）白鳥庫吉「粟特国考」（『西域史研究』下、岩波書店、一九八一年改版）六一～六八頁および余太山『両漢魏晋南北朝正史西域伝要注』（中華書局、二〇〇五年）二九一頁など参照。

（四）『後漢書』に現れる「賈胡」をソグド商人とする考え方は、張広達「唐代六胡州等地的昭武九姓」（『西域史地叢稿初編』、中華書局、一九九五年）二七六頁註〔六九〕を参照。山下将司氏（岐阜聖徳学園大学）の教示により、山東省で二件の後漢時代の「胡人像」が出土していることを知った。夏名采『中国重大考古発掘記　青州龍興寺仏教造像窖藏』（生活・読書・新知三聯書店、二〇〇四年）、王新良「山東臨淄出土一件漢代人物圓雕石像」（『文物』二〇〇五—七）参照。報告によれば、ともに後漢時代のもので、石像は彫が深く鼻は高い特徴を備えており、頭には先のとがった帽子をかぶっているという。これが西域の胡人かどうかはわからないが、後漢時代の山東省に、このような身体的特徴を備えた非漢族が往来していた可能性は高いといえるのではないだろうか。

（五）後藤勝「西域胡安氏の活動と漢化過程——西域帰化人研究その一」（『研究彙報』七、岐阜県高等学校社会科研究会、一九六八年）三七頁、陳国燦「魏晋至隋唐河西胡人的聚居与火祆教」（『西北民族研究』一九八八—一→陳国燦『敦煌学史事新証』、甘粛教育出版社、二〇〇二年）一九八～一九九頁、呉玉貴「涼州粟特胡人安氏家族研究」（『唐研究』第三巻、北京大学出版社、一九九七年）などは、この説を主張する。

（六）馬雍「東漢後期中亜人来華考」（同『西域史地文物叢考』、文物出版社、一九九〇年）。

（七）余太山『両漢魏晋南北朝与西域関係史研究』（中国社会科学院出版社、一九九五年）一一一～一一二頁を参照。

（八）「古代書簡」に関する書誌情報および同書簡の日本語訳は、『講座敦煌一　敦煌の自然と現状』（大東出版、一九八〇年）二六三～二七五頁を参照。ただこの日本語訳はドイツ語訳からの翻訳であり、誤訳がある。この指摘は、吉田豊「ソグド語文献」（『講座敦煌六　敦煌胡語文献』、大東出版、一九八五年）二〇一～二〇三頁を参照。本文で取り上げたのは、そのうちの Ancient Letters II であり、これについては A. L. Juliano / J. A. Lerner, *Monks and Merchants: Silk Road Treasures from Northwest China, Gansu and Ninxia, 4th-7th century*, New York, Harry N. Abrams, 2001, pp.47-49. に最新の英訳を載せる。なお、本文中のソグド人名の表記は、上記英訳に拠る。

（九）Henning, W.B., "The Date of the Sogdian Ancient Letters", *Bulletin of the School Oriental and African Studies*., 12-3/4, 1948, pp.601-615.

（一〇）山東省文物考古研究所・臨沂市文化局「山東臨沂洗硯池晋墓」（『文物』二〇〇五—七）参照。

（一一）この作品は、二〇〇五年から二〇〇六年にかけて東京（森美術館）、滋賀（MIHO MUSEUMU）、福岡（九州国立博物館）、宮城（東北歴史博物館）で開催された「中国☆美の十字路展」に出品された。図録『中国☆美の十字路展』（曾父川寛・出川哲朗監修、大広編、二〇〇五年）五五頁参照。

（一二）『中国陶瓷史』（文物出版社、一九九七年版）一三六〜一四二頁参照。

（一三）この獣に跨っている胡人をパルティア人とする見方もある。図録『中国☆美の十字路』五五頁のキャプション参照。いずれにせよ、西域出身の商人であることは疑いない。

（一四）ソグドの漢字音転写を「粟特」と表記する最も古い例は、五胡十六国時代の前秦・建元三年（三六七）に馮翊護軍の鄭能邈が建立した「鄭能邈修鄧太尉祠碑」（『八瓊室金石補正』巻一〇）に見える。この碑文の中に前秦の馮翊護軍が管轄する十二の種族名が記され、その中に「粟特」の語句が見える。なお、この碑文については、馬長壽『碑銘所見前秦至隋初的関中部族』（中華書局、一九八五年）を参照。

（一五）注（二）、羽田明「ソグド人の東方活動」三三八頁。

（一六）本墓誌銘の拓本は、『北京図書館蔵中国歴代石刻拓本匯編』第一五冊（中州古籍出版社、一九八九年、一九三頁）、毛漢光撰『唐代墓誌銘彙編附考』第八冊（台湾・中央研究院歴史語言研究所、一九八九年、No.七六六）、『隋唐五代墓誌滙編・洛陽巻』第五冊（天津古籍出版社、一九九一年、一五五頁）に採録するが、『洛陽出土歴代墓誌輯縄』（中国社会科学出版社、一九九一年、三三〇頁）の拓本写真が最も鮮明である。

（一七）本墓誌銘の拓本は、『北京図書館蔵中国歴代石刻拓本匯編』第二〇冊（中州古籍出版社、一九八九年、一九頁）、毛漢光撰『唐代墓誌銘彙編附考』第一四冊（台湾・中央研究院歴史語言研究所、一九九三年、No.一三九三）、『隋唐五代墓誌滙編・洛陽巻』第八冊（天津古籍出版社、一九九一年、六二頁）に採録する。

（一八）河北省文化局文物工作隊「河北定県出土北魏石函」（『考古』一九六六―五）参照。

（一九）北斉時代のソグド人については、注（五）後藤勝「西域胡安氏の活動と漢化過程」のほか、同「ソグド系帰化人何氏について――西域帰化人研究その二」（『岐阜教育大学紀要』一四、一九八七）、同「ソグド系帰化人安吐根について――西域帰化人研究その三」（『岐阜教育大学紀要』一六、一九八八）、同「東魏・北斉朝の西域人――西域帰化人研究その四」（『岐阜教育大学紀要』一九、一九九〇）、岩本篤志「「斉俗」と「恩倖」――北斉社会の分析」（『史滴』一八、一九九六）を参照。

（二〇）『北斉書』巻五〇「恩倖伝・和士開」、『北史』巻九二「恩倖伝・和士開附安吐根伝」。

（二一）『北斉書』巻五〇「恩倖伝」。宮崎市定『九品官人法の研究』（東洋史研究会、一九五六↓『宮崎市定全集』六、岩波書店、一九九二年）三九七〜三九八頁参照。

（二二）栄新江『中古中国与外来文明』（生活・読書・新知三聯書店、二〇〇一年）一〇〇頁参照。

（二三）この分類は、影山悦子「中国北部に居住したソグド人の石製装具浮彫」（『西南アジア研究』六一、二〇〇四年）に拠る。

（二四）以上の情報は、Scaglia, G., "Central Asians on a Northern Ch'I Gate Shrine", *Artibus Asiae*, Institute of Fine Arts, Vol.XXI, 1958, New York University (pp.9-10)、張広達「唐代長安的波斯人和粟特人——他們各方面的活動」（『唐代史研究』六、二〇〇三年）三～四頁、姜伯勤『中国祆教芸術史研究』（生活・読書・新知三聯書店、二〇〇四年）三五頁を参照。

（二五）夏名采「益都北斉石室墓線刻画像」（『文物』一九八五―一〇）、同「青州傅家北斉線刻画像補遺」（『文物』二〇〇一―五）参照。

（二六）この線刻画と虞弘墓出土のレリーフとの密接な関連については、鄭岩『魏晋南北朝壁画墓研究』（文物出版社、二〇〇二年）二三六～二八四頁参照。

（二七）この碑文および隋代の定州に関する研究は、斉藤達也「隋重建七帝寺記（恵鬱造像記）について——訳注と考察」（『国際仏教大学院大学研究紀要』六、二〇〇三年）参照。

（二八）吉田豊「ソグド語雑録（Ⅱ）」（『オリエント』三一―二、一九八八年）一六八～一七一頁を参照。

（二九）なおこの問題については荒川正晴「北朝隋・唐代における「薩寶」の性格をめぐって」（『東洋史苑』五〇・五一、一九九八年）を参照。

（三〇）この墓誌銘の拓本は『洛陽出土歴代墓誌輯縄』（中国社会科学出版社、一九九一年）一二六頁に載録されている。釈文は羅振玉『芒洛冢墓遺文』五編・巻二（『福大史学』七六・七七、二〇〇四年、影印、七六～七五頁）、それをもとにした周紹良『唐代墓誌彙編』（上海古籍出版社、一九九二年）九六頁にある。また、『全唐文補遺』六（三秦出版社、一九九九年）二四〇頁にも釈文を載せる。

（三一）注（二二）栄新江『中古中国与外来文明』一〇三～一〇四頁参照。

（三二）恒州におけるソグド人聚落に関しては、注（一）森部豊「唐代河北地域におけるソグド系住民」を参照。

（三三）清・沈濤『常山貞石志』（道光二二年刊→『石刻史料新編』、新文豊出版、一九七七年）の巻五、六に収められている。その後、清・陸増祥『八瓊室金石補正』（一九二五年刊→『石刻史料新編』、新文豊出版、一九七七年）の巻四一、四二、四三にも収録。陸増祥は収録にあたり、『常山貞石志』を参照しつつも、自ら拓本も有したようで、『常山貞石志』で不明な文字などは、『八瓊室金石補正』によって補える。

(三四)『唐会要』巻六・寺(上海古籍出版社、一九九一年)参照。

(三五)李宥「解慧寺三門楼讃幷序」(沈濤『常山貞石志』巻六、五b)。

(三六)正定県地方志辦公室・正定県文物保管所編『正定文物』(河北人民出版社、一九九〇年)では、隆興寺にあると記すが、二〇〇五年現在の石柱の状況は、開元寺境内に移動している。またその状況は屋外に放置され、風化の程度も深刻で、文字の判別は困難になりつつある。

(三七)唐代涼州のソグド人については、注(五)呉玉貴「涼州粟特胡人安氏家族研究」、注(二二)栄新江『中古中国与外来文明』六八～七四頁参照。

(三八)房山石経題記は、『房山石経題記彙編』(書目文献出版社、一九八七年)として活字に起こされ編集・出版され、容易にそれを利用することが可能となった。

(三九)六州胡については、前掲森部豊「唐末五代の代北におけるソグド系突厥と沙陀」六八～七五頁を参照。

(四〇)孫継民・李倫・馬小青「新出唐米文辯墓誌銘試釈」(『文物』二〇〇四―二)参照。

(四一)米文辯について、筆者は二〇〇五年八月に三菱財団助成金を受け、孫継民(河北省社会科学院)および李倫(大名県文物管理保護所)両氏の全面的協力により、原石(誌蓋・誌石)の撮影、測量を行うことができた。帰国後、調査データをもとに録文を作成したところ、『文物』二〇〇四―二で発表された録文を訂正することができ、現時点ではもっとも正確なテキストを作成することができた。また、この時、「羅公墓碑」なるものを調査する機会にも恵まれた。この碑はこれまで学界に知られていない新発見の史料でないかと思われる。大名県郊外の万堤村の土中に下部三分の二が埋まっている状態で現存するが、これまで全く移録・研究されていない。今回は地上に露出している部分のみを写真撮影するにとどまったが、文字については風化の程度が激しい。

(補注)本論脱稿後、森安孝夫『シルクロードと唐帝国』(興亡の世界史・五、講談社、二〇〇七年)が出版された。本書は、様々な評価をすることができるだろうが、筆者としては、内外の最新の研究成果に基づくソグド人の東方活動の歴史に関する日本語で読むことができる最高レベルの概説書であると特徴づけたい。本論文は、ユーラシア大陸最東端におけるソグド人の活動のミクロな事象をあつかっているに過ぎないので、森安氏のマクロかつダイナミックなソグド人描写を併せてお読みいただき、相互に補完しあって理解していただければ幸いである。

魏晋南北朝時代における鄴城周辺の牧畜と民族分布

市来　弘志

はじめに

黄河下流域の中でもとりわけ鄴を中心とする現在の河北省南部地域は、魏晋南北朝時代においてはしばしば首都が置かれた、政治軍事的に最も重要な地域の一つであった。河北南部地域自体は唐代宋代においても政治軍事的要地であったことに変わりはないが、魏晋南北朝期に比べて地盤沈下は否めない。鄴という都市が王朝の首都となり繁栄したのは魏晋南北朝期に限られている。

鄴は当時中国指折りの大都市であり、その膨大な人口は周囲に広がる華北平原の豊かな農業生産が支えていたと考えられていた。しかしこと四世紀から五世紀初頭について考えると、この地は度重なる戦乱でたびたび荒れ果て、農業を支える基盤も破壊されたため、漢代に比べ明らかに農業は衰微していたと考えられる。にもかかわらず多くの人口を擁する都市が存在し続けた。農業が衰退した地に巨大都市が繁栄したという事実をどう考えればよいのだろうか。本報告ではこの矛盾の背景について若干の考察を加えていきたい。

一、鄴の発展と変遷

鄴の存在する河北省南部の平原は古くから政治経済上の要地だったが、後漢までその中心は邯鄲であった。邯鄲は戦国趙の都であり、前漢期にも洛陽・臨淄・宛・成都と並んで、長安を除く全国五大都市の一つに数えられている。鄴は漢代においては冀州の州治ですらなく、地方都市の一つに過ぎなかった。

鄴が河北南部の中心となったのは後漢末からである。袁紹がこの地に本拠地を置いたのがその端緒だが、都市としての鄴の地位を確立させたのは曹操である。曹操は袁氏勢力を滅ぼすと二〇四年に鄴に根拠地を移し大規模な都市建設を行った。やがて曹操が魏公に封ぜられると鄴は魏公国（後には魏王国）の都となった。二二〇年に曹丕が漢を奪って皇帝に即位し洛陽に都するまでの間は事実上の首都と言って良い地位にあり、魏王朝成立後には五都（洛陽・長安・許昌・鄴・譙）、西晋期にも四都（洛陽・長安・許昌・鄴）の一つとして、政治的に重要な地位を占め続けた。四世紀以降は華北の分裂状態に伴って幾つかの王朝の首都となった。魏晋南北朝時代に鄴に首都を置いた王朝は次の通りである。

魏王国（二〇四～二二〇年）　後趙（三三五～三五〇年）　冉魏（三五〇～三五二年）　前燕（三五七～三七〇年）　東魏（五三四～五五〇年）　北斉（五五〇～五七七年）

首都として魏王国を含めて六朝八九年の歴史は、同時期の洛陽（三朝一三二年）、長安（五朝一二三年）と比べ決して長いわけではない。また鄴に首都を置いた王朝は華北の統一に成功しておらず、華北全土の首都として君臨したこともない。この意味で鄴はややローカルな存在ではあるが、当時の華北における政治経済軍事上の最重要都市の一つであったことは間違いない。

先述のように曹操は袁紹時代の都市に大幅な改造を加え、ここに東西七里南北五里（東西二四〇〇メートル、南北一七〇〇メートル）の都市を建設した。南北九里東西六里で「九六城」と呼ばれた洛陽を上回ることを曹操が憚ったため、このような規模になったと言われている。曹操はまた城の西北角に冰井台・銅雀台・金虎台という三基の台を築いた。これはやがて鄴のシンボルとなり「三台」と言えば鄴を指すようになる。この鄴三台は後の洛陽金庸城のモデルとなるなど、鄴の都市建築は後世に大きな影響を与えた。

鄴は魏・西晋期を通じ首都に準ずる要地であったため、八王の乱が始まると一方の有力者成都王穎の本拠地となったが、三〇四年には洛陽に拠る東海王越の一派である并州刺史司馬騰と幽州刺史王俊の攻撃で陥落し、さらに三〇六年には代わって鄴に拠った司馬騰を成都王の残党汲桑・石勒等が攻撃し敗死させた。この時城内の多くの建築物が焼失したものと思われる。

やがて河北地方を本拠地として自立した石勒は、鄴の北方に位置する襄国に本拠地を定め後趙を建国した。石勒の死後、石虎が後趙の君主となると鄴に遷都し、壮麗な宮殿などを次々と建設し、いったん戦乱で荒廃した鄴周辺はこの時代に急速に復興し繁栄を遂げることとなった。石虎の死後、後趙は内乱状態に陥った末、漢人出身の将軍冉閔に簒奪され、鄴は冉閔の魏国（冉魏）の拠る所となり、さらに鮮卑慕容部の前燕が冉魏を滅ぼして鄴に遷都するなど、情勢はめまぐるしく変転するが、前燕時代に再び首都としての繁栄を取り戻す。

前燕が前秦に滅ぼされた後も鄴は華北東部の最重要都市であり、前秦後期には皇族の苻丕が氐族の軍団を率いて駐屯していた。前秦崩壊後燕国（後燕）を復活させた慕容垂は、苻丕の激しい抵抗にあって中山を首都に定めざるを得ず、苻丕が西方に退去し後燕の版図に入った後、鄴は慕容部の軍団の駐屯地となった。三九八年に後燕は北魏に敗れて華北平原を失い、この結果鄴周辺は北魏の支配下に入った。北魏では当初盛楽から鄴に遷都する計画もあったが結局行われず、鄴は相州となった。この時点では前代までの建築物も相当残されていたが、四四九年には鄴民の反乱を恐れて石虎以来の宮殿等を焼き払い、都市としては大きく衰退した。

東魏が鄴を首都とすると、従来の城（北城）の南に隣接して南城を築き、鄴の都市規模はほぼ倍増した。この新しい鄴は後の隋唐長安城の都市プランに大きな影響を与え、華北屈指の大都市として繁栄を極めたが、北周末の五八〇年に尉遅迥がここを拠点に反乱を起こし鎮圧された時に破壊された。これ以後この地には鄴県が置かれたものの政治的地位は大きく低下し、北宋の熙寧六年（一〇七三）には県すら廃されて鎮となり、地方の小都市に落ちぶれた。このように鄴の繁栄は魏晋南北朝時代に限定されるもので、当時の分裂割拠の情勢と密接に関連するものであった。[一]

このような鄴の変遷をどう時代区分するかについては幾つかの考え方がある。村田治郎氏は次のような時代区分を提起した。[二] 第一期は魏の王都となってから西晋まで。曹操期以後に建設された宮殿群の多くは三〇七年に焼失した。第二期は後趙より北魏まで。後趙の石虎は大規模な建設を行い鄴に一つの絶頂期をもたらした。その後は前燕まではよく繁栄したが、前秦・後燕期には衰退し、北魏初期にはやや回復したものの、四四九年の破壊で都市の面貌は一変した。第三期は東魏・北斉期で、南城が築かれ鄴が都市として最も整備された時期である。

これに対し塩沢裕仁氏は次のような時代区分を提唱する。[三]（1）後漢以前。まだ河北南部の中心地が邯鄲だった時期。（2）後漢末から前燕。曹操による都市整備から後趙と前燕の首都として繁栄する時代。（3）後燕から北魏。後燕期に鄴は次第に縮小し、大きな破壊を受けた北魏後期には前代までの都市の面影はほとんど留めていない。（4）東魏・北斉。全く新しい都市となる。

両者の大きな相違点は、西晋末及び前燕滅亡を以て時代を画するか否かである。村田氏は八王の乱の中で都市建築が焼失したことを重視し、西晋期の鄴と後趙期の鄴は都市として区別するが、塩沢氏は鄴周辺の土地利用や都市プランが魏王国期から後趙までさして変化していないことを重視し、後趙期の鄴はむしろ西晋期の基礎の上に発展したものと見なしている。西晋末の破壊は看過できないほど大きなものであろうし、また前燕滅亡によって鄴の首都としての歴史に一旦終止符が打たれたので、このどちらも一つの画期と見なすのが自然ではないかと私は考える。

北宋後期に地方の小鎮となった後の鄴は、漳水のほとりに築かれたため洪水の度に次第に泥に埋まり、当時の都市遺構は現在地下深く埋もれている。本来鄴は漳水南岸に築かれたのだが、現在の漳水は流路を大きく変えて北城と南城の間を流れるに至っている。そのため北城南壁は浸食を受けて確認されず、また南が若干低い地形のため南城はより深く土の下に埋もれてしまっている。

私は二〇〇五年三月に学習院大学東洋文化研究所プロジェクト「黄河下流域の生態環境と古代東アジア世界」の調査旅行に加わり現地を訪れた。現在は鄴北城城壁も南城同様地下に埋まっているが、城西北の三台の一部は埋没を免れて地上にそびえている。先述のように三台は北から氷井台・銅雀台・金虎台があったが、現在は金虎台と銅雀台の一部しか残っていない。最も保存状態の良い金虎台は南北一二〇メートル、東西七一メートル、高さ一二メートルある。銅雀台は後趙の石虎が高さ三〇メートル近くにかさ上げしたのだが、今は浸食されてわずかに南北五〇メートル、東西四三メートル、高さ四～六メートルを残すのみである。(四) 氷井台は跡形もない。地上には三台以外何の痕跡も見あたらない。

鄴遺跡は一九五七年に兪偉超氏が、一九七六年から翌年にかけて河北省臨漳県文保所がまず北城について調査を行った。一九八三年秋より中国社会科学院考古研究所と河北省文物研究所合同の鄴城考古工作隊が大規模な発掘とボーリング調査を実施し、城壁や主要道路、宮殿等の都市プランが明らかになった。(五) 鄴南城は一九八五年から始まったボーリング調査によって東西二六〇〇メートル、南北三四五〇メートルのプランが確認され、南壁の朱明門は発掘されて往時の壮麗な建築遺構が発見されている。(六) このように往時の鄴の姿は発掘によって明らかになりつつあり、それに伴ってその重要性も認識されるようになってきている。既に述べたようにその繁栄は魏晋南北朝時代に限られるものではあるが、この時代の黄河下流地域を考える上においては最も重要な都市であると言えるだろう。

二、四~五世紀初頭の鄴周辺における人口移動

四~五世紀初頭すなわち五胡十六国時代の華北は、史上稀に見る激しい人口移動に見舞われたが、鄴周辺地域はそれが特に激烈な地の一つであった。そこで具体的な人口移動の様子を、時代を追って概観していきたい。

先述のように鄴は曹操が本拠地として以来、魏・西晋期を通じ首都に準ずる要地であったため、八王の乱で攻撃され焼失した。この戦乱で鄴は荒廃し、河北から多くの難民が黄河を越えて、山東方面そして江南へと流れていった。やがて後趙時代に鄴周辺は急速に復興する。後趙はこの時代の歴代王朝の中で最も多くの徙民政策を行ったことで知られる。それは三五年間に実に三〇回以上に及び、後趙の司州・冀州即ち河北地方に集められた人口は、少なく見積もっても優に七〇万人から一〇〇万人を越える。これらの徙民は首都襄国と鄴を中心として半径一〇〇キロメートルほどの範囲に居住させられ、広大な首都圏を形成して首都防衛の機能を担ったと考えられる。

後趙の大首都圏は三五〇年の内乱と漢人出身の将軍冉閔による胡人虐殺で崩壊し、「青・雍・幽・荊州の徙戸及び諸氏・羌・胡・蛮数百万、各々本土に還らんとして、道路交雑し、互いに相殺掠し、且つ飢え疫みて死亡し、その達する能う者は十に二三有るのみ」(七)という惨状を呈した。鄴周辺の戦乱で被害を被り難民化したものが数百万人もいたことから、後趙時期の鄴地域が巨大な人口を擁していたことがよくわかる。この後鄴は冉閔の魏国と後趙の残存勢力、そして北方から進出してきた鮮卑慕容部の前燕の三つ巴の戦場となった。

冉魏を滅ぼした前燕は程なく鄴に遷都し、多くの鮮卑慕容部の人々が遼東より移住した。このことから見ると、

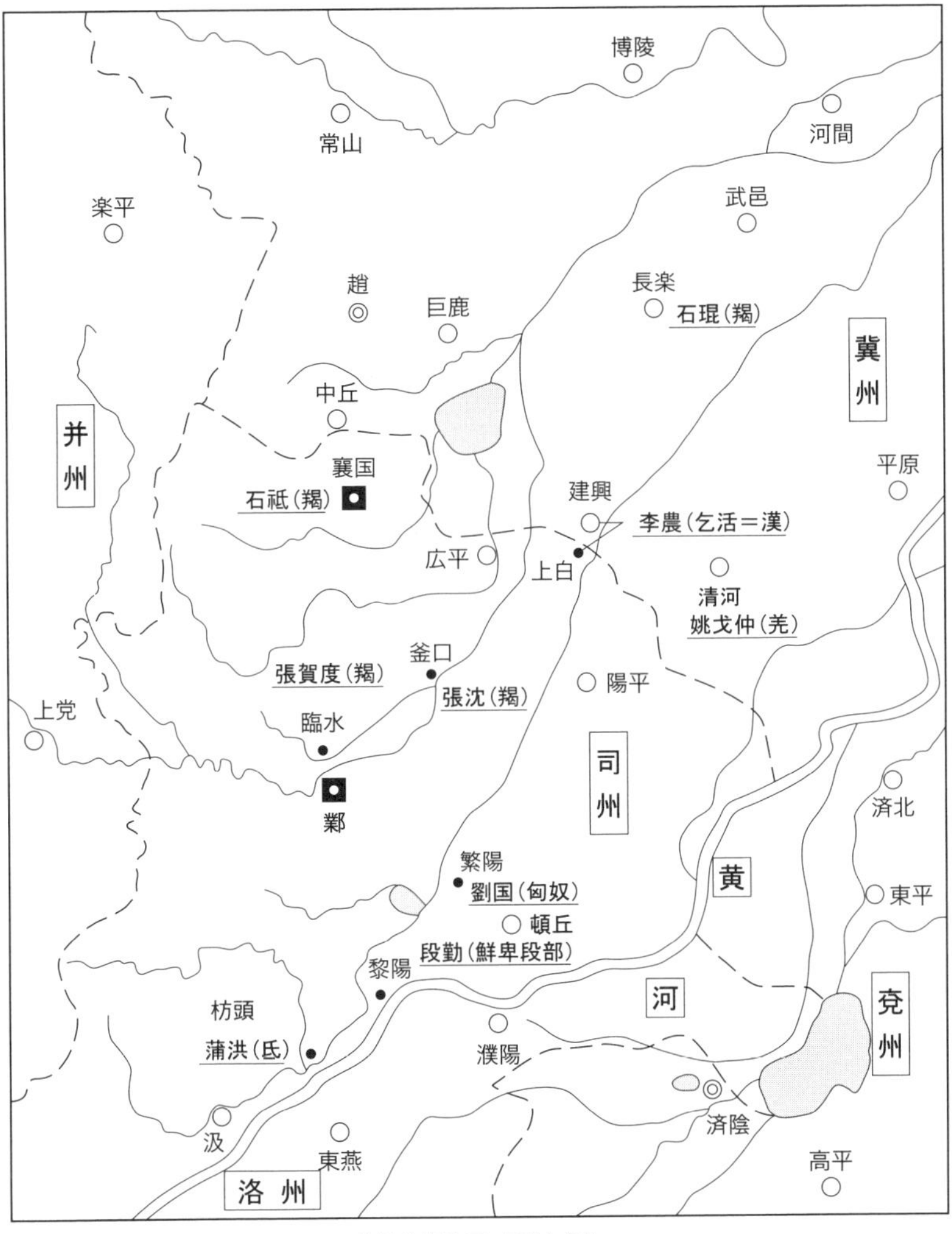

後趙末期地図（350年頃）

◎州治　○郡治　●要地　駐屯軍

後趙末の戦乱で鄴周辺の地域は一時荒廃したものの、都市としての鄴自体が灰燼に帰したとは考えられない。前秦が前燕を滅ぼした時、その領内の人口は二四五万八九六九戸・九九八万七九三五人であった。これは当時の前燕の全領域（河北・山西・山東・河南・遼寧）の人口だが、西晋時のこの地の戸口合計が一一三万戸余だったので、人口がほぼ倍増したことになる。当時の戸口統計の不正確さを考慮しても西晋時より人口が増加したと考えざるを得ない。これについて史念海氏は、後趙時に徙民された人には後趙崩壊後もこの地に留まった者が少なくなかったと推測している（八）。

前燕滅亡後、前秦は鄴の鮮卑四万余戸を長安に、また「関東豪傑及雑夷」一〇万人を関中に移住させた。前秦崩壊時に慕容永は長安から関東に退去する際鮮卑三〇万を率いたが、その多くは鄴及び関東から移住させられた者であり、前燕時に鄴及び関東にどれほど多くの鮮卑が居住していたかがわかる。

前秦は三八〇年に氐族一五万戸を鄴をはじめとする関東の要地に移住させたが、前秦崩壊時に苻丕は「六万余口」を率いて西方に退去したので、氐族の多くが鄴を去ったと思われる。この時鄴は慕容垂と前秦勢力の係争地となって荒廃し人口も激減したため、慕容垂の後燕は首都を中山に定めることとなった。

三九八年に鄴周辺は北魏の支配下に入った。北魏は「山東六州民夷及何高麗雑役三十六万」を首都平城に徙民し、その代わり鮮卑拓跋部の軍団を鄴に駐屯させた。こうしてまた鄴周辺の人口と民族は入れ替わることとなった。その後北魏期に鄴周辺に何度も徙民が行われたが、この地域は比較的安定した状態が続く。鄴周辺が巨大な変動に見舞われるのは、北魏末の内乱以後のことである。

以上見てきたように、この時代の鄴周辺地域は華北の他の地域以上に激しい人口移動の波にさらされた。この当時の人口についてはは、戦乱が続いて正確な人口統計が作られず、人口移動も激しかったため、極めて大まかな推測しかできない。譚其驤氏は当時の中国北方人口を七〇〇万人、南渡人口を九〇万人とし、当時の北方人口の八分の一余りが南渡し、南方人口の六分の一が北方からの移民であったと推定した。[九] 譚氏の論文はこの問題に関する古典的研究なのでしばしば引用されるが、当時の華北における動乱の激烈さを考えれば、人口移動がこの程度でおさまったとは考え難い。譚氏の高弟である葛剣雄氏でさえ、五世紀初頭までに少なくとも二百万人が南方に移民した、と譚氏の推定より遙かに多い数字を主張している。[一〇] 路遇氏と滕沢之氏は永康元年（三〇〇年）の全国人口を三〇〇四万人、うち漢族二四六九万人、非漢族五三五万人と推定する。全国的には漢族人口が多いが、その後も北方から続々と非漢族の移住が続き、また漢族の多くが中国南部と黄河以南に集中したため、四世紀前期には黄河以北の人口のほぼ半数は非漢族によって占められた。[一一]

このように鄴はこの時期に非常に大きな住民の入れ替わりを経験した。その最大の原因は戦乱で、鄴は四世紀から五世紀にかけて少なくとも三度にわたり壊滅的破壊を受け、その度に別の地域から大量の移入者を受け入れて人口を回復してきた。またこれ以外にも、主に徙民政策によって大きな人口移動があり、頻繁に住民が入れ替わっていたと見るべきである。住民の民族的バリエーションも大変なもので、漢・匈奴・氐・羌・鮮卑慕容部・鮮卑拓跋部・鮮卑段部・烏丸・高句麗・丁零等に及ぶ。そして非漢族人口が漢族人口を上回っていた。当時の鄴周辺地域は長安を中心とする関中平原と並んで諸民族雑居の地であり、最大の人口稠密地の一つでもあったのである。そこで次にこの地の人口を支えた背景について若干考察してみたい。

三、鄴周辺地域の生業と牧畜

鄴を中心とする黄河北岸の地域は、唐代においては肥沃な穀倉地帯の一角を占めていたが、漢代には農耕は行なわれていたものの、河南山東のような穀倉地帯には及ばず、当時の主要農業地域とは言い難い。しかもこの地は漢代に黄河の洪水に頻繁に見舞われ、国家による治水事業が行われなければ大規模な農業は難しい場所である。そのため前漢後漢を通じて王朝は黄河の堤防建設等の治水事業に力を尽くし、魏・西晋期には水利施設を整えて屯田を拓くが、四世紀以降はそのような取り組みは全く放棄されたままであった。もっとも四世紀から六世紀にかけて黄河の大規模な洪水と流路変更は無かったとされているが、（一二）近年これには疑問も呈されており、またいかに洪水が少なくなったとはいえ、戦乱が絶えなかったこの時代に漢代以上に農業が栄えたとは考え難い。では鄴の大人口を支えたものは何だったのだろうか。

　第一に考えられるのは外部、特に当時としては比較的人口が多かった山東河南方面からの食料移入である。曹操の魏王国期から魏・西晋期に、鄴周辺では後漢期までには見られなかった大規模な水利工事が行なわれ、鄴を中心とする地域は華北における水運の要衝となっていた。（一三）北魏期以降、水運網を用いて鄴には遠隔地から運ばれた食料が集積されたが、五胡十六国期について言えばこれはあまり現実的ではない。戦乱の中で安定した輸送路が確保できた可能性は低いし、また鄴進出直後の前燕や北魏のように、鄴に大人口を養いながら山東河南を領土にしていなかった場合もある。やはり河北南部程度の比較的狭い範囲で食糧を確保していたと考えるのが自然である。

　次に鄴周辺一円の大規模農業というものではなく、各地で比較的小規模な農耕を行っていた可能性がある。後趙末期に鄴の南郊枋頭に駐屯していた氐族蒲氏の集団が農耕を営んでいたこと、（一四）前燕期に皇族や有力者が配下の軍団内に「営戸」なる半隷属的な人間を抱え込み、鄴周辺で農耕に従事させていたこと等、このような例は史料上に幾つも発見できる。当時の徙民された集団や武装難民集団等は、多くの場合王朝に服属はしても食料等は支給されなかったので居住地周辺で自活を図るケースが目立ち、鄴周辺の各集団も各自で小規模農耕を行っていたと考えられる。また五世紀にこの地が北魏の支配下に入った後、首都平城付近に飢饉が発生すると、朝廷はしばしば人々を山東（太行山脈以東、主に河北平原）に「就食」させている。「就食」は時に「就穀」とも記されるので、これは河北の農業生産を頼っての行動である。実際、河北平原は北魏の重要な経済基盤であった[一五]。しかしこれは、牧畜経済の比重が大きい平城付近と比較して、河北の農業が発達していたことを示すに過ぎない。鄴を含む河北では確かに農業は行なわれていたが、これは小規模なもので唐代のような肥沃な農耕地・穀倉地帯云々というような状態とは程遠いものである。

最後に牧畜が営まれていた可能性がある。鄴周辺は若干の微高地を除けば一面の大平原であり、放牧に大変適した地形である。事実、後漢期でもこの地の農業生産は全国的に見れば中程度であったのに対し、牧畜経済の占める比重が相当大きかった[一六]。モンゴル帝国期に華北平原の漢人を追放してここを遊牧地としようという議論が度々持ち出されたが、地形の上から見れば確かに理解できる話ではある。後趙末期に石虎は鄴近郊で歩騎一八万人に巻き狩りを挙行させ、自らは鄴城上からこれを見て大いに喜んだ[一七]。城から見える程の近距離で大軍が巻き狩りを行う以上城周辺が農地ということはあり得ず、むしろ狩猟対象の動物が棲息する草原だったと考えるべきだろう。この巻き狩り部隊は獲物を追って「三州十五郡」（司州・冀州・幷州と思われる）を通過したというから、鄴周辺の広い範囲がこのような状態だったのであろう。まさに牧畜適地と言うべきである。

先に述べたように当時の鄴周辺は、華北諸民族の見本市と形容できる程の諸民族混淆の地であった。そしてその多くが元来牧畜を生業とする人々であり、彼らがこの地で牧畜を行うのは極めて自然なことである。彼らが農耕には利用されない鄴周辺の草原を利用して牧畜を営んだとすれば、ある程度の人口を支えることができたはずである。遊牧は広大な面積を必要とするが、固定住居に住み周囲の草原を牧地に当てる牧畜形態ならば、さほどの面積を必要とせず、人口稠密地だった当時の鄴周辺でも十分可能であった。

四世紀以降の華北平原に所謂五胡諸民族により大量の家畜が持ち込まれたことは既に指摘されており、以後長い時間をかけて牧畜と農耕は互いに影響を受け合いながら融合していく。その集大成ともいうべきものが六世紀に生まれた『斉民要術』の農法であろう。『斉民要術』は乳製品の活用等牧畜の影響を濃厚に受けており、この時代の農牧複合状況をよく反映していると言える。その先駆け的状況が四、五世紀の鄴周辺には存在していたのではないだろうか。

おわりに

以上当時の鄴周辺の大人口を支えた背景について考察してきた。当時の鄴周辺は戦乱で度々破壊され人口移動が激しく、農業は明らかに衰退していた。しかし牧畜を生業とする諸民族が主に徙民政策によって大量に居住するようになり、彼らが荒廃した旧農地に広がる草原を利用して牧畜を営み、これが鄴周辺の大人口を支えた柱の一つとなった可能性を指摘した。黄河下流の華北平原には穀倉地帯としてのイメージが非常に強いが、魏晋南北朝期には全く異なる相貌があったことは、この地域の多面的な性格を考える上で考慮に値するものと言えるであろう。

【注】

（一）雛逸麟「試論鄴都興起的歴史地理背景及其在古都史上的地位」（『中国歴史地理論叢』一九九五―一）。
（二）村田治郎『中国の帝都』（綜芸舎、一九八一年）。
（三）塩沢裕仁「鄴城が有する都市空間」（『中国史研究』第四〇輯、二〇〇六年）。
（四）兪偉超「鄴城調査記」（『考古』一九六三―一）。
（五）中国社会科学院考古研究所・河北省文物研究所鄴城考古工作隊「河北臨漳県鄴北城遺址勘探発掘簡報」（『考古』一九九〇―七）。

(六) 中国社会科学院考古研究所・河北省文物研究所鄴城考古工作隊「河北臨漳県鄴南城朱明門遺址的発掘」(『考古』一九九六―一)、中国社会科学院考古研究所・河北省文物研究所鄴城考古工作隊「河北臨漳県鄴南城遺址勘探与発掘」(『考古』一九九七―三)。

(七)『晋書』巻一百七石季龍載記下。

(八)「十六国時期各割拠覇主的人口遷徙」(『河山集七』、陝西師範大学出版社、一九九九年)。

(九) 譚其驤「晋永嘉喪乱後之民族遷徙」(『長水集』上、人民出版社、一九八七年)。

(一〇) 葛剣雄『中国移民史』第二巻(福建人民出版社、一九九七年)、『中国人口史』第一巻(復旦大学出版社、二〇〇二年)。

(一一) 路遇・滕沢之『中国人口通史』上(山東人民出版社、二〇〇〇年)。

(一二) 後漢から唐末まで黄河が「長期安流」状態にあったことはかねて指摘されてきた。譚其驤氏は「何以黄河在東漢以後会出現一個長期定流的局面――従歴史上論証黄河中游的土地合理利用是消弭下游水害的決定性因素」(『学術月刊』一九六二―二。後に『長水集』下、人民出版社、一九七九、に所収)で、その原因を後漢後期以降黄河上流地域(黄土高原・オルドス)で遊牧民の人口が増加するとともに農業が衰え、土地が牧地化されて森林や草原が回復し、下流への土壌流出が減少したことに求めた。この説には賛否両論あり、論争が行なわれてきたが、次第に定説化した。「長期安流」説をめぐる論争史については、浜川栄「漢唐期の河災の減少とその原因――譚其驤説をめぐる最近の議論によせて」(『中国水利史研究』第三四号、二〇〇六年)を参照されたい。

(一三) 佐久間吉也『魏晋南北朝水利史研究』(開明書院、一九八〇年)。

(一四) 町田隆吉「後趙政権下の氐族について――「五胡」諸政権の構造理解に向けて」(『史正』七、一九七九年)。

(一五) 前田正名『平城の歴史地理学的研究』(風間書房、一九七九年)。

(一六) 蔣福亜『魏晋南北朝社会経済史』(天津古籍出版社、二〇〇五年)。

(一七)『晋書』巻一百七石季龍載記下。

第二章　黄河下流域の環境と人々のくらし

黄河下流地区竜山文化城址の発見と早期国家の発生

欒　豊実
（青木俊介訳）

一、「黄河下流」の定義

黄河下流地区は、中国古代文化と文明の重要な発祥地の一つである。黄河は歴史上の度重なる河道変化によって河南東部から分流し、一方は東北に向かって渤海に注ぎ、一方は東南に向かって黄海に流入する。そのため、いわゆる黄河下流には広義と狭義の別がある。広義の黄河下流には、泰山を南北に挟む山東省北部・河北省東部・安徽省北部・山東省南部・江蘇省北部地区などの広大な地区を含む。そして狭義の黄河下流とは、専ら河南省東北部と山東省泰沂山北方を主とする現今の黄河下流地区を指す。本稿は対象範囲を山東省北部地区、すなわち狭義の黄河下流地区に限定する。

二、黄河下流地区の地形と城址の分布

本稿が論ずるところの黄河下流地区は、南高北低の地勢を呈し、全体的に見れば、おおよそ三つの地区によって

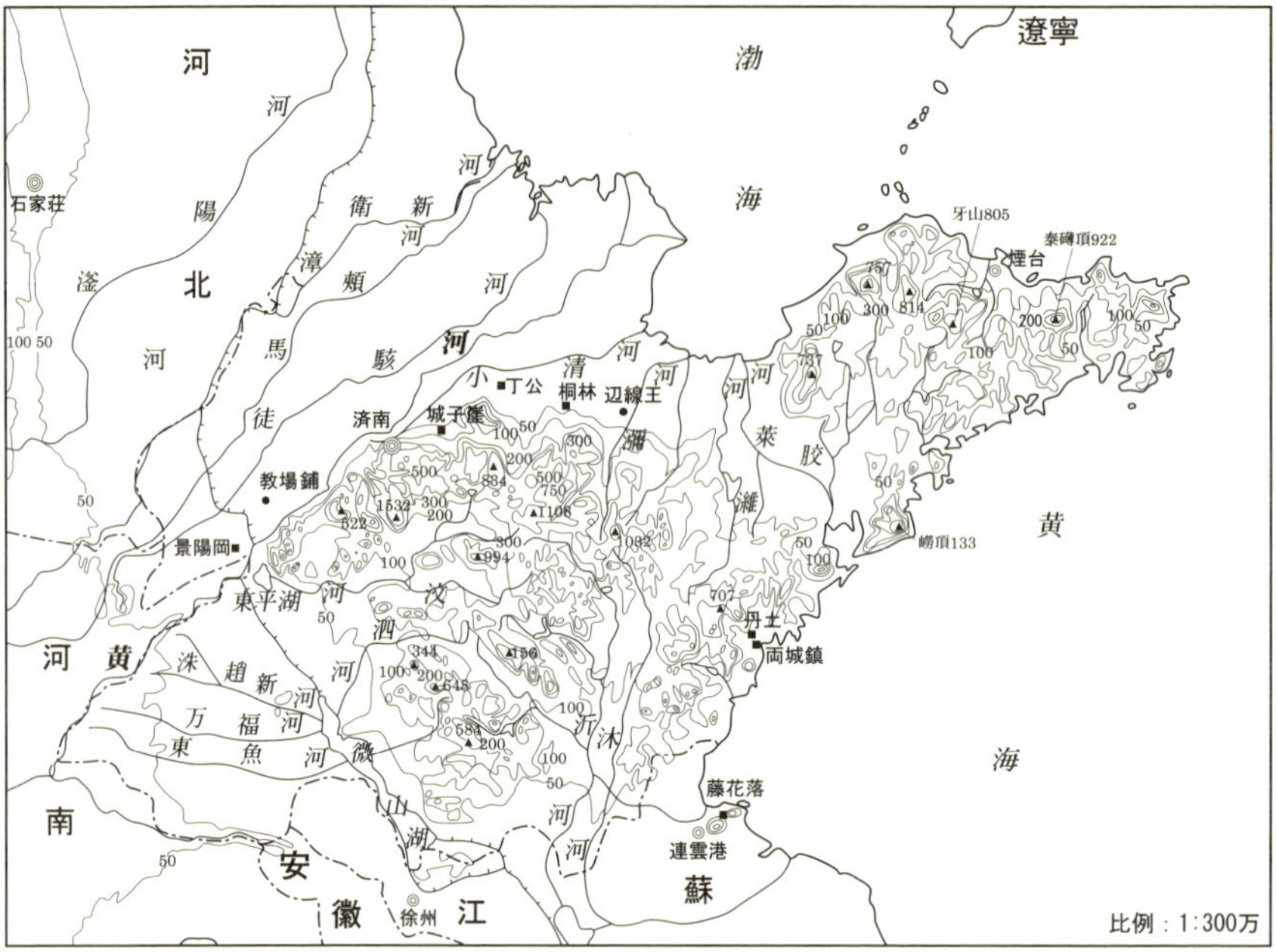

図１　黄河下流地区竜山文化城址分布図

構成されている。第一は南部の山地帯で、海抜高度は一〇〇～五〇〇メートルの間にあり、五〇〇メートルを超える区域もある。この地区は主に泰沂山の北麓に分布し、泰沂山系の構成部分に属していて、その南の境界は南北地区の分水嶺となっている。地勢が比較的低い丘陵地帯では、大汶口文化や竜山文化、およびそれに続く各時期の集落遺跡が発見されている。第二は中部の地勢がやや高い山麓の平原地区で、海抜高度は大体三〇メートルから一〇〇メートルの間にあり、地形の上から見れば、丘陵と、黄河およびその他の河川による沖積平原によって構成された過渡地区に属している。この一帯から発見された遺跡の数は最も多く、今から八〇〇〇年前の後李文化から歴史時代にまでおよび、様々な時代の中心集落と城址がこの地区に分布している。第三は北部の黄河沖積平原であるが、黄河やその他の大型河川（小清河・徒駭河・馬頰河など）による氾濫堆積が厚く、この地区で発見された古代遺跡は非常に少ない。

竜山文化時期の城址は、みな上述の第二地帯、すなわち海抜三〇～一〇〇メートルの山麓の平原に分布している。この一帯は、南は泰沂山に接し、北は見渡す限りの広大な平原で、東西に走る天然の回廊を形成しており、この回廊は古来より東西をつなぐ重要な交通路であった。現在発見・発掘されている竜山文化城址は、基本的に全てこの交通路上に位置している（図1）。そのために、交通の利便性と重要性を認識することができたが、このことは為政者たちにとって、竜山文化城址を建造する適当な立地を選択する際の重要な条件であった。

黄河下流地区における竜山文化城址の発見は、一九三〇年代に発掘された城子崖遺跡にまで溯ることができる。城子崖遺跡の発見以後、竜山文化城址の考古発見は五〇年余りの間沈黙したが、一九八〇年代以来、また陸続と新たな竜山文化城址が発見され始めた。現在までに報告されているこの地域の竜山文化城址は一三カ所にも達する。空間分布から見ると、東西二つの地区に分けることができる。第一は済南以東、山麓の平原地区で、計四カ所。西から東の順に、章丘城子崖遺跡・鄒平丁公遺跡・臨淄桐林遺跡・寿光辺線王遺跡である。第二は西部の聊城地区で、報告されている遺跡は計九カ所。すなわち、陽谷の景陽岡遺跡・皇姑冢遺跡・王家荘遺跡、茌平の教場鋪遺跡・大尉遺跡・楽平鋪遺跡・尚荘遺跡、東阿の王集遺跡（一）・前趙遺跡（二）である。

三、各城址遺跡の概要

上述の城址は、ある程度の面積が発掘されている一部の遺跡を除くと、系統的な調査や発掘作業はほとんど行われていない。そのため、これら城址の確実性に関しては、学界においてまだ意見が分かれており、今後さらなる考古発掘を進め、確認する必要がある。

疑惑の存在する城址のうち主なものは、聊城地区の景陽岡遺跡を除いた八カ所、また辺線王城址にも疑わしい個所が多い。以下、簡潔に検討を加えておく。

初めに、聊城地区の竜山文化城址である。一九九四年以来、山東省文物考古研究所と聊城地区文物研究室はこの地区において、前後九カ所の竜山文化城址を発見したが、景陽岡・教場鋪両遺跡の比較的広範囲にわたる発掘と系統的な調査を除くと、その他の七カ所では簡単な調査が行われたにすぎない。聊城地区は山東省西部の平原に所在し、地勢の低い窪地で、歴史上、黄河の氾濫にともなって頻繁に河道が変化した地区である。この地区の黄河は、ほぼ西南から東北方向に流れており、現在黄河の本流に吸収されている古済水・徒駭河・馬頰河などもみな同様である。このような自然環境の作用のもと、聊城を主とする山東省西北地区は歴史上、西南から東北方向に、土砂の入り混じった大小様々な丘を多く形成してきた。人々がこの地区で集落の立地を選択した際、水害を避けるため、絶対多数は小高い丘の上に集落を建設したのである。この地区（山地近辺の地勢が同じ様に低く、黄河の侵食を受けやすい河南省東部・安徽省北部地区をも含む）におけるほとんどの古代遺跡が、地表より高い丘や小山の上で発見されるのは、このような原因による。居住の利便のため、このような砂質の丘に集落を建設する際、通常はまず、丘の表面の土石などを除去し、土地をならす整地作業を行う。こうして人の手が加えられた痕跡が局部に発生するのであるが、これは特に岡丘類遺跡周辺の地域において比較的顕著である。よって、もし系統的な考古発掘調査が行われなければ、このような周辺地区の局部的な下地作り・整地作業といった加工の痕跡を、人工的に建造された城址関連施設と誤認しかねないのである。そのために、すでに報告された聊城地区の竜山文化城址に対して系統的な調査と発掘作業を行い、単に上述のような局部的な加工を受けた普通の集落遺跡なのか、それとも遺跡の周りを囲む城牆と壕とが存在するのかを明らかにする必要を認識しなければならない。遺跡全体を取り囲む城牆の存在が確認されることによって、初めてそれを城址とすることができるのである。これらの作業が行われていない既報数カ所の竜山文化城址に対しては、慎重な態度を取らなければならない。

次に、寿光辺線王遺跡である。辺線王竜山文化城址は一九八四年に発見されたが、それは最初の竜山文化城址の発見、すなわち城子崖城址の発見から隔たること五〇年余りである。当該遺跡は寿光市西南の辺線王村の北に位置し、一部分は村の地下に埋もれていて、地上部分は破損が大きい。面積は大きくなく、早期と晩期二つの時期に分かれ、晩期段階の面積は五・七万平方メートル、早期の面積はわずかに一万平方メートルというのが辺線王城址の基本的な状況である。注意すべきは、この遺跡が整地によって甚大な損傷を受けたことによって、城内の大部分の文化層がほとんど破壊され、遺跡の底部や灰坑などがわずかにしか残存していないことである。発掘状況から見るに、辺線王竜山文化城牆の地面から上の部分はすでに存在しておらず、残存しているのは二周りの、いわゆる城牆の「基槽」のみである。「基槽」の幅はおよそ七〜八メートル、最も幅の広いところは一〇メートル余りで、深さは約六〜七メートル。構造は傾斜していて、尖底である。北側の底部では、さらに基槽の方向に沿った浅い溝が発見されている。覆土中には多くの陶片が存在している。また、「基槽」の口部には顕著な特徴があり、出入り口（城門）の位置に幅一〇メートルほどの加工されていない地面が残されている。つまり出入り口には溝を掘った跡がなく、その他の部分にはみな深い溝が掘られているのである。[三] 辺線王遺跡のこのような状況に対して、私は、これらの溝は本来城牆の基槽などではなく、遺跡の周囲を取り囲む壕であって、後世の整地によって破壊されたことにより、壕の内側の竜山文化城牆（もし本当に城牆があったならばの話だが）はすでに完全に破壊されて残存せず、ただ地下深くに埋没した壕だけが残ったものであると考える。だから関係各所は、この遺跡に対して新たな考古発掘を組織的に行い、竜山文化の城址が存在するか否かを確定しなければならない。

比較的存在が明確な主な城址には、城子崖・丁公・桐林・景陽岡の四カ所がある。

城子崖城址は、章丘市（元の歴城）竜山駐屯地の東北に位置し、遺跡は武原河の東、周囲の地表から二〜四メー

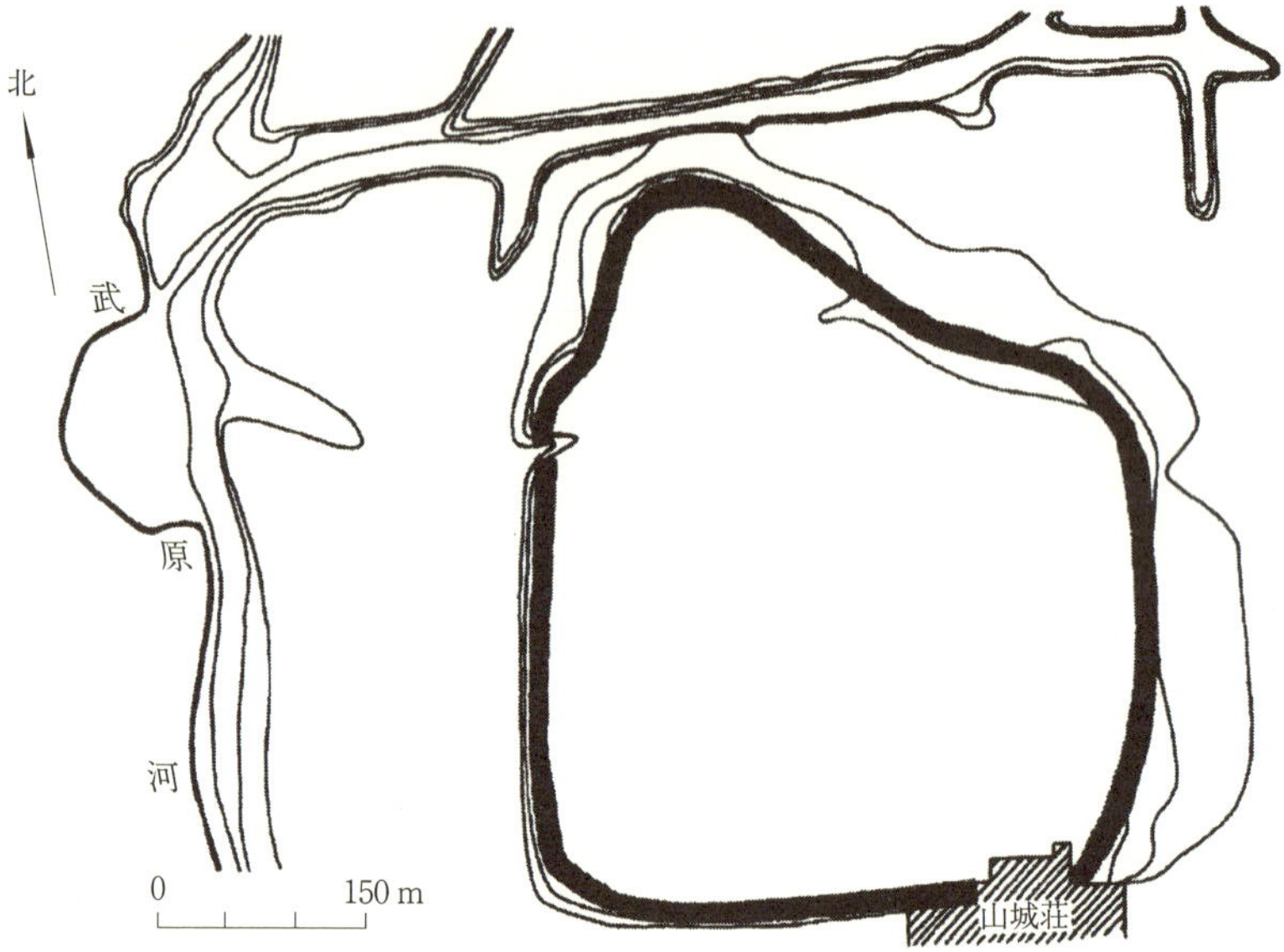

図2　城子崖竜山文化城址平面図

トル突出した台地上にある。一九三〇〜一九三一年の発掘で、すでに黒陶期の城址が発見されている。[四] 後に様々な要因から、この城址の年代を竜山文化期とすることに多くの人が否定的であったため、一九九〇年と一九九一年に二度目の発掘が行われた。この時の発掘成果は、城子崖遺跡が竜山文化・岳石文化・周代の三つの時代を経て、かつ三つの時代の遺構が全て存在する城址であることを明らかにした。そのうち、竜山文化期の城址の面積が最大で、平面は方形に近く、東・南・西の三辺は比較的真っ直ぐだが、北辺だけは地形に従って外側に突き出ている。城址の南北は最長五四〇メートル、東西の幅は四五五メートルで、面積は約二〇万平方メートルである[五]（図2）。城牆は堆築と版築を組み合わせた方法によって建造されており、また南北の城牆では城門が各一基ずつ発見されている。出土遺物の分析から、城子崖城址の上限は竜山文化早期後半を溯ることはなく、下限は竜山文化晩期に達しうる。これによれば、今確認されたところの城子崖竜山城牆の時代は、早くて竜山文化早期後半、遅くて竜山文化晩期であり、ほぼ丁公遺跡晩期の城址の年代に相当する。城子崖遺跡の竜山城址では、現在のところ城牆は一周りしか発見されていないが、ただ報告を見ると、「城牆の大部分には基槽が掘られた跡があり、溝の堆積土砂上に版築による壁が存在する個所もある」などとあるように、(六) 城子崖遺跡には、外側の城牆より面積が小さく、年代のさらに古い内側の城牆が存在したと考えられる。

丁公城址は、鄒平県苑城鎮（現在は合併して長山鎮となっている）丁公村の東に位置する。一九八五年から一九九六年まで、山東大学考古実習隊が前後七回この遺跡を発掘し、大汶口文化・竜山文化・岳石文化・商代や漢代など、異なる時代の遺物が存在することを確認したが、その中でも竜山文化の遺物が最も豊富であった。一九九一年から一九九六年まで行われた第三次から第七次発掘では、竜山文化の城牆・壕・城門・排水溝や字の刻まれた陶片など、一連の重要な考古発見があった。丁公竜山文化城址の平面の形状は角の丸い方形で、内外二周、二つの時期に分かれている。古い城址の面積は新しいものより小さく、約六万平方メートルである。使用された期間はそれほど長くなく、年代は竜山文化早期にあたる。新しい城址の面積は古いものより大きく、城牆を含まずに南北三五〇メートル、東西三一〇メートル、城内の面積は約一一万平方メートルである。(七) 新しい城牆は使用過程において増築・補修を何度も経ており、北側城牆の中央部分では、廃棄された城門が一基、後にはその外側で木製の排水溝が発見された。丁公遺跡外周の城址が存続した期間は比較的長く、年代は竜山文化中晩期から岳石文化期まで継続して用いられた。丁公城址内の遺構と遺物は非常に豊富で、大量の住居跡・灰坑・井戸・墓葬などが発見されており、二〇〇〇平方メートル余りの発掘範囲内において発見された各種遺物は五〇〇〇件以上にのぼる。発見された竜山文化の刻字陶片は大型平底盆の底部であり、そこには六行一一文字が刻まれ、字の配列は整っており、筆跡はよどみなく、多くの学者がこの発見に対する研究を進めている。(八)

桐林城址は、桐林村と田旺村の間に位置していることから、田旺遺跡とも呼ばれる。桐林城址の空間的位置は丁公・

辺線王両遺跡の間であり、東南は臨淄区駐屯地から隔たること約七キロメートルである。この遺跡は、一九八二年に同系列の鼎・甗・盆・罐などが出土した大型器物坑（H5）が発見されたことで広く注目されることとなった。一九九二年、山東省文物考古研究所の調査と溝の断面の分析により、竜山文化の城址であることが発見・確認された。城址の平面は方形に近く、南北約四五〇メートル、東西約四〇〇メートルである。（九）二〇〇二年と二〇〇三年に、北京大学考古文博学院と山東省文物考古研究所等のグループが合同で、二度にわたってこの遺跡を発掘し、竜山城址の範囲や構造、遺跡の文化に対して明確な認識をえた。（一〇）この遺跡の文化堆積はかなり複雑で、最も深いところは厚さ四メートルに達し、大汶口文化・竜山文化・岳石文化・周代・漢代など異なる時代の遺物を含んでいるが、その中でも竜山文化と周代の遺物が最も豊富である。桐林竜山城址もまた内外二つの城牆を持ち、年代は内側の城牆の方が古く、外側の方がやや新しい。外側の城址が占める面積は二〇万平方メートルに達するが、遺跡外周の範囲はさらに大きく、およその算定で一〇〇万～二〇〇万平方メートルにおよぶ。桐林遺跡の竜山文化が継続した期間は比較的長く、大体竜山文化早期から晩期まで続いた。そのため、桐林竜山城址は年代上、竜山文化の全過程を内包しているといえよう。

景陽岡城址は、山東省西部の陽谷県張秋鎮景陽岡村と西沙堌堆村の間に位置し、一部分は景陽岡村の地下に埋没している。またここは、中国の著名な歴史小説『水滸伝』中のシーン、「武松打虎」の景陽岡の所在地である。観光開発事業のため、陽谷県は一九九四年、ここに景陽岡公園を建設することを決議し、それにともなって竜山文化城牆の痕跡を発見した。一九九五年と一九九六年、山東省文物考古研究所などのグループはこの遺跡を二度にわたって発掘し、竜山文化城址の存在を確認した。城址の向きは西南から東北方向で、山東省西部や北部における黄河の流れの向きと一致している。城址の平面はほぼ長方形で、中間部分がやや広く、両端部分にかけて徐々に狭まっている。長さは約一一五〇メートルで、幅は二八〇～三六〇メートル、城牆を含む城址内側の面積は約三八万平方

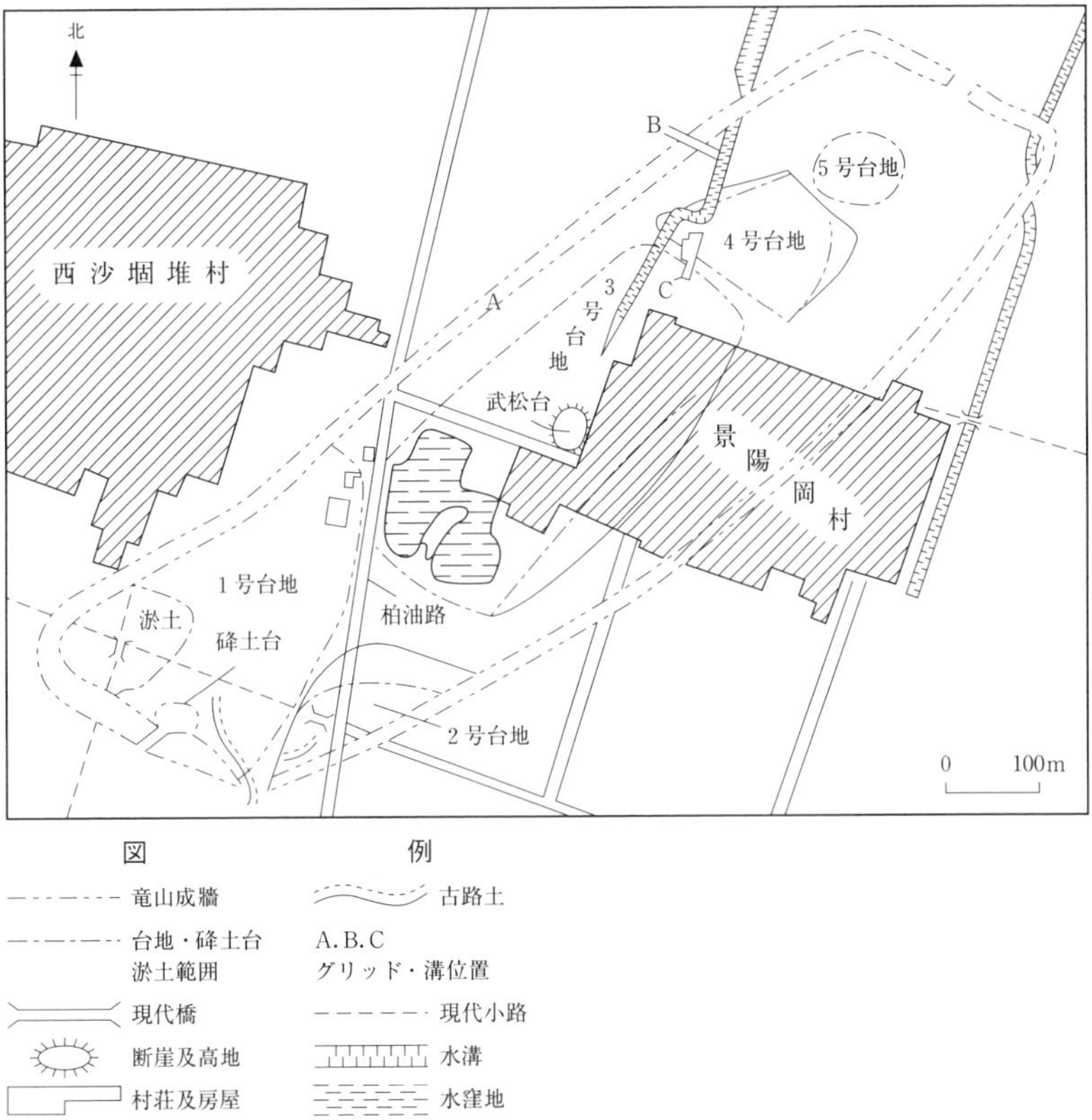

図３　陽谷景陽岡竜山文化城址平面図

メートルである（図3）。北・西・南三辺の中央では、城門が各一基発見されている。発掘者は「景陽岡城内で発見された竜山文化の遺物は、基本的に竜山文化中期後半から晩期前半に集中しており、一部の遺物の上限は中期前半にかかるかも知れないが、晩期後半の遺物は発見されていない。存続した期間はおおよそ二〇〇～三〇〇年で、絶対年代は紀元前二四〇〇～二一〇〇年の範囲内である」としている。この結論と目下の発見状況は基本的に合致する。景陽岡竜山城址の上部は重度の損壊を被っているため、その年代の下限はさらに降る可能性がある。城址内部では五つの台地が発見されたが、最大の三号台地の面積は九万平方メートルに達し、その上には版築土が堆積しており、大型建築遺構であるかも知れない。(一一) 景陽岡遺跡の文化堆積は大きく三段階に分かれる。すなわち竜山文化・漢魏・唐宋期である。そのうち、竜山文化期の遺物が最も豊富であり、城址のほか出土遺物中においてはまた、文字の刻まれた陶片が一件発見されている。(一二)

文化の発展の序列からいえば、山東省北西部の聊城地区は北辛文化の遺跡から始まって、大汶口文化・竜山文化・岳石文化などの異なった発展段階を経ている。しかしもし詳細に検討したならば、これらの文化の遺構は往々にして、時間上連続していないことがわかる。例えば山東省西部の一連の遺跡においては、大汶口文化早期・中期・晩期と、異なる段階の遺構が発見されているが、大汶口文化晩期末から竜山文化早期段階の遺構は普遍的に乏しく、ほとんどの遺跡の竜山文化は中期から始まっており、一定規模の発掘を受けた尚荘遺跡、南陳荘遺跡、景陽岡遺跡、教場鋪遺跡などは全てそうである。景陽岡遺跡のように、竜山文化期から出現し始めた城址は重要であり、そしてまた多くの思考を呼び起こす社会現象なのである。

近年、中華文明探源工程預研究に指定されたため、二〇〇一年以来、中国社会科学院考古研究所山東隊は数次にわたって茌平教場鋪遺跡を発掘し、一九九四年に当地において発見された四〇万平方メートルの竜山文化城址に対して、全く異なる認識をえた。(一三)

教場鋪城址は、茌平県と東阿県の県境にある楽平鋪鎮教場鋪村の西北に位置する。二〇〇四年春の発掘中、竜山文化期の城牆が発見された。城址の形状は楕円形と長方形の中間で、東西の長さ約二三〇メートル、南北の幅約一八〇メートル、城内の面積約四万平方メートルであり、現在海岱地区で発見されている城址の中では最も小さいものである(図4)。発掘者の見解によると、教場鋪遺跡の竜山城牆は前後二つの時期に分かれるが、両期の城牆は上下に重なっており、その間には大量の陶片などの遺物を内包したいわゆる「祭祀坑」があって、両期の城牆の年代は前後連続しているに違いなく、新しい城牆は古い城牆を一時に大規模増築したものであると理解される。(一四) 城

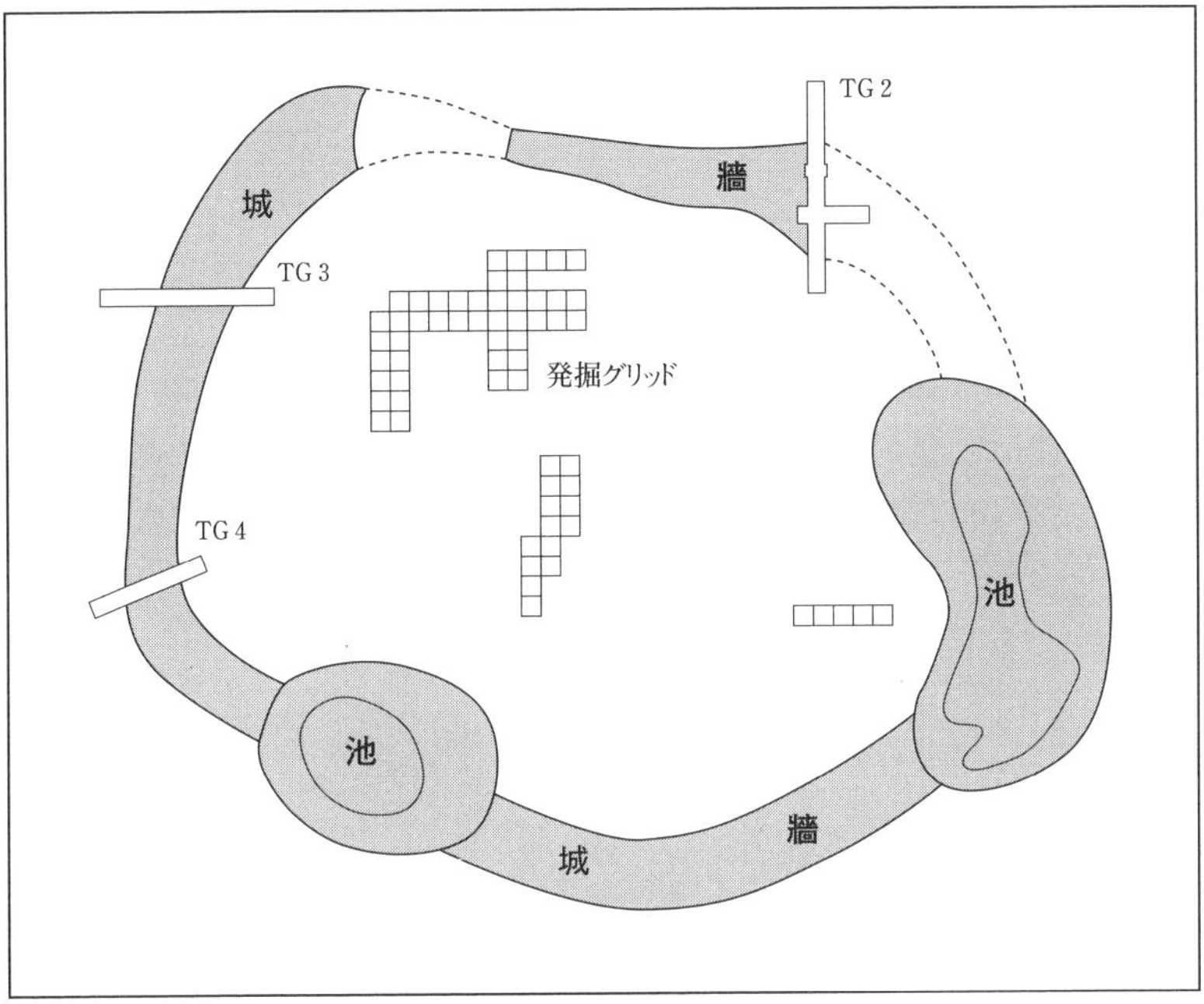

図４　教場鋪竜山文化城址平面示意図

牆の内外両側にはともに壕があり、外側の壕は内側のものよりも形状がきちんと整っていて、まさしく環壕である。内側の壕は大変不規則であり、これについて発掘者は、土を掘って築城した際の名残だと考えている。教場鋪遺跡の城址は形状が楕円形に近く、現在発見されている海岱地区の竜山文化城址がみな方形（少数の長方形を含む）を主とするのとは明らかに異なっており、城牆の版築土についてもさらなる確認が待たれる。そのため学界においても、教場鋪竜山文化城址の城牆に対して様々な見解が存在している。現在の状況から見れば、教場鋪遺跡は環壕集落に属する可能性が高い。よって我々は、今後新たな発掘調査によって証明を加える必要がある。教場鋪竜山文化遺跡の年代は比較的明確で、およそ竜山文化中期から晩期の段階にあたる。教場鋪遺跡の文化は竜山文化を主としており、堆積の最も厚いところは四メートル以上である。出土遺物は大量の日用陶器と生産工具のほか、さらに、焼かれた卜骨と浮選法によって抽出された大量の粟・水稲・小麦など、植物の遺物も発見されているが、その中でも小麦の発見は最も重要である。(一五)

四、社会の分層化と城址

泰沂山系以北の黄河下流地区は海岱文化区の重要な構成部分であり、後には中国に重要な影響を与えた周斉文化を育んだ。中国の古い文献記録を見るに、斉文化興起以前、この地区にはすでに、高度に発達した文化が存在していた。『春秋左氏伝』昭公二〇年の条には、斉の歴史沿革に対する晏子の追述が記載されている。その「昔、爽鳩氏始めて此の地に居り、季䕨之れに因り、有逢伯陵之れに因り、蒲姑氏之れに因り、而る後太公之れに因る」というのは、周代姜斉以前の商代・夏代よりもさらに早い時期に、この地区はすでに国家段階に入っていたことを物語っている。

考古発見が明らかにしたのは、黄河下流地区は新石器時代の早い段階から、不断の文化発展を続けてきたということである。今から八五〇〇〜七〇〇〇年ほど前、この地区ではまず海岱地区において、現在年代が判明している中では最も古い後李文化が出現した。後李文化の遺跡は主に泰沂山系北麓の平原地区に分布し、済南地区に最も多い。後李文化期の社会生産力の水準は比較的低く、農業はすでに発生していたが、採集と狩猟も社会経済生活において、相当に重要な地位を占めていた。この頃発生した最古の環壕集落としては、章丘小荊山遺跡の考古発見などがこれに属す(図5)。当時の住民は面積のわりあい大きな住居を建造・使用しており、住居内部には単体の竈を三つ組み合わせた竈が存在していた。このことから、食事・居住をともにし、共同生活をする人数が比較的多かっ

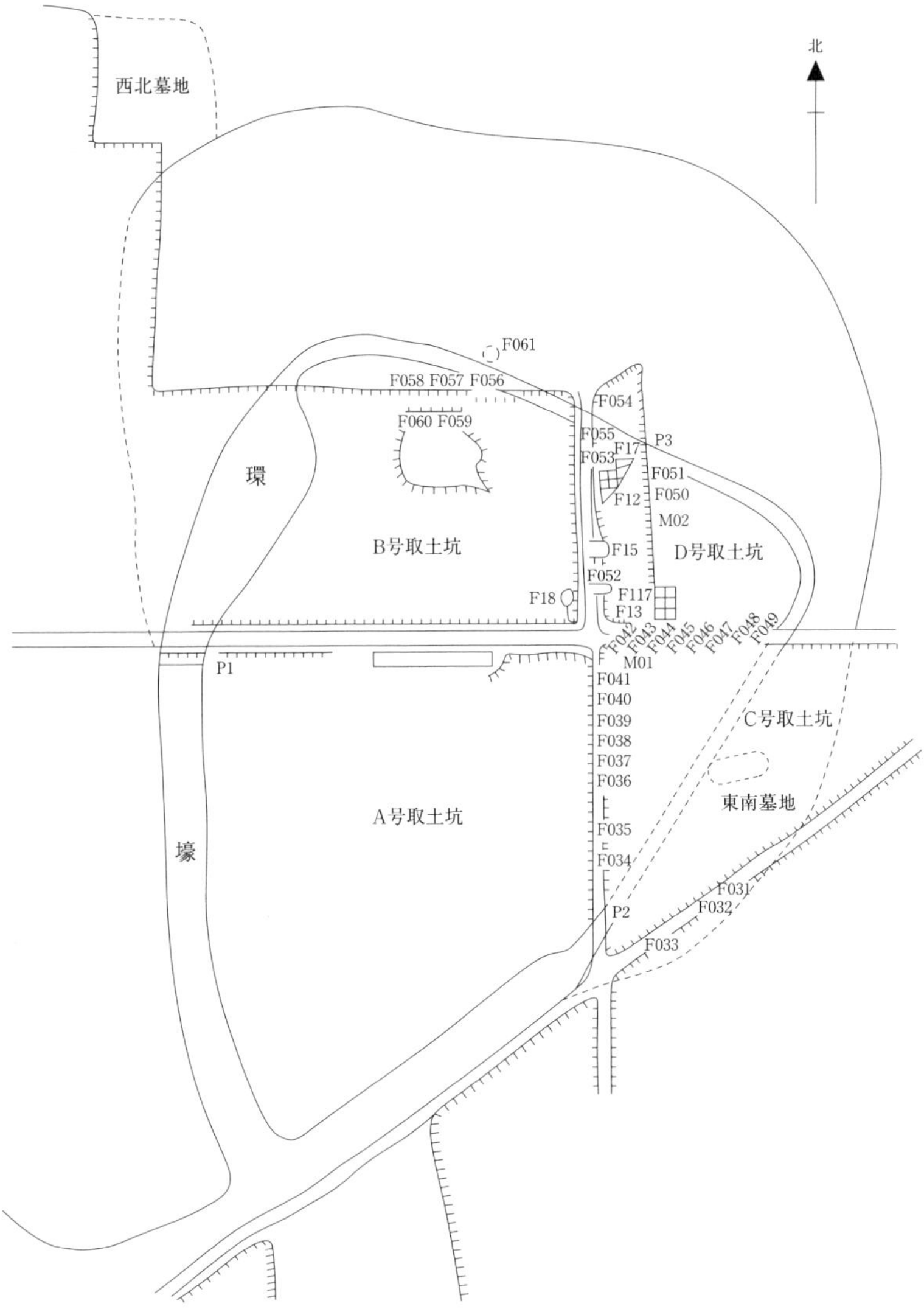

図５　小荊山後李文化環壕聚落平面図

たことがわかり、これを換言すると、社会の基層となる最小組織の人数が比較的多かったということになる。一般的には七、八人で、さらに大人数の場合もあった。このような集団は、後に社会組織の基礎となった核家族へ発展したに違いない。すでに発見された後李文化集落内部の構造・集落間の関係・墓地の状況などの面から分析すれば、当時の社会は相対的に平等な社会段階にあったことがわかる。

後李文化に続いて発生した北辛文化は、この地区に広範囲に分布し、集落遺跡数の増加は明らかで、社会生産力の水準の発展段階、およびそれが反映するところの社会経済状況にはともに一定の進歩が見られる。社会組織の構造から見るに、後李文化と対比するならば、北辛文化期における重要な変化は、全体的に住居の面積が小さくなっていることで、大体にしてみな一〇平方メートル以下である。このような小型の住居に住む人数は、ほとんど四、五人を超えず、この小人数の組織こそが核家族となるのである。さらにいえば、住居・生活をともにする基層組織が核家族でもある。この頃の核家族は単なる一消費単位にすぎなかったかも知れないが、その出現は、社会組織発展の過程における重要な進歩であったに違いなく、以後の社会経済の発展・私有制の発生・階級分化と社会分層の出現などに対して、極めて重要な意義を有していたはずであり、ある種の意義においては、それらの基礎を定めたともいえよう。各方面の状況を総合すると、この時期の社会は、後李文化と比べれば発展・進歩していたが、ただ全体的には依然として平等社会の段階にあった。

今から六一〇〇~四六〇〇年前の大汶口文化期は、黄河下流地区古代社会が加速度的に発展した時期であった。我々は一般的に、この長期にわたって継続した考古文化を早・中・晩の三つの大きな発展段階に区分している。早期段階では前代の北辛文化を受け継いでいたが、社会生産力の水準と社会経済の発達は明らかに加速した。集落の拡散は人口の増加を示しており、集落間と集落内部の階層分化がはじまって、日々進展していった。同時に、異域間の社会経済発展の状況や、財産の保有量と階層分化の程度の差もはっきりしはじめた。例えば大汶口地区と王因、劉林などの地区とでは非常に明確な格差が存在している。前者においては明らかに社会分層現象が出現しており、甚だしい場合は、早期の後半段階においてすでに分層社会化していた。それに対して後者の区域の発展は前者に比べて緩慢で、社会分化は拡大に向かっていたものの、全体的には依然として平等社会の段階にあったようである。そのためこの時期は、平等社会から分層社会へ移行する過渡期であったと帰結することができる。

今から五五〇〇~五〇〇〇年ほど前の大汶口文化中期においては、状況に明らかな変化が見られる。早期段階の大汶口地区のような社会分化は、他の地区と比べて突出した個別的な現象にすぎなかったが、この頃になると普遍的なものとなり、さらに発展した。例えば、野店遺跡・花庁遺跡・焦家遺跡などは、みな分層社会に移行した小地区と見なすことができる。野店遺跡などでは、階層上位で富裕な家族専用の墓地が出現している。そして江蘇省北部の花庁遺跡では、富裕な家族と一般の家族の墓地が区別されており、相互の格差が大変顕著である。黄河下流地区の焦家遺跡にも類似の状況が存在する。

今から五〇〇〇年ほど前の大汶口文化晩期に至り、集落と墓地の二つの面において、これまでにない高度な社会分化が現れた。特に一部の発達した小地区では、集落空間の形態が大・中・小の三ランクによって構成される様相を呈している。一つの集落群中において、大型の中心集落が一カ所、中型の集落が数カ所、小型の集落が多数存在するという具合に、ピラミッド状の社会構造を体現している。沭河中流の莒県盆地などでは、大汶口文化の遺跡が四十数カ所発見されているが、最高ランクの中心遺跡が陵陽河一カ所にあり、中型の集落が六、七カ所、小型の集落が三十数カ所存在している。陵陽河墓地の規模・富の程度・儀礼制度・等級分化・文字の出現・他のランクの墓地（例えば大朱家地や杭頭など）との比較などといった要素を考慮すれば、この地区が大汶口文化晩期の段階にあり、すでに早期国家の段階に入っていたと考えることができる。そのほか、大汶口遺跡・野店遺跡・焦家遺跡などにも、同様の状況が認められる。

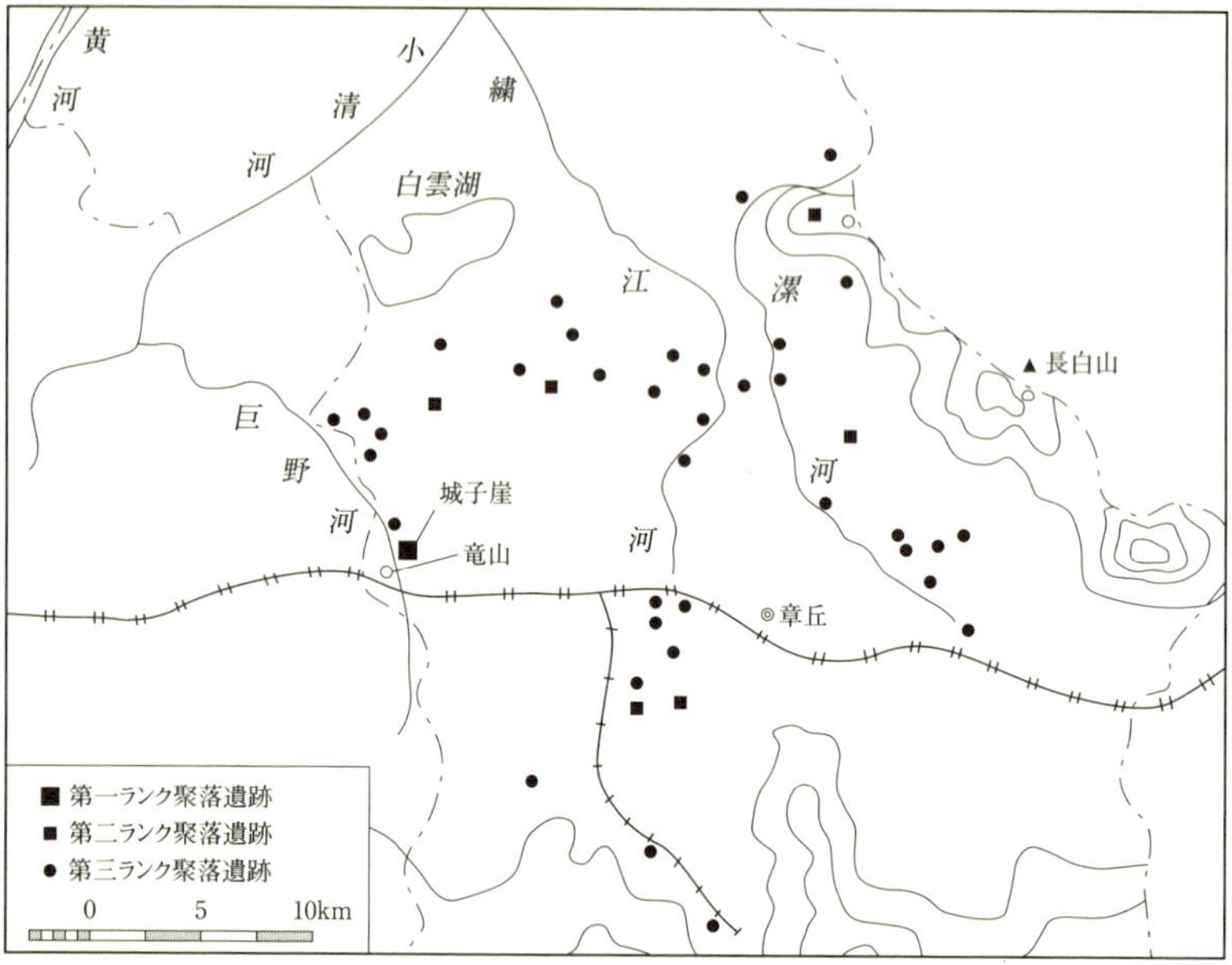

図6　城子崖竜山文化聚落群遺跡分布図

竜山文化期、大汶口文化晩期における経済・文化の高度な発展を基礎として、雨後の筍のように城址が出現した。城址が竜山文化期に大量に建造されたことは決して偶然ではなく、社会の矛盾が一定段階に達したための、必要の産物であったといえる。この時期は、三ランク構造の集落形態が普遍的な社会現象となっており、中には四ランクの集落構造を持つものもあった。ピラミッドの頂点に位置する中心集落では、多くの城址が発見されており、名実ともに都城とすることができる。例えば、城子崖の城址が所在する章丘と歴城地区では、三十数カ所の竜山文化遺跡が発見されているが[一六]、これらの遺跡中、城子崖最高ランクの中心城址一カ所のほか、六カ所は面積五～一〇万平方メートル前後の第二ランクの集落遺跡で、これ以外はみな面積三、四万平方メートル以下の小型集落遺跡である。従って、大・中・小の集落は数量と等級の上で、ピラミッド構造の集落遺跡群を構成していたのである（図6）。この種の構造を持つ集落形態は、竜山文化期においては普遍的な形式であった。これら集落群の中心城址は、比較的長期間にわたって使用されたものが多く、さらに政治実体発展の需要にともない、早期段階の小規模な城址を基礎として拡張し、大規模な城址となったのである。丁公遺跡や桐林遺跡などはこの類である。そして集落内部では、高ランクの城子崖遺跡や西朱封遺跡、丁公遺跡・桐林遺跡・景陽岡遺跡はもちろん、また中ランクの三里河遺跡や、はたまた低ランクの呈子遺跡に至るまで、みな墓地と墓地、墓地内部の両面において明らかな階層分化が現れている。このように、社会の階級分化は集落間と集落内部の両面から発展し、かつ固定化されてきたのであり、次第に社会によって認可された制度となっていったのである。

【注】

（一）山東省文物公庫研究所等「魯西発現両組八座竜山文化城址」（『中国文物報』一九九五年一月二二日第一版）、張学海「魯西両組竜山文化城址的発現及対幾個古史問題的思考」（『華夏考古』一九九五年第四期）。
（二）孫淮生「東阿前趙竜山文化遺址」（『魯西文博論叢』斉魯書社、二〇〇〇年）。
（三）杜在忠「辺線王竜山文化城堡的発現及其意義」（『中国文物報』一九八八年七月一五日第三版）。
（四）中央研究院歴史語言研究所『城子崖』（一九三四年）。
（五）山東省考古研究所「城子崖遺址又有重大発現　竜山岳石周代城址重見天日」（『中国文物報』一九九〇年七月二六日第三版）。
（六）張学海「章丘県城子崖古城址」（『中国考古学年鑑（一九九一）』文物出版社、一九九二年）。
（七）山東大学歴史系考古教研室「山東鄒平丁公遺址第四、五次発掘簡報」（『考古』一九九三年第四期）、欒豊実「鄒平県丁公大汶口文化至漢代遺址」（『中国考古学年鑑（一九九四）』文物出版社、一九九七年）。
（八）欒豊実「丁公竜山城址和竜山文化文字的発現及其意義」（『文史哲』一九九三年第三期）、王恩田等「専家筆談丁公遺址出土陶文」

（『考古』一九九三年第四期）。
（九）魏成敏「淄博市田旺竜山文化城址」（『中国考古学年鑑（一九九三）』文物出版社、一九九五年）、張学海「試論山東地区的竜山文化城」（『文物』一九九六年第一二期）。
（一〇）孫波「淄博市桐林新石器時代至戦国時期遺址」（『中国考古学年鑑（二〇〇三）』文物出版社、二〇〇四年）。
（一一）山東省文物考古研究所等「山東陽谷県景陽崗竜山文化城址調査与試掘」（『考古』一九九七年第五期）、王守功・李繁玲「試析景陽崗竜山文化城址」（『東方考古』第二集、科学出版社、二〇〇五年）。
（一二）王守功「景陽岡城址刻文陶片発現的意義」（『魯西文博論叢』斉魯書社、二〇〇〇年）。
（一三）張学海「魯西両組竜山文化城址的発現及対幾個古史問題的思考」（『華夏考古』一九九五年第四期）。
（一四）中国社会科学院考古研究所山東隊等「山東茌平教場鋪遺址竜山文化城牆的発現与発掘」（『考古』二〇〇五年第一期）。
（一五）趙志軍「両城鎮与教場鋪竜山時代農業生産特点的対比分析」（『東方考古』第一集、科学出版社、二〇〇四年）。
（一六）これは章丘地区のみの数字である。城子崖は章丘・歴城の境にあり、歴城側にも一定量の竜山文化城址があるに違いない。よって、城子崖地区の竜山文化遺跡の総数はさらに多いはずである。

山東省仰韶時代の人口規模およびその環境と変遷

王　建華
（柏倉伸哉訳）

人口数量とその変動は最も基本的な人口現象である。いかなる社会の存在と発展も、まず初めに、ある程度の人口の存在がある。だが、社会的人口の多少は、社会的能力の大小と生産力の発展の程度と密接に関係している。まさにこのようであるために、人口数量とは一貫して、最も人々の関心を集める問題であり、同時にまた人口研究の着眼点と、より一層進んだ研究の出発点でもある。

有史以前を対象とした人口研究は、現代を対象とした人口研究とは異なっており、したがって、関係概念および方法の使用にも、また異なるところがあるはずである。具体的には人口の数量化研究の際には、われわれは人口規模の概念を人口数量の概念に置き換える。人口規模とは人口のある時点における、またはある時期内の数量の変化の程度を指すものである。人口規模と人口数量は相関する二つの概念であるが、人口規模とはある数量区間を表しているのであり、人口数量とは正確な定数をもって表すのである。両者の共通点は、ある数量を表示することにあり、その区別は数量の正確の程度が異なるところにある。人口規模とは数量上の距離を表現しており、人口数量と比べるとずっと広範囲なのである。この人口規模の概念が使用される理由は、主な原因は、先史時代の人口数量化研究の資料中には、世帯人員の確実な材料が欠乏しているということにある。しかし世帯人員とはおおよその規模にしかすぎないし、それゆえ世帯人員の規模を基礎として、統計を取った先史時代の数量化された人口も、たんなる一種の数量区間にしかすぎないのである。その他、先史時代の人口研究資料の多様性は、その研究方法を単一のものにすることはできず、さまざまな方法の総合であることを決定付けた。さまざまな方法を応用して、統計を取り数量化された人口も、結局のところは、一つの総合化の過程であって、このことは有史以前の数量化された人口とは単なる規模であることしかできないことを決定付けたのである。

具体的な研究過程の中で、われわれはまず始めに墓葬の分析法を利用して、各時代ごとの典型的な遺跡に対して、分析を進め、遺跡の人間が占有した面積を確定した。ここで我々が使用したのは一種の静的な人口モデル(一)である。いわゆる〝静止人口モデル〟とは、当時の社会単位における人口を仮定し、毎年出生人数と死亡人数が等しいとしたものである。したがって人口の総数は長期にわたって一定である。ある社会単位の総人数は永久に年出生人数と平均寿命の積と等しいので、年出生人数と死亡人数は等しく、ゆえにその社会単位の総人数はまた不変的に死亡人数と平均寿命の積に等しい。公式で表すと、

P＝A・D／T

となる。Pは年平均人口数であり、Dは墓地における総死亡人数、Aは平均年齢、Tは墓地継続の時間である。遺跡の一人あたりの占有面積を確定した基礎をもとに、地域内の典型的な県市の遺跡資料の統計によって、それぞれの県市の人口分布密度を計算し、さらに山東省仰韶時代(二)の人口規模を確定した。文化上の共通性を考慮し、我々は典型的遺跡の選択時に山東地区に限定することはせずに、海岱地区全ても含めた。

現在、海岱地区で発見されている仰韶時代遺跡は五〇〇カ所余りあるが、その中で発掘されたものは五〇カ所余りある。これら発掘された遺跡の中の墓地の主要なものは兗州王因(三)、泰安大汶口(四)、邳県大墩子(五)、鄒県野店(六)等にある。家屋遺跡は発見されているが、わずかに断片的な分布があるのみであり、完全な集落を構成することができない。

文化上の共通性ならびに山東省の資料の現実状況を考慮して、以下では兗州王因、泰安大汶口、邳県大墩子等の三カ所の墓地の分析から着手することとし、山東省仰韶時代遺跡の一人あたりの占有面積を確定し、さらに山東省仰韶時代の人口規模全体を統計することとする。

一、典型的遺跡の一人あたりの占有面積の分析

（一）王因遺跡

王因遺跡は山東省兗州市西南一二・五キロメートルの王因村東南に位置している。遺跡の中心部分は南北の長さおよそ三〇〇メートル、東西の幅およそ二〇〇メートル、総面積は六万平方メートル前後に達し、周囲の面積も含めるとおよそ一二万平方メートルになる。王因遺跡は、まず一九七五年、道路補修の際に発見され、一九七五年から一九七八年に至るまで、七回の発掘を経、発掘総面積は一万一八〇平方メートルに達した。この七回の発掘での最大の収穫は大面積の王因墓地を発掘したことであった。墓葬八九九基を発見し、そのうち単人葬墓は七三二基、合葬墓は三一基、二次葬墓は九八基、遷出葬墓は三八基で、これら墓葬にはあわせて一二八五体の死者が埋葬されていた。王因墓地の八九九基の墓葬の継続期間は、関係する六つの年代測定データに基づいて、さしあたって八〇〇年前後と考えられた。(七) 静止人口モデルの公式、P＝A×D／T（P年平均人口数、D墓地総死亡人数、A平均年齢、T墓地継続時間）によって、Dは墓葬統計表がすでに統計を出しているものに基づき、一二八五人とした。Tは遺跡の年代測定データを参照して、八〇〇年と決定することができた。Aは発掘報告書所載の墓葬統計表に基づいて、

三三・四九歳と計算される。このように王因墓地大汶口文化早期の年平均人口規模はP＝A×D／T＝（三三・四九×一二八五／八〇〇）×（一二万／一万一八〇）≈六三四人となり、つまり王因墓地大汶口文化早期の住民の占有面積は一二万平方メートル／六三四人≈一八九平方メートル／人となる。

（二）大汶口遺跡

大汶口遺跡は山東省泰安市大汶口鎮の西南、大汶河の二本の支流の合流点に位置する。遺跡の範囲は東は寧陽県の堡頭村にあり、西南部は汶河の埋もれるところとなってしまっており、西北は汶河北岸の衛家荘村の南に至り、東北は大汶口鎮の間近にある。面積は八二万五〇〇〇平方メートル前後に達する。大汶口遺跡はまず一九五九年、鉄道補修工事の際に発見され、一九五九年、一九七四年、一九七八年の前後三回の発掘を経て、七四五〇平方メートルを発掘した。一九五九年には五四〇〇平方メートルを発掘し、大汶口文化中期の墓葬一〇五基、埋葬死者一一三人、大汶口文化晩期の墓葬二八基、埋葬死者三〇人を発見した。一九七四年、一九七八年の二回では総面積二〇五〇平方メートルを発掘し、あわせて大汶口文化早期の墓葬四六基、埋葬死者六五人を発見した。遺跡の年代測定データ並びに、墓葬出土器物の変化規則によって、さしあたって大汶口遺跡の早期墓葬の継続年代は四〇〇年前後、中期の継続年代は四〇〇年前後と確定された。[八] 静止人口モデルの公式P＝A×D／T（P年平均人口数、D墓地総死亡人数、A平均年齢、T墓地継続時間）によって、Dは墓葬統計表がすでに統計を出したものに基づいて、大汶口早期は六五人とし、中期は一一三人とした。Tは遺跡の年代測定データと器物の変化規則から早期は四〇〇年、中期は五〇〇年と定めることができる。Aは発掘報告書所載の墓葬統計表に基づいて計算し、三二・一七歳とした。このように大汶口墓地早期の年平均人口規模はP＝A×D／T＝（三二・一七×六五／四〇〇）×（八二万五〇〇〇

／二〇五〇）≒二一〇四人となり、つまり大汶口墓地早期の住民の占有面積は八二万五〇〇〇平方メートル／二一〇四人≒三九二平方メートル／人となる。大汶口墓地中期の年平均人口規模はP＝A×D／T＝（三二・一七×一一三／四〇〇）×（八二五〇〇〇／五四〇〇）≒一三八八人となり、つまり大汶口墓地中期の住民の占有面積は八二万五〇〇〇平方メートル／一三八八人≒五九四平方メートル／人となる。

（三）大墩子遺跡

大墩子遺跡は江蘇省邳県四戸鎮大道口、竹園、小馮家の三つの村落の間に位置し、周囲より四・三メートル高いゆるやかな坂となった土盛りとなっている。遺跡の平面形は円形に近く、直径二五〇メートル、総面積は五万平方メートル前後である。大墩子遺跡はまず一九六二年の調査時に発見され、一九六三年、一九六六年の前後二回の発掘を経て、六〇〇平方メートル余りを発掘した。二回の発掘であわせて大汶口文化墓葬三四二基、その中でも大汶口文化早期の墓葬一八六基、埋葬死者一八九人、大汶口文化中期の墓葬一五六基、埋葬死者一六一人を発見した。(九)その他の遺跡の年代測定データおよび墓葬出土器物の変化規則によって、さしあたって大墩子遺跡大汶口文化早期の墓葬の継続期間は五〇〇年前後、中期の継続期間は五〇〇年前後と確定された。静止人口モデルの公式P＝A×D／T（P年平均人口数、D墓地総死亡人数、A平均年齢、T墓地継続時間）によって、Dは墓葬統計表がすでに統計を出したものに基づいて、大墩子墓地大汶口文化早期は一八九人、中期は一六一人とした。Tは遺跡の年代測定データと器物の変化規則によって、早期は五〇〇年、中期は五〇〇年と定めることができる。Aは発掘報告書所載の墓葬統計表に基づいて計算し、三五・六六歳とした。このように大墩子墓地大汶口文化早期の年平均人口規模はP＝A×D／T＝（三五・六六×一八九／五〇〇）×（五万／六〇〇〇）≒一一二三人となり、つまり大墩子墓地大汶口文化早期の住民の占有面積は五万平方メートル／一一二三人≈四五平方メートル／人となる。大墩子墓地大汶口文化中期の年平均人口規模はP＝A×D／T＝三五・六六×一六一／五〇〇）×（五万／六〇〇）≈九五七人となり、つまり大墩子墓地大汶口中期の住民の占有面積は五万平方メートル／九五七人≈五二平方メートル／人となる。

以上三カ所の遺跡の分析を総合すると、山東省大汶口文化早期の遺跡の住民の平均占有面積は（一八九＋三九二＋四五）／三≈二〇九平方メートル／人、中期の遺跡の住民の平均占有面積は（五九四＋五二）／二≈三二三平方メートル／人となる。大汶口文化早、中期は年代上、仰韶時代の中、晩期に相当するから、山東省仰韶時代中、晩期の遺跡の住民の平均占有面積はそれぞれ二〇九平方メートル／人と三二三平方メートル／人となる。山東省仰韶時代早期の遺跡の住民の平均占有面積については、今のところ統計学的意義を備えた分析資料が欠如しており、そのため仰韶時代中期の遺跡の住民の平均占有面積の数値を採用したいと思う。すなわち二〇九平方メートルである。山東省仰韶時代遺跡の住民の平均占有面積の基礎を理解した上で、調査作業が比較的良好であった県市の遺跡資料を重点的に分析していくことによって、仰韶時代の地域人口の分布密度を計算することができるだろう。その上で、地域人口の分布密度と仰韶時代文化分布区域の面積との関係に基づいて、山東省全体の仰韶時代の人口規模を計算してみたい。

二、山東省仰韶時代の人口規模の統計

（一）山東省仰韶時代地域人口密度の分析

山東省仰韶時代の遺跡の調査資料は、各地の自然環境およびその作用の影響を受けて、分布は非常に不均衡である。山東省それぞれの県市の中の、兗州市、青州市、莒県、海陽県、茌平県にある仰韶時代遺跡数は比較的多いが、その他の県市が公に発表している資料はそれに比べて少ない。その他、山東省では河南省と陝西省が公開しているように系統だった資料は乏しいため、ここでは山東省各地の遺跡分布の状況を代表しうる、上述五カ所の県市の遺跡資料を選択し、系統的に分析して、もって山東省仰韶時代のそれぞれの時期の地域人口分布密度を確定した。山東省仰韶時代のそれぞれの時期の地域人口の分布密度の基礎の上で、仰韶時代のそれぞれの時期の人口規模の統計をさらに一歩進めてみたい。

①兗州市仰韶時代地域人口密度の分析

兗州市は済寧市東北部に位置し、面積はおよそ六四一・六平方キロメートルである。これまでに行われた多くの調査を経て、現在、兗州市では仰韶時代遺跡があわせて一八カ所発見されている（表1）。その総面積は四九万九五〇〇平方メートル、分期することのできる遺跡数および本市の遺跡の面積状況を参照して計算すると、仰韶時代早期の遺跡面積は三一万五五〇〇平方メートル、中期の遺跡面積は三一万五五〇〇平方メートル、晩期の遺跡面積は三六万八〇〇〇平方メートルとなる。兗州市の仰韶時代遺跡の総面積と遺跡の一人あたりの占有面

表１　山東省典型県市仰韶時代遺跡統計表

遺跡面積単位：万㎡　文化層厚さ単位：m

所在県市	序号	遺跡名称	位置	面積	文化層厚さ	継続時代	資料出典
兗州市	1	小孟	城西北 30 ㎞ 小孟村東	0.25	1	北辛・大早中晩	史研 1985-2
	2	西桑園	城西北 30 ㎞ 西桑園村西古路溝両岸	0.9	1	北辛 大早	史研 1985-2
	3	王因	城南 12.5 ㎞ 王因村南高地	12	3	北辛 大早	史研 1985-2, 山東王因
	4	尚荘	城北 17.5 ㎞ 尚荘村東 250m	0.8	0.5	大汶口	史研 1985-2
	5	龍王店	城北 7.5 ㎞ 龍王店村南	0.4	1.5	大・龍	史研 1985-2
	6	安廟	城北 7.5 ㎞ 安廟村南	0.09	1	大・龍 岳石	史研 1985-2
	7	夏村	城西北 5 ㎞ 夏村東 150m	2.25	1	大汶口	史研 1985-2
	8	蘇戸	城西北 22.5 ㎞ 蘇戸村南窰廠南高地	1	0.5	大中晩・龍	史研 1985-2
	9	李堂	城西北 22.5 ㎞ 李堂村西高地	0.35	1	大汶口中・晩	史研 1985-2
	10	西呉寺	城西北 30 ㎞ 西呉寺村東高地	10	1.2-1.5	大・龍 岳石	史研 1985-2, 兗州西呉寺
	11	秦村	城西北 22.5 ㎞ 秦村西南 100m	2	1	大汶口中・晩	史研 1985-2
	12	西頓村	城西北 20 ㎞ 西頓村西南 200m	5	1	大汶口中・晩	史研 1985-2
	13	丁郗村	城西北 25 ㎞ 丁郗村北 200m	0.8	0.5	大汶口	史研 1985-2
	14	嵫山	城西 17.5 ㎞ 嵫山山前坡地	1.8	1	大中・晩・岳	史研 1985-2
	15	范家堂	城西 4 ㎞ 范堂村西 50m	5	1	大汶口	史研 1985-2, 兗州六里井
	16	堌城	城西南 17.5 ㎞ 堌城村東北高台地	0.35	1	大汶口	史研 1985-2
	17	前崗	城西南 13 ㎞ 前崗村西南 250m	6	不詳	大・龍	史研 1985-2
	18	孫楼	城南 10 ㎞孫楼村南 300m 高地	0.96	1	大・龍	史研 1985-2
茌平県	19	尚荘	茌平鎮尚荘村東	7.5	不詳	大・龍	考文 1998-1, 文物 1978-4, 学報 1985-4
	20	韓王	茌平鎮韓王村西 200m	6	不詳	大・龍	考文 1998-1
	21	台子高	孫橋郷台子高村東南 50m	5	不詳	大・龍	考文 1998-1

茌平県	22	南陳荘	孫橋郷南陳荘村西 20m	8	不詳	大・龍 岳石	考文 1998-1, 考古 1985-4
茌平県	23	十里舗	趙屯郷十里舗村北 10m	3	不詳	大・龍	考文 1998-1
茌平県	24	望魯店	王老郷望魯店村北 200m	0.35	不詳	大・龍	考文 1998-1
茌平県	25	大尉	楽平鎮大尉東南 1000m	6	不詳	大・龍	考文 1998-1
茌平県	26	楽平舗	楽平舗鎮東街南 50m	2.5	不詳	大・龍 岳石	考文 1998-1
茌平県	27	教場舗	楽平舗鎮教場舗村北 100m	6.5	不詳	大・龍 岳石	考文 1998-1
茌平県	28	梁荘	広平郷梁荘村北 500m	0.3	不詳	大・龍 岳石	考文 1998-1
茌平県	29	大劉荘	杜郎口郷大劉荘村西北 1000m	2	不詳	大・龍 岳石	考文 1998-1
茌平県	30	高垣牆	韓集郷高垣牆東南 1000m	2	不詳	大・龍	考文 1998-1
茌平県	31	大碾李	韓屯郷大碾李村北 100m	2	不詳	大・龍 岳石	考文 1998-1
青州市	32	桃園	東夏鎮桃園村南	35	不詳	北辛 大・龍	海岱考古一輯
青州市	33	拾甲	東夏鎮拾甲村北	1	不詳	大汶口	海岱考古一輯
青州市	34	侯廟	大王郷侯廟村東	4	不詳	大・龍	海岱考古一輯
青州市	35	侯古店	王母宮郷侯古店村南	6	不詳	大汶口	海岱考古一輯
青州市	36	王盤石	趙坡郷王盤石村	3.2	不詳	大汶口	海岱考古一輯
青州市	37	北高村	趙坡郷北高村南	12	不詳	大・龍	海岱考古一輯
青州市	38	孫板東	口埠鎮孫板村東	1.5	不詳	大汶口	海岱考古一輯
青州市	39	南段	朱良鎮南段村南	3	不詳	大汶口	海岱考古一輯
青州市	40	大関営	瀰河鎮大関営村西	0.08	不詳	大汶口	海岱考古一輯
青州市	41	大陳	楊荘郷大陳村	10	不詳	大汶口	海岱考古一輯
青州市	42	鳳凰店	黄楼郷鳳凰店村南	2.25	不詳	大汶口	海岱考古一輯
青州市	43	下圏	五里鎮下圏村西	8.75	不詳	大汶口	海岱考古一輯

青州市	44	五里南	五里鎮五里村南	不詳	不詳	大汶口	海岱考古一輯
	45	馬家荘	陽河郷馬家荘村南	不詳	不詳	大・龍岳石	海岱考古一輯
	46	許王北	陽河郷許王村北	不詳	不詳	大汶口	海岱考古一輯
	47	臧台	何官郷臧台村北	180	不詳	大・龍	海岱考古一輯
	48	褚馬	徐集郷褚馬村西	13.5	不詳	大・龍	海岱考古一輯
	49	西石	譚坊鎮西石村西	6	不詳	大・龍	海岱考古一輯
	50	東石村	譚坊鎮東石村西	6	不詳	大・龍	海岱考古一輯
	51	広固城	益都鎮北西関村北	108	不詳	大汶口	海岱考古一輯
	52	陵陽河	陵陽郷大寺村西側、陵陽河南岸	50	1.2	大汶口	史研 1987-3, 莒県文物志
莒県	53	杭頭	陵陽郷杭頭村東 600m	6	1	大汶口	考古 1988-12, 莒県文物志
	54	孫家葛湖	陵陽郷孫家葛湖村西 600m	3	0.5	大汶口	莒県文物志
	55	張家葛湖	陵陽郷張家葛湖村西 1500m	6	不詳	大汶口	莒県文物志
	56	西山河	陵陽郷西山河村西 300m	3	0.8-1	大汶口	莒県文物志
	57	項家官荘	陵陽郷項家官荘村東南 500m	1.5	不詳	大汶口	莒県文物志
	58	陡崖	寨里河郷陡崖村西南約 50m	3	0.8	大汶口早期	莒県文物志
	59	前牛店	寨里河郷前牛店村西南 300m	9	不詳	大汶口	莒県文物志
	60	小窰	寨里河郷小窰村東 100m	5	不詳	大汶口	莒県文物志
	61	王標大前村	寨里河郷王標大前村西 10m	2	不詳	大汶口	莒県文物志
	62	春報溝	寨里河郷春報溝村西	3.75	不詳	大汶口	莒県文物志
	63	大朱家村	店子郷大朱家村西側	6	1.2	大汶口	莒県文物志 学報 1991-2
	64	小朱家村	店子郷小朱家村西 20m	3	0.5	大汶口	莒県文物志
	65	張家囲子	店子郷大宋家村西 100m	2.25	0.8	大汶口	莒県文物志
	66	李家城子村東	店子郷李家城子村東南約 100m	3	1.5	大汶口	莒県文物志
	67	大宋家村	店子郷大宋家村西北 200m	3	不詳	大汶口	莒県文物志
	68	東溝頭	店子郷東溝頭村東 100m	1.2	不詳	大汶口	莒県文物志
	69	略荘	店子郷略荘村北 100m	9	不詳	大汶口	莒県文物志

莒県	70	後果荘	果荘郷後果荘村西北約 200m	3	1.2	大汶口早期	莒県文物志
	71	楊家崮西	小店鎮楊家崮西村西北約 50m	0.96	1.5	大汶口早期	莒県文物志
	72	公家荘	小店鎮公家荘村南 50m	1.8	0.5	大　早	莒県文物志
	73	古跡崖	小店鎮古跡崖村南約 100m	4	1.5	大汶口	莒県文物志
	74	前李家官荘	小店鎮前李家官荘村西 200m	4	1.5	大汶口	莒県文物志
	75	周家荘	龍山鎮周家荘村南 50m	5	0.6-0.7	大汶口早期	莒県文物志
	76	南楼	龍山鎮南楼村西北 100m	4	不詳	大汶口	莒県文物志
	77	西滂坡村東南	龍山鎮西滂坡村東南 200m	3	不詳	大汶口	莒県文物志
	78	仕陽	招賢鎮小仕陽村東南 200m	6	2	大汶口	莒県文物志
	79	孫由	中楼鎮孫由村南約 300m	3	1.5	大汶口早期	莒県文物志
	80	河峪	中楼鎮河峪村東北 100m	4	不詳	大汶口	莒県文物志
	81	八里荘子	八里荘子村西南 50m	6	1.4	大汶口	莒県文物志
	82	魏家村	城陽鎮魏家村東南約 100m	4	1.5	大汶口	莒県文物志
	83	沈家村	城陽鎮沈家村東 50m	6	不詳	大汶口	莒県文物志
	84	劉家苗蒋	夏荘鎮劉家苗蒋村東南 50m	1.5	不詳	大汶口	莒県文物志
	85	大略疃	夏荘鎮大略疃村南	2	不詳	大汶口	年鑑 2000
	86	玄武庵	東莞鎮玄武庵村東 20m	2	不詳	大汶口	莒県文物志
	87	前下荘	長嶺郷前下荘村西南 50m	3	不詳	大汶口	莒県文物志
	88	北台子	長嶺郷葛家洙流村北台子	5	不詳	大汶口	莒県文物志
	89	前集	嶠山鎮前集村西 200m	5	不詳	大汶口	莒県文物志
	90	官家林	安荘郷官家林村西南 10m	1.5	不詳	大汶口	莒県文物志
	91	徐家村	大石頭郷徐家村東約 50m	3.75	不詳	大汶口	莒県文物志
	92	寨村	桑園郷寨村西約 50m	4	不詳	大汶口	莒県文物志
	93	三角山	桑園郷三角山村南 20m	1.5	不詳	大汶口	莒県文物志
	94	桑荘	桑園郷桑荘村北 100m	6.25	不詳	大汶口	莒県文物志

注：表内の“考古”は『考古』、“文物”は『文物』、“史研”は『史前研究』、“考文”は『考古与文物』、“年鑑”は『中国考古学年鑑』を指す。

積の数値に基づけば、兗州市仰韶時代早期の人口規模は三一万五五〇〇平方メートル／二〇九平方メートル／人≈一五一〇人、中期の人口規模は三一万五五〇〇平方メートル／二〇九平方メートル／人≈一五一〇人、晩期の人口規模は三六万八〇〇〇平方メートル／三二三平方メートル／人≈一一三九人と計算される。さらに兗州市仰韶時代早期の地域人口密度は一五一〇人／六四一・六平方キロメートル≈二・三五人／平方キロメートル、中期の地域人口密度は一五一〇人／六四一・六平方キロメートル≈二・三五人／平方キロメートル、晩期の地域人口密度は一一三九人／六四一・六平方キロメートル≈一・七八人／平方キロメートルと計算することができる。

②茌平県仰韶時代地域人口密度の分析

茌平県は魯の西北に位置し、聊城市に所属する。面積はおよそ一一一五平方キロメートルである。これまでに行われた多くの調査を経て、現在、茌平県では仰韶時代遺跡があわせて一三カ所発見されている（表1）。その総面積は五一万一五〇〇平方メートル、分期することのできる遺跡数および本県の遺跡の面積状況を参照して計算すると、仰韶時代早期の遺跡面積は二五万五七五〇平方メートル、中期の遺跡面積は二五万五七五〇平方メートル、晩期の遺跡面積は五一万一五〇〇平方メートルとなる。茌平県の仰韶時代遺跡の総面積と遺跡の一人あたりの占有面積の数値に基づけば、茌平県仰韶時代早期の人口規模は二五万五七五〇平方メートル／二〇九平方メートル／人≈一二二四人、中期の人口規模は二五万五七五〇平方メートル／二〇九平方メートル／人≈一二二四人、晩期の人口規模は五一万一五〇〇平方メートル／三二三平方メートル／人≈一五八四人と計算される。さらに茌平県仰韶時代早期の地域人口密度は一二二四人／一一一五平方キロメートル≈一・一〇人／平方キロメートル、中期の地域人口密度は一二二四人／一一一五平方キロメートル≈一・一〇人／平方キロメートル、晩期の地域人口密度は一五八四人／一一一五平方キロメートル≈一・四二人／平方キロメートルと計算することができる。

③青州市仰韶時代地域人口密度の分析

青州市は濰坊市に所属し、面積はおよそ一五六九平方キロメートルである。これまでに行われた多くの調査を経て、現在、青州市では仰韶時代遺跡があわせて二〇カ所発見されている（表1）。その総面積は四七〇万九二〇〇平方メートル、分期することのできる遺跡数および本市の遺跡の面積状況を参照して計算すると、仰韶時代早期の遺跡面積は二三五万四六〇〇平方メートル、中期の遺跡面積は二三五万四六〇〇平方メートル、晩期の遺跡面積は四七〇万九二〇〇平方メートルとなる。青州市の仰韶時代遺跡の総面積と遺跡の一人あたりの占有面積の数値に基づけば、青州市仰韶時代早期の人口規模は二三五万四六〇〇平方メートル／二〇九平方メートル／人≈一万一二六六人、中期の人口規模は二三五万四六〇〇平方メートル／二〇九平方メートル／人≈一万一二六六人、晩期の人口規模は四七〇万九二〇〇平方メートル／三二三平方メートル／人≈一万四五八〇人と計算される。さらに青州市仰韶時代早期の地域人口密度は一万一二六六人／一五六九平方キロメートル≈七・一八人／平方キロメートル、中期の地域人口密度は一万一二六六人／一五六九平方キロメートル≈七・一八人／平方キロメートル、晩期の地域人口密度は一万四五八〇人／一五六九平方キロメートル≈九・二九人／平方キロメートルと計算することができる。

④莒県仰韶時代地域人口密度の分析

莒県は魯の東南に位置し、もともとは日照市に所属していた。面積はおよそ一九五二・四平方キロメートルである。これまでに行われた多くの調査を経て、現在、莒県では仰韶時代遺跡があわせて四三カ所発見されている（表1）。その総面積は二〇九万九六〇〇平方メートル、分期することのできる遺跡数および本県の遺跡の面積状況を参照して計算すると、仰韶時代早期の遺跡面積は八八万八七三七平方メートル、中期の遺跡面積は八八万八七三七平方メートル、晩期の遺跡面積は一九三万二〇〇〇平方メートルとなる。莒県の仰韶時代遺跡の総面積と遺跡の一人あたりの占有面積の数値に基づけば、莒県仰韶時代早期の人口規模は八八万八七三七平方メートル／二〇九平方メートル／人≈四二五二人、中期の人口規模は八八万八七三七平方メートル／二〇九平方メートル／人≈四二五二人、晩期の人口規模は一九三万二〇〇〇平方メートル／三二三平方メートル／人≈五九八一人と計算される。さらに莒県仰韶時代早期の地域人口密度は四二五二人／一九五二・四平方キロメートル≈二・一八人／平方キロメートル、中期の地域人口密度は四二五二人／一九五二・四平方キロメートル≈二・一八人／平方キロメートル、晩期の地域人口密度は五九八一人／一九五二・四平方キロメートル≈三・〇六人／平方キロメートルと計算することができる。

⑤海陽県仰韶時代地域人口密度の分析

海陽県は煙台市に所属しており、面積はおよそ一八四二平方キロメートルである。これまでに行われた多くの調査を経て、現在、海陽県では仰韶時代遺跡があわせて一四カ所発見されている（一〇）（表1）。海陽県の遺跡資料は分布面積の数値を欠いており、ゆえに我々はその他の典型的な県市の遺跡の平均面積を参照して、海陽県の仰韶時代遺跡の総面積は六一万八八〇〇平方メートルと計算した。同時に分期することのできる遺跡数および本県の遺跡の面積状況を参照して計算すると、仰韶時代早期の遺跡面積は六一万八八〇〇平方メートル、中期の遺跡面積は六一万八八〇〇平方メートル、晩期の遺跡面積は一八万五六〇〇平方メートルとなる。海陽県の仰韶時代遺跡の総面積と遺跡の一人あたりの占有面積の数値に基づけば、海陽県仰韶時代早期の人口規模は六一万八八〇〇平方メートル／二〇九平方メートル／人≈二九六一人、中期の人口規模は六一万八八〇〇平方メートル／二〇九平方メートル／人≈二九六一人、晩期の人口規模は一八万五六〇〇平方メートル／三二三平方メートル／人≈五七五人と計算される。さらに海陽県仰韶時代早期の地域人口密度は二九六一人／一八四二平方キロメートル≈一・六一人／平方キロメートル、中期の地域人口密度は二九六一人／一八四二平方キロメートル≈一・六一人／平方キロメートル、晩期の地域人口密度は五七五人／一八四二平方キロメートル≈〇・三一人／平方キロメートルと計算することができる。

以上五カ所の県市の遺跡の分析から見てみると、山東省仰韶時代の人口はそれぞれの地域での人口分布密度には大変大きな差異が存在するということがわかる。便宜的に山東省仰韶時代のそれぞれの時代全体の人口規模を計算し、それぞれの地域の人口密度の平均値を取ってみる。山東省仰韶時代早期の地域人口密度の平均値は（二・三五＋一・一〇＋七・一八＋二・一八＋一・六一）／五≈二・八八人／平方キロメートルとなり、中期の地域人口密度の平均値は（二・三五＋一・一〇＋七・一八＋二・一八＋一・六一）／五≈二・八八人／平方キロメートルとなり、晩期の地域人口密度の平均値は（一・七八＋一・四二＋九・二九＋三・〇六＋〇・三一）／五≈三・一七人／平方キロメートルとなる。

（二）山東省仰韶時代全体の人口規模の分析

山東省は東経一一四度四七・五分～一二二度四二・三分、北緯三四度二二・九分～三八度二四・〇分の間に位置しており、南北の長さがおよそ四〇〇キロメートル余り、東西の幅がおよそ七〇〇キロメートル余りで、総面積はおよそ一五万三三〇〇平方キロメートルである。山東省仰韶時代のそれぞれの時代の地域人口密度は、五カ所の典型的県市の遺跡の分析から、その平均値を出すと、二・八八人／平方キロメートル、二・八八人／平方キロメートル、三・一七人／平方キロメートルに分けられる。さらに山東省仰韶時代のそれぞれの時代全体の人口規模は、一五万三三〇〇×二・八八≈四四万二〇〇〇人、一五万三三〇〇×二・八八≈四四万二〇〇〇人、一五万三三〇〇×

三・一七〜四八万六〇〇〇人に分けられる。各地域の人口密度分布状況の詳細については図一、二を参照されたい。

三、山東省仰韶時代の人口規模およびそれに関する問題の検討

上述の分析を通じてわかったことは、山東省仰韶時代早、中期の人口規模は四四万二〇〇〇人前後で、平均人口密度は二・八八人／平方キロメートルとなり、仰韶時代晩期の人口規模は四八万六〇〇〇人前後で、平均人口密度は三・一七人／平方キロメートルとなることである。山東省仰韶時代のそれぞれの時代の人口規模の変化から見てみると、絶え間ない拡大傾向がはっきりと現れている。このような変化の趨勢を形成した原因は、社会生産力の発展とある程度関係のあるものを除けば、気候環境の変化が重要な働きをしてきた。

いくつかの典型的な遺跡の胞子と珪酸体および動物骨格の分析からわかることは、山東省仰韶時代のそれぞれの時代の気候環境条件は一定の差異が存在しているということである。仰韶時代早期に属する北辛遺跡出土の動物骨格は、鑑定したところ、主に豚、牛、ニホンシカ、キバノロ、シフゾウ、アナグマ、鶏、スッポン、亀、カラスガイ、タニシ(一一)などであった。カラスガイは現在、主に長江下流域より南の淡水湖中に生息し、温暖湿潤を好む生物であることを示している。シフゾウは沼沢湿地やアシやヨシの草藪で生活する典型的動物であり、温暖湿潤の気候に適合している。その他、比較的多くの湿地植物の胞子と温暖に適したクヌギ属のいくらかの花粉の存在も、この時代の気候が比較的湿潤で温暖であり、気温は現在より二、三度前後高かったことを示している。

仰韶時代中期に属する王因遺跡出土の動物骨格は、鑑定したところ、豚、鶏、水牛、黄牛、カワウソ、スッポン、カラスガイ、マキガイ、揚子江鰐などがあった。胞子分析ではイネ科の水稲花粉、亜熱帯の蕨類、たとえばモエジ

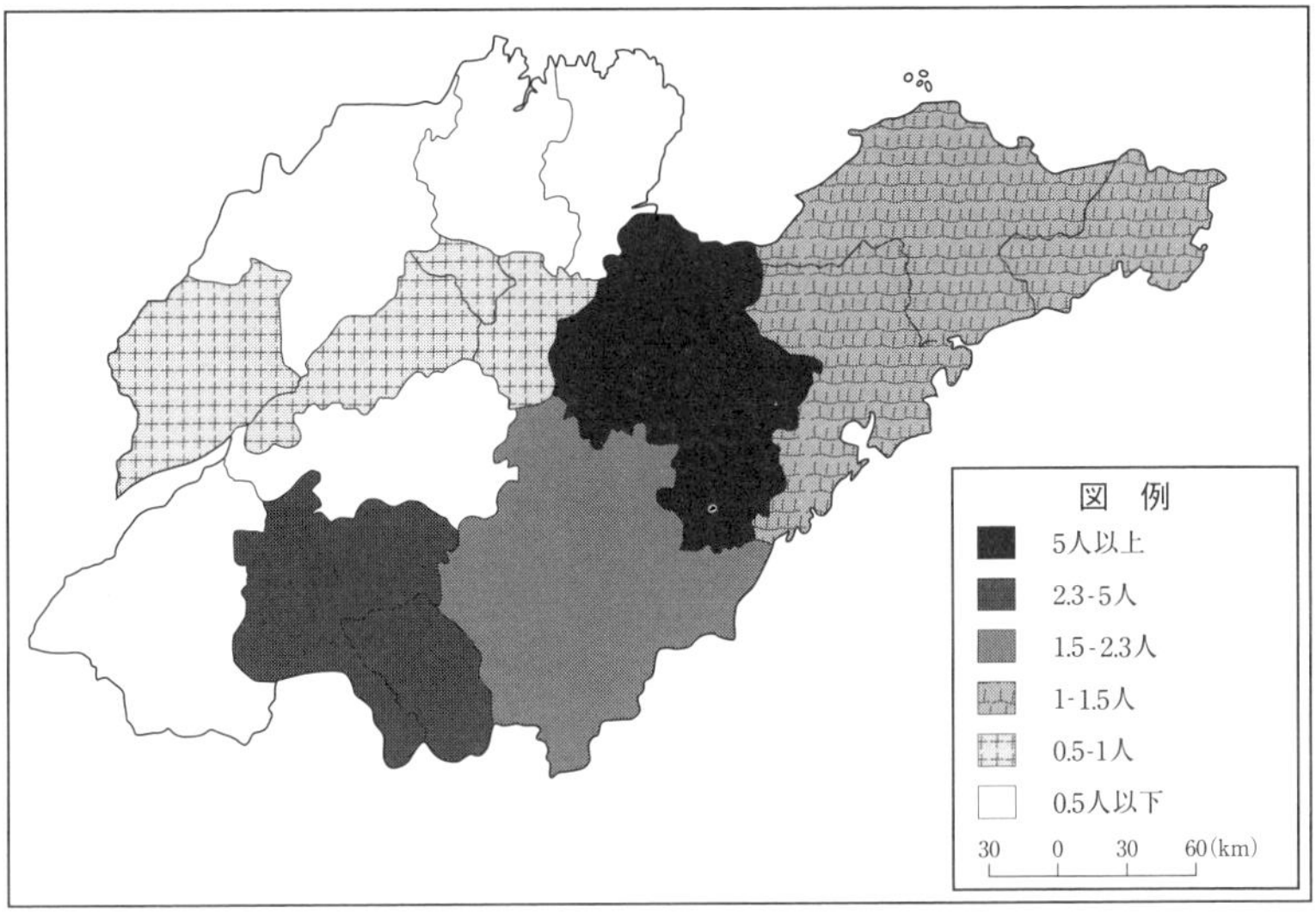

図1　山東省仰韶時代早・中期人口密度分布図

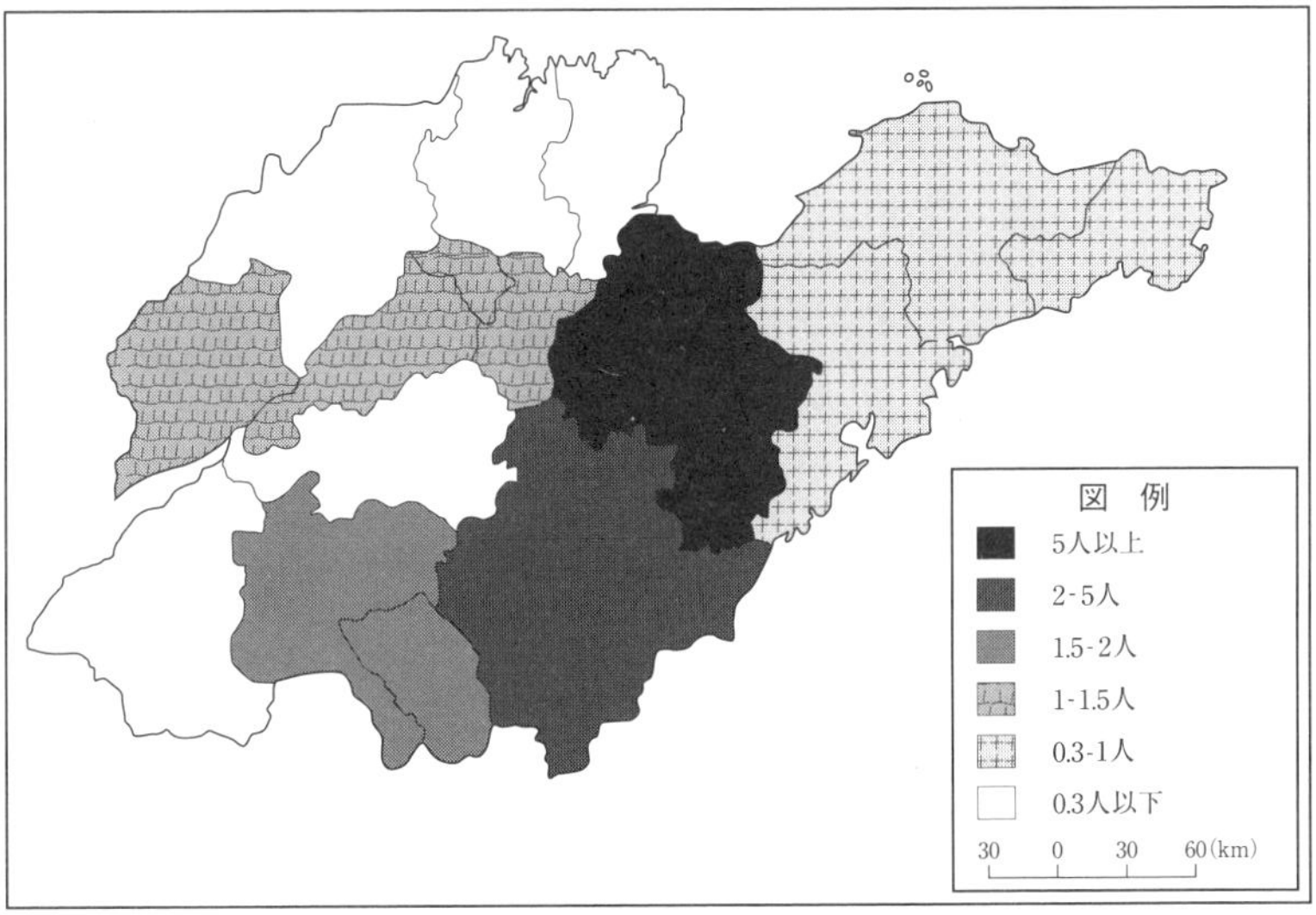

図2　山東省仰韶時代晩期人口密度分布図

マシダ、カニクサ、シダ植物、唐松草など[一二]が発見されている。上述の動物と植物の多数は温暖湿潤に生息するものであり、この時代、気候環境条件は現在に比較して温暖湿潤で、現在の長江流域の気候条件に類似していることを示している。

仰韶時代晩期に属する建新遺跡の植物珪酸体の分析結果は、当時生長した植物は主にクヌギ、クルミ、ノニレなどの温暖帯の落葉高木樹種であることを示しており、同時に温暖乾燥に適した松および半乾燥性の草と半高木、たとえばタデ、アカザ、豆科、ヨモギ、イネ科、マオウと、森林および森林草原地帯の乾燥した山腹に生長し、匍匐性を呈するイワヒバが発見されている。その他にまた湿潤な林の下あるいは谷に生長する蕨類、たとえばゼンマイと中華里白[一三]などがある。棗荘建新遺跡の胞子分析が反映している生態環境は、やや乾燥した自然景観をそなえており、当時の気温はある程度下降しており、湖沼は縮小していたことを説明している。膠東半島地区環境の研究成果が伝える環境変化状況と上述の環境変化の特徴は基本的に類似している。[一四] 以上の研究結果を総合してみると、山東省仰韶時代のそれぞれの時期の気候環境は上昇より下降へという変化を経過していることがわかる。

山東省仰韶時代のそれぞれの時代の人口規模の変化と各時代の気候環境の変化は直接の関係がある。仰韶時代の早、中期の温暖湿潤な気候環境条件は、人類の繁栄に良好な環境と資源条件を提供し、人口規模は裴李崗時代と比較して大規模な拡大を引き起こした。仰韶時代早、中期の人口規模は前段階とくらべて顕著な増加が見られたが、人口の分布から見ると、その密度は決して高くはなく、しかも基本的にはまだ山地前面の平原部および河川両岸の高台部に限られていた。この分布構成と、この時期の温暖湿潤環境下での河流水位が比較的高いことの現実条件には、大変深い関係があり、段丘あるいは高台地に住むことによって、洪水の被害から免れることができた。その他に、我々はそれぞれの地域内の人口分布の顕著な差異からもまた、この時期の環境の特徴をある程度理解できる。現在、魯の西南地区にはまだ仰韶時代の人類の活動の痕跡は発見されていない。このことと、この地区の特殊な地理環境および気候の特徴には関係がある。先秦文献の記載によれば、魯の西南地区にはかつて湖沼が至るところにあり、有名な大野（巨野）沢、菏沢、雷夏沢などがあった。これらの湖沼は完新世中期の温暖湿潤な気候の条件下で急速に拡大した。当時の湖沼の地層分布は広範で、かつ連続性を備えていた。(一五) このような湖沼があまねく存在する環境の中では、人類は当然うまく生存していくことができず、その上その他の地区の優れた自然環境および十分な生存空間は、人類に居住環境上での十分な選択の余地を与え、このような劣悪な条件での生活の必要をなくさせた。これと類似の魯北沿海一帯もまた、当然人類の居住には不適合である。要するに、山東省仰韶時代のそれぞれの時期の人口分布構造は、主に当時の気候環境および地形地貌によって決定されたものである。人口規模の変化もまたこの点を証明している。山東省仰韶時代早、中期の温暖湿潤な気候環境は、人口規模の拡大に良好な資源を提供したし、仰韶時代晩期の気候の乾燥寒冷および気温の下降は河流水位の下降を引き起こして、それゆえに大規模に増加した人口のための十分な空間を創出した。ここで触れなければいけないのは、山東省それ自身の特有な地理環境は人口規模の拡大に有利であったということである。山東省は我が国の地勢を区分した中の第三階梯に位置しており、海抜は比較的低く、一部の山地が一〇〇〇メートルを超えていることを除けば、大部分の山地丘陵はみな五〇〇メートル前後で、地勢の起伏は小さい。山地の谷あいは広く、山間盆地と河谷平原の面積はわりあいに大きい。それぞれの地域の地勢から見てみると、魯中の南の山地丘陵区、膠東丘陵区、膠莱平原区と魯の西南から魯の西北にかけての平原区に分けられる。それぞれの区域内では、地勢の起伏が比較的小さいことから、人口の拡張に有利であり、このことと陝西省の地理条件は鮮明な対比を形作っており、両省は気候環境の変化の条件下で人口規模の異なる発展を育んだ。

【注】

（一）劉錚等『人口統計学』（中国人民大学出版社、一九八一年、二五六頁）。
（二）〝仰韶時代〟という単語は、張居中氏の「仰韶時代文化芻議」（「試論仰韶文化」『中原文物』一九八六年特刊）の一文の中に初見される。少しして、厳文明氏は「略論仰韶文化的起源和発展階段」（『仰韶文化研究』文物出版社、一九八九年）の一文の表の中で、やはりこの単語を使用した。二〇世紀、九〇年代中期に至り、欒豊実氏は「試論仰韶時代東方与中原的関係」（『考古』一九九六年四期）の一文で、正式に紀元前五〇〇〇～三〇〇〇年の新石器時代晩期を、仰韶時代と称した。
（三）中国社会科学院考古研究所『山東王因』（科学出版社、二〇〇〇年、一四六～二九六頁）。
（四）A・山東省文物管理処等『大汶口』（文物出版社、一九七四年、三～三二頁）。
B・山東省文物考古研究所『大汶口続集』（科学出版社、一九九七年、一〇六頁）。
（五）A・南京博物院「江蘇邳県四戸鎮大墩子遺址探掘報告」（『考古学報』一九六四年二期、五一頁）。
B・南京博物院「江蘇邳県大墩子遺址第二次発掘」（『考古学集刊』第一集、中国社会科学出版社、一九八一年、五〇～七〇頁）。
（六）山東省博物館等『鄒県野店』（文物出版社、一九八五年、三〇～一二四頁）。
（七）中国社会科学院考古研究所『山東王因』（科学出版社、二〇〇〇年、二九八頁）。
（八）山東省文物考古研究所『大汶口続集』（科学出版社、一九九七年、一九九頁）。
（九）A・南京博物院「江蘇邳県四戸鎮大墩子遺址探掘報告」（『考古学報』一九六四年二期、五一頁）。
B・南京博物院「江蘇邳県大墩子遺址第二次発掘」（『考古学集刊』第一集、中国社会科学出版社、一九八一年、五〇～七〇頁）。

（一〇）李歩青等「膠東半島新石器文化初論」（『考古』一九八八年一期、六六～七六頁）。
（一一）中国社会科学院考古研究所山東隊等「山東滕県北辛遺址発掘報告」（『考古学報』一九八四年二期、一五九～一九二頁）。
（一二）中国社会科学院考古研究所『山東王因』（科学出版社、二〇〇〇年、附録二～四、五、六、四一四～四五三頁）。
（一三）孔昭宸等「棗荘建新遺址生物遺存鑑定和孢粉分析」（『棗荘建新』科学出版社、一九九六年、附録五、二三一～二三四頁）。
（一四）中国社会科学院考古研究所『膠東半島貝丘遺址環境考古』（社会科学文献出版社、一九九九年、一七四～一八八頁）。
（一五）鄒逸麟主編『黄淮海平原歴史地理』（安徽教育出版社、一九九七年、一六三頁）。

漢魏時代黄河中下流域における環境と交通の関係

王　子今
（放生育王訳）

はじめに

漢魏時代は、黄河流域の自然生態環境が比較的顕著な変化をおこした歴史段階である。これらの変化は社会生活に作用し、また、当時の交通形成に対しても影響をなした。そのなかで、河流・湖・山林・害獣および様々な要素の総合作用によって発生した疾疫の流行などといった環境条件の変化は、交通に対する作用がさらに顕著である。しかも、交通の発展は、沿道における動植物分布などの環境条件も改変していた。

一、河と交通

歴史文献中にみることができる「河阻」とは、河流が交通を阻害する地形特徴を明示している。『漢書』「王莽伝下」には、「平原の女子の遅昭平、能《よ》く〔経博〕〔博経〕を説きて八を以て投じ、亦《ま》た数千人を聚めて河阻の中に在り」とある。漢代歴史文献には「山阻」もみることができる。『後漢書』「光武帝紀下」には、「宜《よろ》しく且《しばら》く軽車・騎士・材官・楼船の士及び軍の仮吏を罷《や》め……」とあり、李賢注が引用する『漢官儀』には、「平地には車騎を用い、山阻には材官を用い、水泉には楼船を用う」とある。また、『後漢書』「趙憙《ちょうき》伝」には、「山阻を越え、径《ただ》ちに武関より出ず」とある。「山阻」は、すべて山地条件における交通に対する阻害を指している。[一]「山阻」の語義と近いものには、「阪阻」といわれるものがある。『韓非子』「奸劫《かんきょう》 弑《し》臣《しん》」には、「犀車《さいしゃ》良馬の上に託すれば、則《すなわ》ち以《もっ》て陸には阪阻の患を犯す可《べ》く、舟の安きに乗じ、檝《かじ》の利を持〔恃《たの》〕めば、則ち以て水には江・河の難を絶《わた》る可し」とある。陸路交通に不利な条件の「阪阻の患」と対応する、水路交通に不利な条件の「江・河の難」は、おのずから「河阻」の合理的解説である。『隷続』巻一五「成皋《せいこう》令任伯嗣《じんはくし》碑」には、「……延熹五年七月遷《かえ》り来《きた》りて県に臨み、身を正して下を帥《ひき》い、恭なるを賞し否なるを罰す。寒苦を存恤《そんじゅつ》し、□□□右。官朝宩〔寂《せき》〕静《せい》にして、姦軌手を撿《こまぬ》く。繇賦《ようふ》平均にして、黔庶擾《きんしょわずら》わず。基〔朞《き》〕月にして成有り、政由〔猶《な》〕お豹・産のごとし。邦〔邦〕□□□、七州の喉〔喉〕□なり。衢路《くろ》委蛇《いい》〔いだ〕にして、郟〔夾《きょう》〕河《が》・阻亼〔山〕なり。崩阤《ほうち》虧《き》齧《けつ》して、峻峭《しゅんしょう》危難なり。君、弘謀を発して、斯《こ》の□□を慮《おもんぱか》り、南に□して北に移り、俠〔狹〕を徙《うつ》りて寛に就《つ》き、柱〔枉〕を直して曲を匹〔正〕し、険を以て安と為す。高きを隤《くず》し窊《わ》〔くぼみ〕を夷《たい》らかにし、顕敞《けんしょう》 平端なり。功業広□、□□悦懽《えつかん》す」とある。そのなかで、「衢路委蛇にして、夾河阻山なり」とは、「崩阤虧齧して、峻峭危難なり」ということであり、この「河阻」の字義は、遅昭平の事績中にみえるところと同じではないが、また河流の交通に対する制限作用を大体反映したものである。

「河阻」は、それによって水運航路上の険阻も説明する。『水経注』「河水四」には、「砥柱《ていちゅう》 自《よ》り以下、五戸巳〔以〕上、其の間は一百二十里にして、河中の竦 石《しょうせき》傑出し、勢い連なりて陸に襄《のぼ》る。蓋《けだ》し亦た禹鑿《うが》ちて以て河を通ずるは、疑うらくは此の閼流《あつりゅう》なり。其の山闢《ひら》くと雖《いえど》も、尚《な》お湍流《たんりゅう》を梗《ふさ》ぎ、石を激《つ》きて雲洄し、澴波《かんぱ》怒溢《どいつ》す。合わせて十九の灘《たん》〔はやせ〕有り。水流迅急にして、勢いは三峡と同じく、舟船《しゅうせん》を破害し、古《いにし》え自り患《わずら》う所なり。漢の鴻嘉《こうか》四年、楊焉《ようえん》言わく、河従《よ》り上下するは砥柱の隘《せま》きを患う、之を鑿《うが》ち広める可し、と。上乃ち焉をして之を鑿たせしむ。裁《わず》かに水中に没するも、復《ま》た去ること能《あた》わず、而《しか》も水をして益《ます》ます湍怒《たんど》せしめ、害甚《はなは》だ平日たり。魏の景初二年二月、帝、都督沙丘部・監運諫議大夫の寇慈《こうじ》をして工五千人を帥《ひき》いて、歳ごとに常に修治し、以て河阻を平《たい》らかにせしむ」とある。内陸河川漕運のこの種の「河阻」には、また、「阻風」(二)・「阻凍」(三)・「阻浅」(四)などの状態がある。

水災の漕運に対する危害は、また、「阻水」とも称する。(五) ところが陸路交通に対する影響についていえば、「河阻」が水災の年に目立って深刻である。『史記』「河渠《かきょ》書」には、

　河の瓠子《こし》に決して自り後の二十余歳、歳因《よ》りて以て数《しば》しば登《みの》らず、而《しこう》して梁・楚の地尤《もっと》も甚だし。天子既に封禅して山川を巡祭し、其の明年、旱《ひでり》して、封を乾かし雨少なし。天子乃ち汲仁・郭昌をして卒数万人を発して瓠子の決を塞《ふせ》がしむ。是に於いて天子已に事を万里沙に用《な》せば、則ち還りて自ら決河に臨み、白馬玉璧を河に沈め、群臣従官をして将軍自り已〔以〕下皆な薪を負いて決河を窴《ふせ》がしむ。

とある。漢の武帝はかつて自ら詩を作った。

　殫《ことごと》く河と為り、地寧《やす》きを得ず、功已《や》む時無く、吾山《ござん》平らかなり。
　吾山平らかにして鉅野《きょや》溢《あふ》れ、魚沸鬱《ふつうつ》として冬日に柏《せま》る。
　延道弛《ゆる》みて常流を離れ、蛟龍騁《は》せて方《まさ》に遠遊す。
　旧川に帰らば神なる哉《かな》沛たらん、封禅せずんば安《いず》くんぞ外を知らんや！

そのなかで、「延道弛みて常流を離る」という句では、裴駰《はいいん》『集解』は徐広が「延、一に『正』に作る」というのを引用する。裴駰の考えでは、「晋灼《しんしゃく》曰く、『言うこころは河道皆な弛懐《しかい》するなり』」という。司馬貞『索隠』の記述には、「言うこころは河の決するなり。其の源道延長して弛《ゆる》み溢《あふ》れるに由《よ》りて、故に其の道をして皆な常流を離れしむるなり。故に晋灼云わく『言うこころは河道皆な弛懐するなり』」とある。

「延道弛みて常流を離る」にいうところの「道」とは、「河道」を指していない可能性はないだろうか。また「河」の「源道」を指していない可能性もないだろうか。つまり、直接的に理解して交通道路とすることができるのではないだろうか。

そのようであれば、「離常流」の「離」は、「罹」と読みなすことができるようである。睡虎地秦簡『日書』甲種中に見られる交通と関係のある「離日」の「離」は、この語義と近い。（六）

河道の移動および洪水氾濫が引き起こした水害は、もともとの交通道路を直接破壊してきた。漢の武帝が黄河の瓠子《こし》の決壊を塞いだことには、被災者の生計と国家経済を考慮した要素が必然的に存在していたが、しかし方策の確定に関しては、この帝王が自ら被災区域の交通を経由して実際に行動することと関係があるにちがいない。この時、「天子既に封禅して山川を巡祭し」、「已に事を万里沙に用《な》せば、則ち還りて自ら決河に臨み」、漢の武帝は、いわゆる「吾山平らかにして鉅野溢れ、魚沸鬱として冬日に柏る。延道弛みて常流を離れ、蛟龍騁せて方に遠遊す」という詩を作ったが、自らその地に臨んで水害が引き起こした交通障害を体験しなければ、その記述はこれほど的確に真に迫ることは絶対にできない。

『三国志』「魏書・武帝紀」の記載には、曹操が烏桓を北征し、「夏五月、無終に至る。秋七月、大水ありて、海に傍《そ》う道通ぜず。田疇《でんちゅう》、郷導と為るを請い、公、之に従う。軍を引きて盧龍の塞を出でるも、塞外の道絶えて通ぜず。乃ち山を塹《ほ》り谷を堙《ふさ》ぐこと五百余里、白檀を経《へ》て、平岡を歴《へ》、鮮卑の庭を渉《わた》りて、東のかた柳城へ指《ゆ》く」とある。曹操の今回の出征はまさに雨季と遭遇し、「秋七月、大水ありて、海に傍う道通ぜず」、盧龍の塞を迂回せざるを得なかった。「大水ありて、海に傍う道通ぜず」とは、また水害が交通に影響した歴史事例である。（七）

河流変動の漕運路線に対する影響についても、当然また明確に判明することである。

二、湖泊と交通

気候変遷の形勢との関係では、戦国から前漢時代、長江以南の洞庭湖《どうていこ》・鄱陽湖《はようこ》・太湖などは、皆かつて拡大するところがあった。（八）戦国から前漢に至っては、黄河流域の湖泊は、数量と水域面積もまたかつて歴史的最高点に到達した。『三輔黄図』巻四『池沼』の記載によると、わずか長安附近でも、湖泊は二三箇所あまりを有した。その中のあるものは人工湖であるけれども、しかし水域面積の密集と広大さは、明らかに我々が現在目にするところの当地の地理様相と同じではない。長安西南に位置する昆明池の規模は、聞くところによれば、「周回四十里」に至ったという。

秦漢交代期の歴史的記載のなかに、「沢」にかんする歴史記録を多く見る。『史記』「陳渉世家」は、「二世元年七月、閭左を発して漁陽に適戍《てきじゅ》せしめ、九百人、大沢郷に屯す」という。この郷が「大沢」と呼ばれているのは、「沢」と少しも関係がないわけではない。『史記』「高祖本紀」の記載には、「高祖亭長を以て県の為に徒を酈山に送る。徒多く道ながらに亡《に》ぐ。自ら度《はか》るに至る比《ころ》おい皆な之を亡《な》くすと。豊の西の沢中に至りて、止まりて飲む。夜乃ち送る所の徒を解縦《かいしょう》す。曰わく、『公等皆な去れ。吾れ亦た此れ従り逝かん』と。徒の中の壮士の従うを願う者は十余人。高祖酒を被《くわ》えて、夜、沢中を径《ゆ》く。一人をして行き前《すす》ましむ。行き前む者還りて報じて曰わく、『前に大蛇有りて径《みち》に当つ。願わくは還らん』と。高祖酔いて曰わく、『壮士行く。何をか畏《おそ》れん！』乃ち前みて、剣を抜きて蛇を撃ち斬る」とある。つまり、「豊の西」に「沢」があったのである。また、『史記』「魏豹彭越列伝」には、「彭越なる者は、昌邑の人なり。字は仲。常《かつ》て鉅野の沢中に漁《すなど》り、群盗と為る」とある。つまり、「鉅野の沢」に関する記載である。『漢書』「地理志下・信都国扶柳《ふりゅう》」の条の顔師古注には、「闞駰《かんいん》云わく、其の地に扶沢有りて、沢中に柳多く、故に扶柳と曰う」とある。秦末の時、黄河下流および江淮平原に、「沢」の分布が多くあったことを知ることができる。

湖沼の密集は、交通条件が制限を受ける原因となる。たとえば、『漢書』「高帝紀」顔師古注には、「径、小道なり。言うこころは小道従り沢中に行きて過ぐるなり。故に其の下に曰わく大蛇有りて径に当つ」とある。これはその例である。さらに典型的な例証は『史記』「項羽本紀」に見える。

> 是に於いて項王乃ち馬に上《のぼ》りて騎す。麾下《きか》の壮士の騎して従う者は八百余人。夜に直たりて囲みを潰し、南のかた出でて馳走《ちそう》す。平明《へいめい》、漢軍乃ち之を覚《さと》りて、騎将灌嬰《かんえい》をして五千騎を以て之を追わしむ。項王淮を渡るや、騎して能く属する者は百余人のみ。項王、陰陵に至りて、迷いて道を失い、一田父に問う。田父紿《あざむ》いて曰わく、「左せよ」と。左すれば、乃ち大沢中に陥り、故を以て漢追いて之に及ぶ。

項羽の悲劇の人生は、「左」するという交通行為の失敗で終わりを告げた。

多数の事実が示すには、黄河中下流地区の湖も、かつて拡張ののち、気候が乾冷に転ずるに従って、（九）収縮の趨勢を出現させたという。目下把握するボーリング資料と野外断面観察の結果から進められた分析によると、華北地区の湖沼は収縮の発展傾向を示していることを知ることができる。白洋淀《はくようてい》と文安窪《ぶんあんわ》を中心とする湖泊・窪地群は、同様な気候条件下において、似通った拡張と収縮の過程を大体経過した。文安窪地区の湖沼面積は今から二〇〇〇年〜一〇〇〇年前の間に、大体二〇〇〇平方キロメートルから収縮後退して一二〇〇平方キロメートルに達するという顕著な変化を生み出した。（一〇）

『周礼』「夏官・職方氏」は雍州の地形について言及し、「其の沢藪《たくそう》を『弦蒲《げんほ》』と曰う」という。『漢書』「地理志上」の右扶風汧《けん》県の条の記述には、「北に蒲谷郷・弦中谷有り、雍州の弦蒲藪なり」とある。昆明池と規模が同様な弦蒲沢、及び関中における当時の非常に多くの湖沢は、後に皆すでに涸れて存在しなくなってしまった。『呂氏春秋』「有始」には、「何をか『九藪』と謂う？……秦の『陽華』なり」とある。高誘の注には、「『陽華』は鳳翔《ほうしょう》に在り、或ひと曰く華陰の西に在り」とある。『淮南子』「地形」には、「何をか『九藪』と為す？　曰く……秦の『陽紆《ようう》』なり」とある。高誘の注には、「『陽紆』は蓋し馮翊《ひょうよく》池陽に在り、一に『具圃』と名づく」とある。『爾雅』「釈地」と『周礼』「夏官・職方氏」もまた「揚紆」と言う。「陽華」・「陽紆」・「揚紆」は、もともと一つの場所でなければならない。およそ、ちょうど兪樾の『群経平議』に言うように、いずれもみな「陽華」の音を仮《か》りているのである。「天地・万物・古今の事を備う」（一一）とうたわれた『呂氏春秋』は秦の地で成書されており、したがって「九藪」の中に列ねられた「秦の『陽華』」の歴史的存在は、おおよそ懐疑する必要が無い。鄭玄は『周礼』に注を施して、「『揚紆』の在る所、未だ聞かず」という。そして、高誘は「一に『具圃』と名づく」という。杜預もまた『春秋経伝集解』においてその地を明記することはしなかった。見たところ、後漢の博学な学者である鄭玄・高誘、および西晋の偉大な知識人である杜預らは、皆すでに『呂氏春秋』成書前後に規模が「弦蒲」を超えた、この秦の地における湖の首とされる藪沢の方位をはっきりさせることができなかったようである。後漢中期前後、この湖は完全に隠滅してしまったらしい。

当時の黄河中下流の湖の縮小と消失は、たいへん普遍的な状態であった。応劭が『風俗通義』「山沢」において、

『爾雅』「釈地」の「十藪」に対して説明をした時の記述には、いま漢に九州の藪が有るが、しかし、「其の一藪は推求すれども未だ其の処を得ず」とある。これは、「青州は『孟諸』と曰うも、何《いず》れの処にか在るを知らず」ということである。『漢書』「地理志上」の河南郡滎陽《けいよう》の条の記述には、「卞水《べんすい》・馮池《ふうち》皆な西南に在り」とある。譚其譲《たんきじょう》先生の指摘には、「古代の中原の湖は、大多数がとうの昔に泥が堆積して涸れ果て平地となってしまった。馮池は『水経注』においては李沢と呼ばれ、この後すなわち再び記載に見られなくなってしまった」とある。(一二)

湖の水域面積収縮の、陸路交通開発に対する便宜は言わずと知れたことである。迂回せざるを得ないか、あるいは、『漢書』「高帝紀」顔師古注にいうところの「小道従り沢中に行きて過ぐ」るかの状態は当然変化し、通行するものは、直接、大道よりまっすぐに行けるようになった。

三、山林と交通

漢魏時期黄河中下流地区の植生条件もまた歴史的変化を起こした。

漢の武帝は黄河の瓠子の決壊を塞ぎ、かつて「淇園《きえん》の竹を下して以て楗《けん》と為《な》」した。漢の武帝が作詩した、いわゆる「林竹を積《お》ろし石菑《せきし》を楗《た》て、宣房塞がりて万福来たらん」は、また「淇園」・「林竹」が対洪水物資となった様子を記録していた。(一三)両漢交代期、寇恂《こうじゅん》にもまた淇園の竹を採って百余万の矢を作り軍備を充実させた事績があった。『後漢書』「寇恂伝」には、「光武是に於《お》いて復た北のかた燕・代を征す。恂は書を属県に移して、兵を講じ射を肄《なら》わしめ、淇園の竹を伐《き》って矢を為《つく》ること百余万」とある。李賢注には、「『前書音義』に曰く『淇園は、衛の苑にして、竹篠多し』」とある。

しかし、酈道元の生きた時代に至って、『詩経』成書の時よりすでに名声を博していた淇川の竹園は、すでに顕著な変化を起こしていた。『水経注』「淇水」には、

『詩』に云わく、彼《か》の淇澳《きいく》を瞻《み》るに、菉竹《りょくちく》猗猗《いい》たり、と。毛云わく、菉、王芻《おうすう》なり。竹、編竹なり、と。漢の武帝は決河を塞ぎ、淇園の竹木を斬りて以て用と為す。寇恂は河内を為《おさ》め、竹を淇川に伐りて、矢百余万を治め、以て軍資に輸《いた》す。今淇川を通望するも、復た此の物無し。

陳橋駅先生の『『水経注』記載的植物地理』の記述には、「古代淇河流域の竹類の生長ははなはだ盛んであり、後漢初期に至るまで、ここの竹の生産量は依然として『矢百万を治める』に足りた。しかし、北魏に至って、この一帯では、すでに竹類を見なくなってしまった。後漢初期から北魏までのこの五〇〇年あまりのなかで、この地域の植生変遷はとても大きいものであったことを物語っている」[一四]とある。『水経注』「清水」は郭縁生『述征記』を引用して、「白鹿山の東南二十五里に嵇公の故居有り。(居)時に遺《のこ》りし竹有るを以てなり」という。世に知られて有名な「竹林の七賢」がかつて活動した「竹林」はもう存在しなかった。『太平御覧』巻一八〇の引く『述征記』には、「山陽県城東北二十里の魏中散大夫嵇康の園宅、今は悉く田墟と為るも、父老猶お嵇公の竹林の地と謂うがごときは、時に遺りし竹有るを以てなり」とある。人々は断片的な「遺りし竹」によって「竹林の七賢」の文化盛況に対して思いをはせることができるだけであった。

農耕開発によって引き起こされた山林面積の縮小は、もとより生態環境悪化の兆候であるが、別の歴史的視角からみると、かえって交通の発展に対して便宜を提供した。『水経注』渠は、「渠水は滎陽の北の河を出で、東南して中牟《ちゅうぼう》県の北を過ぐ」、「沢に麻黄の草多し。故に『述征記』

に曰わく、県境を践めば便ち斯の卉《くさ》を覩《み》、窮《きわ》まれば則ち界を踰《こ》えるを知る。今は能わざると雖も、然れども諒《まこと》に亦た謬《びょう》に非ず。『詩』に謂う所の東に圃草有るなり」という。これもまた植生の変化を明示している。しかし、この類の変化は「沢」の縮小と消失によって引き起こされたものである。酈道元はこの「沢」の位置と規模を記録して、「沢は中牟県の西に在りて、西は長城を限り、東は官渡を極め、北は渠水を佩《めぐ》らし、東西は四十許《ばかり》の里、南北は二百許の里。中に沙岡有りて、上下二十四浦、津流《しんりゅう》逕通《けいつう》す」という。この沢の「東は官渡を極む」および「津流逕通す」という様子が、交通との関係を説明している。

しばしば発生した原始山林の「瘴気」は、漢魏時代、往々にして「障気」(二五)と書き、山林区域の特別な条件の交通に対して不利な作用を体現した。『説文』「阜部」には、「障、隔なり」とある。「瘴」は「障」と書き、この種の自然現象が交通を遮断する作用と関係するべきである。漢の武帝は閩越《びんえつ》を攻撃したいと思ったが、淮南王劉安は諫止して、越人の居住するところに言及し、「限るに高山を以てし、人跡の絶える所にして、車道通ぜず、天地以て外内を隔《へだ》つ所なり」といった。かれは、「越は、方外の地にして、劗髪《せんぱつ》文身の民なり。冠帯の国の法度を以て理《おさ》む可からざるなり」、「以為《おも》えらく居らざるの地、牧《やしな》わざるの民にして、以て中国を煩わすに足らざるなり」と指摘した。文化伝統の隔絶を指摘したほか、また、いわゆる、「越は城郭邑里を有するに非《あら》ざるなり。渓谷の間、篁竹《こうちく》の中に処《お》る」、「地深昧にして険多し」をもって、その文化形態の原始性を表現した。また、「中国の人其の勢阻を知らずして其の地に入れば、百なりと雖も其の一に当たらず。其の地を得るといえども、郡県とす可からざるなり。之を攻むるといえども、暴取す可からざるなり。地図を以て其の山川要塞を察すれば、相い去ること寸数を過ぎざるも、而るに、間、独《な》お数百千里のごとく、阻険林叢尽くは著わすこと能《あた》わ弗《ざ》る。之を視るは易きが若《ごと》く、之を行くは甚だ難し」といった。行軍の困難ついては、また強調して、「行くこと数百千里、夾まるに深林叢竹を以てし、水道の上下は石を撃ち、林の中は蝮蛇《ふくじゃ》猛獣多く、夏月の暑き時、欧泄霍乱《おうせつかくらん》の病相い随属《ずいしょく》するや、曾《かつ》て未だ兵を施し刃を接せざるも、死傷者必ずや衆《おお》からん」といった（二六）。いわゆる「深林叢竹」・「阻険林叢」の「勢阻」については、漢の武帝が十分重視しなければならないことを指摘している。

秦漢歴史文献には「林阻」の説をみることができる。『後漢書』「方術列伝下・公沙穆《こうさぼく》」は、公沙穆が「建成山の中に居りて、林阻に依りて室を為し、独り宿りて侶《ともづれ》無し」という。曹植『梁甫行』には、「劇なるかな辺海《へんかい》の民、身を草墅《そうや》に寄せる。妻子は禽獣を象《かたど》り、行き止まりて林阻に依る」とある。『抱朴子』「登渉」にいう「山に入」ってしばしば「多く禍害に遇う」様子は、まさに、人々が当時の交通条件下において「山林」を経由した困難と危険を反映していた（二七）。「大樹」・「其の精」・「久しく枯れた木」・「百歳の木の精」などの表現は、みな「林阻」に対する当時の人々の意識を反映したものである。

こうした交通に対して不利な影響を形成するかもしれない「林阻」は、気候などの自然条件の変遷が引き起こす原始山林植生の変化によって消し弱めることができる。実際は、人類の経済開発が引き起こした耕田の森林区に対する侵食も、こうした変化を促進させることができる。しかも、交通行為の密度と頻度の増大は、そのものもまたこうした変化を促進する重要な原因の一つである。

四、「虎患」と交通

山林状況と関係がある「虎患」の威嚇は、かつて交通事業を深刻に脅かした。『老子』「徳経」には、「蓋《けだ》し聞く、善く攝生する者は、陸行しても兕虎《じこ》に遇わず」とある。馬王堆漢墓帛書『老子甲本』は、「蓋し〔聞く、善〕く執生する者は、陵行しても矢（兕）虎を〔避〕けず……」（二五～二六）に作る。『老子乙本』は、「蓋し聞く、善く執生

する者は、陵行しても兕虎を辟（避）けず……」（一八六上）に作る。[一八]

『韓非子』「解老」は、「聖人の世に游ぶや、人の心を害すること無ければ、則ち必ず人の害すること無し。人の害すること無ければ、則ち人に備えず。故に曰わく、『陸行しても兕虎に遇わず』」という。「陸行」して「兕虎に遇」うことは、あきらかに「世に游ぶ」途中で特に防備せざるを得ない禍害である。『史記』「袁盎鼂錯《えんおうちょうそ》列伝」は「賁育《ふんいく》の勇」に言及しているが、司馬貞『索隠』には、「賁、孟賁なり。育、夏育なり。『尸子』に云わく、『孟賁水行しても蛟龍を避けず、陸行しても兕虎を避けず』」とある。『太平御覧』巻四三七の引く『新序』には、「夫れ勇士孟賁、水行しても蛟龍を避けず、陸行しても虎狼を避けず、怒りを発して気を吐き、声響きて天を動かす」とある。『後漢書』「鄭太伝」の李賢注には、「『説苑《ぜいえん》』に曰わく、孟賁水行しても蛟龍を避けず、陸行しても虎狼を避けず、怒りを発して気を吐き、声響きて天を動かす」とある。[一九] これらもまたみな「陸行」して「兕虎」・「虎狼」の害が多くあるという事実を物語っている。『論衡』「遭虎」は、「山林草沢に入りて、虎に害せらるるも、之を怪しむに、非なり。蝮蛇《ふくだ》悍《かん》猛《もう》にして、亦た能く人を害す」・「行きて沢に止まり、蝮蛇に中《あ》たる」といい、これもまた日常的に発生する事態である。「山林の中に行くや、麋鹿野《びろくや》猪《ちょ》、牛象熊羆《ぎゅうしょうゆうひ》、豺狼蜼《さいろうい》玃《かく》、皆な復た人を殺す」。山林を経る交通過程の中で有害生物の襲撃に遭遇する状態は相当普遍的であることがわかる。しかも「虎も亦た衆禽の雄」であり、多くの不幸の中で、いわゆる「虎に害せらる」ことは、状態が最も悲惨であった可能性がある。『抱朴子』「登渉」の記述にも、「山に入る法を知らざる者、多く禍害に遇う。故に諺に之有りて曰わく、『太華の下、白骨狼籍す』と」、「山に入りて術無くんば必ず患害有り」とあり、その中の一つが、すなわち「虎狼毒虫の人を犯すに遭う」ということである。「山中寅日に、虞吏と自称すること有る者は、虎なり。当路君と称する者は、狼なり」とあり、これもまた旅人が「虎狼毒虫の人を犯すに遭う」様子に言及している。虎狼が「路に当つ」ことは、かつて交通に対して重大な阻害を形成していた。

『続漢書』「五行志一」の「順帝の陽嘉元年十月中、望都蒲陰の狼、童児九十七人を殺す」、「霊帝の建寧中、群狼数十頭、晋陽の南の城門に入りて人を齧《か》む」について記載した文章に、劉昭は、「『袁山松書』に曰く、『光和三年正月、虎、平楽観に見《あらわ》る。又た憲陵の上に見れて、衛士を齧む』」と注釈して補う。王充『論衡』「遭虎」は「虎、時に邑に入りて、民間に行く」の様子に言及する。また『論衡』「解除」には、「虎狼、都に入りて、弓弩、之を巡り、虎狼を殺すと雖も、虎狼の為して来たる所の患いを除くこと能わず」とある。これもまた重視する価値のある記載である。

いわゆる「虎暴」あるいは「虎患」が交通を停滞させた最も典型的な例は、『後漢書』「儒林列伝・劉昆」にある「崤《こう》・黽《べん》の駅道、虎災多く、行旅通ぜず」という記載である。いわゆる「崤・黽の駅道」は、秦漢時期の極めて重要な交通路線であり、長安と洛陽の二つの政治・経済・文化の重点地区を結び付けた。[一〇]『淮南子』「地形」は、東方に「虎多し」といい、実際のところ、関中地区と関東地区の間の交通道路の「虎災」が比較的重大であった可能性も暗示している。漢の霊帝・光和三年（一八〇）の「虎、平楽観に見る」とは、「虎災」の蔓延が東都の城外に至り、虎が甚だしくは長安・洛陽の駅道東端の起点に出現したことを説明している。[一一]

漢代画像資料中には虎を描写する画面が多くあり、また往々にして人物と猛虎が互いに懸命に争う場面をみることもでき、以前、発掘者と研究者は多くその主題を「田猟《でんりょう》」・「畋猟《でんりょう》」と理解していた。実際には、その内容を詳細に分析すると、ある画面が表現している情景は能動的な「猟」虎ではなく、通行中の受動的な猛虎との突発的遭遇であることを発見することができる。これらの画像の内容は、みな当時の駅道における「虎災」の実況を体現していた可能性がある。[一二]

山東省滕県西戸口漢墓出土の画像石には、射手が車前でひざまずいて弩を発射して虎を射る画面があり、研究者はあるいはその主題が「狩猟」ではないかと考えていた。[一三]画面では車は牛で牽引しており、したがって車後に家畜を担ぎ持ち上げる者があるが、依然として「狩猟」の場面と理解すべきでないことは明らかである。その画面内容は通行して虎に遭遇することが相当普遍的な事態であったことを体現している。滕県官橋発見の漢画像石もまた車騎出行時に山林で遭遇する多くの禽獣を表現しており、虎は最も重大な危難を帯びていた可能性がある。研究者は画像内容を解釈して「刺虎、禽獣、車騎」という。(二四)題材が類似するものにまた滕県黄安嶺画像石もある。(二五)画面は仙人の姿であるが、体現するところは実際のところ一般の生活とすべきである。

『史記』「秦始皇本紀」の記載には、秦二世三年（前二〇七）、「二世、白虎其の左の驂馬《さんば》を齧みて、之を殺すを夢み、心楽しからず、怪しみて占夢に問う。卜《うらな》いて曰わく、『涇水祟を為す』と。二世乃ち望夷宮に斎して、涇を祠《まつ》らんと欲し、四白馬を沈む」とある。そこで、司馬貞『索隠述賛』には、「詐りて因りて鹿を指し、災生まれて虎を噬《か》む」という見解がある。こうして、趙高は閻楽《えんらく》に宮廷の政変を起こさせ、宮殿を襲って侵入し、二世に自殺を迫った。秦二世は、歴代、秦王朝滅亡の歴史責任を直接負うべきであるとみなされてきたが、無能によってついに政治上の全面的失敗を引き起こした帝王は、しかしながら中国早期交通史において一定の地位をしめていたとすべきである。司馬遷の記述によれば、秦二世が二一歳で即位した当初、かつて趙高と、「朕年少く、初めて即位し、黔首未だ集附せず。先帝郡県を巡行し、以て彊を示し、威、海内を服せしむ。今、晏然として巡行せず、即ち弱を見、以て天下を臣畜すること毋からん」と謀議した。そして、「二世、東のかた郡県に行きて、李斯従う。碣石に到りて、海に並び、南のかた会稽に至りて、尽く始皇の立てる所の刻石に刻」んだ。つまり、この若い皇帝は、道すがら、秦始皇の轍《わだち》の跡に沿って巡行し、かつて碣石・鄒の嶧山・泰山・梁父《りょうほ》・之罘《しふ》・琅邪《ろうや》・会稽に達して、また方向を変えて北上したようであり、「遂に遼東に至りて還る」、「四月、二世還りて咸陽に至る」とある。行程の遼遠は、彼を中国歴史上数が多くない、遊歴の足跡が甚だしく広い帝王の一人とし、そのうえ、その巡行速度の迅速さはとりわけ人を驚かせた。このような一人の交通活動に対して特殊な熱意を抱いている帝王が「白虎其の左の驂馬を齧みて、之を殺すを夢み、心楽しからず」ということは、駅道の「虎災」の交通安全に対する重大な威嚇が、確実に、行く者を警戒・震撼させたことを説明している。

『太平御覧』巻九五四の引く『風俗通』は、漢代に「墓上の樹柏、路頭の石虎」の風習があったという。「路頭」に「石虎」を置くことによって、引き起こされる可能性のある墓主に対する危害を鎮圧したのであり、実際にまた当時の人々の行路で「虎災」に遭遇することに対する畏忌を複雑に反映している。

『後漢書』「逸民列伝・野王二老」には、一篇の政治寓話が記載されている。(二六) そこに記された「路で会った二老」の警告は、野王における話であるが、そこに至る道は、「虎が多い」危険を暗示しており、寂恂が征西する「道」に近いことも、我々が注意すべきことである。

「虎患」の発生には、自然要因の背景があるが、人類活動方面の要因の作用も、重視するに値する事柄である。『論衡』解除は、「虎狼の来たるや、政の失するに応ずるなり」という。「虎狼を殺」しても、また「政をして世治を得らしめること能わず」であった。『後漢書』「蔡邕《さいよう》伝下」には、「政に苛暴有らば、則ち、虎狼、人を食さん」とある。李賢注には、「京房《けいぼう》『易伝』に曰く、『小人義ならずして尊栄に反さば、則ち、虎、人を食さん』」とある。「虎暴」・「虎害」・「虎災」を政治失策の信号とすることは、当時の政治評論家の一般的思考である。事実、まさに『後漢書』「方術伝下・費長房」に、「遂に随従して深山に入り、荊棘を群虎の中に践む」とあるようであった。『後漢書』「班固伝」の李賢注には、「榛蕪の林、虎兕の居る所なり」とある。これもまた山林に虎が多い事実を指摘している。秦漢時期は経済開発に限りがあり、人口密度は大きくなく、交通幹線の多くの道路は「深山」・「榛蕪の林（ブッシュ）」を必然的に経ているが、これは駅道が「虎災」を免れがたい主要な原因である。虎狼が大胆にも人々を怒らせ、甚だしくは都邑に入るに至ったことは、広範囲に及ぶ自然の激変と関係する可能性がある。(二七)

漢魏時代の黄河中下流地区の経済には顕著な進歩があった。農耕の発展と山林の開拓にしたがって、「虎患」の交通に対する威嚇は減少していった。交通行為の密集も、また虎の活動区域をさらに深い山林へと追いやることになった。

おわりに

漢魏時代のその他の方面における環境条件の交通発展に対する影響も、また注意する価値がある。たとえば、漢末における疾疫の流行は、かつて黄河中下流地区の人口急減を引き起こし、まさにいわゆる「白骨野に露《さら》され、千里に鶏鳴無し」であった(二八)。主要な交通中枢としての都市の破壊、主要な交通施設としての亭伝の廃棄は、みな基本交通条件の保障に影響した。

特に人口の急減と経済の衰微が引き起こした交通需要の減少は、交通進歩に影響する最も主要な要因を形成した。この一時期の交通発展に影響する不利な要素は、各地区については、ある部分は共通である。

黄河下流地区については、王景の治河後における黄河の長期的安定状況の交通に対する積極的影響に注意すべきである。また、機動性が甚だしく強い北方草原民族南下の交通発展に対する促進作用にも注意すべきである。牧畜業発展重点地区の南移は、黄河中下流地区の交通動力の開発に対して、有益であるというべきである。

異なった地区の交通形勢に対して比較を進めたときみるべきかもしれないが、長期間にわたる非経済重点地区としての黄河下流地方は、南北朝時期にさらによい交通を発展させる機会を得たかもしれない。

黄河下流の生態環境と交通条件の関係を論じることは、さらに次のようないくつかの問題に注意すべきである。一、この一地区の主体交通機構と秦始皇帝・漢武帝の経た「并海道」との関係、二、この一地区の交通発展水準と環渤海区域文化の関係、三、この一地区の陸路交通と海上航運との関係である。これらの問題については、別に専門の議論を進めるべきである。

【注】

(一)また、『後漢書』「西羌伝」の「南のかた山阻に入る」、『三国志』「魏書・鄭渾伝」の「竄《のが》れて山阻に在り」は、交通が困難な場所に入ることを指す。『敦煌曲子詞』献忠心の「山阻を渉歴す」とは、山河の交通に対する遮断をいうものである。

(二)〔唐〕孟雲卿「汴河阻風」詩、『文苑英華』巻一五六。

(三)〔唐〕杜牧「汴河阻風」詩、『万首唐人絶句』巻二五。

(四)〔宋〕梅堯臣「蔡河阻浅」詩、『宛陵集』巻二八。

(五)〔宋〕張耒「赴官咸平蔡河阻水泊舟宛邱皇華亭下三首」その一には、「怒河雨に憑《よ》りて正に奔流し、卑梁を踏跕《とうちょう》して舟を滞らせて去る。淹泊《えんぱく》するも我生まれて応《まさ》に定めること有り、一汙溝《おこう》に怨みを帰するを須《もち》いず」とある。『柯山集』巻二一。

(六)王子今『睡虎地秦簡〈日書〉甲種疏証』(湖北教育出版社、二〇〇三年二月、一四七頁)を参照のこと。

(七)譚其譲「西漢以前的黄河下游河道」(『長水集』下冊、人民出版社、一九八七年七月)によって考論すると、黄河は、かつて河北平原を流れており、したがって曹操が烏桓に進軍し地方を経由したことも「黄河中下流」地区に繰り入れて一緒に論ずるが、これもあるいは許容されることかもしれない。

(八)中国科学地理研究所等『長江中下游河道特性及其演変』(科学出版社、一九八五年五月、六四頁)。

(九)竺可楨が一九七二年に発表した論文「中国近五千年来気候変遷的初歩研究」が指摘するには、「戦国時代、気候は現在よりずっと温暖であった」、「秦朝と前漢(西暦紀元前二二一—西暦紀元二三年)に至って、気候は引き続き温和であった」、「司馬遷の時、亜熱帯植物の北限は現在より北方に押されていた」、「後漢時代すなわち西暦紀元の初めに至って、わが国の気候は寒冷の趨勢に向かい、四度の冬期厳寒があり、晩春の国都洛陽は引き続き霜が降りて雪が降り、貧しさで苦しむ人民が少なからず凍死した」という。竺可楨が描くところの「五千年来中国温度変遷図」によれば、秦および前漢の時、平均気温は現在よりも大体一・五度前後高く、後漢の時、平均気温は現在よりも大体〇・七度前後低かったという。平均気温の上下振動幅は二度を超える。『竺可楨文集』(科学出版社、一九七九年三月、四九五頁、四九七頁)。

(一〇)王会昌「一万年来白洋淀的拡張与収縮」(『地理研究』二巻三期、一九八三年九月)、曹銀真「中国東部地区河湖水系与気候変化」

(『中国環境科学』九巻四期、一九八九年八月)。

(一一)『史記』「呂不韋列伝」。

(一二)譚其譲「《漢書・地理志》選釈」(『長水集』下冊、人民出版社、一九八七年七月、三六七頁)。

(一三)『史記』「河渠書」。

(一四)陳橋駅『水経注研究』(天津古籍出版社、一九八五年五月、一二二頁)。

(一五)「瘴」を「障」と書きなすことは、漢魏以来の文献にその例が多くある。たとえば、『淮南子』「墬形」には、「障気多喑」とあり、梁履縄は、「『障』、即ち『瘴』なり」という。何寧もまた、「『障気多瘖』の『障』は『瘴』の仮借字とすべきである」と認めている。(何寧『淮南子集釋』、中華書局、一九九八年一〇月、上冊三三九頁)また『後漢書』「楊終伝」は楊終の上疏を載せて、「南方暑湿《しょしつ》にして、障毒互いに生ず」という。「障毒」とは「瘴毒」である。『三国志』「呉書・陸胤伝」の記載には、「蒼梧・南海、歳ごとに暴風瘴気の害有り。風は則ち木を折りて、砂を飛し石を転ず。気は則ち霧郁し、飛鳥経せず」とあり、その中で言う「暴風瘴気の害」は、原本は「旧風障気の害」に作る。盧弼『三国志集解』巻六一には、「何焯曰く、『障気』は当に『瘴気』と為すべし」とある。『文選』巻六・左思『魏都賦』には、「宅土熇暑にして、封疆障癘す」とある。張載注には、「呉・蜀は皆な暑湿にして、其の南は皆な瘴気有り」とある。これもまた「瘴」・「障」の通用を具体的に表している。『文選』巻二八・鮑明遠『楽府八首』苦熱行には、「鄣気は昼に体に熏《し》み、菵露は夜に衣を沾《うるお》す」とある。李善注は前に述べた『呉志』・『華覈表《かかくひょう》』のほかに、また宋『永初山川記』を引用して、「寧州の鄣気菵露は、四時絶えず」という。張双棣は、「蓋し嵐鄣の気を謂うなり。皆な瘴の字に作らず」とする(張双棣『淮南子校釈』、北京大学出版社、一九九七年八月、上冊四五三頁)。

(一六)『漢書』「厳助伝」。

(一七)「或問登山之道。抱朴子曰、『凡為道合薬、及避乱隠居者、莫不入山。然不知入山法者、多遇禍害。故諺有之曰、太華之下、白骨狼籍。皆謂偏知一事、不能博備、雖有求生之志、而反強死也。山無大小、皆有神霊、山大則神大、山小即小也。入山而無術、必有患害。或被疾病及傷刺、及驚怖不安。或見光影、或聞異声。或令大木不風而自摧折、岩無故而自墮落、打撃煞人。或令人迷惑狂走、墮落坑谷。或令人遭虎狼、毒虫犯人、不可軽入山也。当以三月九月、此是山開月、又当択其月中吉日佳時。若事久不得徐徐須此月者、但可選日時耳。凡人入山、皆当先斎潔七日、不経汚穢、帯昇山符出門、作周身三五法』」とある。また「抱朴子曰、『山中有大樹、有能語者、非樹能語也、其精名曰雲陽、呼之則吉。山中夜見火光者、皆久久枯木所作、勿怪也。山中……見秦者、百歳木之精。勿怪之、並不能為害』」（『抱朴子』「登渉」）。

（一八）国家文物局古文献研究室『馬王堆漢墓帛書』（壹）（文物出版社、一九八〇年三月、四頁、九〇頁）。

（一九）また『文選』巻八・揚雄『羽猟賦《うりょうふ》』、巻一八馬融『長笛賦』、巻三五張景陽『七命』などの注が『説苑』を引く。

（二〇）王文楚「西安洛陽間陸路交通的歴史発展」（『歴史地理研究』第一輯、一九八六年五月、のち、『古代交通地理叢考』、中華書局、一九九六年七月所収）、辛徳勇『崤山古道瑣証』（『中国歴史地理論叢』一九八九年第四輯、のち、『古代交通与地理文献研究』、中華書局、一九九六年七月所収）を参照。

（二一）王子今「東漢洛陽的〝虎患〟」（『河洛史志』一九九四年三期）を参照。

（二二）王子今「漢代駅道虎災――兼質疑幾種旧題〝田猟〟図像的命名」（『中国歴史文物』二〇〇四年六期）を参照。

（二三）山東省博物館・山東省文物考古研究所『山東漢画像石選集』（斉魯書社、一九八二年三月、二九頁、図二一七）、頼非主編『中国画像石全集』山東漢画像石（河南美術出版社・山東美術出版社、二〇〇〇年六月、図版説明七四頁）、その説明は、「狩猟である。真ん中に一台の牛車があり、車上には二人が座っている。車前では一人が弩を持って虎を射ており、車後では二人が獲物を持ち上げ、一人が付き従っている」。

（二四）山東省博物館・山東省文物考古研究所『山東漢画像石選集』（斉魯書社、一九八二年三月、三三頁、図二九一）。

（二五）山東省博物館・山東省文物考古研究所『山東漢画像石選集』（斉魯書社、一九八二年三月、三五頁、図三〇九）。

（二六）「初、光武弍於更始、会関中擾乱、遣前将軍鄧禹西征、送之於道。既反、因於野王猟、路見二老者即禽。光武問曰、『禽何向』。並挙手西指、言『此中多虎、臣毎即禽、虎亦即臣、大王勿往也』。光武曰、『苟有其備、虎亦何患』。父曰、『何大王之謬邪。昔湯即桀於鳴条、而大城於亳；武王亦即紂於牧野、而大城於郟鄏。彼二王者、其備非不深也。是以即人者、人亦即之、雖有其備、庸可忽乎』」（『後漢書』「逸民列伝」）。

（二七）王子今「東漢虎患考」（『華学』第一期、中山大学出版社、一九九五年八月）を参照。

（二八）曹操『蒿里《こうり》』の詩。

『水経注』に見える「絶」について
――漢～北魏時代の黄河下流域の環境と社会

濱川　栄

はじめに

『漢書』「溝洫志」以後、歴代正史は『宋史』「河渠志」まで一〇〇〇年以上、水利関係の志を欠いている。そのため、この間の黄河問題の考察には常に史料不足という困難が伴うが、後漢から北魏時代（一～六世紀初め）に関しては『水経注』がその欠を埋めてくれる。

ただし、『水経注』は難読の書として知られ、これまで多くの校訂・注釈が積み重ねられてきた(一)。しかし、いまだに理解に苦しむ記述が残されている。本稿でとりあげる「絶」もその一つである。

「絶」とは、水流相互（または水流と湖沼）の交差を指す。『水経注』には「絶」の事例が三四例あり(二)、そのなかには黄河の「絶」も見える。しかし、二本の水流が合流してもY字をなして一本の河道になるはずであり、特に自然河川どうしが十字型に交差するという現象が起こるとは考えがたい。したがって、正史その他の史料に「絶」がほとんど見えないのは当然と言える。『水経注』にのみそれが三四例もあることが、むしろ異常なのである。

しかし、「絶」を虚偽であると断ずることも難しい。『水経注』の撰者・酈道元は北魏の能吏として黄河・淮河流

図1　メコン川とトンレサップ川の合流点

域の各地に赴任し、敵地の江南にも足を伸ばした大旅行家であった。[三] また、『水経注』を一読すれば明らかなように、その科学的・実証的記述態度には十分信が置ける。その彼が、「絶」についてのみ多数の虚偽を記したとは考えられないのである。

いったい、「絶」の実態とはどのようなものなのか。なぜそうした現象が起こったのか、またなぜ『水経注』にのみ多数記録されているのか。これらの問題が解決されれば、従来不明な点が多かった後漢以降北朝期までの黄河下流域の様相が多少なりとも明らかになることが期待される。本稿はそのための一つの試みである。

一　さまざまな「絶」の可能性

水流の見かけ上の交差はそれほど珍しいことではない。上は、カンボジアの首都プノンペン付近を流れるメコン川とトンレサップ川の写真である[四]（図1）。写真左手前の上流側から左手奥にカーブしているのがメコン

図２　太湖周辺の渠道

川、右手前からメコン川に合流しているのがトンレサップ川、右手奥に分流しているのがバサック川である。現地語で「四面」、フランス語で「四本腕」の意を表す語句で呼ばれているという。

しかし、これは『水経注』に見える「絶」とは異なるものである。なぜなら、メコン川とトンレサップ川の交差ではないからである。『水経注』の「絶」と同じとみなすためには、右手奥のバサック川が「メコン川」と呼ばれ、左手奥のメコン川が「トンレサップ川」と呼ばれなければならない。そうではない以上、「絶」と同じ現象とは言えない。おそらく見かけ上の河川の交差は、その多くがこうした例、またはいったん合流した二河川が直後に分流する形であり、本当に交差しているわけではないと思われる。

ただし、人為的操作が加わった場合は別である。今日でも中国江南でいくらでも見られる水流の交差は（五）（図2）、水門・閘門などのきめ細かい調節施設を伴って初めて実現したものである。（六）『水経注』の「絶」にもこうした例は多いと考えられる。

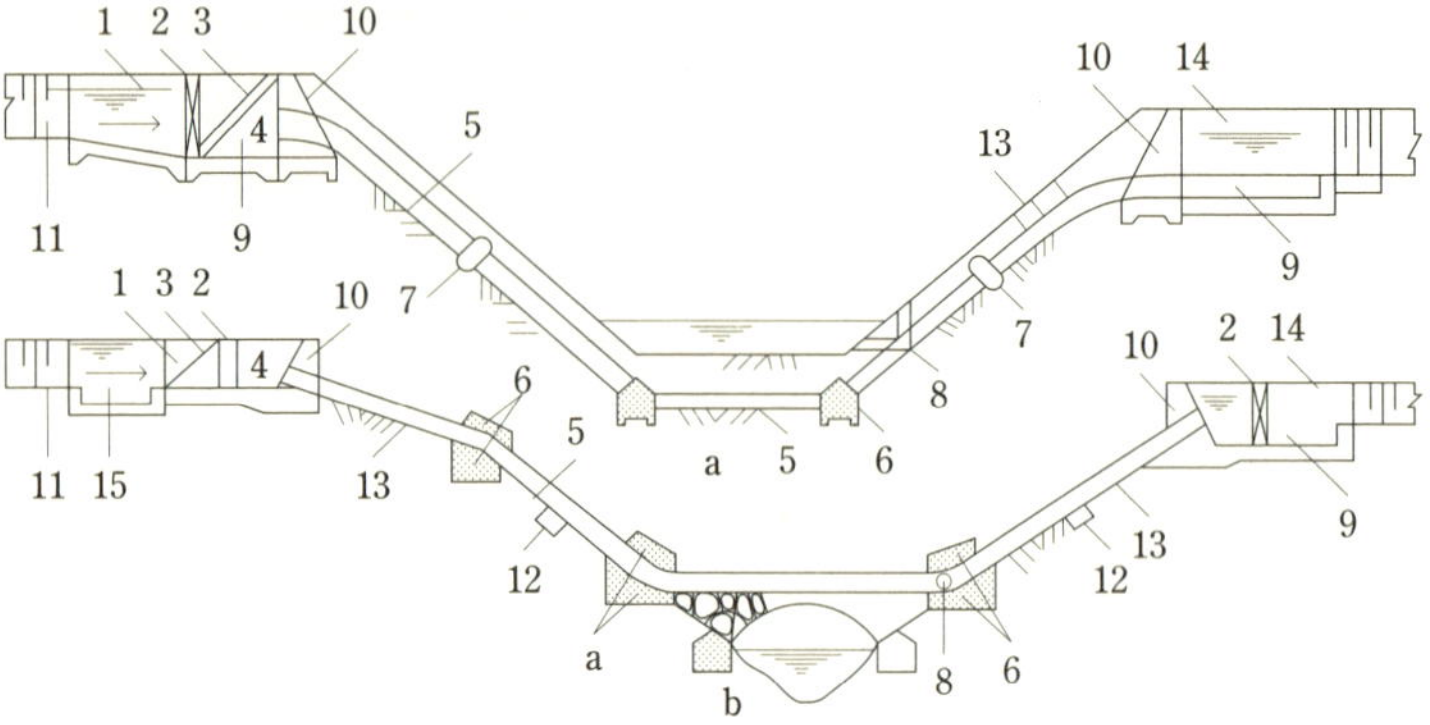

a 埋設式逆サイフォン（伏越し） b 橋梁式逆サイフォン（上越し）
1 流水量可変段　2 閘門（水量調節用水門）　3 ごみよけ格子　4 取水口　5 管身　6 補強台座
7 伸縮ジョイント　8 土砂吐き出し放水孔　9 減速用水漕　10 水制　11 流水入口
12 中間支持台座　13 原地表面　14 流水出口　15 砂泥

図3　逆サイフォン概念図

また、本来「絶」という字には「わたる」「こえる」という意味もあるので、立体交差という可能性も考えられる。今日の河川・水路の交差はほとんど立体交差の形態をとっており、多くは逆サイフォンという方式になっている[七]（図3）。二〇〇五年三月、学習院大学東洋文化研究所のプロジェクト『黄河下流域の生態環境と古代東アジア世界』の一員として河北省各地を視察したさいも、漳水（漳河）と東風渠[八]の立体交差の現場を実見することができた（図4・5・6）。現在深刻化している華北の砂漠化の影響なのか、漳水河道は各所で全く水が涸れ、東風渠も上流部は水がなく畑になってしまっていたが、おかげで合流地点の水門などの建造物は見やすくなっていた。ここでも各地で見られる立体交差と同様、東風渠が漳水河道の地下をくぐる逆サイフォン方式になっている。しかし、このような立体交差が古代において施工できたとは考えにくいし、自然河川どうしの「絶」において見られたはずはさらにない。

また、『水経注』には北魏時代にすでに涸絶し、酈道元が実見できなかった旧河道の「絶」も多く記述され

図４　漳河・東風渠交差地点１

図５　漳河・東風渠交差地点２

図６　漳河・東風渠交差地点３

ている。旧河道上を新しい河川が横切る事態は十分あり得ることである。「絶」とはもっぱらそうした状況を表したものであり、水流相互の実際の交差を指したものではないとするならば、「絶」の不可解さは一気に解消される。しかし、明らかに北魏時代に現存し、酈道元が実見できた河川相互の「絶」の例も多数あるので、[九]「絶」は全て旧河道相互、または現河道と旧河道の交差を示したもの、とは言い切れない。

このように見てくると、『水経注』に見える「絶」は、やはり第一義的に水流相互の平面交差を表していると考えざるをえない。しかし、もしそれが一般的な現象であったならば、『水経注』以外の史料にも「絶」という表現が多数見えてよいはずである。以下、『水経注』以外の史料に見える「絶」の例について検討しておきたい。

二　『水経注』以外の史料に見える「絶」

唐・徳宗期の建中二年（七八一）、節度使田悦らが反乱を起こし、南北の大運河の要衝を制圧したため、首都長安に物資が入らなくなった。この時、江淮水陸転運使で後世『通典』の撰者として知られる杜佑が、浚儀（開封）から蔡河（戦国秦漢期の鴻溝）を経て陳州（現淮陽市）に至る漢代の渠道を復活すれば蜀など西南地方の糧食を搬送できると主張しているが、[一〇]ここで漢代の運河が「蔡河を絶」していたと述べており、一見『水経注』の「絶」と同じ意味にも見える。

しかし、同じ内容の発言が『宋史』巻九三「河渠志三」汴河上では「絶蔡河」ではなく「経蔡河」となっている。蔡河は元来かつての著名な人工運河である鴻溝であり、もともと浚儀と陳州を結んでいた以上、杜佑の言う漢代運河が蔡河を「絶」していたとは考えにくい。したがって、この場合は「絶」を「経」に訂正した『宋史』の記述が正しいと言える。

次に、『宋史』巻九四「河渠志四」金水河の記事に明白な立体交差の事例が見える。

太祖建隆二年春、左領軍上将軍陳承昭に命じ水工を率いて渠を鑿《うが》ち、水を引きて中牟を過《す》ぐらしめ、名づけて金水河と曰う。凡そ百余里して都城の西に抵《いた》し、其の水を架して汴を横絶せしめ、斗門を設け、浚溝に入れ、城濠に通じ、東して五丈河に匯《めぐ》らしむ。公私、焉《これ》を利とす。（一一）

ここでは、金水河（天源河）と汴渠を立体交差させている。さらに、自然河川と人工渠道を平面交差させたと思われる例も『明史』巻一五三「宋礼伝」に見える。

（永楽）九年、命じて会通河を開かしむ。会通河は、元の至元中、寿張尹韓仲暉の言を以て、東平の安民山より河を鑿ちて臨清に至るまで、汶を引きて済を絶し、之れを河に属さしめ、転漕の道を為し、名づけて会通と曰う。然れども岸狭く水浅く、重載に任えず、故に終《つい》に元世は海運を多と為す。

傍線部は、山東山塊から南西に流れる汶水の水を北西に引き、途中の済水（大清河。現在の黄河河道）を「絶」させたことを指す。現在の京杭運河の一部となる渠道である。しかし、これが十字交差であったとは考えにくい。現在の京杭運河と黄河との合流が十字交差とはほど遠い状況にあるからである。（一二）

いずれにしろ、以上の事例はみな人工渠道と自然河川、もしくは人工渠道相互の「絶」である。自然河川相互の「絶」については、『明史』巻八三「河渠志」黄河上に、『水経注』以外の史料ではまず唯一と思われる例が見える。

（嘉靖）四十四年七月に至り、河、沛県に決し、上下二百余里の運道、倶《とも》に淤《とどこお》る。全河逆流すること沙河より徐州以北に至り、曹県の棠林集に至りて下り、北のかた二支に分かる。南流は沛県の戚山楊家集を遶《めぐ》り、秦溝に入りて徐に至る。北流は豊県の華山の東北を遶り三教堂由り飛雲橋に出づ。又た分かれて十三支と為り、或いは横絶し、或いは逆流して漕河に入り、湖陵城口に至りて、湖坡を散漫し、徐州に達す。浩渺《こうびょう》なること際無く、河の変極まれり。

大規模な黄河の洪水により氾濫原に多くの分流が生じ、水流が錯綜している状況が見て取れる。自然河川相互の「絶」とは、本来こうした乱脈な状況を示したものととらえるべきであろう。

管見による限り、以上が『水経注』以外に見える「絶」の全てである。事例の少なさとともに、最後の例を除き、みな人為的措置を伴う「絶」である点に注目される。このことから、『水経注』の多数の「絶」も、その多くが人工的なものであったと考えられる。

三　人工施設としての「絶」の例

本節では、『水経注』に見える「絶」（表1）のうち、楊守敬『水経注図』を参考に人工的施設と思われる例を確認していきたい。

まず、『水経注』撰述時に実見可能であった「絶」について見てみよう。表1史料8・9の堈溝（一二一頁図7）は「溝」

表1 「絶」の事例

	記 事	巻数・巻名・注疏頁	備考（注疏＝『水経注疏』、陳訳＝陳橋駅『全訳』）
1	大河故瀆又東、逕平原県故城、而北絶屯氏三瀆。	5・河水注・437頁	実際の「絶」は「二瀆」
2	張甲河故瀆、北絶清河于広宗県、分為二瀆。	5・河水注・440頁	張甲河故瀆「二瀆」は最後に清漳水に合流
3	屯氏別河北瀆、東逕繹幕県故城南、東絶大河故瀆。	5・河水注・448頁	屯氏別河北瀆は最後に渤海湾に入る
4	屯氏別河南瀆、自平原東絶大河故瀆。	5・河水注・449頁	屯氏別河南瀆（篤馬河）は最後に渤海湾に入る
5	（浮水）故瀆東絶大河故瀆、東逕五鹿之野。	5・河水注・463頁	浮水は最後に北魏黄河に合流
6	即華水也。北絶聴瀆二十里、注於済。	8・済水注・746頁	
7	『山海経』曰、済水絶鉅野、注渤海、入斉琅槐東北者也。	8・済水注・746頁	湖沼（鉅野沢）を通過
8	（洹水新河南水）又東北逕高陵城南、東絶垌溝。	9・洹水注・897頁	洹水新河北水は最後に漳水に合流
9	垌溝上承洹水、北絶新河、北逕高陵城東、又北逕斥丘県故城西。	9・洹水注・898頁	史料8と対応。垌溝は最後に白溝に合流
10	（新河故瀆）魏太祖征踏頓、与泃口倶導也、世謂之新河矣。……新河又東北、絶庚水。	14・濡水注・1257頁	新河は「故瀆」。『水経注図』が現存河川とするのは誤り。
11	（新河）又東北出、逕右北平、絶巨梁之水。	14・濡水注・1257頁	この新河も「故瀆」。現存河川とする『水経注図』は誤り。
12	新河東絶清水、又東、木究水出焉、南入海。	14・濡水注・1260頁	同上
13	新河又東、左池為北陽孤淀、淀水右絶新河、南注海。	14・濡水注・1260頁	同上
14	洛水又東、枝瀆左出焉。東出関、絶恵水。……枝瀆又北入穀、蓋経始周啓、瀆久廃不脩矣。	15・洛水注・1307頁	
15	鄭渠又東、逕捨車宮南、絶冶谷水。	16・沮水注・1457頁	
16	（鄭渠）又東絶清水、又東逕北原下、濁水注焉。自濁水以上、今無水。	16・沮水注・1457頁	
17	（漆水 or 漆沮水）絶白渠、東逕万年県故城北、為櫟陽渠。	16・沮水注・1458頁	
18	（漆水）東流……逕懐徳城北、東南注鄭渠、合沮水。又自沮直絶、注濁水、至白渠合焉。	16・沮水注・1459頁	史料17の漆水とは別？ 難読箇所、注疏・陳訳とも不明瞭
19	霸水又北、左納漕渠、絶霸右出焉。	19・渭水注・1615頁	漕渠は前漢武帝期の人工運河

20	(五丈渠＝清水) 東南流、絶鄭渠、又東南、入高陵県。	19・渭水注・1628頁	以下史料20 ～ 22の五丈渠・清水・曲梁水は同一河川
21	(五丈渠＝清水) 逕黄白城西、本曲梁宮也。南絶白渠、屈而東流、謂之曲梁水。	19・渭水注・1629頁	
22	(曲梁水)又東南、逕高陵県故城北、東南絶白渠枝瀆、又東南、入万年県、謂之五丈渠。	19・渭水注・1629頁	
23	(池水＝陰槃水) 又北絶漕渠、北注于渭。	19・渭水注・1634頁	漕渠は史料19と同じ
24	(陰溝水) 故瀆東分為二、世謂之陰溝水。……倶東絶済隧。	23・陰溝水注・1934頁	
25	(陰溝水故瀆) 又東南逕封丘県、絶済瀆、東南至大梁、合蒗蕩渠。	23・陰溝水注・1936頁	この「済瀆」は北済水・南済水両方を指す
26	亦言汳(水)受旃然水、又云丹・沁乱流、于武徳絶河、南入滎陽合汳、故汳兼丹水之称。	23・汳水注・1957頁	汳水＝丹水＝蒗蕩渠＝汳渠（のちの通済渠)
27	(明) 水上承城南大池、池周千歩、南流会睢、謂之明水、絶睢注渙(水)。	24・睢水注・2017頁	湖沼 (城南大池＝逢洪陂) が水源
28	(柵水) 又東逕南譙僑郡城南、又東絶塘逕附農山北。	29・沔水注・2425頁	湖沼(塘〔固有名詞不明〕)を通過
29	淮水又右納洛川于西曲陽県北、水分閻渓、北絶横塘。	30・淮水注・2528頁	湖沼(横塘)を通過
30	(潼水) 南逕沛国夏丘県、絶蘄水、又南逕夏丘県故城西。	30・淮水注・2547頁	史料32と対応
31	(歴澗) 水導徐城西北徐陂、陂水南流、絶蘄水、逕歴澗戍西、東南流注于淮。	30・淮水注・2548頁	史料33と対応
32	(蘄水) 又東入夏丘県、東絶潼水、逕夏丘県故城北。	30・淮水注・2550頁	史料30と対応
33	(蘄水)又東南流入徐県、東絶歴澗、又東逕大徐県故城南、又東流、注于淮。	30・淮水注・2550頁	史料31と対応
34	(葉) 楡水 (＝葉楡僕水) 又東南、絶温水、而東南注于交趾。	37・葉楡河注・3041頁	巻37温水注 (2981頁) では「而僕水右出焉」に作る

＊『注疏』は楊守敬・熊会貞『水経注疏』(江蘇古籍出版社、1989)、『全訳』は陳橋駅主訳『水経注全訳』(山西人民出版社、1995)

という字から人工の渠道であることが明らかである。（一三）また、その坰溝と「絶」する新河南水は、「陂」という名称から人工の溜め池とおぼしき鸕鷀陂（一四）と代陂を通過し、曹操が建造した白溝に注ぐ。よって、新河南水も本来人工渠道であったか、少なからず人の手が入った河川であったと思われる。また史料30〜33に見える潼水・歴澗水（図8）も、それぞれ潼陂・徐陂という人工の（可能性が高い）溜め池を水源とし、それぞれ池から流出した直後に蘄水を「絶」

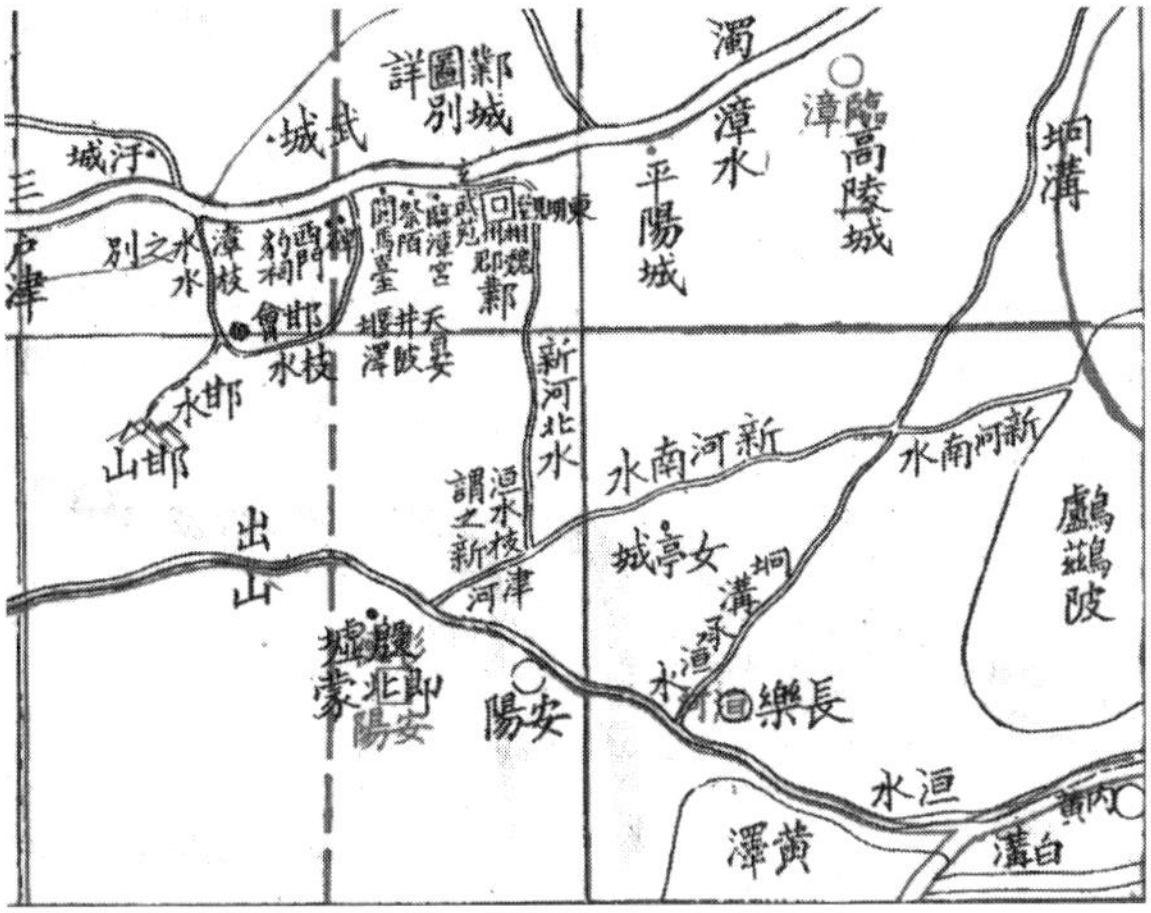

図7　坰溝・新河南水「絶」図

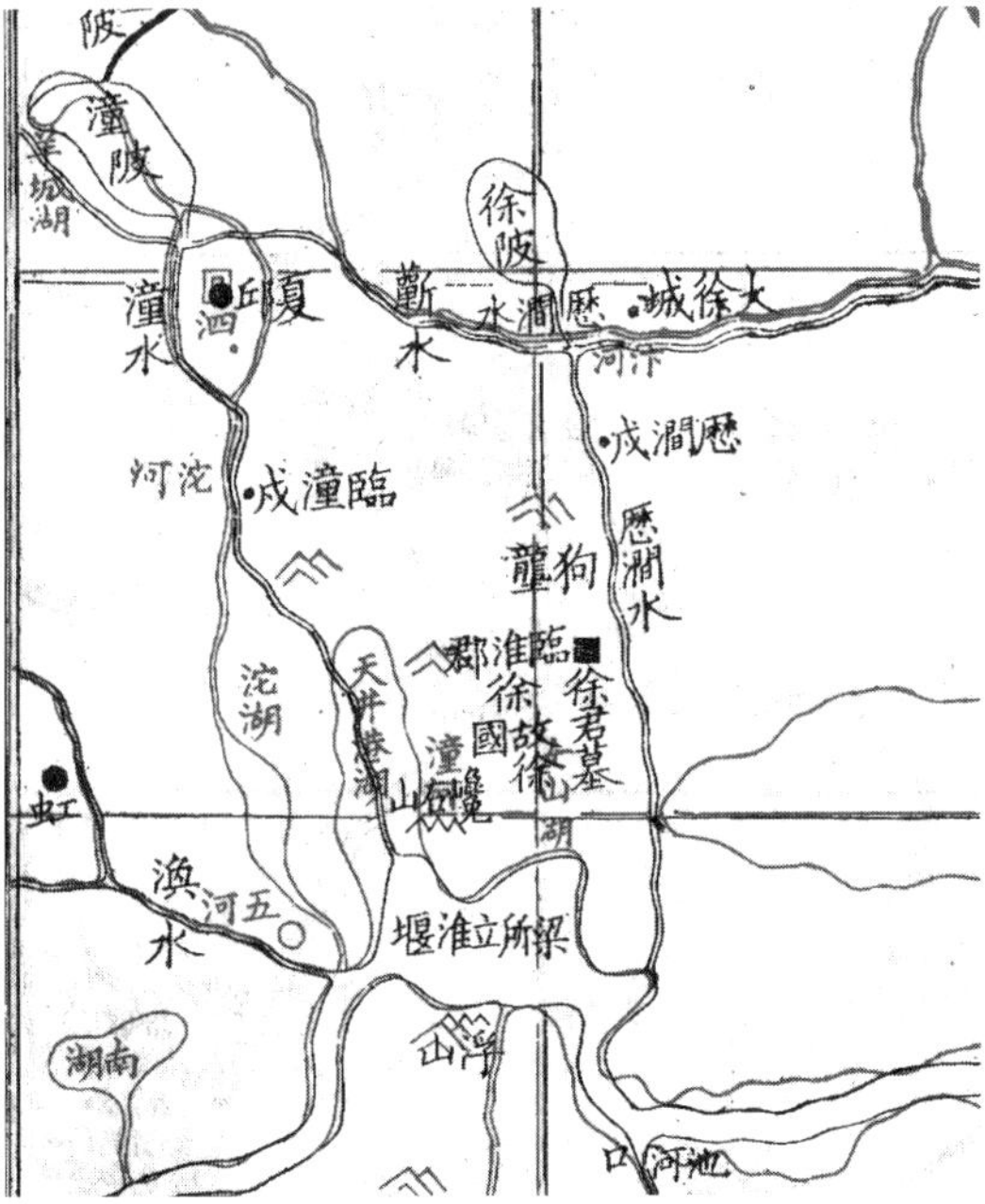

図8　潼水・歴澗水「絶」図

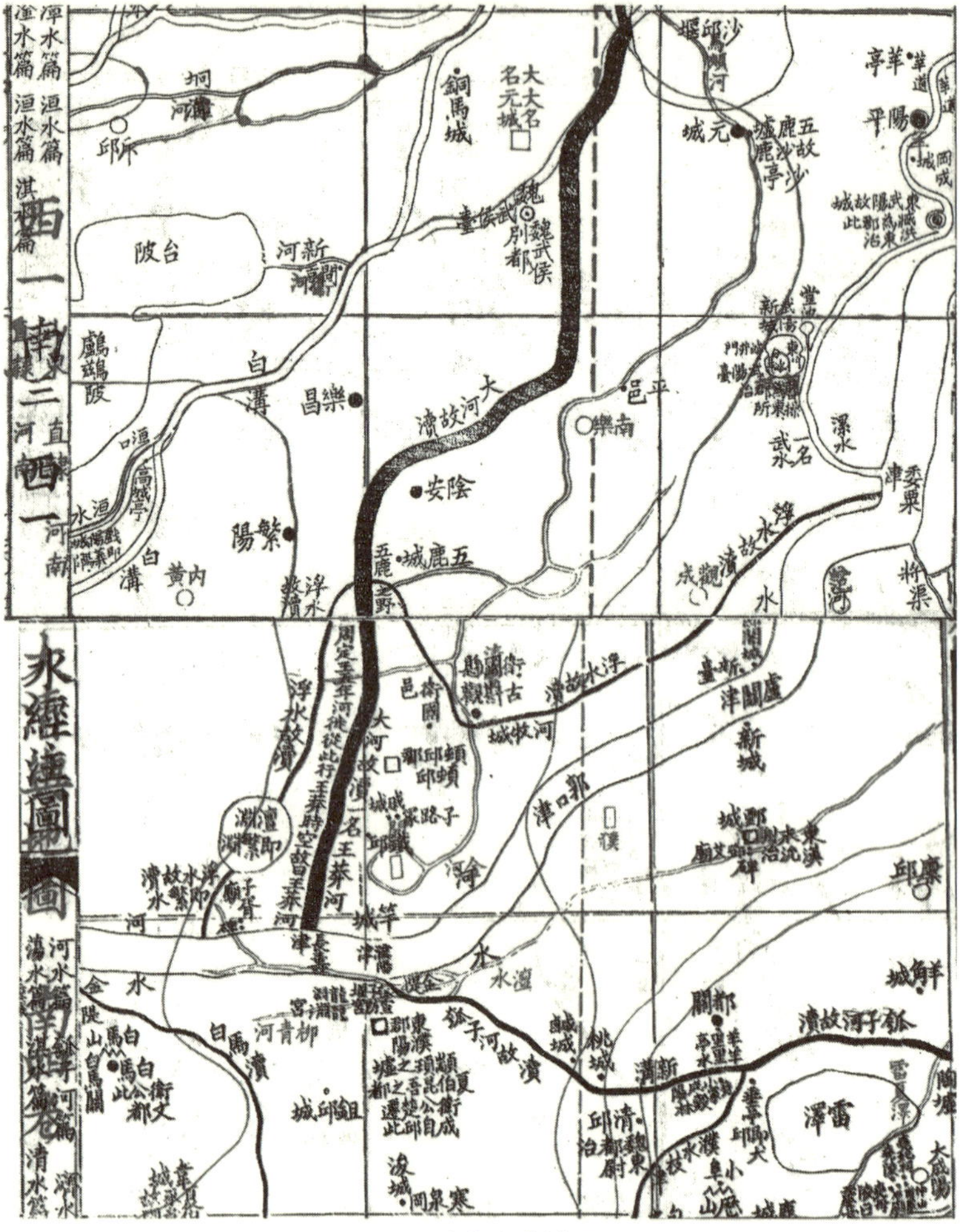

図９　浮水故瀆「絶」図

している点から、やはり人工の渠道であったと考えられる。

では、『水経注』撰述時にすでに「故瀆」であった水流の「絶」はどうか。表1史料5の浮水（図9）は黄河から分かれて流れ出したあと、「澶淵（繁淵、繁汙、黎淵）」を通過してのち大河故瀆（新・始建国三年（後一一）以前の黄河河道）を「絶」している。澶淵は春秋時代に幾度か会盟が行われた要地であり、田地の境界が規定されているなどの点から、[一五]古くから農業開発が進み、灌漑施設の敷設や干拓などが行われた湖沼と考えられる。したがって、そうした澶淵と深く関わる浮水故瀆の河道にもなんらかの施工が加わっていたものと考えられるし、それと大河故瀆との「絶」も人工的に造られた可能性が高いと言えよう。しかし、大河故瀆の側の記述（巻五「河水注」）には浮水故瀆との「絶」の様子は全く見えない。本来ならば当然、「絶」しあう双方の河川の「注」にその旨の記述があってしかるべきであろう。その意味では、浮水故瀆と大河故瀆の「絶」はその実現性自体疑わしいと言わざるを得ない。

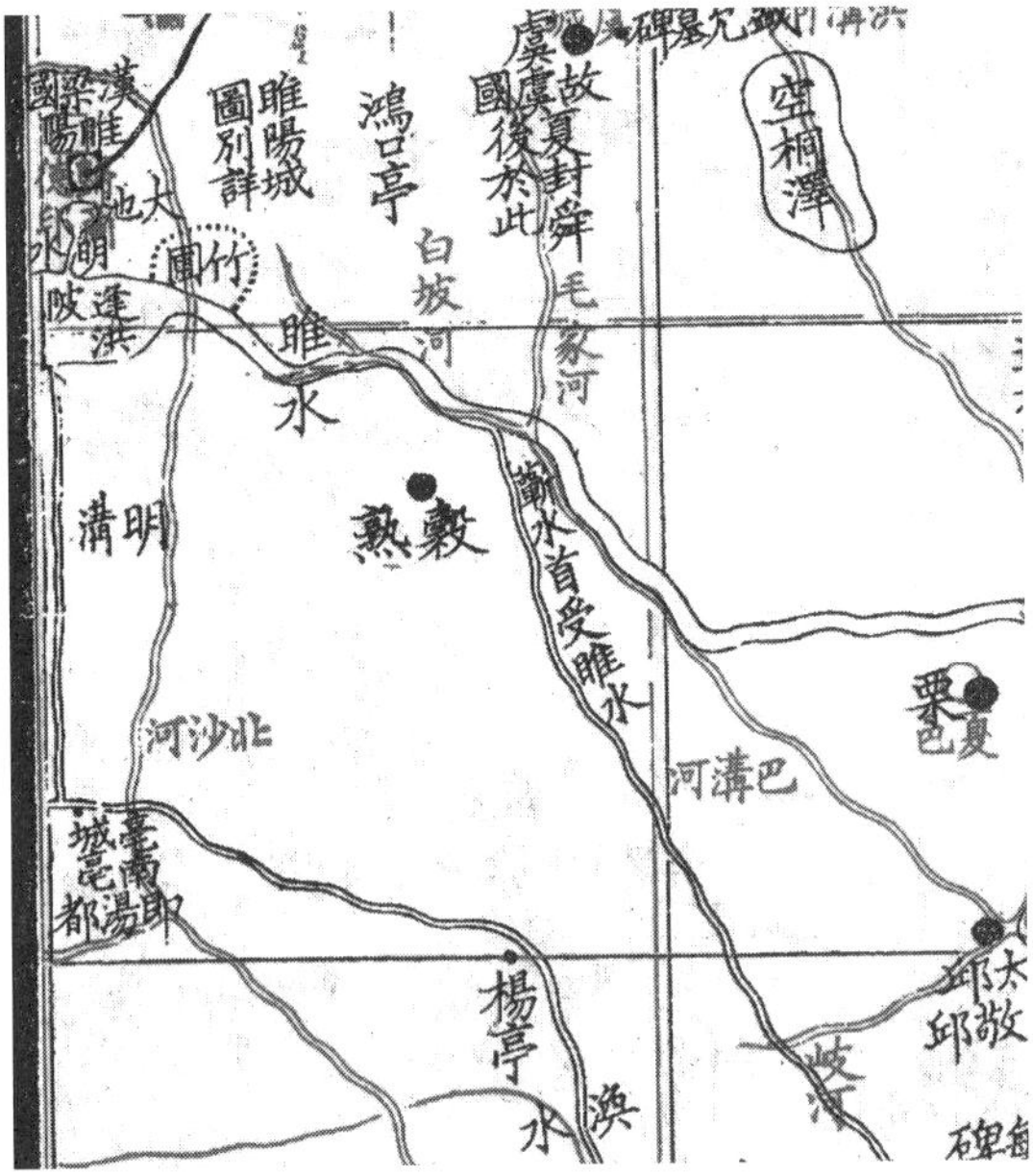

図10　明水〔明溝〕「絶」図

史料10〜13の新河故瀆、史料15〜18の鄭渠、史料19・23の漕渠、史料20〜22の白渠、史料24・25の陰溝水、史料26の汳水（丹水、蒗蕩渠）も記述内容および「渠」という名称から人工渠道であることはほぼ明らかである。[一六]史料27の明水（明溝、図10）も城南大池（逢洪陂）を水源とし南流した直後に睢水を「絶」しているので、人工施設の可能性が高い。史料14の洛水枝瀆は一見自然河川に見えるが、「注」の最後に「瀆久しく廃され脩められず」とあることから人工渠道と考えられる。しかも早期に途絶したことが明らかで、[一七]途中で恵水を「絶」したとするものの恵水側にそうした「注」が見えない点、上述の浮水故瀆と大河故瀆の例同様、「絶」の蓋然性自体疑わしいと言わざるをえない。

このように見てくると、『水経注』に見える「絶」もほとんどは人工的なものであり、自然河川の例は極めて限られることがわかる。それは、表1史料1～4に見える屯氏河群と大河故瀆・清河との「絶」、史料34の楡水（葉楡水、葉楡僕水）・温水の「絶」のみということになる。これらの「絶」については、節を改めて検討することにしたい。

四　自然河川どうしの「絶」――特に屯氏河群について

行論の都合上、史料34の検討から始める。ここに見える楡水（葉楡水、葉楡僕水）と温水は自然河川らしいが、『水経注』巻三六「温水注」では「（葉楡）僕水、焉《これ》（＝温水）より右に出づ」となっており、「絶」とはなっていない。そもそも、遠く雲南の山岳地帯を流れる両河川が十字交差していたとは物理的に考えがたい。もちろん、酈道元が実見できた可能性も極めて低い。この「絶」の記述は、合流直後に分流した河道をもとの河川名で呼ぼうとしたことによる史料的混乱の結果かと思われる。[一八]

残るは史料1～4に見える、屯氏河群（張甲河、屯氏別河南瀆・北瀆）と大河故瀆との「絶」である（図11）。このうち、史料1、3、4は屯氏別河南瀆・北瀆と大河故瀆どうしの「絶」を明示しており、少なくとも酈道元がこれ

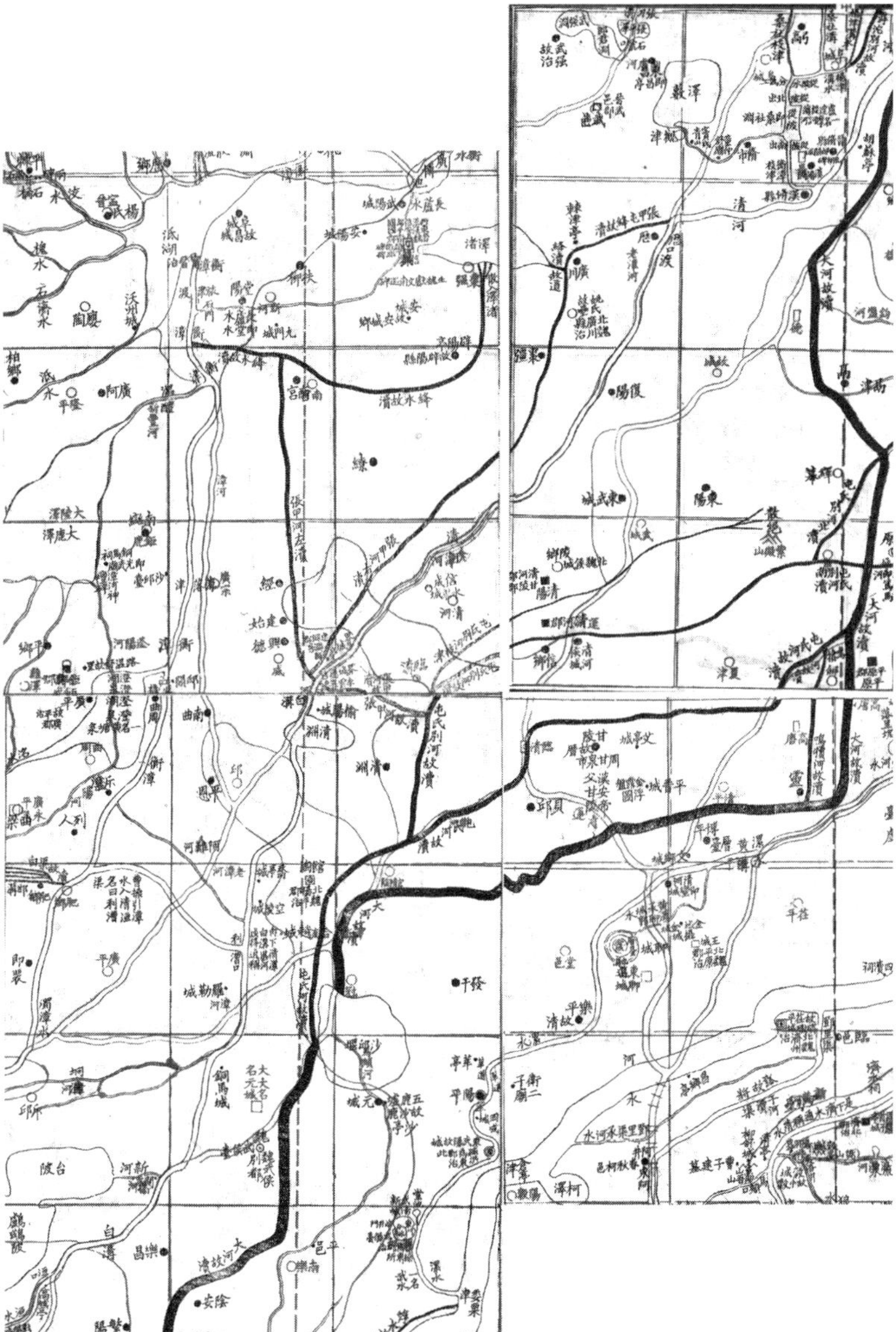

図 11　屯氏河群「絶」全体図

らの「絶」を確信していたことは疑いない。(一九) しかし、史料2はそのように断じがたい問題を含む。屯氏河の分流(屯氏別河)のさらなる分流である張甲河は、史料2に見えるようにいったん広宗県(現河北省威県東)で清河を「絶」したのち、すぐに左右二瀆に分流し、のち前後して両瀆とも絳瀆(濁漳水)と合流し、最終的には「張甲故瀆、又東北し、脩県に至り、東して清河と会す。『十三州志』曰く、張甲河、東北して脩県に至り、清漳に入る者なり、と」とあるように再び清河に合流したとされる。しかし、『水経注』巻九「淇水注」(二〇) は、確かに「(清河)又東して脩県の南を過ぎ、又東北して東光県の西を過ぐ。(以上、経文。以下、酈道元注)清河又東北し、左して張甲屯・絳故瀆と合す」と最終的な張甲河故瀆との合流は記すものの、途中での張甲河との「絶」については一切記していない。「絶」しあう水流の一方にその記述がない(または「絶」以外の表現を採る)例は上述のように史料5(浮水)・14(洛水枝瀆)・34(葉楡僕水)があり、いずれも「絶」の現実性が疑われる例であった。この張甲河・清河(淇水)の場合も同様に疑わしいと言えるが、同じく屯氏河の分流であり、場所も近接する屯氏別河南北瀆と大河故瀆との「絶」の記述が明快なだけに、その不明快さは少々気になるところである。このあたりに「絶」の本質的な問題が隠されているものと思われる。

それを探るためにも、ここで屯氏河という河川の実態、黄河との関係の如何について、基本史料である『漢書』「地理志」「溝洫志」の記述に帰ってあらためて確認しておこう。屯氏河の発生から途絶までのまとまった記述は「溝洫志」にあるので、その流れにそい、必要に応じて地理志を参照することにしたい。

宣房を塞ぎてより後、河、復た北のかた館陶に決し、分かれて屯氏河を為す。東北して魏郡・清河・信都・勃海を経て海に入る。広さ深さ大河と等し。故に其の自然に因りて隄塞せざるなり。此の開通後、館陶の東北の四五郡、時に小しく水害を被ると雖も、而れども兗州以南の六郡に水の憂い無し。(「溝洫志」)

この記述から一般に屯氏河の発生は「宣房を塞」いだ元封二年（前一〇九）であったとされるが、それについては議論の余地がある。(二一) しかし、ともかく同年の瓠子「河決」閉塞以降であったことは疑いない。屯氏河は「広さ深さ大河と等し」く、そのため治水は断念され、魏郡・清河郡・信都国・勃海国を通過して渤海湾に注ぎこむ大規模な分流となった。その後、屯氏河はこれら諸郡にしばしば水災をもたらしたが、兗州以南の六郡、つまりそれまで瓠子「河決」により長年にわたって水災を被ってきた淮北平野はその危険性から解放されたのである。

ここで「地理志」魏郡館陶県条の原注を見ると、「河水、別れ出でて屯氏河と為り、東北して章武に至りて海に入る。郡を過ぐること四、行くこと千五百里」とあり、「溝洫志」の記述と対応している。

ところが、「溝洫志」「地理志」とも分流後の黄河（大河故瀆）と屯氏河の関係を何も記していない。再び合流したのか、「絶」したのか、分流したまま個別に渤海湾に入ったのか、全く不明なのである。特に黄河については、「地理志」勃海郡条に「勃海郡。（以下班固原注）高帝置く。（王）莽、迎河と曰う」とあり、また同郡南皮県条の原注に「莽、迎河亭と曰う」とあり、さらに「溝洫志」に平帝期の王横の言として「河、勃海に入る」とあるように、勃海郡の南皮県附近を通過して渤海に注いでいたことはわかるものの、どこで海に入ったかは『漢書』に記されていない。譚其驤主編『中国歴史地図集』第二冊では、屯氏河・漳水と合流して章武で渤海に注ぐように描かれているが、これは明らかに屯氏河（本流）・漳水・大河故瀆が合流して章武で海に入るとする『水経注』の記述に基づく解釈であろう。「地理志」勃海郡章武県条の原注には「鉄官有り。莽、桓章と曰う」とあるだけで黄河については触れておらず、黄河が渤海郡のどこで海に注いだかは『漢書』による限り特定できない。(二二) その事実を確認したうえで、「溝洫志」の検討を先に進めることにする。

宣帝の地節中、光禄大夫郭昌、使わされて河を行《めぐ》る。北曲三所の水流の勢は皆、邪《なな》めに貝丘県に直《あ》たる。恐らくは水盛んなれば、隄防も禁ずる能わず、と。乃ち各々更に渠を穿ち、直ちに東し、東郡の界中を経て、北曲せしめず。渠通じ利あり、百姓、之れに安んず。

宣帝期の地節年間（前六九～前六六）に、光禄大夫の郭昌が（二三）黄河を視察した。郭昌は、黄河が北に屈曲する三地点はみな清河郡の貝丘県（清河郡都尉の治所）に斜めに水流を直撃させる恐れがあり、堤防でも防ぎきれないと判断し、「更に」（または「更《あらた》めて」）各所に渠を開削し、東郡との郡境を越えて東に放流し、北への屈曲をなくさせた。それにより民衆は安堵した、という。

ここでまず問題になるのは「北曲三所」であろう。『中国歴史地図集』第二冊の前漢黄河河道によれば、東郡との郡境線上にあって黄河が北向きに屈曲する三地点とは、白馬津附近（現河南省滑県東）・濮陽（現河南省濮陽市南）・館陶（現河北省館陶県）あたりと思われるが、無論確証があるわけではない。そもそも白馬津や濮陽で東方に渠を穿って放水した場合、それ以前に瓠子「河決」によって二三年間水災に苦しんできた「兗州以南」の淮北平野にまた被害を及ぼす危険が生じる。そうした工事を漢朝が容易に許したとも思われないので、郭昌の工事は我々が知るよしもない微細な屈曲点の改善に過ぎなかったかもしれない。いずれにしろ工事は成功し、一時的にも民衆を安堵させた様子がうかがえる。

続いて「溝洫志」は、屯氏河途絶の状況を述べ、その回復を主張する馮逡の上奏を載せる。

元帝の永光五年、河、清河の霊の鳴犢口に決し、而して屯氏河、絶す。成帝の初め、清河都尉の馮逡、奏して言えらく、「郡は河の下流を承け、兗州の東郡と水を分かちて界を為す。城郭の居る所、尤も卑下にして、土壌、軽脆にして傷み易し。頃《このごろ》、闊《まれ》に大害無き所以《ゆえん》の者は、屯氏河通じ、両川分流するを以てなり。今、屯氏河塞がり、霊の鳴犢口も又益々利あらず、独り一川のみにて数河の任を兼ね受け、隄防を高増すると雖も、終に泄する能わず。如し霖雨有りて旬日霽《は》れずんば、必ず盈溢せん。霊の鳴犢口は清河の東界に在り、所在は下に処す。通利せしむると雖も、猶お魏郡・清河の為に水害を減損すること能わず。禹は民力を愛《お》しまざるにあらず、地形の勢有るを以ての故に、九河を穿つ。今、既に滅んで明らかにし難し。屯氏河、流行せざること七十余年、新たに絶して未だ久しからず、其の処、浚《さら》い易し。又、其の口の居る所は高く、於いて以て分流して水力を殺《そ》がば、道里便宜す。復た浚いて以て大河の暴水を泄するを助け、非常に備うべし。又、地節の時、郭昌直渠を穿つも、後三歳にして、河水更に故の第二曲の間より、北すること六里ばかりにして、復た南に合す。今、其の曲勢は復た邪《よこしま》に貝丘に直たり、百姓寒心す。宜しく復た渠を穿ち東行せしむべし。予《あらかじ》め修治せざれば、北のかた決して四・五郡を病ましめ、南のかた決して十余郡を病ましめん。然る後に之れを憂うるも晩《おそ》し」と。

まず、霊県（現山東省高唐県南）の鳴犢口で黄河が決壊して鳴犢河が発生し、それにより屯氏河が途絶した、とする記述が注目される。ここで地理志・清河郡霊県条の原注を見ると、「河水、別れ出でて鳴犢河を為し、東北して蓨に至りて屯氏河に入る」とある。鳴犢河が蓨（脩。現河北省景県南）で屯氏河に合流したとなると、鳴犢河発生と同時に屯氏河が途絶したように記す溝洫志と矛盾するが、実態はおそらく鳴犢河発生後しばらくして屯氏河が途絶したということであろう。いずれにしろ鳴犢河発生と屯氏河途絶との因果関係が注目されるが、この点は後にあらためて検討したい。

続く馮逡の上奏は、極めて重要な内容を含んでいる。まず、水災を被りやすい清河郡全体の地勢の低さ、ついで屯氏河の優れた洪水低減効果、さらに特に低い鳴犢河流域の地形、堤防に頼る治水策の問題点が述べられている。そして、屯氏河復活工事のネックとなる民力の疲弊について、聖王の禹でさえそれを恐れず「九河」を開削したこと、

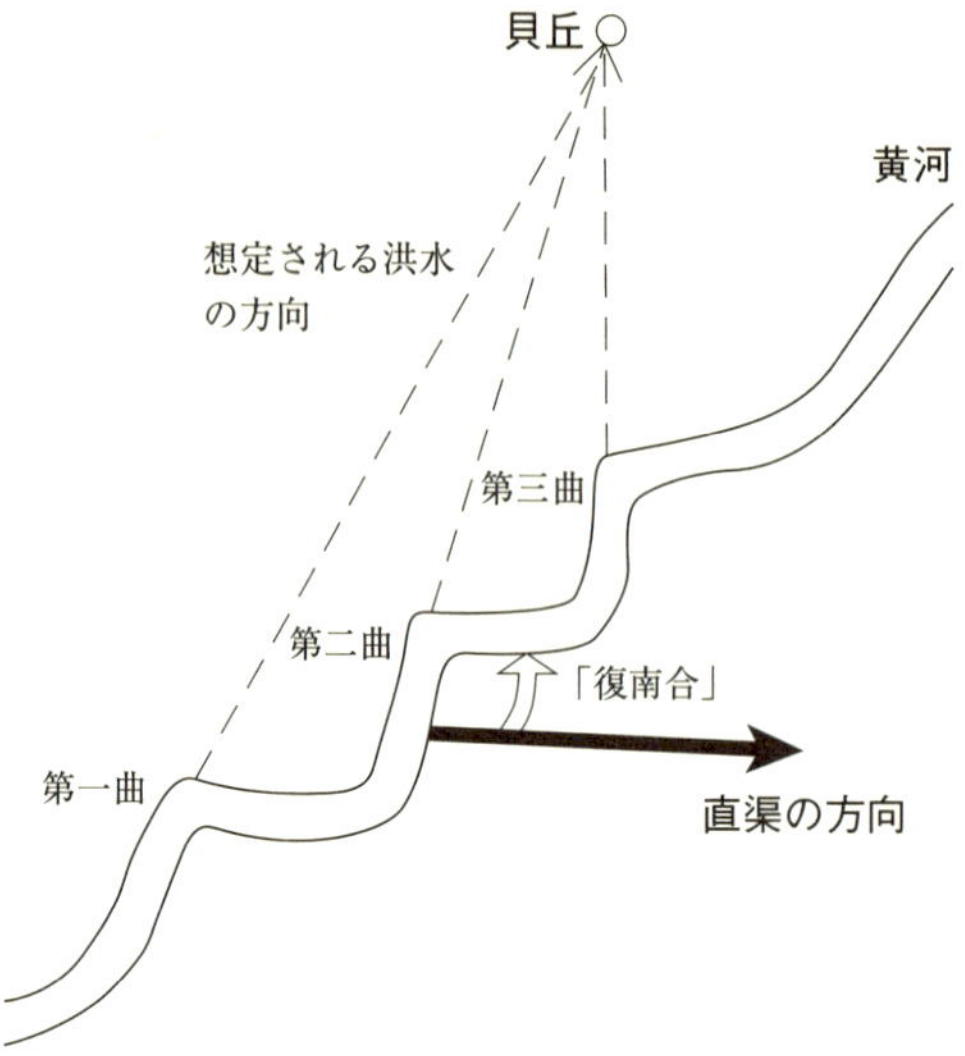

図12 「直渠」関連図

しかしその「九河」がとうに堙滅して回復しがたい以上、屯氏河復活こそが急務であることを力説している。（二四）続く「屯氏河、流行せざること七十余年、新たに絶して未だ久しからず、其の処、浚《さら》い易し」は難読箇所であるが、（二五）要するに屯氏河途絶後まだ間もないので回復が容易であることを述べている。ついで、わずか三年で機能しなくなった郭昌の直渠を復活させ、貝丘県への洪水の危険性を軽減すべきことを主張する。詳細ははかりがたいが、恐らく図12のような状況にあったのであろう。

　つまり馮逡の上奏は、屯氏河の復活により周辺地域全体への洪水被害を低減し、さらに直渠復活によって治所の貝丘県を防衛するという、きめの細かい洪水予防案であったと考えられる。

　しかし、この優れた提案も、災異思想の影響の下、禹の「九河」復活という空論に固執する儒学者たちの反対で実現しなかった。（二六）そして三年後（成帝建始四年、前二九）、馮逡の予想どおり黄河は四郡三二県に水災をもたらす決壊を起こすのである。

　以上で屯氏河に関する「溝洫志」の記述は終わる。屯氏河の記事でこれ以外に『漢書』に見えるのは、以下の「地理志」の二例のみである。まず清河郡・信成県条の原注に、張甲河、首を屯氏別河に受け、東北して蓨に至り、漳水に入る。

とある。「溝洫志」に見えない屯氏別河（屯氏河の分流）、さらにその分流の張甲河の存在が確認できる。また河内郡・隆慮県条の原注にも、

国水、東北して信成に至り、張甲河に入る。

とある。張甲河が清河郡信成県（現河北省清河市西北）から流れ出していたことは確実である。

しかし、以上の『漢書』の記述のみからは、屯氏河群の経路や消長の詳細はわからない。それらは『水経注』からしか知り得ないのである。そこで以下、特に「絶」に関わる張甲河と屯氏別河南瀆・北瀆についての『水経注』巻五「河水注」の記述を仔細に検討してみたい。まず、張甲河について。

一水、大河故瀆より別れて北のかた出で、屯氏河と為り、館陶県の東を逕《す》ぎ、東北に出づ。……①屯氏故瀆水、之きて又東北すれば、屯氏別河焉《これ》より出づ。屯氏別河故瀆、又東北して②信城県を逕ぐるに、張甲河焉より出づ。……③張甲河故瀆、北のかた清河を広宗県にて絶し、分かれて二瀆と為る。左瀆は広宗県故城の西を逕《へ》て、又北のかた建始県故城の東を逕ぎ、……④左瀆又北し、経城の東・繚城の西を逕《へ》、又南宮県の西を経《へ》、北のかた絳瀆に注ぐ。

以上、大河故瀆→屯氏河故瀆→屯氏別河故瀆→張甲河故瀆→（広宗県で清河を「絶」）→張甲河左瀆→絳瀆と合流、

というルートが確認できる。つぎに張甲河右瀆について見てみよう。

（張甲河）右瀆東北し、広宗県故城の南を逕《す》ぎ、又東北し、界城亭の北を逕ぎ、又東北し、長楽郡の棗彊県故城の東を逕ぎ、……⑤又東北し、広川県を逕ぎ、絳瀆水故道と合す。（張甲河故瀆＝絳瀆水）又東北し、広川県故城の西を逕ぎ、又東し、棘津亭の南を逕ぎ、……⑥張甲故瀆又東北し、脩県に至り、東のかた清河と会す。『十三州志』曰く、「張甲河、東北して脩県に至り、清漳に入る者なり」と。

結局、張甲河右瀆も絳瀆と合流して一本の張甲河が復活し、そのまま脩県で清河と合流した様子がわかる。以上の記述において、最も注意すべき点は広宗県で清河を「絶」した直後、左右二瀆に分裂すること（③）である。先述のように、淇水注には清河が張甲河に「絶」されたとの記述がない。しかし、広宗県（現河北省威県東）附近についての『水経』経文には、

（淇水）又東北して広宗県の東を過ぎ、清河と為る。

とあり、ここで淇水から清河に名称が変わっている。[二七] 河川の名称の変更には支流の合流など何らかの変化要因が想定されるが、ここでは張甲河がそれに相当したものと考えられる。要するに張甲河と淇水が衝突し、発生した分流がいつしかそれぞれ張甲河左瀆・右瀆・清河と呼び分けられるようになったのではなかろうか（図13）。広宗県は後漢初置の県で、前漢には存在しなかった。したがって、前漢後半の一時期しか存在しなかった張甲河について、広宗県付近で得られる情報は乏しかったと思われる。そうした状況下、酈道元はやむなく各地で実見可能な人工渠

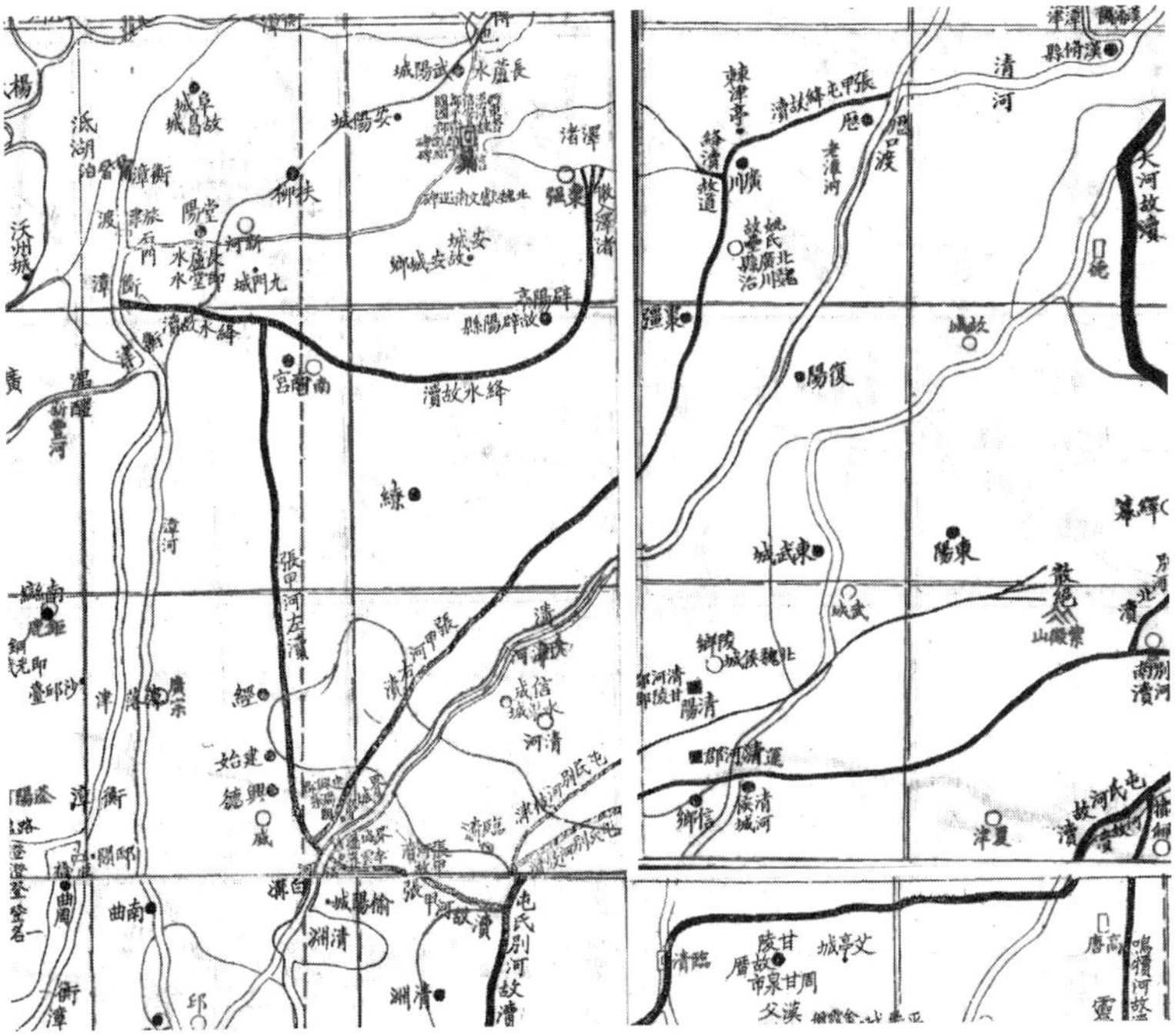

図 13　張甲河・張甲河左瀆・張甲河右瀆・清河

道の交差を参考に「絶」と表現したのではあるまいか。やや憶測がすぎたかもしれないが、いずれにしろ張甲河と淇水の「絶」も、不自然で実現性の低いものであったと考えられる。

　次に、屯氏別河南瀆・北瀆について見てみよう。

（屯氏別河）又東北し、①繹幕県の南を逕《す》ぎ、分かれて二瀆と為る。屯氏別河北瀆、東して繹幕県故城の南を逕ぎ、東して大河故瀆を絶す。……屯氏別河北瀆又東し、陽信県に入る。今、水無し。又東して咸河と為り、東北流し、②陽信県故城の北を逕ぐ。「地理志」に、渤海の属県なり、と。東して海に注ぐ。③屯氏別河南瀆、平原より東して大河故瀆を絶し、又平原県故城の北を逕ぐるや、……④屯氏別河南瀆、平原城の北より、首、大河故瀆を受けて東に出づ。亦通じて之れを篤馬河と謂う。即ち⑤「地理志」に、平原県に篤馬河有り、東北して海に入り、行くこと五百六十里なり、と。……又東北して、⑥陽信県故城の南を逕ぎ、東北して海に入る。

　ここに見える繹幕県（①。清河郡）・平原県（③④⑤。平原郡）・陽信県（②⑥。渤海郡）はみな前漢に存在した県であり、屯氏河南北瀆がこれら諸県を経由して海に入ったとする右の記事はかなり確度が高いと言える。しかし、屯氏別河南北瀆の「絶」に関しては一つ重大な問題が存在する。前述のように、『漢書』「地理志上」清河郡霊県条の原注には、

　河水、別れ出でて鳴犢河と為り、東北して蓨に至りて屯氏河に入る。

とある。霊県（現山東省高唐県南）の鳴犢口で黄河から分流した鳴犢河が、蓨（脩。現河北省景県南）で屯氏河に合流した、ということは、屯氏河は脩県以南では黄河と「絶」も「合」もせず、単独で流れていたことになる。一方、屯氏別

河南北瀆が分流・経由する繹幕・平原県はいずれも蓨県以南・鳴犢口以北に位置する。となると、屯氏別河南北瀆は黄河を「絶」する前に、屯氏河本流も「絶」していたことになる。しかし、黄河のみならず「広さ深さ大河と同じ」であった屯氏河をも「絶」し、海まで達したとは容易に考え難い（図14）。また、そうした状況を示す具体的記述も一切ない。つまり、地理志と河水注の記述はここに大きな矛盾を生じているのである。

ここで酈道元は、

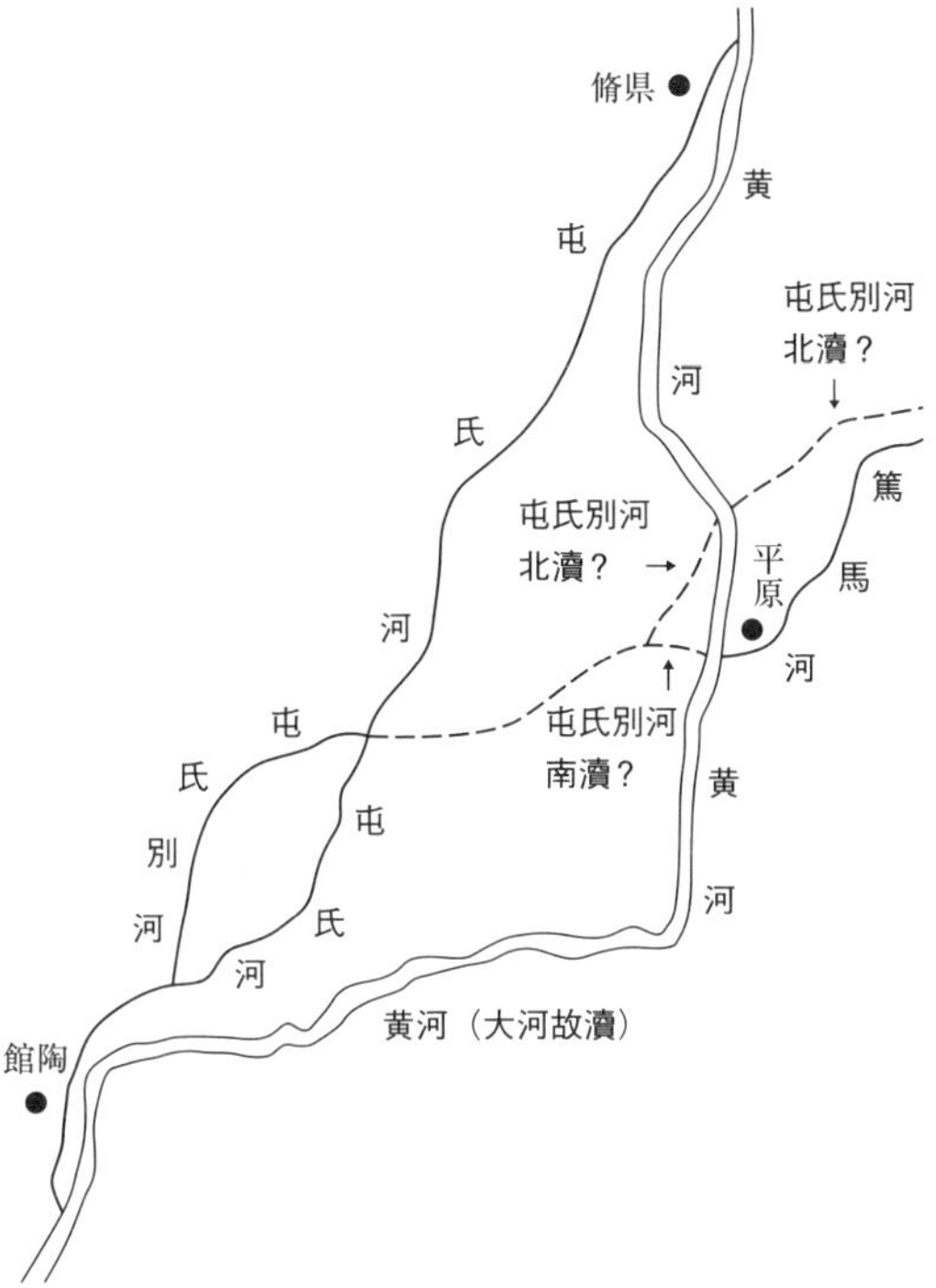

図14　地理志と河水注の矛盾

> （屯氏河）又東し、鄃県故城の北を逕《す》ぎ、東北して大河故瀆と合す、之れを鳴犢口と謂う。『十三州志』に曰く、「鳴犢河、東北して脩に至りて屯氏に入る」と。考するに、瀆則ち至らざるなり。

とする。屯氏河は繹幕・平原県のさらに南の鄃県附近ですでに黄河に合流していたというのである。そして、鳴犢河と屯氏河が脩県で合流したとする『十三州志』を否定しているが、この『十三州志』の記述は実質的に『漢書』「地理志」の引用である。酈道元は『水経注』において、

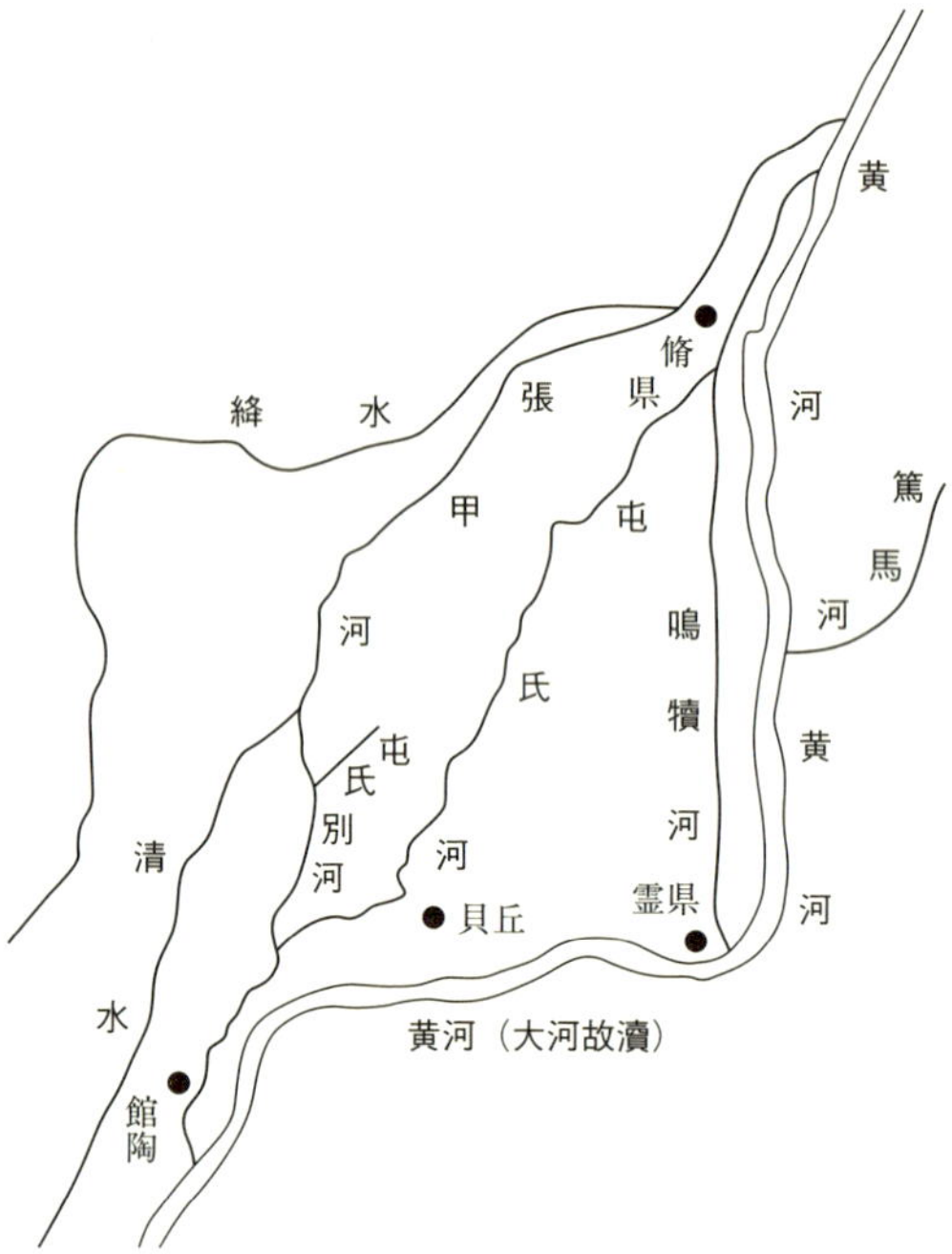

図15　『中国歴史地図集』の屯氏河群

自説の最終的根拠として「地理志」を引用する例が非常に多い。つまり、「地理志」に全幅の信頼を置いているのである。しかし、ここでは「地理志」に逆らわざるを得ない。それを躊躇して、あえて『十三州志』を引いて批判する方法を採ったのであろうか。しかし、ほぼ同文の『十三州志』を批判した以上、「地理志」に異を唱えたことに変わりはない。言い換えれば、酈道元は聖典のごとき『漢書』「地理志」にも、ここでは従えないという覚悟を示したのである。彼は、平原県で黄河を「絶」した屯氏別河南瀆が篤馬河になるという新説まで唱え（④）、その論拠として「地理志」を引用し、自説の正しさを強調している（⑤）。しかし、「地理志」を読む限り、屯氏河と篤馬河の間にそうした密接な関係があったとは思われない。[二八] 結局、屯氏別河南北瀆に関する酈道元の記述は、無理に無理を重ねたものになっているのである。それはそのまま、屯氏河と屯氏別河南北瀆との錯綜した関係を示しているものと思われる。

ちなみに『中国歴史地図集』第二冊はこの部分に関しては『水経注』に一切依らず、「地理志」の記述に基づいている。その結果、屯氏別河南北瀆自体を全く描写していない（図15）。

それでは、「地理志」と「河水注」のどちらが正しいのか。それはわからない。「河水注」の記述に無理が多いことは明らかである。しかし、酈道元があえて「地理志」に逆らってまで自説に固執した重みも無視できない。今日の我々が知り得ない情報源に基づく主張なのかもしれない。いずれにしろ、酈道元が屯氏別河南瀆と篤馬河を同一視し、また屯氏別河南北瀆の海までの経路を詳細に残した点などから見て、黄河の分流が再び合流したり、さらに分流したりという現象が思いのほか頻繁に起こっていた、という可能性は高まったと言えるのではなかろうか。「絶」を単純な十字交差ではなく、狭い範囲内での合流・分流を指すと広義に解釈するならば、案外酈道元の記述にも信憑性が出てくるように思われるのである。

以上煩瑣を極めたが、屯氏河群の「絶」の問題を検討してきた。その結果、いずれの「絶」も実現性が疑わしいことが判明した。結局のところ、自然河川どうしの「絶」とは単純な水流の交差などではなく、第二節で見た『明史』八三「河渠志」黄河上に「又た分かれて十三支と為り、或いは横絶し、或いは逆流し……」とあるように、河川が激しく合流・分流を繰り返す状態にある時、強いて個々の流路に河川名をつける必要があるさいになされた便宜的描写と考えられる。

しかし、なぜ『水経注』においてのみ「絶」が頻見するのか。酈道元はそれによって何を表そうとしたのか。次節では特に現代地理学の視点から、黄河下流域の河北の状況を総合的に考察し、これらの問題に迫りたい。

五　北魏以前の河北平野――地理学的視点から

自然河川どうしの「絶」が、実際にあったとは考えがたい。しかし、それに近い状況はあり得ると思われる。

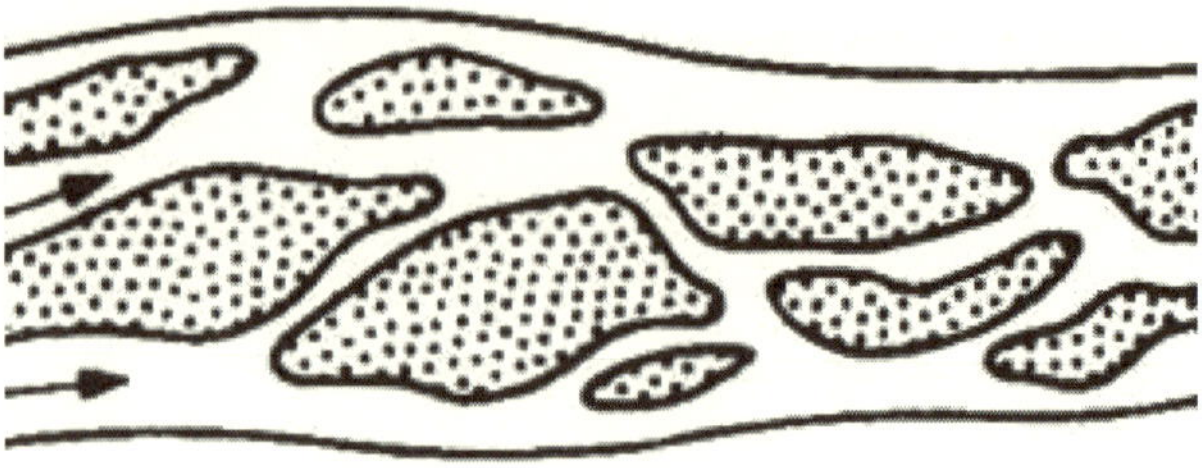

図16　ブレイデッド河道

　今日の地理学の一般的定義によれば、河川は「網状流河川」と「曲流河川」に分けられる。前者は勾配が大きく（一〇〇〇分の一以上の場合が多い）、河床は砂礫からなり、砂礫堆と呼ばれる魚のウロコ状の「州」を形成し、水はその間を縫って網状に流れる。河道幅は広く、水深は浅い。一方後者は、川幅が比較的せまく、河床は砂質であり、水深が大きく、川筋は蛇行する。前者はいわゆる扇状地で、主に河川が山地から平野に出る場所に形成され、後者は傾斜が緩慢な下流の平野（氾濫原）に現れる。では、黄河はどのタイプなのか。貝塚爽平編『世界の地形』によれば、

> 急に堆積場が広がると、曲流河川も勾配のゆるい扇状地状地形をつくる。黄河は下流の海抜一〇〇～三〇メートルに勾配一〇〇〇〇分の一ほどの扇状地形を広げている。その部分の黄河は砂質の網状流河床をもつ。

という。[二九]　黄河の下流部は網状流河川と曲流河川の両方の性質を持っていることになる。通常、大河の下流部は曲流河川となり、他の河川と激しく合流・分流を繰り返すことは少ない。しかし黄河は、いわゆる「沖積扇状地」を形成する。沖積扇状地は、現河道と中州（砂礫堆）のほかに旧河道・旧中州などの微地形が網目状に分布するというが、[三〇] 黄河下流の状況はよくこの定義に合致している。ただし、「網状流」（ブレイデッド〔braided〕河道）（図16）は洪水時、河道全域に水が広がり、

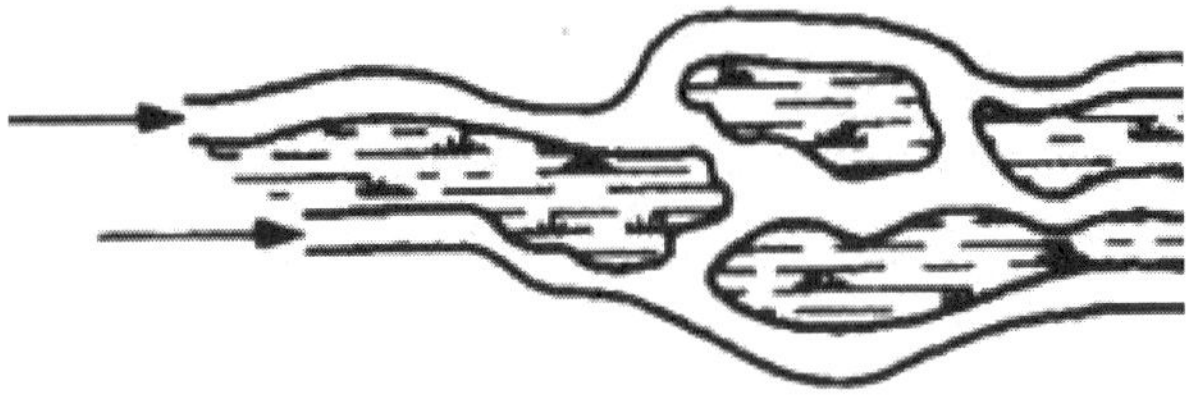

図17　アナストモージング河道

旧河道も堆砂（州）も水没するが、黄河下流部では洪水時に大規模な分流・合流が繰り返されるものの、旧河道や中州が全て水没して一つの河筋になる場合は少ないものと思われる。近年、分流・再合流を繰り返しつつもそれぞれの河道（分岐流路）の独立性・安定性が高く、洪水時も一つにならないアナストモージング（anastomosing）河道という新しい定義が唱えられている（図17）が[三一]、黄河はそれに近い性質を持っているようである。しかし、ブレイデッド河道の性質が全くないとも言い切れないので、ここでは便宜上、両方の性質を兼ねたものとして、アナブランチング河道（anablanching、「分岐河道」と訳される）というやや広い定義を当てておきたい[三二]。

その場合、一度分流した河道は洪水時にも一本化しないので、本流とは別個の河川と認識されやすいであろうし、再合流してまた分流した場合、それぞれの分岐流路がもとの名称のままで呼ばれる可能性も高くなると思われる。屯氏河群の「絶」も、黄河が分流・合流を繰り返し、第一節で見たメコン川とトンレサップ川の合流のような状態を呈したものを、人々があたかも河川どうしの交差のようにみなしたことによるのではなかろうか。

なお、黄河は大量の泥砂を河床に堆積し、極端な「天井川」を形成して周辺平野部の分水嶺となる。したがって、そこから一度分流した水は、二度と黄河に合流しないと考えられがちである。となると、屯氏河群などの頻繁な分流や合流自体あり得ないことになる。しかし、泥砂に富む黄河下流域の沖積扇状地には旧河

図18　現在の館陶県付近の金隄跡

道や旧中州が微高地として残りやすい。[三三]特に本流の旧河道は、相当程度高く長い丘陵を形成したと考えられる。

一方、黄河の「天井川」といえども、常に周囲より高い位置を保ったとは限らない。堤防もなく、周囲との比高にあまり差のないところもあったであろう。前節で見た馮逡の言に、屯氏河故瀆について「其の口の居る所は高く、於いて以て分流して水力を殺《そ》がば、道里便宜す」と見えるように、屯氏河の分流口はかなり比高の高い位置にあったらしい。今日でも、かつて屯氏河が分流した館陶県には、漢代金隄の一部（とされる）微高地が残っており、周囲よりも一～二メートル高い丘が南北に連なっている（図18）。屯氏河は、この金隄から分流したのち、周囲の旧河道や旧中州の上部を通過することで水勢を維持し、屯氏別河・張甲河などを次々と分流させたのであろう。また、同じく馮逡の「霊の鳴犢口は清河の東界に在り、所在は下に処す」という言から、鳴犢河の発生が屯氏河途絶の原因であったように見えるが、そこにも一定の合理性は見いだせる。低凹地の鳴犢口で鳴犢河が発生し、大量の泥水を疎通させたことにより、上流部では急激に水位が低下したのではなかろうか(三四)。それにより、比較的高い位置にあった屯氏河の分流口に水が入りにくくなり、徐々に途絶した可能性が想定できる。一方、屯氏河群の黄河への再合流（つまり「絶」）は、金隄のような堅固な堤防もなく、黄河河道と周囲の比高にあまり差がない場所で起こったと考えられる。

なお、ここまで触れてこなかったが、屯氏河群についてはもう一点不可思議な記述が見える。

> 屯氏別河又東するや、①枝津、焉《これ》より出づ。……又東し、散絶して復た津逕無し。……②屯氏別河北瀆、……平原県を逕《す》ぐるや、枝津、北に出、安陵県に至り、遂に絶す。……③屯氏別河南瀆、……又平原県故城の北を逕ぐるや、枝津右に出で、東北して安徳県界に至り、東して商河に会す。屯氏別河南瀆又東北し、平原界に于《お》いて、④又枝渠有りて右に出で、安徳県に至りて遂に絶す。……

このように、屯氏河群からは合計四本の「枝津」（枝渠）が分流し、うち①②④の三本は、他の河川や湖沼と合流することなく途絶している。このような例は、『水経注』の他所では見られない。海に入らず、陸地で途絶する河川（内陸河川）は、一般に蒸発の激しい乾燥地に見られるものである。しかし、湿潤地域でも、湖沼に流入して海まで達しない河川は内陸河川といえる。屯氏河群の枝津の場合、微高地間の低凹部に流れ込み、行き場を失って途絶した可能性がまず考えられるが、その場合十分な水量があれば低凹部に湖沼を形成したはずである。しかし、屯氏河群の枝津は、湖沼を形成することもなく、消え入るように途絶しているのである。その理由はよくわからない。しかし、あるいは当時の河北が相当に乾燥化していたため、砂漠と同様の現象が見られた可能性も考えられる。四〜七世紀のユーラシア各地における民族移動（中国華北においては「五胡」の流入・建国）の背景として、当時の地球規模での寒冷化が注目されているが(三五)、屯氏河群の枝津の途絶もそれと関連した現象なのかもしれない。

その点に則せば、次のような推測も可能であろう。宋代（九六〇～一二七九）以降、黄河の洪水・決壊は著しく増加するが、その背景には気候の寒冷化も関わっているとされる。[三六] 程度の如何はともかく、同様に寒冷化した北魏時代にも、やはり黄河が不安定化した可能性は十分考えられる。従来、魏晋南北朝時代は黄河が比較的安定した時代とみなされてきたが、[三七] 近年、特に北魏時代を中心にむしろ黄河の洪水・決壊が頻発した時代であったとする新説が唱えられている。[三八] その是非については、寒冷化＝乾燥化＝黄河の不安定化という等式の証明など解明すべき問題も多く、現時点で軽々な判断はできないが、屯氏河群の枝津の途絶も同様に検討されるべき問題を含んでいるということは言えるであろう。

六　『水経注』の特異性と限界

それでは、なぜ『水経注』にのみ多数の「絶」が記録されたのであろうか。上述のように、その多くは人工施設に見られるものであった。自然河川どうしの「絶」は、酈道元自身も実際には見ていなかったであろう。しかし、あらゆる河川に関する膨大な史料や伝承を極力尊重する限り、「絶」を想定せざるを得ない場合もあり、人工施設に伴う「絶」からの類推と、黄河のアナブランチング河道としての性質から、あり得べき状況とみなして「絶」という表現を用いたと考えられる。

では、他の史料にはなぜ「絶」が見えないのか。端的に言えば、記録者の関心を引かなかったから、ということになるであろう。一時的とはいえ黄河の水災を軽減し、後世まで語り継がれた屯氏河も、[三九] その分流の分流である屯氏別河南瀆・北瀆や枝津についてまでは『漢書』でさえ言及していない。多くの記録者、言いかえれば多くの為政者にとって、屯氏河にまでは関心が及んでも、その分流の分流である屯氏別河南北瀆や、それらの「絶」などは、記録に値いするものではなかったのである。あらゆる河川について、偏執狂的なまでにこだわりを見せた酈道元だけがそれらに関心を寄せ、記録に残した、というのが実態であったと考えられる。

しかし、そうした河川の周辺に住む人々にとっては、合流・分流などの変動、「絶」の有無などは死活を制する大問題であったはずである。「絶」を含め、『水経注』に記録された膨大な情報の多くは、そのような河川と密着した生活を送った人々の記録、あるいは言い伝えに基づくものであったと考えられる。そうした人々の生活はどのようなものであったろうか。黄河下流域、特に黄河本流近辺の河北平野について言うならば、アナブランチング河道はそれぞれの分岐流路の安定性が比較的高いとはいえ、激しい洪水や河道変遷を起こしやすい黄河の性質からして、周辺に住む人々が常に大きな危険にさらされていたことは疑いない。しかし、人々は古くから平原に散在する微高地を選んで集住し、居住区を城壁で囲み、防御しながら生活を営んできた。一方、城壁で守られた都市以外の広大な空間については『水経注』にもほとんど記述がなく、想像をたくましくするしかないが、必ずしも全面的に耕地化されていたわけではなかったのではないか。かつて木村正雄氏は、「戦国から秦漢時代の間に黄河下流一帯はことごとく農地化したのである」とされたが、[四〇]第四節で見たように前漢後半期、郭昌は清河郡で三カ所も黄河の右岸に排水路を設け、東郡以東に放流した。いったいその泥水はどこに行ったのか。史料は何も語らないが、都市間の低凹地を流れるがままになったはずである。このような乱暴な治水策が、全面的に農地化した空間で取り得たであろうか。むしろ多くが手つかずの未耕地であったからこそ可能な治水策と考えるべきであろう。もしそうした状況であったとするならば、実見できない遠い過去の屯氏河群の「絶」を酈道元が執拗に記述した事実から推して、我々は北魏時代の黄河下流域も同様に不安定な状態にあった、ということを読み取るべきではなかろうか。

しかし、もう一つの可能性もある。平野部は十分に開墾されていたが、郡治を中心とした都市への洪水被害を防ぐために、時にあえて耕地が犠牲にされたという可能性である。事実現代中国においても、都市部の水害を最小限にくいとめるため、周辺の農地が遊水地域に指定されている例は各地に存在する。(四一) 優れた黄河治水論として有名な前漢末・賈譲の「治河三策」（『漢書』「溝洫志」）のうち、上策は大行山脈以東・黄河（『水経注』の大河故瀆）以西の冀州の民衆を強制移住させ、その広大な空間を黄河に開放するというもの、中策は冀州に多くの分水渠を穿ち、平時は灌漑・水運路として利用しつつ洪水時は排水路に転用するというものであり、一定以上の耕地・宅地の犠牲のうえに成り立つプランであった。(四二) 実現しなかったとはいえ、こうした提案がなされ、正史に記録されること自体、河北平野の多くがまだ十分耕地化されていなかったか、または耕地化されていても危急のさいには保護の対象外に置かれるような、軽視された空間であった証左と言える。そしてその状況は、『水経注』が書かれた北魏時代においても同様であったと考えられる。

かつて木村正雄氏やウィットフォーゲル氏などは、黄河下流の大平原は大規模治水灌漑機構の整備なくして耕地化が不可能であり、そうした機構の維持管理は強大な国家権力にのみ可能であるとして、中国における専制国家体制成立の必然性を説いた。(四三) しかしそれならば、歴代王朝を成立せしめた存立基盤である大平原の農耕地を、為政者たちは何をおいても保全すべく意を尽くしたはずであろう。ところが実際は、強大な国家権力が有効に機能していたと思われる前漢中期においてすら、農耕地をみすみす犠牲にするような郭昌の治水策が採られ、その効果が評価されたのである。木村氏などの理論はさまざまな点から厳しい批判を浴び、今日そのままでは通用しないものとなったが、本稿で検討してきたいくつかの点から見てもその理論が成り立ち得ないものであることが証されたと言える。

要するに、黄河下流の大平原、特に黄河近辺の河北平野において、重視されるのは常に都市であった。諸河川について、「絶」も含めて膨大な情報を収めた『水経注』でさえ、記述の重点は流路上の都市の故事来歴にあり、都市間・河川間の広大な空間についてはほとんど目が向けられていない。その後の地理書も、同様に都市と水系の記述にのみ重点を置き続けた。常に人口の過半を占めてきた農民、中国社会の根幹と目されてきた農村が、為政者の目にはどう映っていたのか、これらの事実からもうかがい知れるのではなかろうか。

おわりに

以上の内容を簡単に要約しておこう。『水経注』に見える「絶」は、ほとんどが人工施設に見られた現象であった。自然河川どうしの「絶」は人工施設を実見した経験から来た酈道元の類推に過ぎず、屯氏河群の例はアナブランチング河道という特性から現出する黄河の頻繁な分流・合流を交差と誤認したものであった。『水経注』にのみ「絶」が多数見えるのは、あらゆる河川についてのさまざまな情報を尊重しようとした酈道元の執着のためであったが、しかし彼ですら、都市と水系の関係のみを重視し、周辺の農地や農民についてはほとんど関心を払っていないという点では、中国の為政者の伝統的観念を越え出るものではなかったと言える。

中国社会は、今も昔も農業中心の社会である。しかし、中国の歴史を動かしてきた原動力は、『水経注』にも見るように、河川沿いの微高地に造営された都市であった。そのこと自体は、近年のすぐれた諸研究により実証的に明らかにされつつある。[四四]しかし、常に人口の圧倒的多数であり続けた農民の歴史的役割が無視されていいはずはない。国家の保護も受けられず、それどころか時には意図的に洪水の犠牲に供された農民たちは、いったいどのようにして苛酷な環境の下で農耕を営んでいたのであろうか。近年、新たな視点による研究が出てきてはいるが、[四五]『水経注』をも含めた歴代史料の関心の薄さ・冷淡さというハンデのためか、従来からの階級史観の呪縛がいまだ強いためか、農民と農村の歴史的実態をとらえ直す作業はあまり進展していないように思われる。本稿においてもその作業は不十分なものに終わってしまった。しかし、社会における農民の実態を探ることは、今日の中国社会にも課せられている重要な問題である。困難な道のりであることは承知のうえで、あえて中国史全体に共通する課題として挙げておきたい。

【注】

(一) 原著『水経』の経文と酈道元が施した注文との弁別の困難さは特に問題とされてきたが、楊守敬・熊会貞による『水経注疏』によりほぼ解決されたと言ってよい。本稿でもこの『水経注疏』(江蘇古籍出版社、一九八九年版(以下、『注疏』))をテキストとする。また、近年の『水経注』研究の第一人者といえる陳橋駅氏らによる現代語訳(陳橋駅主訳『水経注全訳』、山西人民出版社、一九九五年(以下、『全訳』))、『水経注』の記述を可能な限り忠実に地図化した楊守敬『水経注図』(『楊守敬集』第五集、湖北人民出版社・湖北教育出版社、一九九七年(以下、『図』))も適宜参照する。

(二) 水流どうしや水流と湖沼の交差を表す以外の「絶」、例えば城壁・山谷などを「渡る、横断する、通過する」意の「絶」や、「せきとめる」あるいは「(水流の)断絶・涸絶」を表す「絶」の事例を除いた数字である。なお、紛らわしい事例もあるのでそれらについて言及しておく。巻二「河水注二」に「白石川之枝津、上承白石川、東逕白石城北、又東絶罕幵渓」とあり、楊守敬『図』一五八頁では「白石川之枝津」と「罕幵南渓水」が「絶」しているように見えるが、『全訳』の該当箇所(二九頁)が「又東入罕幵渓」とするように、罕幵渓は渓谷名で河川名ではなく、単に白石川之枝津が渓谷に入った(または通過した)と解釈すべきであり、『図』の表現は誤りとみるべきである。

他に、『水経注』が「絶」としていなくても、『注疏』や『図』が「絶」とみなしそのように図示している例がある。巻二五「泗水注」、巻二六「沭水注」に見える柤水が武原水・桐水・沂水・沭水・沭水左瀆を「絶」しているとした例である(『注疏』二一五三・二二〇二頁、『図』一六四頁)。さらに『注疏』に言及がないが『図』で「絶」しているかのように図示された巻二九「沔水注」(『注疏』二四三二〜三頁、『図』二一八頁)の南江と淮水・涇水・桐水、巻三一「濦水注」の練溝と汝水枝津、巻二九「沔水注」、巻三二「涪水注」の五城水と牛鞞水の事例もある。しかし、これらの事例の真偽をただす手だてはないので、本稿はあくまで『水経注』本文が「絶」とした事例のみに対象を限定する。

（三）酈道元は華北大平原北端の涿（現河北省涿州市南）を本貫とし、父の任地である東陽（現山東省青州市）で誕生・成長し、官僚として首都平城（現山西省大同市）・洛陽（現河南省洛陽市）や現河南省各地に赴任しただけでなく、孝文帝の行幸に随行して六鎮一帯も踏査し、さらにははるばる江南の風井（現湖北省宜昌県南）にまで足跡を残している。酈道元の履歴については森鹿三「酈道元略伝」（『東洋史研究』六―二、一九四一年）・「『水経注』解説」（平凡社中国古典文学大系二一『洛陽伽藍記・水経注（抄）』、一九七四年所収）、李凭「酈道元的生平与学術成就」（『文献』一九九四―四）、また本貫の位置については尹鈞科「酈道元的家郷探微」（『中国歴史地理論叢』一九九二―二）など参照。

（四）早稲田大学教育学部久保純子教授（河川地理学）より提供していただいた。

（五）任美鍔編、阿部治平・駒井正一訳『中国の自然地理』（東京大学出版会、一九八六年）一〇五頁。

（六）武漢水利電力学院・水利水電科学研究院《中国水利史稿》編写組『中国水利史稿』上冊（水利電力出版社、一九七九年）は、水流の平面交叉には閘門が不可欠であるが、戦国時代の技術では敷設困難であったとする（一二二頁）。なお、スリランカにおける閘門を用いた平面交叉の実例が福田仁志『世界の灌漑』（東京大学出版会、一九七四年）二二九頁に見える。

（七）梅益総編集『中国大百科全書・水利』（中国大百科全書出版社、一九九二年）より引用（凡例は濱川和訳）。

（八）東風渠は一九五〇年代、灌漑用として人海戦術で建造された渠道であるが、灌漑渠としては十分な機能を果たせず、今日では排水路として利用されている。『広平県志』第二編第五章「水利」（広平県地方志編纂委員会編、文化芸術出版社、一九九五年）・『魏県志』第八巻「水利」（魏県地方志編纂委員会編、方志出版社、二〇〇三年）など参照。

（九）なお、表1の7、27・28も『水経注』撰述当時現存した「絶」であるが、湖沼に出入りする河川を当時の人々が同一河川と認識したことから生じた事例に過ぎないので、本稿の考察の対象外とする。

（一〇）『新唐書』巻五三「食貨志三」。ただし、この計画は一部の反乱軍の帰順により淮路（通済渠）が回復できたため、中止された。

（一一）同志「重和元年六月、復命藍従熙・孟揆等増堤岸、置橋・槽・壩・牐、濬澄水、道水入内。内庭池籞既多、患水不給、又於西南水磨引索河一派、架以石渠絶汴、南北築堤、導入天源河以助之」はさらにその修復の様子を表した記事である。

（一二）今日の京杭運河は黄河南岸に合流したのち、黄河河道を数キロメートル下流まで下り、黄河支流の金堤河との合流点から八キロメートルほど金堤河を遡行して、ようやく金堤河左岸から北上を始めるという複雑なルートを採っている。明代当時のルートが現在と同様であった可能性は低いであろうが、現況から推測してもある程度以上の大河を「絶」する場合、実際は合流点を多少ずらした方が河道を安定させやすかったであろうことは容易に推測できる。

（一三）『説文解字』は「溝、水瀆也、広四尺、深四尺」と明らかに人工渠道の意に解している。他の字解・用例を見ても、人工渠道を指すことは明らかである。

（一四）陂が常に人工のため池を指したと断定することは難しいが、史料に残っている陂にはなんらかの形で人の手が加わっていると思われる。佐藤武敏氏は陂の原義を「沢などの自然的蓄水のつつみ」とし、芍陂（現安徽省寿県）などのいくつかは「比較的山地に近いが、しかし谷川を堰きとめてつくった貯水池ではなく、自然的な蓄水につつみを設けたもの」としている（「古代における江淮地方の水利開発――とくに陂を中心として」大阪市立大学人文学会『人文研究』一三―七、一九六二年）。なお、芍陂については村松弘一「中国古代淮南の都市と環境――寿春と芍陂」（『中国水利史研究』二九、二〇〇一年）、『水経注』に見える陂についての専論に佐藤武敏「『水経注』に見える陂」（『中国水利史研究』三一、二〇〇三年）がある。

（一五）春秋三伝には襄公二〇年（前五五三）・二六年（前五四七）・三〇年（前五四三）の会盟が見え、『春秋左氏伝』襄公二六年の伝に「六月、公会晋趙武・宋向戌・鄭良霄・曹人于澶淵、以討衛、疆戚田」と、戚（衛の地）の田地の境界を定めたことが見える。

（一六）『説文解字』は「渠、水所居也」とし、清・王筠『説文句読』は「河者、天生之、渠者、人鑿之」とする。他の字解・用例を見ても、人工渠道を指すことは疑いない。

（一七）洛水枝瀆の記述は「蓋経始周啓、瀆久廃不脩矣」で終わる。「蓋経始周啓」は難読箇所であるが、「蓋し経始は周啓く（洛水枝瀆の渠道は周代に開削された）」とでも読むべきか。陳橋駅主訳『水経注』は、「従遠古以来」と意訳している（同書二六六頁）。

（一八）温水注の上流部の記述には「温水又西南逕滇池城、池在県西北、周三百許里、……温水又西会大沢、与葉楡僕水合、……」とあり、大沢（滇池。現雲南省昆明市南東）附近で葉楡僕水と「合」流し、そこから分離したのち、下流で「而僕水右出焉」したことになっている。しかし、巻三七・葉楡河注には大沢付近での温水との「合」について全く触れていない。このあたりの『水経注』の記述にはなんらかの錯誤があるのではなかろうか。ちなみに『中国歴史地図集』では葉楡僕水と温水は全く交わらない独立した河川として描かれている。

（一九）史料1は「（大河故瀆）而北絶屯氏三瀆」とするが、後段で「（大河故瀆）而北合屯氏瀆」と見えるように大河故瀆と屯氏河本流は「絶」していなかったと考えられるので、趙一清・段熙仲の見解に従い、「三」を「二」に改めるべきである。

（二〇）巻九には清水注もあるが、張甲河左右瀆と「絶」や合流する地点の記述は、最終的に清水と同じ川となる淇水の注にある。後述参照。
（二一）拙稿（旧姓佐藤）「瓠子の「河決」——前漢・武帝期の黄河の決壊」（『史滴』一四、一九九三年）参照。
（二二）もちろん章武で海に入った可能性が全く否定されるわけではない。その確証は『漢書』からは得られないということである。
（二三）武帝期元封二年（前一〇九）の瓠子「河決」閉塞を指揮した官僚が「汲仁・郭昌」であったが（『史記』巻二九「河渠書」、『漢書』「溝洫志」）、ここで見える郭昌が同一人物であるかは不明。
（二四）こうした馮逡の現実主義的視点と、当時流行の災異主義的儒家思想の違いについては拙稿「五行志と溝洫志——『漢書』の河災記述に関する一試論」（『東方学』一一〇、二〇〇五年）参照。
（二五）前掲注（二一）拙稿「瓠子の「河決」」で、この字句の解釈についての通説に触れ、それへの批判を述べておいた。
（二六）許商を始めとする当時の儒家官僚の黄河治水に対する消極性については、前掲注（二四）拙稿「五行志と溝洫志——『漢書』の河災記述に関する一試論」参照。
（二七）『水経注』淇水注では内黄県より上流部分ですでに「淇水又東北流、謂之白溝」とし、内黄県では経文に「（淇水）東過内黄県南為白溝」と見え、羅勒城付近の注文には「自下清漳・白溝・淇河咸得通称也」と見える。また『続漢書』「郡国志」魏郡には「内黄、清河水出」とある。清水は古くから多くの併称・別称を持つ河川であった。
（二八）『漢書』に見える篤馬河は、「地理志」平原郡平原県原注に「有篤馬河、東北入海、五百六十里」とあり、「溝洫志」に成帝・鴻嘉四年（前一七）、丞相史の孫禁が「今（黄河）可決平原金隄間、開通大河、令入故篤馬河」と「故篤馬河」に黄河の水を放流する治水策を提案したことが見え（その時点で篤馬河が故道であったこともわかる）、それを否定して許商が「孫禁所欲開者、在九河南篤馬河、失水之迹、処勢平夷、旱則淤絶、水則為敗、不可許」と述べた三カ所だけである。これらを根拠に屯氏別河南瀆と篤馬河を同一視することはできない。
（二九）貝塚爽平編『世界の地形』（東京大学出版会、一九九七年）一〇五頁参照。
（三〇）佐藤久・町田洋編『地形学』（朝倉書店、一九九〇年）、三三頁参照。また、「開封を要として扇状に沖積平野を広げて山東半島を陸続きとした黄河の北半分における旧河道」という表現もある（古田昇『平野の環境歴史学』古今書院、二〇〇五年、三三頁）。

（三一）アナストモージング河道については前掲注（三〇）『平野の環境歴史学』第一章「地形環境に関する若干の考察」参照。

（三二）古田昇氏は前掲注（三〇）著書二八頁で、「アナブランチング河道とは、たとえどのような形態をとっていたとしても、主たる河道が複数あれば、それをアナブランチング河道とよぶというわけである」とし、アナストモージング河道やブレイデッド河道という分類のさらに上位の分類概念としてアナブランチング河道を定義している。本稿はこの解釈に従う。しかし実際は、現代地理学においても世界の河川をわずか数組の類型に分類することは至難なことのようである。

（三三）任美鍔編著、阿部治平・駒井正一訳『中国の自然地理』（東京大学出版会、一九八六年）七〇頁によれば、黄河の沖積扇状地（同書では「沖積平原」としている）には「比高一～五メートルの長いすじ状の微高地（小丘）がたくさんあり、そのそばにはたいてい帯状の砂丘がある。また、微高地のあいだはしばしば低凹地となっている。低凹地と微高地のあいだは傾斜のたいへんゆるやかな平地（住民は〝二坡地［両側が板になっている地］〟とよんでいる）である」という。

（三四）鳴犢河の発生は、黄河河道を多少なりとも短縮したと考えられる。河川はそのような河道のショートカットがおこると、その上流側においては浸食を、下流側においては堆積を引き起こして、従来通りの一定の勾配を保とうとする（安芸皎一『川の昭和史』東京大学出版会、一九八五年、四五五頁参照）。したがってこの場合も上流部の屯氏河分流口附近では河道の浸食が促進され、水位が低下したと考えられる。

（三五）近年、妹尾達彦氏は四～七世紀の寒冷化も含め、全地球規模の気候の変動にもとづくユーラシア史の新たな時代区分を提唱している。妹尾達彦「中華の分裂と再生」（『岩波講座・世界歴史』新版第九巻、岩波書店、一九九九年）、同氏『長安の都市計画』（講談社選書メチエ、二〇〇一年）参照。

（三六）前掲注（六）『中国水利史稿』上冊第三章第三節など参照。

（三七）清・胡渭『禹貢錐指』、譚其驤「何以黄河在東漢以后会出現一個長期安流的局面」（『学術月刊』一九六二―一、のち同氏主編『黄河史論叢』復旦大学出版社、一九八六年、同氏『長水集（下）』人民出版社、一九八七年所収）、王守春「論東漢至唐代黄河長期相対安流的存在及若干相関歴史地理問題」（『歴史地理』一六、二〇〇〇年）など参照。

（三八）趙淑貞・任伯平氏などの一連の論考がそれにあたる。これら新説の是非や問題点については、拙稿「漢唐間の河災の減少とその原因――譚其驤説をめぐる最近の議論によせて」（『中国水利史研究』三四、二〇〇六年）参照。

（三九）正史に限っても『金史』巻二六「地理志」、『清史稿』巻五四「地理志」に名称が見える。『元和郡県志』や『読史方輿紀要』などの地理書に多くの引用が見えることは言うまでもない。

（四〇）木村正雄『中国古代帝国の形成』（新訂版、比較文化研究所、二〇〇三年。原著は不昧堂、一九六五年）二一〇頁。

（四一）例えば河北省大名県には漳河・衛河などの大洪水のさい、その被害の拡大を防ぐために耕地を犠牲にして排水地とすることが定められた「泛区」がある。泛区の総面積は三四二・五平方キロメートル、一九九四年現在で一四の郷鎮、二九六の村荘、二一・二万人の人口が存在しているという。大名県県志編纂委員会編『大名県志』（新華出版社、一九九四年）一七二〜一八〇頁参照。こうした泛区（遊水地区域）を定めた中国水法の特徴については松浦茂樹「中国水法と遼寧省水資源計画」（『中国水利史研究』三四、二〇〇六年）参照。

（四二）賈譲の治河三策については拙稿「黄河と中国古代史――とくに黄河下流域という「空間」の意義について」（『歴史学研究』八二〇、二〇〇六年）も参照されたい。

（四三）前掲注（四〇）木村著書、K・A・ウィットフォーゲル『オリエンタル・デスポティズム』（湯浅赳男訳、新評論、一九九一年）など参照。

（四四）古代史に関しては佐原康夫『漢代都市機構の研究』（汲古書院、二〇〇二年）、江村治樹『春秋戦国秦漢時代出土文字資料の研究』（汲古書院、二〇〇〇年）、同『戦国秦漢時代の都市と国家――考古学と文献史学からのアプローチ』（白帝社、二〇〇五年）など。

（四五）そうした中で、生産力と生産関係の変化からあらためて農民の歴史的位置づけを試みた渡辺信一郎『中国古代社会論』（青木書店、一九八六年）、最新の土壌学の知識を駆使し地球史の一環としての中国農業史の再構築をめざす原宗子『「農本」主義と「黄土」の発生――古代中国の開発と環境二』（研文出版、二〇〇五年）などは特に注目すべき成果と言える。

黄河下流域における沙地利用の歴史的変遷

大川　裕子

はじめに

黄河は、「善く淤《にご》り」「善く決《き》れ」「善く徙《うつ》る」河川として知られる。これまで、黄河とその下流域の問題が歴史学のなかで扱われる場合には、洪水の問題が取り上げられることが多かった。政治や文化の中心地として考えられてきた黄河流域においては、治水が国家の形成や権力の伸長に深く関わるとする議論が展開されたのである（一）。しかし、黄河という河川によって生み出された事象は洪水だけではない、本稿で取り上げる沙地・沙丘・沙崗（以下、沙地と総称する）も、また黄河によって作り出されたものである。黄河旧河道や氾濫原に点在する沙地は、長い間、利用することができない不毛の土地であった。このような沙地は、史料にはどのように記されるのだろうか。そして、黄河下流域に暮らす人々は、沙地をどのように認識して、利用してきたのだろうか。本稿では、沙地を通して黄河下流域における生態環境と人間との関わりを探っていくことにしたい。

写真１　河南省内黄県の黄河旧河道沙地（長谷川順二氏撮影）

一、黄河下流域の沙地・沙丘・沙崗

まず、沙地の形成過程と、その特性について述べておきたい。本稿で扱う沙地とは、旧河道や氾濫原から吹き寄せられる軽少な土砂が堆積した場所である。河畔（河道）や湖畔（湖底）に見られる「風成沙地（沙丘）」については、阿子島功氏が青海の柴達木（ツァイダム）盆地、共和（ゴンフォ）台地における事例をもとに、河畔（河道）や湖畔（湖底）の裸地から、砂が吹き寄せられることによって形成されるという仮説を提示している(二)。黄河が運ぶ土砂は、黄河の氾濫のたびに沖積平原に堆積されていく。とくに、旧河道や自然堤防・氾濫原などには多くの土砂が堆積している。華北平原では、半湿潤・半乾燥性気候の影響を受けて土砂が乾燥しやすく、ここに強風が吹きつけると、土砂のなかの細かい粒子だけが吹き上げられ、沙地や沙丘（沙崗）が形成される(三)。旧河道起源の河畔沙丘は、日本でも利根川と木曾川の流域に点在する（埼玉県加須市志多見砂丘、北葛飾郡鷲宮町西大輪砂丘など）。

現代の土壌分類では、黄河旧河道や自然堤防に堆積する土は潮砂土となり、とりわけ潮砂土のなかでも沙地や沙丘を形成する細かい粒子は飛砂土と呼ばれている。ただし、土地の人々は、沙がたまった場所を単に沙土・沙地（あるいは、高地であれば沙崗子・沙丘）と呼んでいる。[四] このような沙地は、ほとんど作物を栽培することの出来ない荒れ地である（写真1）。

二、古代における沙地の記載

人々は、歴史のなかで沙地とどのように関わってきたのだろうか。山東省で発見されている龍山文化期の城趾遺跡は、有史以前に遡る沙地の資料である。山東省西部の黄河下流域沖積平原に位置する聊城・菏沢地区では、龍山文化の城趾が沙崗・堌堆と呼ばれる黄河旧河道の沙地に分布している。[五] 沙崗や堌堆は、沙の堆積によって周囲よりも高くなった場所で、城趾はこのような微高地形を利用したと見られるている。一九九〇年代後半に発見された陽谷県の景陽崗城趾遺跡はその代表的なもので、周囲よりも三〜五メートル高い沙崗の上に立地している。[六]

文献史料には、沙地そのものの記載はほとんど見られない。しかし、沙を冠する地名から、その存在を考える手がかりとすることは可能であろう。そこで、『春秋左氏伝』『史記』に記される三例、「盟于沙（沙に盟す）」「沙麓」「沙邱平台」をとりあげ、黄河下流域の沙地について考えてみたい。

（一）沙に盟す

『春秋左氏伝』定公七年には、「沙」と呼ばれる場所で会盟が行われたことが記されている。

（経）斉公と衛公が沙で会盟した。
（伝）斉侯は之に従い、瑣（沙）で会盟した（※杜預注に「瑣は即ち沙なり」とあるので、これに従う）。

沙について、杜預の注は「陽平元城県の東南に沙亭有り」とし、陽平郡元城県（現在の河北省大名県）の沙亭であるとする。沙亭は、後述する沙麓（『左伝』僖公一四年）の所在地でもある。[七]

春秋時代の会盟が、どのような場所で執り行われたのかという問題については、伊藤道治氏が交通路との関係から言及している。[八] 伊藤氏は、中原の支配権を望む諸侯とっては交通の要地を手に入れることが重要な関心事であり、会盟地にも諸国間を結ぶ交通線の重要地点が選定されたと述べる。斉と衛が会盟を行った沙（河北省大名県一帯）は、衛の領地で、のちに晋に奪われているが、東西南北へ通じる「交通路への関門」をなす重要な地区であった。春秋時代、黄河はこの地区を流れており、沙が黄河によって形成された沙地であった可能性は十分に考えられる。会盟地に沙地が選定された点については、高木智見氏によって興味深い指摘がなされている。[九] 高木氏によれば、春秋時代の会盟地には、丘・山・水辺などの土地が選定されることが多いが、これは、会盟を監する神として、山川の鬼神の存在が関係していたからだという。つぎに挙げる沙麓の例からも明かであるが、沙地には神秘的な霊力の存在を認める記載も見られる。この点については、後述することにしたい。

（二）沙麓

『春秋左氏伝』僖公一四年には、「沙麓」の記載が見える。

（経）秋八月辛卯、沙麓が崩れた。
（伝）秋八月辛卯、沙麓が崩れた。晋の卜偃は「一年後に大きな咎を受けるだろう。恐らく、国が亡びるだろう」と言った。（一〇）

沙麓について、杜預の注は、「沙麓、山名なり。陽平元城県東に沙麓土山有り」とし、陽平郡元城県にある沙麓山だとする。沙麓を元城県に比定する説は、早くは『漢書』巻九八「元后伝」に見ることができる。元城県は、漢代では魏郡に属しているが、ここは元帝の外戚・王氏一族の出身地であった。「元后伝」には、王一族が外戚として権力の中枢に上りつめる契機となる元皇后（王政君）の誕生に関わる予言が記載されている。その概要は以下の如くである。

　元皇后の祖父、王翁孺は武帝の時に、東平陵県から魏郡元城県の委粟里に移り住んだ。元城県は、『春秋』に記される沙麓の地であり、晋の史官によって、沙麓が崩れた六四五年後に、この地に聖女が誕生するだろうという予言がなされていた。その聖女こそが、王翁孺の孫娘、のちの元皇后であった。

『漢書』「元后伝」の記載をもとに、少なくとも漢代に、『左伝』の沙麓は元城県にあったと考えられていたことがわかる。

黄河は、漢代も元城県を貫流していた。しかも、この付近で黄河は度々決壊し、元城県は水害を蒙っていたのである。（一一）『漢書』巻九九「王莽伝」には、王莽と黄河の決壊に関わるつぎのような記載が見える。

黄河が魏郡で決し、清河郡以東の数郡を泛《おお》った。かねてから、王莽は黄河が元城の冢墓に害を及ぼすことを恐れていたが、黄河が決壊して東に流れを変えると、元城では水害の憂いがなくなった。そこで、遂に決壊箇所を塞がなかった。

成帝の始建三年に黄河が魏郡で決壊した際の記載である。ここから、魏郡元城県一帯が、黄河の洪水に脅かされた地区であったことが窺える。王莽以降も、元城県には沙に関わる地名を確認することができる。『続漢書』「郡国志」の元城県の条には、「五鹿墟、故沙麓、沙亭有り」とあり、「沙亭」の存在が記されている。また、『水経注』巻五「河水」によれば、元城県の北には沙邱堰と呼ばれる分水堰があり、前漢期には、ここで屯氏河が分流されていた[一二]。元城県、すなわち現在の河北省大名県は、黄河の流れと関わり、沙地・沙丘が形成される条件が整っていたことになる。現在の大名県では、衛河の東側に地元の人々が「沙土」と呼ぶ沙地が広がり、高さ二〜七メートルの沙丘が点在している。沙地に所在する沙窩鎮には、明代に建てられたという沙窩廟も残されている（地図1）。大名県の沙地では、一九八〇年代にも風沙の被害が問題となっているが、近年では防砂林や落花生を植えて、沙の固定と荒れ地の開発が行われ、大きな成果が出ている[一三]（一六〇頁写真2）。

（三）沙邱平台

『史記』「殷本紀」「趙世家」「秦始皇本紀」には、沙邱平台（沙邱〈丘〉）と呼ばれる離宮の名が記されている。

紂王はさらに沙丘苑台を広げ、多くの野獣蜚鳥を中に放った。鬼神を侮り、人々を集め沙丘で遊び戯れた。

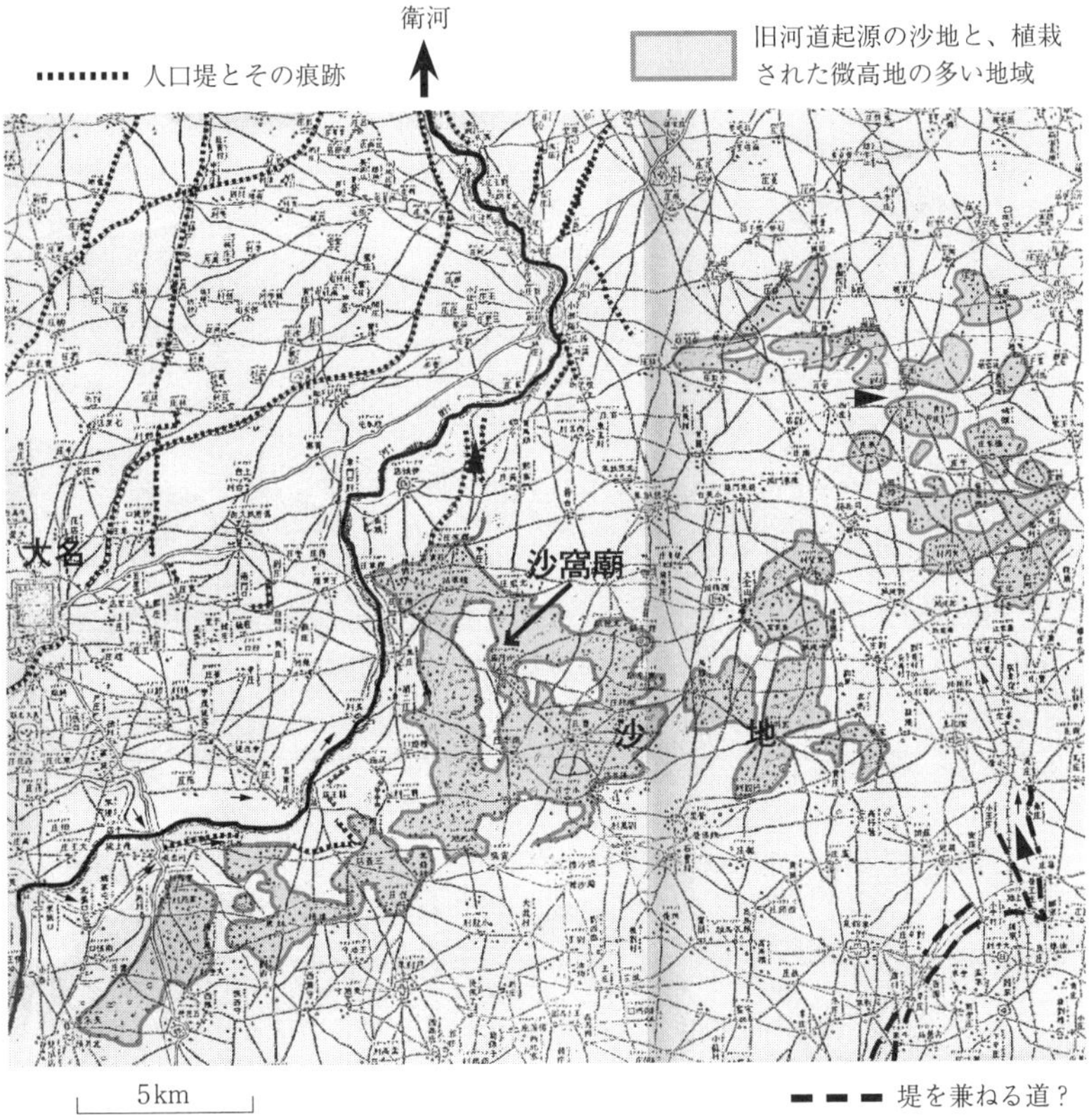

地図１　大名県（明治 42 年外邦図をもとに作成）

写真２　河北大名県沙圄村の落花生畑

酒池肉林を設け、裸の男女をその中で追い駆け回らせ、長夜の宴を催した。（『史記』巻三「殷本紀」）

主父（武霊王）と趙王は沙丘に遊び、別々の宮殿で休んだ。公子章は徒を率いて田不礼とともに反乱を起こした……主父は（沙丘宮から）逃げ出そうとしたが果せず、食料も尽きてしまった。雀の子を捕らえて食べたが、三カ月余の後、沙丘宮で餓死した。（『史記』巻四三「趙世家」）

（始皇帝は）平原津に至ったときに発病した。……七月丙寅、始皇帝は沙丘平台で崩じた。（『史記』巻六「秦始皇本紀」）

以上の記載によれば、沙邱平台において殷の紂王は酒池肉林に興じ、戦国趙の武霊王は幽閉されて餓死している。始皇帝が崩御したのもこの地であった。その所在地については、『漢書』巻二八「地理志」鉅鹿郡鉅鹿県の条に、「紂の作る所の沙丘台は東北七十里に在り」とあり、漢代の鉅鹿県すなわち現在の河北省邢台市にあったと考えられている。この邢台市広宗県太平台郷には、沙邱平台

写真３　河北広宗県太平台郷沙邱平台

だとされる遺跡が現在でも残されている（写真3）。この遺跡は、長さ一五〇メートル長、幅七〇メートル、高さ三メートルの建築遺跡で、商代の陶鬲・罐、戦国時代の陶壺・瓦や玉飾・青銅器の破片等が発見されている。（一四）遺跡の詳細については、今後の発掘調査の成果を待たねばならない。

つぎに、離宮の名称にもなっている沙邱と、沙地との関わりを考えてみたい。沙邱平台遺跡のある広宗県には、帯状の沙地が分布地している。一九〇九年（明治四二）外邦図（次頁地図2）を見ると、県城の東側に南北にのびる沙地が広がっている。広宗県付近は、前六〇三年に河道を変える以前の黄河（禹河）が流れていたとされており、ここ一帯を貫く帯状の沙地も、黄河の旧河道と関わる可能性がある。

明清期の記載によれば、広宗県域には沙丘が南北に連なっていたという。

沙邱　城東から二里の場所にある。南北数十里に亘り起伏が連なり、春になると桃杏梨李の花が咲い

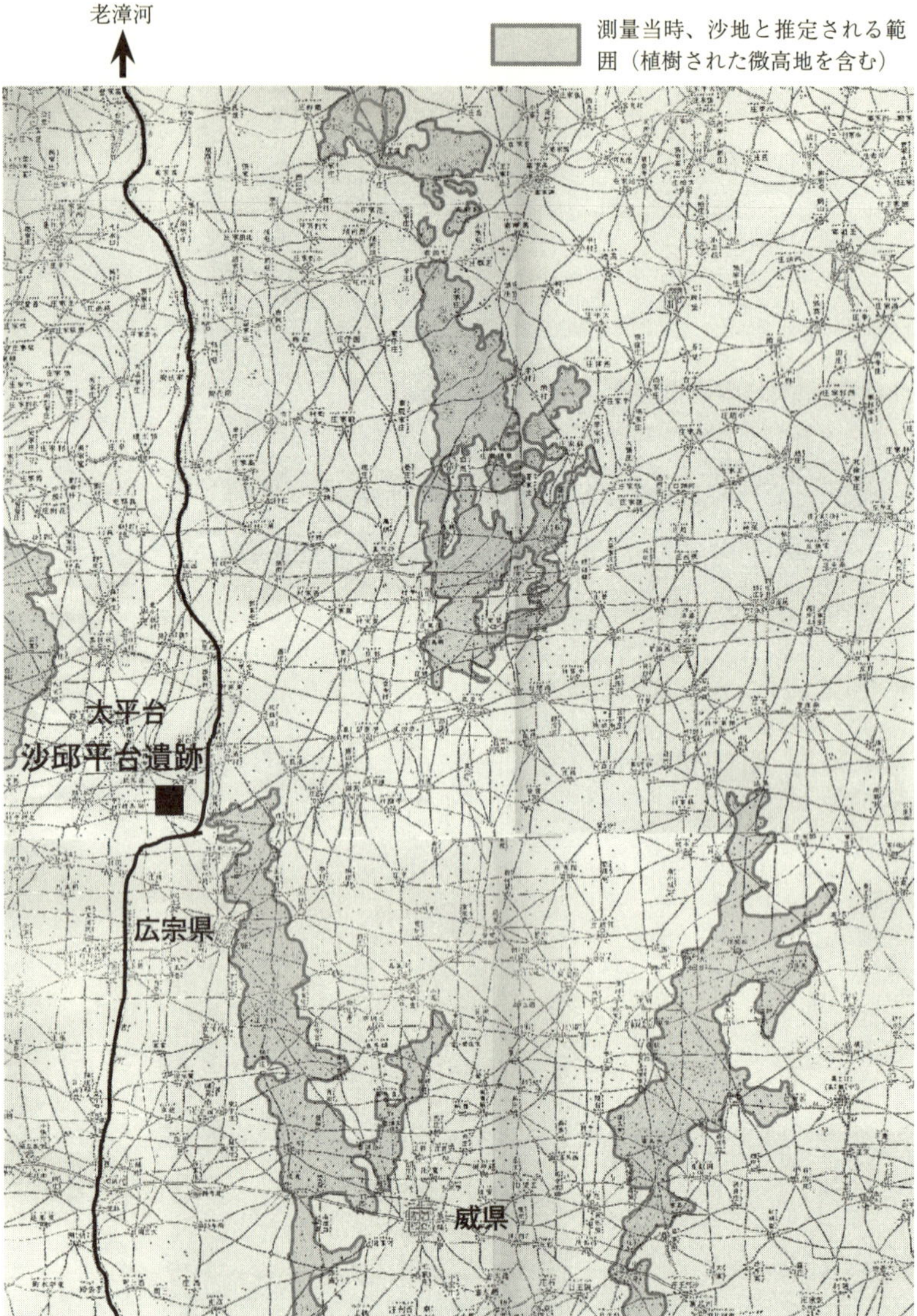

地図２　広宗県（明治 42 年外邦図をもとに作成）

て錦のようである。（同治一三年刊『広宗県志』巻一「封域志・山川」）

また、巻四「田賦志」には、

万暦二三年、（知県の）馬協が逃戸の地に民を招来して耕作させることを願い出た。その概略は、「広宗県の土地は、沙が多く痩せています。糞力を尽く投入しても、収穫できる穀物はわずかで、ほとんどが植樹に依存しています……私は四郷に赴いて、一つ一つ丘陵を調べて回りましたが、この地は、飛沙が堆積して耕種に適しません……」。

とある。[一五]広宗県内には、飛沙が堆積して耕種に適さない沙地が多く、果樹栽培が行われていたようである。離宮に沙邱の名称が用いられたのは、この付近に分布する沙地と関係があると考えられよう。

(四) 古代における沙地認識

沙地は、時代を問わず黄河下流域に広く点在していた。しかし、沙地自体の記載が文献史料に見られるようになるのは、県レベルの詳細な記載が県志という形で残される明清期以降のことである。とくに唐代以前では、沙地に関連する記載はほとんど見いだすことができない。このことは、黄河下流域の沙地が古代では特定の場合を除き、ほとんど顧みられない場所であったことを示唆する。

これまで挙げた例からは、沙地は会盟地に選択されることによって、あるいは沙麓が崩れるという自然現象を災異（もしくは瑞祥）として認識することによってはじめて記録に残されている。とくに、会盟地については、山川の鬼神の存在が意識されたという指摘もあり、沙地という場所に霊的な力が幾分か認識されていた点は注目に値する。さらに、沙邱平台では、紂王が享楽に溺れ身を滅ぼしているし、趙武霊王や始皇帝など威勢を誇った君主が崩御している。この場所は、権力者たちの滅びの場として語り継がれていたのである。古代における沙地は、人が積極的に手を加えて開発する対象ではなく、非日常的な要素を備えた自然として認識されていたようである。

三、沙地認識の変化

沙地に対する人々の認識は、人間の活動の推移にともない変化していく。つぎに、統一王朝の都が黄河中・下流域（開封）に移動する北宋期、さらに黄河下流域の開拓が進展する明代以降に目を転じて検討することにしたい。

（一）沙塵の記載にみる沙地認識

黄河下流域に堆積した沙は、強風によって舞い上げられ、沙塵・黄塵と呼ばれる被害を引き起こす。現在でも、沙地の周辺地区では、日常生活や農業において人々は沙塵による深刻な被害を蒙っている。王社教氏は、このような沙塵の発生は、人類の活動・土地利用のあり方と連動していると指摘するが、[一六]黄河下流域では、国都が黄河中・下流域の開封に移動する唐末五代・北宋の時期を契機に、沙塵・黄塵の記載が史料に多く見られるようになる点に注目したい。

例えば、『旧五代史・梁書』巻一「太祖本紀」には、鉅野に至った梁の太祖が沙塵に見まわれたことが記されている。

この日の申刻、狂風が暴起し、沙塵が舞い上がった。皇帝は、「人を殺し足りなかったようだ」と言った。そこで、令を下して獲えた囚俘を尽く殺したところ、風が止んだ。

また、『宋史』巻六七「五行志」には、

（景徳）四年三月甲寅夕刻、京師に大風が吹き、黄塵が天を蔽い、大名から京畿までの間、桑稼に害をなした。唐州の被害がとくに甚だしかった。

とある。程遂営氏によれば、開封近辺の沙塵は、黄河の氾濫によって黄河下流沖積平原に形成された沙丘・沙地によって引き起こされるという(一七)。五代の梁と北宋は、周囲を沙地がとりまく開封に都を置いている。政治の中枢の移動にともない、必然的に人々の活動は黄河下流域の自然環境とより深く関わることになる。この時期に、沙地は沙塵という災害を引き起こす自然として、人々に認識されるようになっていったのである。

（二）『河防通議』にみる黄河旧河床への認識

黄河が相対的に安流していたとされる唐代までとは一転して、宋代は黄河の治水が国家的問題にまで進展した。ここでは、黄河治水について論じた『河防通議』をとりあげる。『河防通議』には、黄河流域の土壌ついてふれた「辨土脈（土脈を辨《わ》かつ）」という項目があり、そこから沙地に対する人々の認識の変化を確認することができる。

現存する『河防通議』は、元・至治元年（一三二一）に沙克什が、宋の汴本（北宋・沈立『河防通議』に南宋・周俊『河事集』を加えたもの）と、金の（都水）監本の二つを合して編修したものである。ただし、内容は沈立に拠るところが多く、これに監本の記載を増補しており、沙克什自身の手による部分は少ないと考えられている。[一八]

沈立の『河防通議』編修には、慶暦八年（一〇四八）、澶州商胡（現在の河南省濮陽付近）における黄河の決壊が深く関わっている。この決壊によって、東へ向かって流れていた河道は、北流して大名・館陶・臨西・衡水を経て天津附近で海に注ぐことになった。宋は治水に苦慮し、治水方法をめぐる議論は新法党・旧法党の対立にまで及んだ。『宋史』巻三三三「沈立伝」によれば沈立は提挙商胡埽の官に任じられている。『河防通議』には、この黄河北流問題が反映されていたと考えられる。河道の移動によって、もともと河道のあった場所が旧河道となり、新たな沙地も形成され、沙地への認識にも変化が生じたのかもしれない。[一九]

『河防通議』「辨土脈」[二〇]には、

> 治水者は、必ず地理形勢の便宜、川源通塞の原因、労働力の多少、土壌の性質を知らねばならぬ。黄河の災害は中国の最たるものである。禹の治水の痕跡はすでに亡び、漢以降の千余年間、治水を言う者は、記載しきれないほど多くいたが、成功した者を聞かない。治水のなんと難しいことか。今、土性と色を列挙すると以下の如くである。

とあり、黄河の治水を行うためには、地理や土壌に対する知識が必要であると述べ、土性と色を列挙している。

膠土　花淤　牛頭　沫淤　柴土　捏塑膠　若先見雑草栄茂多生蘆茭其下必有膠土。
減（滅）土　帯沙青　帯沙紫　帯沙黄　帯沙白　帯沙黒　此係旧河底死土、或多年諸雑糞土、経一紀以上、変成者。
沙土　活沙　流沙　走沙　此三等活動走流難以成功。　黄沙　死沙　細沙。

ここでは、土壌が、雑草や葦が繁茂し肥沃な「膠土」と、旧河道の死土で、多年様々な淤泥が混ざった「減土」、走流するため治水には不向きな「沙土」の三種に大別されていて、さらに各々が五～六種類に細分されている。『河防通議』に記された土壌分類は、治水工事を行うに当たっての基礎知識としての意味をもち、後の時代に見られる沙地の開墾とは目的を異にしている。しかし、河床の土を分類し、そこから減土や沙土などが認識されている点は、沙地利用の変遷を考える上では重要な変化といえよう[二二]。

（三）落花生導入にみる沙地の活用

明～清代になると、荒廃地であった沙地を開墾して、活用しようとする積極的な動きがみられるようになる。沙地でも育つ作物が選ばれ、栽培されるようになった。一六世紀に中国に伝播した新大陸作物の落花生は、沙質土壌を好み、他の植物が育成できないような海岸や川辺の砂礫質の土地でも栽培することが可能なため、この時期の沙地開発に大きく貢献した。嘉慶九年刊『滇海虞衡志』巻一〇（一七〇頁表1－27）には、

（落花生は）沙地での栽培に適している。且つ水淹にも強く、数日間は死なない。長江・黄河は沙地が甚だ多いので、遍くこれを種《う》えれば、必ず繁茂するだろう。

とある。天野元之助氏も指摘するように、とくに黄河下流域に分布する沙地では、一八世紀以降、落花生が栽培されるようになった。[二二] 落花生は、沙地の開発を象徴する作物であると言えよう。

南米原産の落花生が、いつ頃、中国のどこへ伝播したのかについては諸説ある。[二三] 最も早期の記載が見られるのは、江南地方である。一六世紀半頃に記された黄省曾『種芋法』、王世懋『学圃雑疏』（原序は万暦一五年〈一五八七〉）、嘉靖一六年（一五三八）刊『常熟県志』などには、江南における落花生の存在が記されている（表1－18～20参照）。興味深いことに、この地区では落花生は「香芋」と同類とされ、芋類に分類されている。[二四]

文献記載上は江南が最も古いものの、落花生が伝播した場所については不明な点も多い。ただし、康熙『衢州府志』（表1－25）、光緒『仙居県志』（表1－23）に見られるように、福建から全国へ広がったとする説もある。光緒一三年刊『寧陽県志』の「原産地は南方である」（表1－12）や、『三農記』「番豆は落花生のことである。外国原産で、海を渡って百越に入ってきたので、この名がついたのである」（表1－29）、『滇海虞衡志』「今では海浜諸省に普及している」（表1－27）とあるように、中国南方の沿海地区や江南で早くから普及し、後に、黄河下流域や内陸部へと広がっていったと考えられる。

黄河下流域では、山東省の臨清県（乾隆一五年〈一七五〇〉刊『臨清州志』）において、最も早い落花生の記載を確認することができる（表1－1）。大運河沿いに位置する臨清県は南方と通じていたため、落花生が比較的早期に伝播したと考えられるが、黄河下流域に広く普及するのは清代末頃であろう。[二五] 沙地での栽培に適した落花生は、山東・河北・河南の黄河旧河道一帯に普及していった。とくに、二〇世紀に入ってからは、欧米を中心に中国産落花生油に対する需要が高まり、黄河下流域においては重要な経済作物となった[二六]（表1－4～6）。

すべての沙地で、落花生が導入されたわけではない。しかし、沙地と人間の関わりを探る時、落花生の導入は、長い間荒れ地として放置されていた沙地が開発の対象へと転じた重要な転機としてとらえることができよう。

表１　地方志にみえる落花生

	省　名	県　名	名　称	分　類	記　載	出　典
1	山東	臨清	落花生	蔬属	落花生、蔓生黄花。花落即生。類香芋而味不及。	乾隆 15『臨清州志』巻 11 物産
2		安丘			嘉慶十年以後、始有種者、獲利無算。	道光 25『膠州志』巻 14 物産
3		東平州			大小清河、汶河沿岸淤沙地多種之。	民国 25『東平県志』巻 4 物産
4		徳州	花生		花生水運至天津銷行、歳計十三万斤。	光緒『徳州郷土志』商務
5		恩県	花生		花生由衛河水運天津、銷售毎歳約数百万斤。	光緒 34『恩県郷土志』商務
6		陵県	落花生		落花生、銷售本境及天津、客商歳約十五六万斤。	光緒 33『陵県郷土志』商務
7		邱県	落花甜		落花甜、頗少。	乾隆 47『丘県志』巻 1 物産
8		東平	落花生	食用植物	落花生、有大小二種。俗名長生菓。小者種来自扶桑、康熙初年輸入中国。大者光緒年間由西洋伝来。俗名洋花生。皆蔓生茎長、数尺。夏秋之歳、開花。花後子房入地、結実成莢。故名落花生。沙性之土種之、最宜。本地大小清河汶河沿岸淤沙地多種之。今小花生漸少大者日多。	民国 25『東平県志』巻 4 物産
9		平度	落花生	穀之属	光緒十三、邑教民袁克仁従美教士梅里士乞得大種落花生、与人試種後遂繁滋、旧種幾絶。	民国 25『続平度県志』巻 2 物産
10		冠県	落花生	果類	落花生	道光 10『冠県志』巻 3 物産
11		黄県	落花生 長生果	苽	曰落花生亦苽属也、一名長生果。	同治 10『黄県志』巻 3 食貨
12		寧陽	落花生	穀類	落花生、土名長生菓。本南産。嘉慶初、斉家荘人斉鎮清試種之、其生頗蕃、近年則連阡接陌。幾与菽粟無異、故入穀類。	光緒 13『寧陽県志』巻 6 物産
13		蒙陽	長生果		沙地、宜種長生果、蒙陰種者甚多、沂水尚少。此物雖不可以為飯用以打油。不次於豆也。	清・劉貴陽『説経残稿』
14	河北	広宗	落花生	蔬之類	落花生	民国『広宗県志』
15		永平			落花生、昔無今有。	光緒 5『永平府志』巻 25
16		館陶		果之類	落花生、一名長果可打白油。	光緒 34『館陶県郷土志』巻 8

17		邯鄲	花生 長果生		花生、一名長生果。花落入土而成子。可搾油粕餅可糞地。	民国 28『邯鄲県志』巻 12 物産
18	江蘇	嘉定	落花生	芋類	又有皮黄肉白、甘美可食、茎葉如扁豆而細、謂之香芋。又有引蔓開花、花落即生、名之曰落花生。皆嘉定有之。	明・黄省曾『種芋法』
19		嘉定	香芋	果疏	香芋、落花生。産嘉定。落花生尤甘、皆易生物可種也。	万暦 15・王世懋『学圃雑疏』
20		常熟	落花生	菜之品	香芋、有小毒、種宜沙地。落花生、三月栽。引蔓花落在地、生子。霜後其味纔美。	嘉靖 17『常熟県志』巻 4 物産
21		崇明	落花生	蔬之属		万暦『崇明県志』物産
22		蘇州	香芋	雑植	香芋、出嘉定南。翔色微黄、味香美、可食。別一種引蔓生花、花落即生、名落花生。雖類香芋而味不及。	正徳『姑蘇志』巻 14 土産
23	浙江	仙居	落花生	果類	落花生　原出福建。近来種者亦多。	光緒 20『仙居県志』巻 18 土産
24		銭塘	落花生	果之属	園果有二十三……香芋、落花生。	万暦 37『銭塘県志』紀彊疆
25		衢州	落花生	菓類	落花生、種自閩中、堆沙植之、花落沙上、結実如蚕。	康熙 50『衢州府志』巻 23 物産
26		福清	落花生	果之属	落花生、出外国、昔年無之。蔓生園中、花謝時、其心有糸垂入地結実、故名。一房可二三粒、味甚香美。康熙初年、僧隠元往扶桑覓種寄回、亦可以圧油。	乾隆 12『福清県志』巻 2 物産
27	雲南		落花生 地豆		落花生、為南果中第一。以其資于民用者最広。……呼落花生曰地豆。……若乃海浜滋生、以醡油為上。故自閩及粤無不食落花生。油且膏之為燈、供夜作。今已遍于海浜諸省、利至大。性宜沙地、且耐水淹。数日不死。長江黄河沙地甚多。若遍種之、其生必大旺。	嘉慶 9『滇海虞衡志』巻 10
28				果屬	落花生、臨安者佳。	乾隆『雲南通志』巻 27 物産
29	その他		番豆	油属	番豆、乃落花生也。始生海外、過洋者移入百越、故因此名。初時為果、今湖田沙土遍植。不喜湿壌。其葉色緑、円而中後狭、根蔓鋪地、開黄花、綪角揷土中成筴、故名。炒食可果、可搾油、油色黄濁、餅可肥田。	乾隆 25・張宗法『三農記』巻 12
30			香芋	芋	香芋形如土豆而味甘美。煮熟可食。群芳譜、種芋法香芋皮黄、肉白、茎葉如扁豆而細又有引蔓開花、花落即生名之曰落花生。皆嘉定有也。	乾隆 2『欽定授時通考』巻 60 農餘蔬二
31			落花生	飲食類	炒落花生法。生則瀉人焦則不堪須以紙苴水浸肰後入釜炒之則内熟而不焦。其香如松子。	明・方以智『物理小識』巻 6

32			落花生	菜果制	蒸　十一制　香芋、宜塩。落花生、宜塩……芋魁、切片或全枚晒乾收乾糠穏乾土中。土瓜、山薬、香芋、落花生等皆全枚同芋魁。	明・宋詡『竹嶼山房』巻5養生部

おわりに

本稿では、黄河下流域に分布する沙地を人々がどのように認識・利用してきたのかという問題に対して、沙地が非日常的な自然と認識されていた時代から、落花生導入によって開発対象となるまでの変化を概観した。近年、黄河上流部の黄土高原における土砂流失の激化にともない、黄河沖積平原でも土砂の堆積・砂漠化が懸念されている。とくに、黄河の河口では、土砂の堆積は大変深刻な問題としてとらえられている。そのため、黄河下流域では、黄河旧河道を中心に植樹によるグリーンベルト造営などが沙地の拡大防止策として行われている。近年の積極的な沙地対策は、沙地に対する認識と利用の歴史のなかで、注目すべき動きとしてとらえることができよう。

【追記】地図の作成に当たり、山形大学の阿子島功先生（自然地理学）にご協力いただきました。この場をかりて御礼申し上げます。

【注】

（一）ウィットフォーゲルによる治水社会論や、これを中国史に応用した木村正雄『中国古代帝国の形成――特にその成立の基礎条件』（不昧堂、一九六五年。新訂版、比較文化研究所、二〇〇三年）など。

（二）阿子島功他「青海省柴達木盆地と共和台地において風成地形の発現する地形条件（予報）」（『季刊地理学』五四―三、二〇〇二年）は、「風成地形は河道裸地や湧水帯から始まる。また扇状地河川によって供給される砂礫の粒度や量と風蝕・河蝕との平衡によって成り立っている」と述べる。

（三）熊毅・李慶逵主編『中国土壌』（科学出版社、一九八七年）。

（四）『中国農村慣行調査』第四巻（岩波書店、一九八一年）、山東省恩県後夏寨（現在の恩城県）を参照。

（五）孫波「黄淮下游地区沙基堌堆遺址辨析」（『考古』二〇〇三年第六期）。
（六）山東省文物考古研究所・聊城地区文化局『山東陽谷県景陽崗龍山文化城址調査与試掘』（『考古』一九九七年第五期）、趙乃光・郭争鳴「山東聊城地区新石器時代遺址調査」（『考古学集刊』第七集、一九九一年）。孫波前掲論は、洪水を避けるために、微高地である沙崗を利用したと指摘する。
（七）沙について、『穀梁伝』范寧の注は「沙地」と解釈している。また、『公羊伝』には「盟于沙沢（沙沢に盟す）」とある。
（八）伊藤道治「春秋会盟地理考——両周地理考の二」（『田村博士頌寿東洋史論叢』同朋舎、一九六七年）。小林伸二「春秋時代の会盟地について（一）——隠公～僖公年間」（中国古代史研究会編『中国古代史研究第七』研文出版、一九九七年）は、交通ルートとは別に、会盟地自体の有する特殊な対国邑関係の存在を指摘する。
（九）高木智見「春秋時代の結盟習俗について」（『史林』六八—六、一九八五年）。
（一〇）『公羊伝』は、「秋八月辛卯、沙麓崩。沙麓者何、河上之邑也。此邑也、其言崩何、襲邑也」とし、黄河畔の邑が、河川氾濫によって土砂に陥没することとする。
（一一）『漢書』巻二九「溝洫志」。
（一二）『水経注』巻五「河水」「（元城）県北有沙邱堰、『尚書』「禹貢」曰、北過降水、不遵其道曰降、亦曰潰。堰、障水也。至于大陸、北播為九河」。
（一三）大名県志編纂委員会編『大名県志』（新華出版社、一九九四年）。
（一四）「秦始皇去世地沙丘平台遺跡尚存」（「新華網」二〇〇五年三月二〇日「考古簡訊」）。
（一五）「沙邱　在城東二里外南北起伏綿亘数十里。毎春桃杏梨李花開如錦邑」（同治一三年刊『広宗県志』巻一「封域志・山川」）。「万暦二十三年、（馬）協申允招種逃戸地。略曰、竊照本県地多沙薄、全資糞力五穀鮮。植尤頼樹株……本県躬詣四郷、逐坵験看、固有飛沙堆積不堪耕種者」（『広宗県志』巻四「田賦志」）。
（一六）王社教「歴史時期我国沙塵天気研究」（朱士光・侯甬堅主篇『黄土高原地区歴史環境与治理対策会議文集』、『中国歴史地理論叢』二〇〇一年増刊）。
（一七）程遂営『唐宋開封生態環境研究』（中国社会科学出版、二〇〇二年）。
（一八）藪内清「河防通議について」（『生活文化研究』一三、一九六四年）。

（一九）現行『河防通議』には、各項目が汴本・監本のいずれに拠ったかが注記されているが、「辨土脈」にはこのような注記がない。ただ、『宋史』巻九一「河渠志」天禧五年（一〇二一）の条に、「水退淤澱、夏則膠土肥腴、初秋則黄滅土、頗為疏壌、深秋則白滅土、霜降後皆沙也」とあり、水が退いた後の淤澱地の土を、膠土・滅土・沙に三分類する記載が見られる。ここから、北宋期にはすでに、河床の土壌分類が行われていたことが窺える。

（二〇）「夫治水者、必知地理形勢之便、川源通塞之由、功徒多少之限、土壌疏厚之性、然後可以言水事矣。且水害中国者惟河為甚。禹跡既亡、自漢而下垂千余年、言水事者不可勝記。而未聞有成功者、不其難乎。今列土性与色于後」（『河防通議』「辨土脈」）。

（二一）吉岡義信『宋代黄河史研究』第二章第三節「宋代の黄河と集落」（御茶の水書房、一九七八年）は、宋代の黄河沿岸に暮らす人々の状況と、彼らに対する宋朝の方策を論じている。とくに、王安石の打ち出した新法期には、黄河周辺の人と土地に革新的な動きが見られるという。

（二二）「以前には荒地として捨てられた砂地までも、落花生畑となって来た。就中旧黄河の河床・その他河川の洪涵源が、その栽培のために開かれていった。又その利益の多きに誘われて、穀作地にさえ侵入するに至った」（天野元之助『中国農業経済論』第三巻、龍渓書舎、一九五二、五三年）。

（二三）一九五〇年代、新石器時代晩期の浙江省呉興銭山漾遺跡と江西省修水山背遺跡から炭化した「花生仁」が発見されている（「呉興銭山漾遺址第一、二次発掘報告」『考古学報』一九六〇年第二期、『花生栽培』上海科学技術出版社、一九六三年）。しかし、これを根拠に、中国では新石器時代晩期より落花生栽培が行われていたとする説には、懐疑的な意見も多い（游修齢「説不清的花生問題」『中国農業史』一九九七年第四期）。

（二四）落花生を芋類に分類する経緯については、前田和美「中国と日本の落花生伝播中における〈落花生〉の同定」（『農耕の技術と文化』二四、二〇〇一年）が詳しく論じる。前田氏は江南において、一六世紀半頃からすでに落花生が知られていたとは考えにくく、古くからあった落花生・香芋と呼ばれる作物と、新大陸作物のラッカセイとが混同され記述されているのではないかと指摘する。

（二五）何柄棣 The introduction of American food plants into china, *American Anthropologist* 57、一九九五年、李令福『明清山東農業地理』（五南図書出版、二〇〇〇年）、王在序・毛興文・于善新「山東花生栽培歴史及其発展的探討」（『中国農史』一九八七年第四期）。

（二六）二〇〇四年度における中国の落花生栽培は、山東省が二六・五パーセント（三五五・六万トン）、河南省一七パーセント、河北省一一パーセントを占める（『中国統計年鑑二〇〇四』中国統計出版社、二〇〇五年）。

澤からみた黄河下流の環境史——鉅野澤から梁山泊へ

村松　弘一

はじめに

紀元前三世紀、秦の始皇帝が崩じ、項羽と劉邦が天下を争っていた頃、のちに漢将となる彭越が拠点としていた場所は鉅野澤であった。それから一二〇〇年後の北宋末期、『水滸伝』の無頼たちが拠点とした梁山泊も鉅野澤とほぼ同じ場所に位置していた。澤も泊も山と湖の広がる低湿地を意味する。しかし、いま山東省の梁山を訪れてもかつてのような豊富な水をたたえた広大な水辺は見られない。なぜ、澤は消えたのか。これまでの黄河変遷史は河決の発生地点や変遷の回数など黄河そのものの河道変動に重点が置かれてきた。ここでは、その変遷の影響を受ける側の生態環境の変化を中心に考察をすすめ、黄河変遷史を考える上での新たな視点を提供したい。その具体例として、本稿では鉅野澤から梁山泊への変遷のメカニズムを主題に、そこから見える黄河下流さらには黄河流域全体の環境史の見通しを述べることとしたい。

一、鉅野澤から梁山泊へ——その名称の変遷

本稿の舞台は現在の行政区画では山東省梁山県から東阿県にかけての地区である。北京から饒陽・聊城を経由して直通列車で七時間の場所に位置する。京杭運河もその東を南北に流れているが、鉄道と自動車が中心的な輸送手段となった現在の中国社会では田舎町という言い方がふさわしい。ただ、この町が東アジア各国に広く知られているのは、『水滸伝』の舞台であったからにほかならない。この梁山泊という地名は古くからその名があったわけではない。ここでは鉅野澤から梁山泊への名称の変遷について見てみたい。関連する文献史料を整理したものが表1である。

①鉅野澤

澤とは池や湖の点在する水がたまった低湿地を示すが、「山林藪澤」と総称されるように、一般的に澤の周囲には山や林なども存在している。先秦時代の各国の領域内に多くの澤があったことは『爾雅』「釈地」等の記載からわかるが、黄河下流域から淮北地域にかけてはことのほか多くの澤が分布していていた。鉅野の名称は漢代以降見られ、それ以前の時代を示す史料には「大野」と記されている。『尚書』「禹貢」には「大野既豬、東原底平」とあり、『爾雅』「釈地」では魯の地、『周礼』「職方氏」では兗州の地に大野が位置するとあり、『春秋左氏伝』では「獲麟」の地として見られる。鉅野澤の名称は秦末に劉邦の下で漢王朝成立に活躍した彭越の列伝に見られる。彭越は鉅野澤で漁をし、群盗となり、のちには衆を率いて鉅野澤を拠点としていた（『史記』・『漢書』「彭越伝」）。山林藪澤には国家権力の及ばない反乱の拠点としての性格を有するものがある。[一] 秦末の鉅野澤もまた宋代の梁山泊と同様に反乱

表1　鉅野澤から梁山泊への名称変遷

時　期	資　料	出　典
先秦	**大野**既豬、東原底平。	『尚書』禹貢
先秦	魯有**大野**。	『爾雅』釈地十藪
先秦	河東日兗州、其山鎮曰岱山、其澤藪曰**大野**、其川河泲、其浸廬維。	『周礼』職方氏
先秦	(哀公) 伝十四年春西狩於**大野**、叔孫氏之車子鉏商獲麟。	『春秋左氏伝』
秦末	(彭越)常漁**鉅野澤**中、為群盜. ……沛公之従碭北擊昌邑、越助之。昌邑未下、沛公引兵西。越亦将其衆居鉅野［澤］中、收魏敗散卒。	『史記』彭越伝（漢書には「澤」字あり）
元光三年	今天子元光之中、而河決於瓠子、東南注**鉅野**、通於淮・泗。	『史記』河渠書
前漢	(山陽郡・鉅壄県) **大壄澤**在北、兗州藪。	『漢書』地理志
前漢	鄭玄日「大野在山陽鉅野北、名**鉅野澤**」	『史記』夏本紀集解
後漢	(山陽郡・鉅野県) 有**大野澤**。	『後漢書』郡国志
後漢	應劭日「濮水自濮陽南入**鉅野**」	『漢書』地理志注
西晋	**大野**在高平鉅野県東北大澤是也。	『春秋左氏伝』杜注
北魏	［表2］参照	『水経注』
梁	足引北方童謠日「荊山為上格、浮山為下格、潼沱為激溝、併灌**鉅野澤**」	『梁書』康絢伝
元和8年(813)	**大野澤**一名**鉅野**、在（鉅野）県東五里。南北三百里。東西百余里。	『元和郡県図志』
開運元年(944)	河決滑州、環梁山、入于汶・済。	『新五代史』晋本紀
太平興国4年(979)	**鉅野澤**在県東五里。南北三百里。東西百余里。一名大野澤。	『太平寰宇記』
咸平3年(1000)	真宗咸平三年五月、河決鄆州王陵埽、浮**鉅野**、入淮・泗、水勢悍激、侵迫州城。	『宋史』河渠志一黄河上(姚鉉伝)
天禧3年(1019)	天禧三年六月乙未夜、滑州河溢城西北天台山旁、俄復潰于城西南、岸摧七百歩、漫溢州城、歷澶・濮・曹・鄆、注**梁山泊**。又合清水・古汴渠東入于淮、州邑罹患者三十二。	『宋史』河渠志一
天聖6年(1028)	(天聖六年七月) 五丈河下接済州之合蔡鎮、通利**梁山濼**。近者天河決蕩、溺民田、壊道路、合蔡而下、漫散不通舟、請治五丈河入夾黄河。	『宋史』河渠志四・広済河
熙寧10年(1077)	河決曹村、泛于**梁山泊**、溢于南清河、匯于城下、漲不時洩、城将敗、富民争出避水。	『宋史』蘇軾伝
	(熙寧十年) 是歳七月、河復溢衛州王供及汲県上下埽・懐州黄沁・滑州韓村、己丑、遂大決於澶州曹村、澶淵北流断絶、河道南徙、東匯于**梁山**・**張澤濼**、分為二派、一合南清河入于淮、一合北清河入于海、凡灌郡県四十五、而濮・斉・鄆・徐尤甚、壊田逾三十万頃。遣使修閉。	『宋史』河渠志二(『宋史』五行志・一上)

元豊元年 (1078)	(元豊元年・六月)「**梁山・張澤両濼**、十数年来淤澱、每歳汎浸近城民田、乞自張澤濼下流濬至濱州、可泄壅滞」	『宋史』河渠志五・河北諸水
元豊5年 (1082)	(元豊五年) 八月、河決鄭州原武埽、溢入利津・陽武溝・刀馬河、帰納**梁山濼**。	『宋史』河渠志二
元祐年間 (1086-1093)	河決内黄、詔孝広行視、遂疏蘇村、**鑿鉅野**、導河北流、紓澶・滑・深・瀛之害。	『宋史』曾孝広伝
政和4年 (1114)	**築山濼古鉅野澤**、綿亙数百里、済・鄆数州、頼其蒲魚之利、立租算船納直、犯者盜執之。	『宋史』楊戩伝
宣和元年 (1119)	宣和元年五月、都城無故大水、浸城外官寺・民居、遂破汴堤、汴渠将溢、諸門皆城守……罷(李)綱送吏部、而募人決水下流、由城北注五丈河、下通**梁山濼**、乃已。	『宋史』河渠志四(『宋史』五行志・一上)
建炎2年 (1128)	(建炎二年) 是冬、**杜充決黄河**、自泗入淮以阻金兵。	『宋史』高宗本紀

の拠点であった。前漢武帝の時代には元光年間に黄河が決壊し「鉅野」に注いだとある（『史記』「河渠書」）。前漢末から後漢にかけての史料には大野澤と鉅野澤が並行して記されている（『漢書』「地理志」・『史記』「夏本紀集解」・『後漢書』「郡国志」・『漢書』「地理志注」）。後に詳しく記す『水経注』では鉅野を中心に、その周辺の湖に関する記載もある。唐代に入ると、『元和郡県図志』では「南北三百里。東西百余里」とあり、宋代の『太平寰宇記』でも「鉅野澤在県東五里。南北三百里。東西百余里。一名大野澤」とある。史料上、最後に澤としての鉅野が記されていると考えられるのは、北宋咸平三年（一〇〇〇）の『宋史』「河渠志」の記載で、「五月、河決鄆州王陵埽、浮鉅野、入淮・泗、水勢悍激、侵迫州城」とあり、黄河の堤防が決壊したことによって水が鉅野に流入し、淮水・泗水に流れたという。このように北宋初期まで鉅野澤（大野澤）に関する記載は見られる。

②梁山泊

泊とは湖や沼を示す語で、梁山泊は梁山の周囲の湖を意味する。梁山は現在の梁山県に位置する標高一九七メートルの小高い丘である。[二] 梁山泊という名称が最初に史料にあらわれるのは北宋天禧三年（一〇一九）の記事である。[三] この年は滑州（現在の河南省滑県）で黄河が溢れて各州城に水が流れ込み、さらに澶・濮・曹・鄆（河南省濮陽から山東省東平にかけての地域）へとひろがり、梁山泊へと注いだという。確かに「梁山泊」という地名の記載ははじめてであるが、それ以前の開運元年（九四四）には黄河が滑州で決壊し、梁山を環《めぐ》り、汶水・済水に流れ込んだという記事が見られる（『新五代史』「晋本紀」）。これは五代十国時代の後晋・出帝時期のことで、一般的にこの時に梁山泊が出現したと言われる。後述する『水経注』の記載では梁山の南に鉅野澤が広がっており、また、『元和郡県図志』では梁山は鄆州にあり、鉅野県の境域内にあるとされる鉅野澤（大野澤）とは別の行政区画に位置しているように書かれている。つまり、開運元年の決壊ではじめて梁山のまわりに水がめぐり、当該所に湖泊が形成された可能性がある。梁山泊の形成時期は五代十国時代と考えることができるだろう。ただし、その後も鉅野澤の名称は引き続き使用され、約七〇年後の天禧三年になり、梁山泊（もしくは梁山濼）の名称が定着したのであろう。

では、なぜ五代から北宋初期にかけて鉅野澤から梁山泊へと変化したのであろうか。この問題は鉅野澤の入水・出水ルートからみたその形成過程の変化を追うことによって考察できると思われる。

二、鉅野澤の形成過程とその変化

鉅野澤の位置する淮北・黄河下流域に分布する澤の形成過程にはふたつのパターンがある。ひとつは谷部から平原部への出口で自然堤防からあふれて形成されたものであり、もうひとつは平原を流れる黄河水系の河川が山東丘陵部に遮られて形成されたものである。[四] 鉅野澤はまさに後者にあたる。それでは、具体的に鉅野澤の形成過程はどのようなものだったのだろうか。そのことを記す詳細な最も古い資料は北魏時代に成立した『水経注』である。『水経注』は後漢時代に成立した『水経』に北魏の酈道元が注をしたものとされている。『水経注』の記載は水系ごとに書かれているため、一つの河川に関する記載が分散している。そこで本稿では鉅野澤の入水・出水ルートに関する記載を各支流ごとに表2のように整理した。近年見ることが可能となった旧ソ連製一〇万分の一地図と清代に著された楊守敬『水経注図』をあわせて鉅野澤周辺を図示すると地図1（一八五頁）のようなルートが推測される。これらの地図と文献記載をまとめると、以下のようなことが言える。『水経注』の記載からわかる鉅野澤への入水は①北済・濮水ルート②南済水ルート③汶水ルートの三つがみられる。①北済・濮水ルートは済陽県北から発する北済水が封邱県に発する濮水と合い、鉅野澤に入るルートで、北済水・濮水ともに黄河の支流である済水の水を水

表２『水経注』記載鉅野澤関連水系史料

[鉅野澤入水ルート]

①北済水・濮水ルート［済水注二］西から鉅野澤へ

(1) 北済水	北済自済陽県北、東北逕煮棗城南。……北済又東北、逕寃朐県故城北。又東北、逕呂都県故城南……又東北逕定陶県故城北……又東北与濮水合。(2)
(2) 濮水	（濮水・濮渠）水上承済水于封邱県……其故瀆自済東北流、左迆為高梁陂、方三里。濮水又東逕匡城北……又東北左会別濮水。(2-A) 濮渠又東北、又与酸水故瀆会。(2-B) 濮渠之側有漆城。……濮渠又東、逕蒲城北、故衛之蒲邑。……濮渠又東逕韋城南、即白馬県之韋郷也。……濮渠東絶馳道、東逕長垣県故城北、衛地也。……県有祭城、濮渠逕其北……有長羅澤、即呉季英牧猪処也。又有長羅岡・蘧伯玉岡……濮渠又東、分為二瀆、北濮出焉。濮渠又東、逕須城北……濮渠又北、逕襄邱亭南……濮水又東、逕濮陽県故城南。……濮水又東、逕済陰。離狐県故城南、……濮水又東逕葭密県故城北……濮水又東北、逕鹿城南。……濮水又東、与句瀆合 (2-C) 与済同入鉅野。
(2-A) 別濮水故瀆	（別濮水故瀆）受河於酸棗県。……今無水。其故瀆東北逕南北二棣城間……濮渠又東北、逕酸棗県故城南、韓国矣。……濮水北積成陂、陂方五里、号曰同池陂。又東逕胙亭東注、故胙国也。……濮渠又東北、逕燕城南……東為陽清湖陂、南北五里、東西三十里、亦曰燕城湖、逕桃城南……而東注于濮、俗謂之朝平溝。
(2-B) 酸水故瀆	酸瀆首受河于酸棗県、東逕酸棗城北、延津南、謂之酸水。……酸瀆水又東北、逕燕城北、又東、逕滑台城南、又東南逕瓦亭南。……又東南会于濮、世謂之百尺溝。
(2-C) 句瀆	（句）瀆首受濮水枝渠于句陽県、東南逕句陽県故城南……又東、入乗氏県左会濮水。

②南済水ルート［済水注一、二］西南から鉅野澤へ

(1) 南済水	南済也。自済陽県故城南、東逕戎城北。……済水又東北、菏水東出焉。済水又東北、逕寃朐県故城南。……済水又東、逕秦相魏冉冢南。……済水又東北、逕定陶恭王陵南……墳南、魏済陰郡治也。……済水又東北、逕定陶県故城南、側城東注也。……南済也。又東北、右合河水 (1-A)……亦『経』所謂済水自乗氏県両分、東北入于鉅野也。
(1-A) 河水	（河）水上承済水于済陽県東、世謂之五丈溝。又東、逕陶丘北……菏水東北、出於定陶県、北、屈、左合氾水 (1-Aa) 河水又東北、逕定陶県南、又東北、右合黄水枝渠 (1-Ab) 而北注済瀆。
(1-Aa) 氾水	氾水西分済瀆、東北逕済陰郡南……氾水又東、合於河瀆。
(1-Ab) 黄水枝渠	（黄水枝）渠上承黄溝、東北合河。

③汶水ルート［汶水注］東北から鉅野澤へ

(1) 汶水	汶水自桃郷四分、当其派別之処、謂之四汶口。其左二水双流、西南至無鹽県之郈郷城南……汶水又西南逕東平陸県故城北……今有厥亭。汶水又西逕危山南……汶水又西合為一水、西南入**茂都澱**、澱、陂水之異名也。

[鉅野澤出水ルート]

④済水（洪水）ルート［済水注二］⇒鉅野澤から北へ

(1) 洪水	（洪水）水上承**鉅野薛訓渚**、歴澤西北流、又北逕闞郷城西……又北、与済瀆合。自渚迄于北口、百二十里、名曰洪水。……洪口已上又謂之桓公瀆、済自是北注也。
(1-A) 巨野溝	（茂都）澱水西南出、謂之巨野溝。又西南逕致密城南。……巨野溝又西南入桓公河（※洪水と同じ）。
(1-B) 巨良水	北水西出淀（茂都澱）、謂之巨良水、西南逕致密城北、西南流注洪瀆（※洪水のこと）。

⑤菏水（黄水）ルート［済水注二］⇒鉅野澤から南へ

(1) 菏水	菏水又東、与鉅野黄水合、菏済別名也。(1-A)
(1-A) 黄水	黄水上承**鉅澤諸陂**。澤有**濛澱・育陂・黄湖**。水東流謂之黄水。又有薛訓渚水 (1-Aa) 黄水東南流……黄水又東逕鉅野県北……黄水又東、逕咸亭北……水南有金郷山、県之東界也。金郷数山皆空中穴口、謂之隧也。……黄水又東南、逕任城郡之亢父県故城西、任城県在北……其水謂之桓公溝、南至方与県、入于菏水。
(1-Aa) 薛訓渚水	（薛訓渚水）自渚歴薛村前分為二流、一水東注黄水、一水西北入澤、即洪水也。

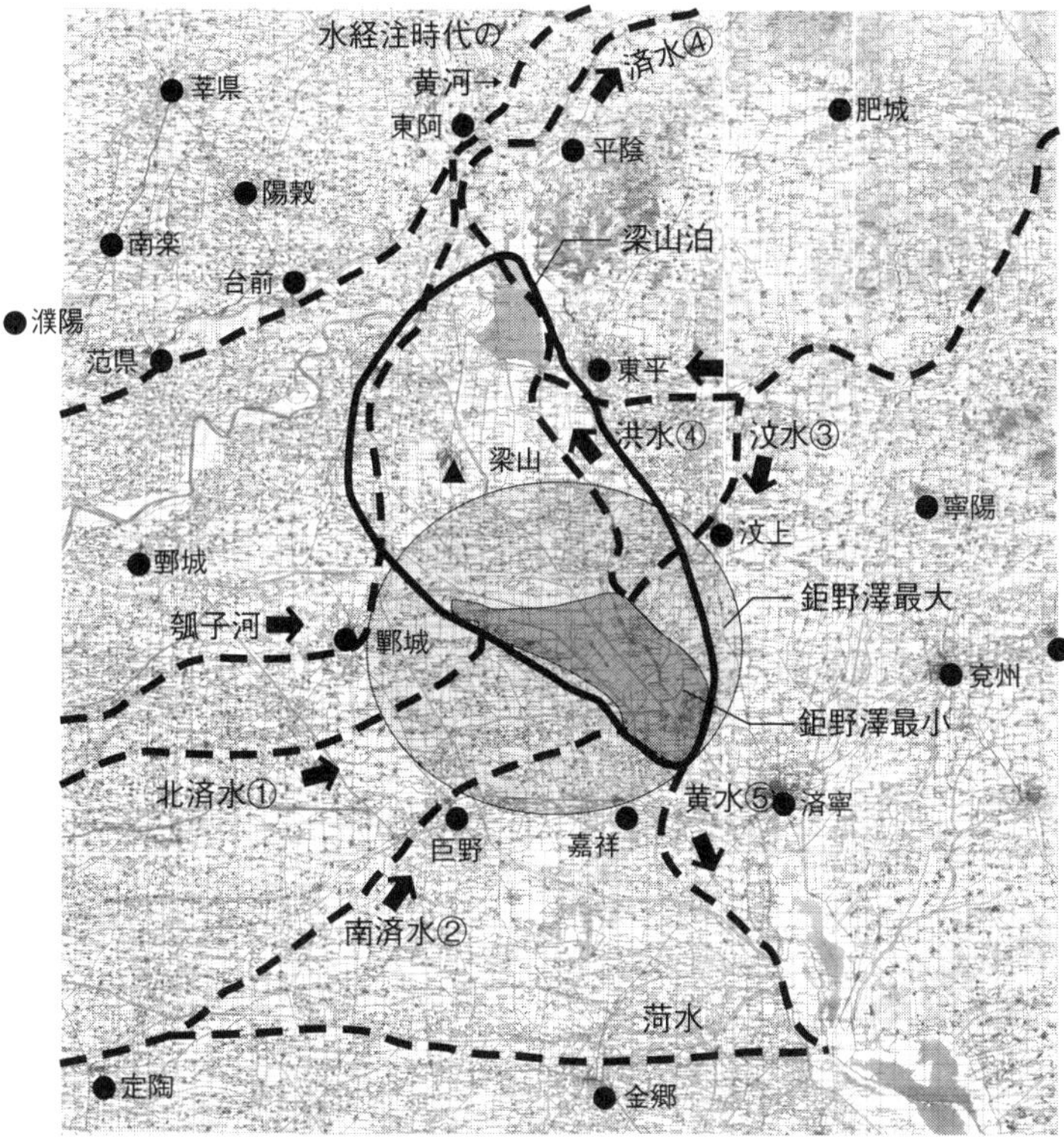

[旧ソ連製10万分の1地図（岐阜県立図書館所蔵）をベースとし、楊守敬『水経注図』・『山東省地図冊』（中国地図出版社、2005年）および『梁山県志』（新華出版社、1997年）の情報を加えて作成。地名は現代のもの]

地図1　鉅野澤・梁山泊の周辺

源としている。②南済水ルートは済陽県故城南から済水を得て発し、定陶県故城の南を経て鉅野澤に入るルート。③汶水ルートは鉅野澤の東北から鉅野澤へ入る水路で、黄河水系ではない。出水ルートは④済水（洪水）ルート⑤菏水（黄水）ルートの二つがある。特に入水ルートのうち、北済・濮水ルートと南済水ルートの二つは黄河を水源とした河川からのものである。すなわち、鉅野澤の水量は黄河からの入水量に左右されるということである。黄河は古来幾度と無く河道を変えた。この『水経注』の入水ルートも北魏時代のものにすぎず、その入水量やルートは黄河の河道変動の影響を大きく受けることとなる。たとえば、『史記』「河渠書」には、漢の武帝の元光年間に、黄河が瓠子において決壊して東南に流れて鉅野（澤）に注ぎ、さらにその水は淮水・泗水へと流れ込んだという記載がある。(五) このことは黄河が決壊して形成した瓠子河が鉅野澤に流れ込むという『水経注』時代には無くなってしまった第四の瓠子河入水ルートが漢代中期には存在したことを示している。このときの瓠子における黄河の決壊は特に解決策が取られることなく二〇年間見過ごされ、元封二年（前一〇九）、武帝はようやく決壊口を塞ぎ、宣房宮を築いた。その際に作った「瓠子歌」にも瓠子で決壊して鉅野に流れ込んで溢れていたことが記されており、(六) 瓠子河ルートはその間存在していたのである。しかし、その後も平帝期・王莽期に度々洪水が発生し、後漢永平年間（後七〇年）の王景の治水によってようやく安定した流れとなった。その後の『水経注』「瓠子河注」には瓠子河故瀆の故道があるのみで実際の水流は無く、鉅野澤への入水の記載も見られない。つまり、前漢武帝元光年間の瓠子の河決後、それ以前には無かった瓠子河が第四の入水ルートとして鉅野澤に流れ込んだが、後漢初期の王景の治水によって瓠子河からの入水は無くなり、それから『水経注』時代に至るまで済水系と汶水の水が鉅野澤の主要な水源となっていたと言える。もちろん黄河本流の流水量とも関係するが、入水ルートの数は自ずと澤への入水量の増減に影響を与えたと思われる。『水経注』の記載では鉅野澤の周辺には多くの小さな湖があったように書かれている。例えば鉅澤諸陂・鉅野薛訓渚や茂都澱・濛澱・音陂・黄湖などである。このことは、かつて、巨大な澤（鉅野澤）が広がっていたが、この頃水量が減少したため、巨大な湖がいくつかの小さな諸陂に分かれたことを示している。
このように考えるならば、五代~北宋期に梁山周辺が湖泊となった理由も入水ルートの増加を想定できる。この時期の黄河の決壊地点は開運元年（九四四）の記載に「河決滑州、環梁山」とあるように、滑州であった。その地は漢代の瓠子にほかならない。すなわち、後漢以降、『水経注』で見たような三つの入水ルートからの安定した入水システムが続いていたが、五代~北宋初期にかけて再びその入水システムが崩れ、黄河からのもうひとつの入水ルートが出現したと言えるだろう。すなわち、鉅野澤から梁山泊への名称の変遷は当該地への水量が増加し、その規模が大きくなり、北の梁山周辺にまで澤が広がったことを示すのではないだろうか。
以上のように鉅野澤は黄河下流域の諸河川の水を受けて形成されたものであり、黄河の河道変動によってその水量も変化したのである。

四、鉅野澤と黄河の変遷

前節までの検討で、鉅野澤・梁山泊の形成過程を考えると、その変遷は黄河の変遷・決壊と関係が深いと考えられる。では、鉅野澤から梁山泊への変化を黄河変遷史と結びつけてまとめるとどうなるだろうか。漢代から北宋末までの黄河の変遷と澤の変化について簡単にまとめると以下のようになる（地図2—5の○は鉅野澤・梁山泊の所在地）。

【Ⅰ期　~瓠子の河決（前一三二）】

『尚書』「禹貢」に記された黄河は「禹河」と呼ばれ、西の太行山脈に沿って北へ流れ、現在の天津付近で渤海に

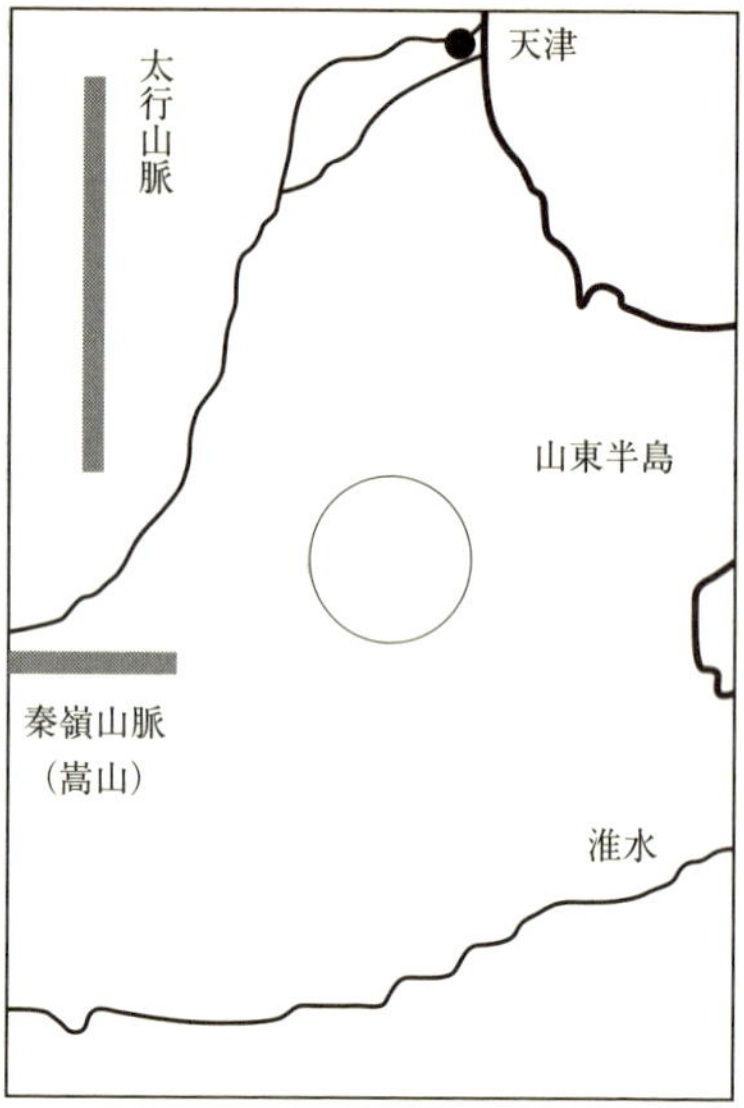

地図２　紀元前４世紀以前（戦国時代以前）の黄河河道概略

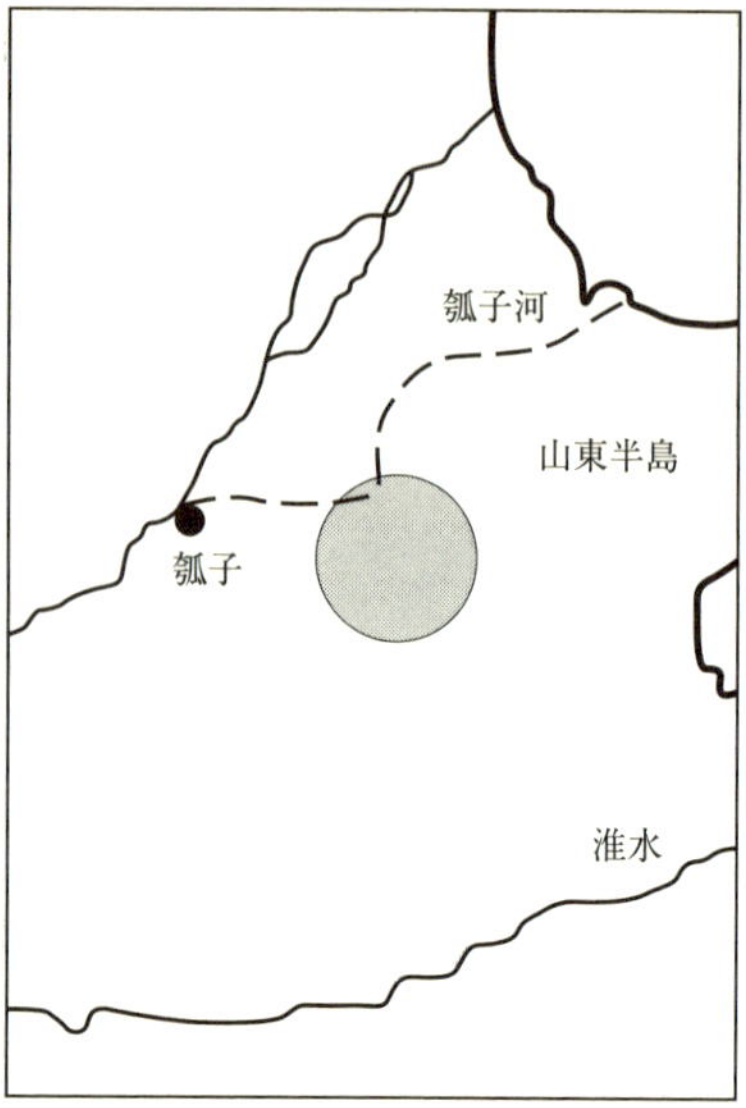

地図３　紀元前後（前漢末）の黄河河道概略図

注ぐルートをとった。この時の鉅野澤への入水ルートは不明である。こののち、黄河の河道は南へ移り、漢代武帝期以前までに『水経注』にあるような三つの入水ルートが存在していたと考えられる。（地図2）

【Ⅱ期　瓠子の河決（前一三二）～王景の治水（七〇）】

漢の武帝期に瓠子口（現在の濮陽付近）で決壊し、それによって発生した瓠子河が鉅野澤へと入り、淮水・泗水へと流れ込んだ。この時期は瓠子河入水ルートが存在し、鉅野澤の水量は多かったと考えられる。（地図3）

【Ⅲ期　王景の治水（七〇）～五代十国（九四四）】

後漢永平一三年（七〇）の王景の河道改変工事によって山東丘陵の西南縁を通り、渤海へ抜ける新たなルートが整備され、瓠子から鉅野澤への入水ルートが無くなった。『水経注』に見られるような三つの入水ルートが八〇〇年以上にわたって存在していた。前述したように『水経注』の鉅野澤付近の記載では多くの小さ

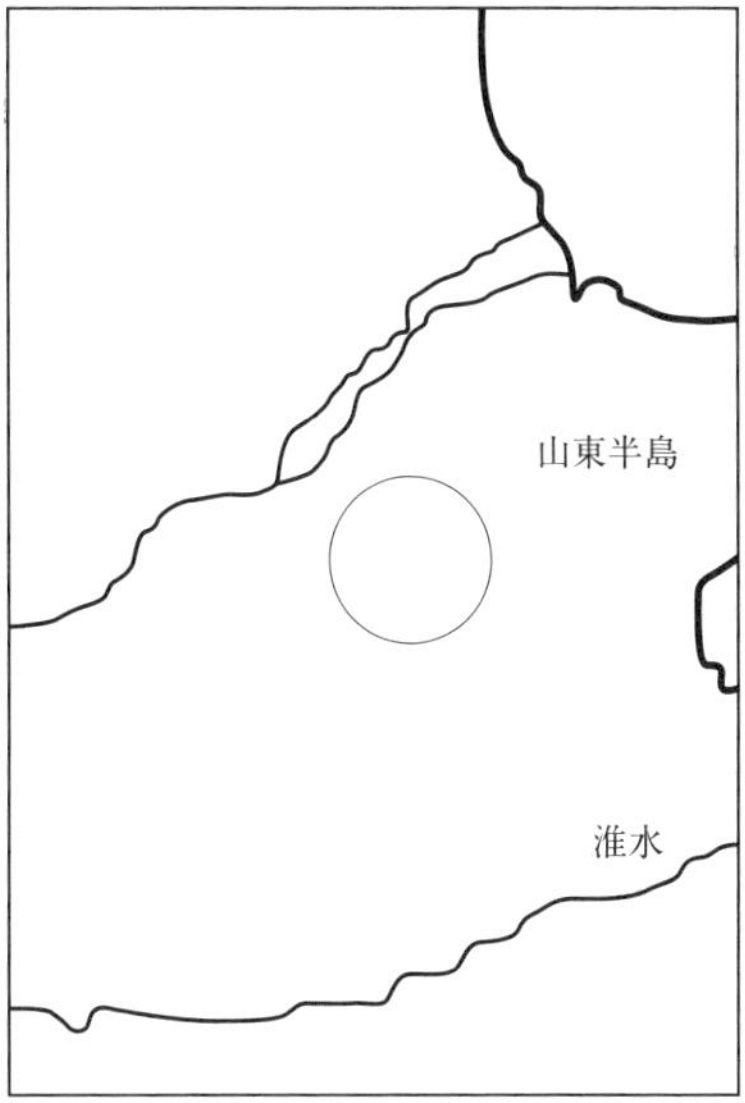

地図4　紀元1～10世紀（後漢～唐末）黄河河道概略図

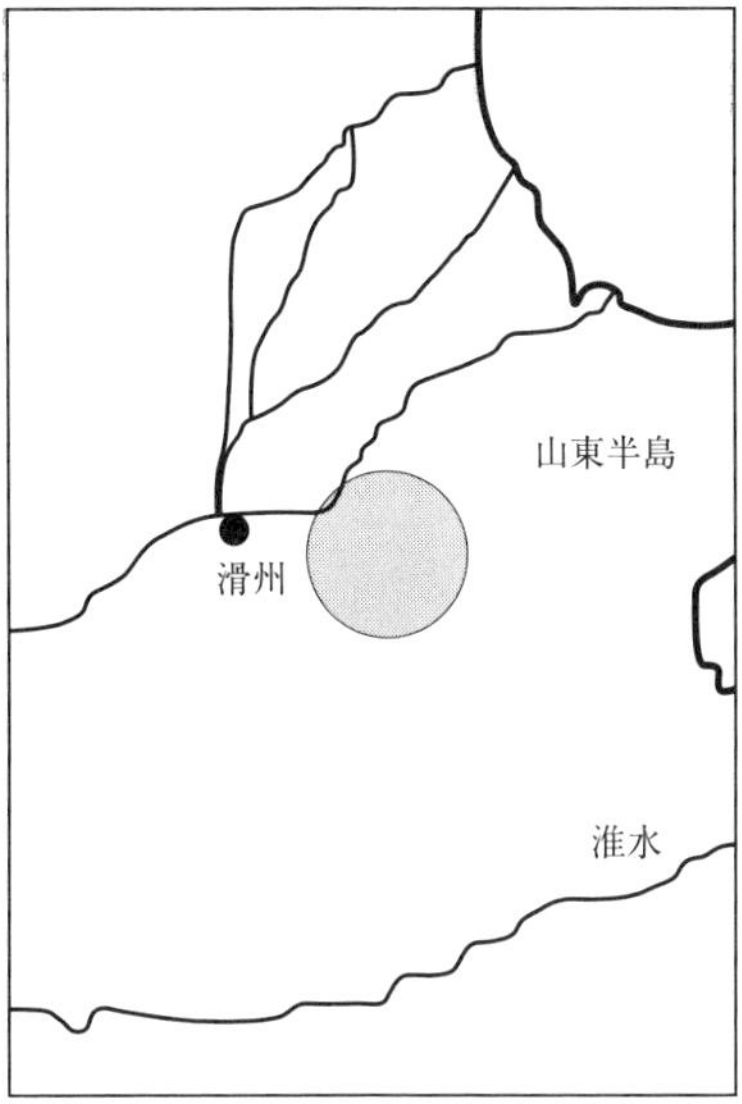

地図5　10世紀～1127年（唐末～北宋末）黄河河道概略図

な陂・澱・澤が分布しており、このことは比較的鉅野澤付近に流れ込む水量が少なく、巨大な澤を形成し得なかったことを意味する。なお、この間は黄河変遷史の上でも安定期と言われている。[七]（地図4）

［Ⅳ期　五代十国（九四四）～北宋末（一一二七）］

開運元年（九四四）に黄河が滑州で決壊し、これまで澤の水が及んでいなかった梁山周辺に湖泊が形成された。北宋天禧三年（一〇一九）には梁山泊と呼ばれるようになった。度々滑州付近で決壊し、常に河水からの入水があったと考えられる。梁山泊の水量は多かった時期であると考えられる。（地図5）

以上、見てきたように鉅野澤から梁山泊への変遷は黄河の変遷の影響を強く受けてきた。では、黄河の変遷はどのような原因によって発生したのだろうか。黄河の堤防の決壊が変遷の直接的な原因であるが、その根本的な原因は時間をかけて河床に泥沙が堆積して形成された天井川化にある。さらにその原因を考えれば、すでに王莽期に張戎が建言しているように、上流部の農地開発による水土流出にある（『漢書』「溝洫志」）。このように考えるならば、遠く離れた黄河上・中流すなわち黄土高原の開発のありかたと黄河下流の生態環境の変化は非常に密接な関係にあると考えられるのである。それはまた現代の黄河下流の断流やその他の水問題が黄土高原の開発と深い関係にあることとも同じである。（八）

五、おわりに――梁山泊、その後

以上の検討のように黄河下流域に位置する鉅野澤の変遷は黄河の河道の変遷さらにはその原因となる黄土高原の開発と大きく関連していることが指摘できる。

さて、その後の梁山泊はどうなったのか。『水滸伝』の舞台となった北宋時代の末年、南宋建炎二年（一一二八）、宋の東京留守の杜充が金の南下を阻止するため、滑州西南で人為的に黄河の堤防を決壊し、黄河は南東流し淮河へ流れることとなった。以後、水を豊富にたたえる泊に関する記載は少なくなり、元の至正年間には巨大な泊は枯渇しそれ以後は南旺湖や安山湖など梁山泊と比較して小規模な湖が点在することとなる。（九）つまり、『水滸伝』にみえる梁山泊のすがたは漢代から現代にいたる二二〇〇年のほんの一瞬の風景であったのである。

【注】

（一）拙稿「中国古代の山林藪澤――人間は自然をどう見たか」（『学習院史学』四三号、二〇〇五年）。

（二）梁山県志編纂委員会編『梁山県志』（新華出版社、一九九七年）。

（三）「天禧三年六月乙未夜、滑州河溢城西北天臺山旁、俄復潰于城西南、岸摧七百歩、漫溢州城、歴澶・濮・曹・鄆、注梁山泊」

（『宋史』「河渠志」）。
（四）前掲（一）参照。
（五）「今天子元光之中、而河決於瓠子、東南注鉅野、通於淮・泗」（『史記』「河渠書」）。
（六）『史記』「河渠書」に「瓠子決兮将柰何……吾山平兮鉅野溢」とあり、「集解」には、如淳曰「瓠子決、灌鉅野澤使溢也」とある。
（七）譚其驤「何以黄河在東漢以後会出現一個長期安流的局面」（『長水集』下、人民出版社、一九八七年）。なお、この問題については近年も議論が続いている。詳細については濱川栄「漢唐間の河災の減少とその原因——譚其驤説をめぐる最近の議論によせて」（『中国水利史研究』三四号、二〇〇六年）参照。
（八）拙稿「黄河の断流——環境史の視点から」（『アジア遊学』七八号、勉誠出版、二〇〇五年）。
（九）前掲（二）参照。

黄河下流域における画像石の分布

菅野　恵美

はじめに

筆者はこれまで、漢代の墓葬装飾を研究対象とし、その地域的展開について研究を進めてきた。四川地域においては墓葬装飾の分布的特徴から、地域的な商業圏および漢文化の範囲を求めることができた(一)。また、陝北画像石の研究からは、この地域では無定河などの河川を中心として長城沿いに点在した都市からなる地域を構成していること、またその範囲を見出すことができた(二)。つまり画像磚や画像石に代表される墓葬装飾には、作り手である集団が存在するため、その分布の分析からは商業圏を見出すことができ、同様に、画像には様式や内容が含まれるために文化圏を見出すことができるのである。このような二重にカテゴライズされる地域は行政区域に限定されているわけではなく、人間の活動や自然地理環境によって形成される地域である。

本論で対象とする黄河下流域とは、山東省を中心に、江蘇省と安徽省の一部を含む広い範囲である。この地域の画像石の分布は図1に見える通りであり、山東丘陵の周縁部に多く分布しているのが分かるだろう。

特に山東丘陵北縁部および西縁部から西側の低平地に集中する画像石群には、いくつかの様式を見出すことがで

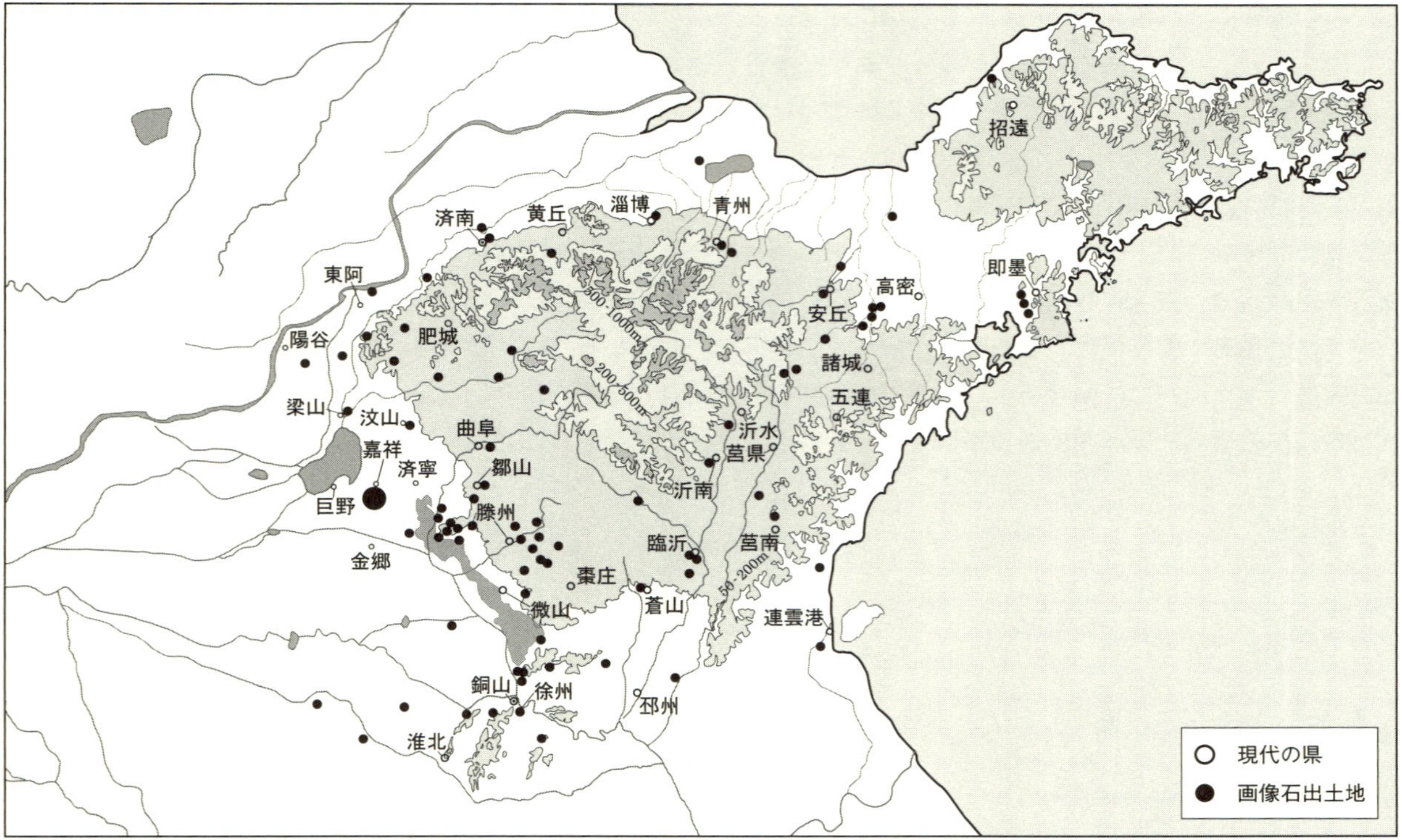

図1　黄河下流域における画像石の分布

きる。よって本論では、これら画像石群の分布に着目し、上述のような観点から黄河下流域の空間的特徴を考察するのが目的である。

一、画像分布の特徴

本章では黄河下流域における画像石群の中には、特定の流派に属すると思われる製造者の手による画像石があり、しかも複数の流派が存在することを指摘し、明確にそれらの特徴を指摘した上で、それぞれの流派の分布的特徴を明らかにするのが狙いである。

（一）画像石製造集団（流派）の存在

山東省嘉祥県の武氏祠堂は後漢の武氏一族の家族墓地であり、祠堂の建材である石材には見事な画像彫刻が施されたため、武氏祠堂画像石と呼ばれ有名である。この墓地には本来、少なくとも三つの祠堂が建てられていたことが近年の研究で明らかにされているが、建立年代が異なるにも関わらず、これら祠堂の墓葬装飾には同じ画風・画像構成・彫刻技法が用いられている。

この武氏祠堂画像石と同じ様式を持つ画像石が嘉祥県一帯から多く出土することはよく知られている事実であり、佐原康夫氏は「武氏祠タイプ」と命名している。[三] 例えば、図2の嘉祥県宋山二号墓出土の画像石と、武氏祠堂の左石室第九石の「馬」を比較すると、多少の差異は有るものの、ほぼ同一なのが理解できるだろう。この画像石

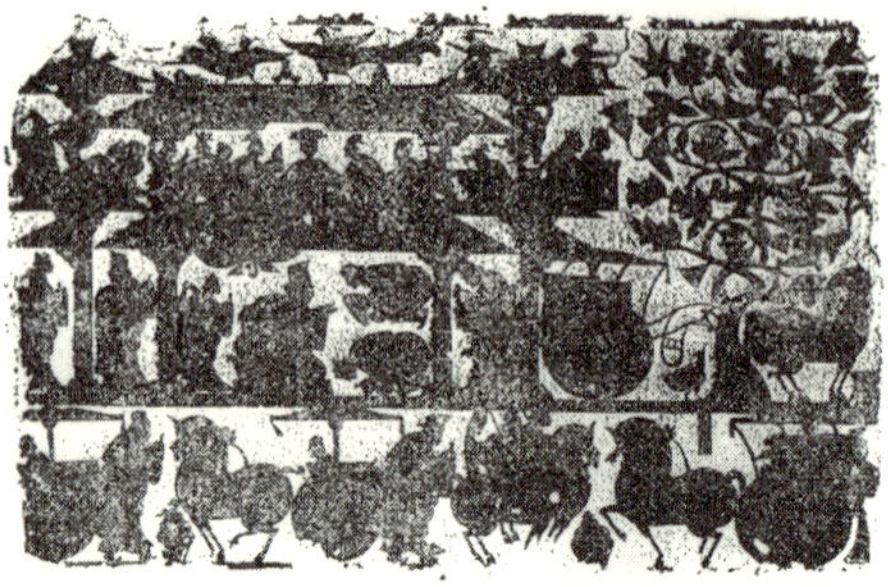

▲a

2-1. 山東嘉祥宋山２号墓（『文物』1982.5b　図15）

A. aの拡大

▲b

2-2. 山東嘉祥武氏祠堂左石室　第９石（『全集1』図84）

B. bの拡大

図２　山東嘉祥出土の画像石

製造に当たっては、画工と石工に別れていたことが銘文より明らかとなっている。(四) 恐らく図案集が存在し、一律の彫刻技法とともにそれを共有していた画像石製造者がいたことは間違いない。

また、墓葬装飾が成熟し隆盛を迎える過程で、主要な画像石生産地で確立された様式が、周囲の未熟な地域に受容されてゆく。

本論では共通の様式を取る画像石の作り手達を、「流派」と呼び、論を進めてゆきたい。

(二) 祠堂画像石の復元

前述のように山東嘉祥県一帯では、武氏祠堂画像石を代表として、同じ流派に属する画像石群が出土している。このような流派は他にも存在するが、それを特定する際困難となるのが、画像石同士の共出関係、出土・収集地点の定かでないものが数多いことである。例えば、関係の不確かな二つの画像石を並べてみても、異なる題材が描かれている場合、これらが同じ流派に属すると断言することは困難である。特に最盛期の題材の多い画像石、しかも墓室の画像石の場合、墓室は構造が複雑なため、墓室を構成する一部分の画像石同士を比較しても共通性を見出すことは難しい。

しかし、祠堂画像石の場合はそう悲観的でもない。出土・収集状況が不確かなものが多いという点は墓室画像石と同様だが、後述するように祠堂建築物は構造が単純で、配置と画像内容に規則性があるため、祠堂の復元を図りやすい。祠堂の復元を試みることでバラバラの画像石を関連付け、同一あるいは関係の深い画像石製造集団と判断する特徴を導き出すことができるのである。

実際、角谷常子氏はすでに祠堂画像石に着目し、画像の特徴から複数の画像石製造集団を分類し、分布的まとまりを求めている。[五] このようなアプローチは、この地域の地理と地域的まとまりの関係を求める上で重要であり、更に深化させる必要があるだろう。

祠堂は墓祭において、降臨した祖先の霊前に酒食を供えるための場所である。[六] 祠堂の復元は、墓葬装飾によって構成される空間の意味や、墓葬装飾の主題そのものに関わるため、重視されてきた課題であった。

特に祠堂画像石で有名な、山東嘉祥県の武氏祠堂画像石は早くから注目され、研究されてきた。しかしこの祠堂は石材が解体して保存され、しかも複数の祠堂に由来する画像石であるため、画像を空間的に理解するには復元する必要があった。その作業にいち早く取り組んだのが、Fairbank.W の研究である。[七] 今もなお形を存する最古の祠堂としては、孝堂山石祠堂があり、関野貞氏が測量を行っているが、[八] Fairbank.W は武氏祠堂の最良な拓本を集め、それを縮尺の同じ写真にし、関野貞の孝堂山石祠堂の実測を参考に武氏祠復元を試みた。その結果、武氏祠のうち二つの祠堂（前石室・左石室）には、後壁下部に壁龕（図3－1）が付いていることを明らかにしたのである。

この研究以降、中国での調査が不可能な状況下にあって、秋山進午氏は[九]画像石の全形の分かる拓本と、関野貞（一九一六）による武梁祠の画像石実測データより、Fairbank.W 復元の武梁祠を補訂した。

本格的な考古学的調査が行われたのは中国が市場開放政策をとった後であり、蔣英炬・呉文祺両氏の研究はFairbank.W 復元案を踏まえつつ、文献と実地調査により武氏祠を復元したものである。その結果、武氏祠の画像石群は少なくとも三つの祠堂に復元できることが明らかになった。[一〇]

更には、明らかとなった武氏祠堂の構造や画像の構成をもとに、小型の祠堂（以下、小祠堂と称す）の画像石の復元が行われている。山東省嘉祥県付近では、複数の小祠堂画像石を墓材として再利用した墓が複数発見されている。そのうち嘉祥県宋山では三つの墓から再利用された小祠堂画像石群が発見された。[一一] 蔣英炬氏は、これらの画像石群の中に彫刻技法・画風が同様なものがあることから、複数の小祠堂がこれら三墓に分散して使用されたと考え、

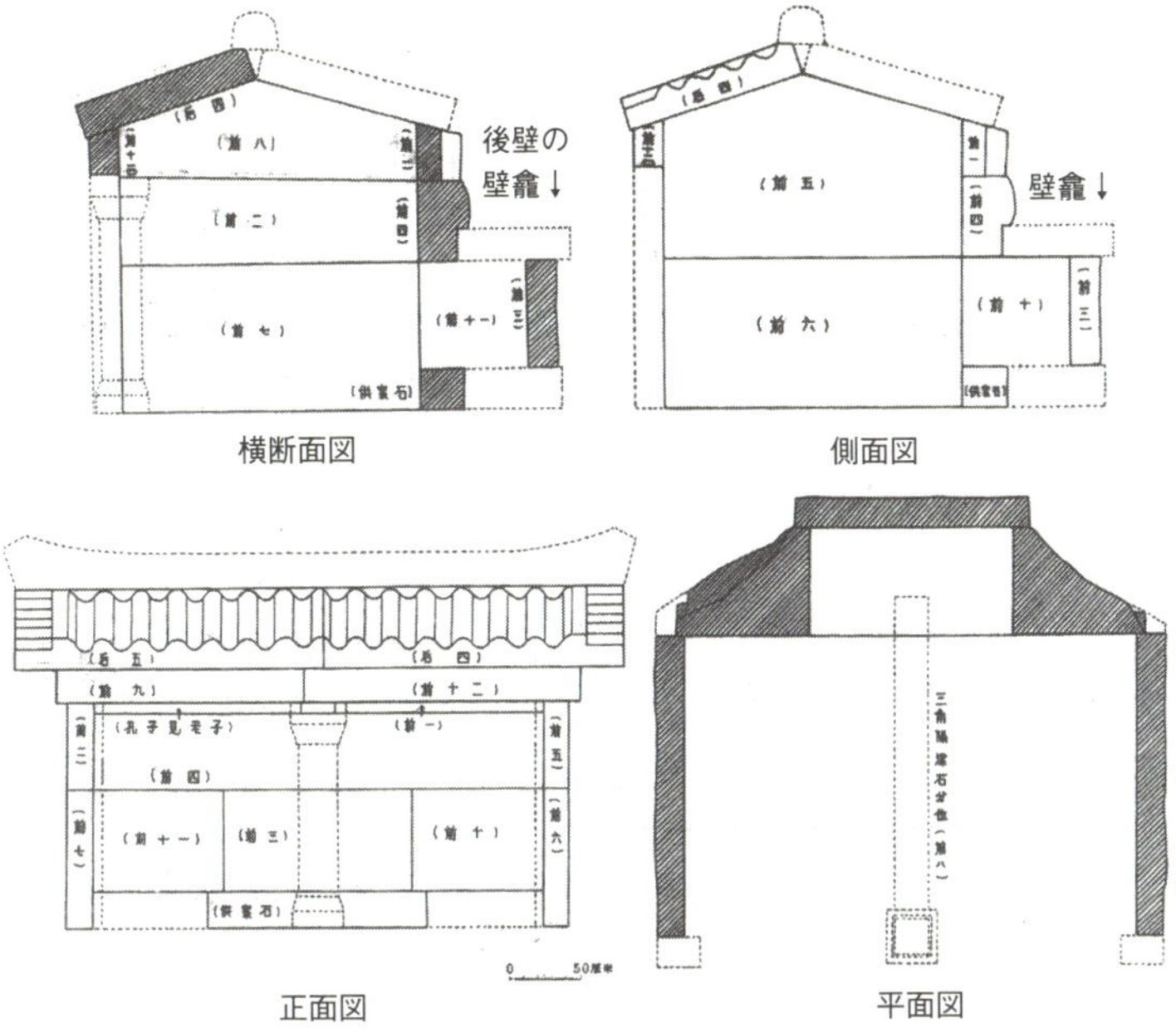

3-1. 山東嘉祥　武氏前石室復元図（蔣英炬·呉文祺 1995、39 頁）

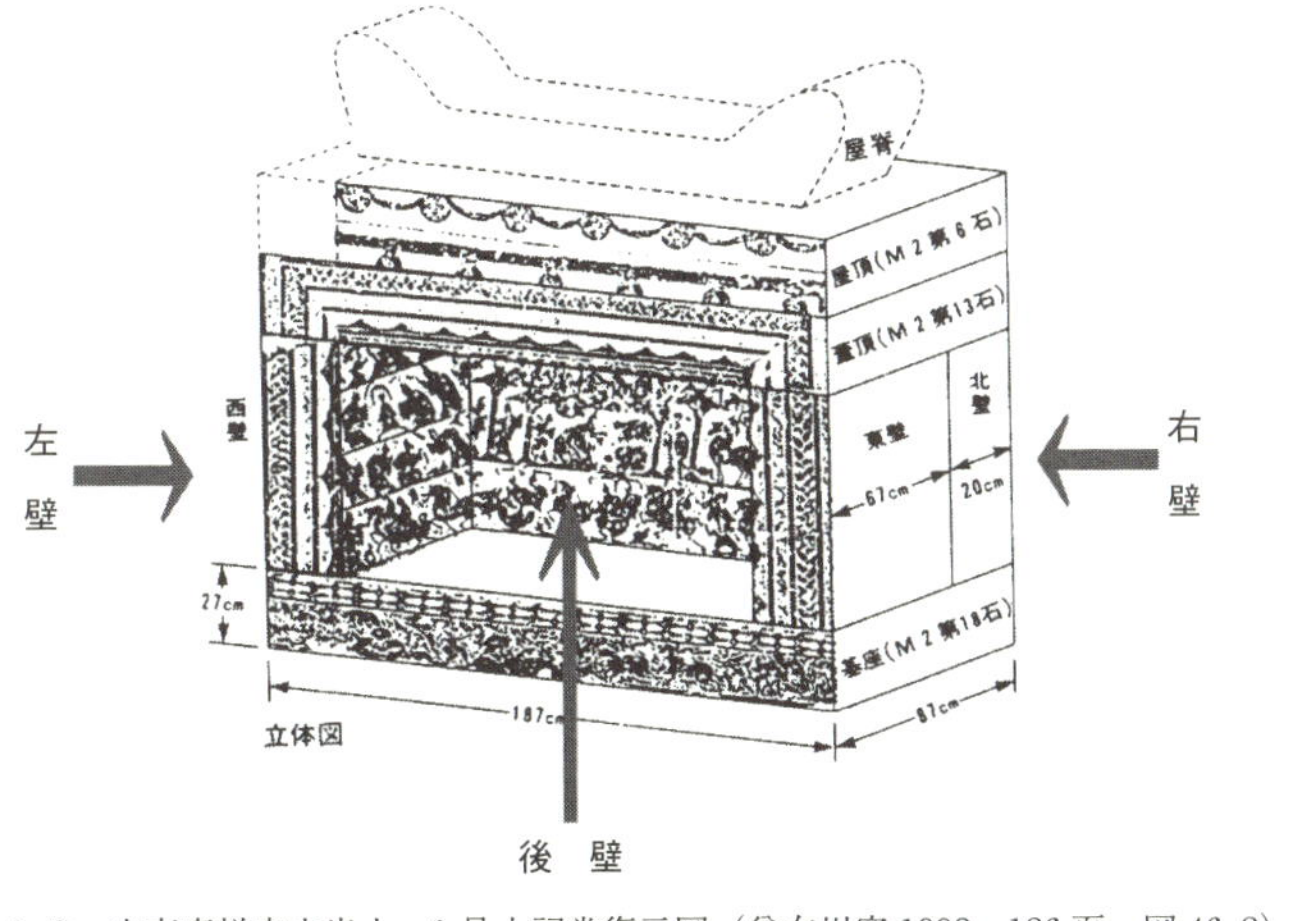

3-2. 山東嘉祥宋山出土　1 号小祠堂復元図（曾布川寛 1993、126 頁、図 46-2）

図 3　祠堂画像石の復元

左壁（『文物』1979.9　第６石）　後壁（『文物』1982.5b　図14）　右壁（『文物』1979.9　第３石）

図４　山東嘉祥宋山出土　第４小祠堂復元配置（蔣英炬 1983）

紋様の連続性や、武氏祠堂の後壁の壁龕をもとに復元を行った[一二]（図３-２、図４）。小祠堂画像石の配置についてはやはりFairbank.W（一九四一）の研究成果の貢献が大きいのだが、[一三]ともあれ、小祠堂画像石の大量発見により、漢代当時、孝堂山石祠や武氏祠堂のような大型の祠堂だけではなく、それ以上に多くの小祠堂が建設されていたことに留意されるようになった。

　小祠堂の構造は、大型祠堂建築の最小限の構造を備えており、左右両壁と後壁・天井・床の石材から成る前方開放の箱型である（図３-２）。画像装飾は少なくとも、後壁・左右両壁の三面には施される。一例を示すならば、山東嘉祥県宋山出土の画像石を蔣英炬氏が復元した第四小祠堂復元図（図４）のようになる。このように復元されることで、これまでバラバラであった、これら三つの題材の異なる画像石が関連し、同じ生産者によって作られたことが明らかとなる。例えば、西方を象徴する西王母と東方の東王公が側壁面の最上部に対置されること、陰陽五行の影響により樹木図や庖厨図が東方に引き寄せて配置されていることなどである[一四]。

　このようにして明らかとなった祠堂画像石配置の規則性を、他の本来は祠堂だったと見なされる画像石に応用して復元案を提示することは可能である。実際、曾布川寛氏は小祠堂画像石に対し、画像内容や画風の一致だけでなく、個々の画像石の大きさも考慮した上で復元を行っている[一五]。

　このような方法を推し進め、更に多くの復元案を提示することで、画像石群の中にいくつかの様式を見出すことができる。次節では、実際にどのような様式が存在し、またそれを所有する集団が存在しているかを指摘する。

（三）画像石製造集団の特定と分布

結論から言えば、現在の嘉祥・滕州・鄒山一帯の画像石の分布的特徴を考察すると、以下のような複数の画像石製造集団が隣り合って存在していることが分かる。それは早期祠堂型・武氏祠堂型・両城鎮型・滕州型画像石の四グループである。このうち三つの流派の存在は、すでに角谷常子氏によって指摘されており、本論では更に一つ加えた四種類の流派を定義する。(一六)

さて、祠堂の復元を通して明らかになるのは、これらは画風もさることながら、特徴的な建築物・樹木・西王母・東王公の図像を持つということで、これらの特徴から画像石製造者集団、つまり流派の異同を判断することができる。以下、筆者の復元案を見ながら分類の判断材料となった特徴を説明するが、祠堂画像石の配置については向かって右壁側を右壁、左側を左壁と称したい。

①早期祠堂型(一七)（前漢末年～後漢中期）

この画像石は余白が平面か、あるいは余白全体に細かい縦線を刻んだ後、図像を凹面に彫っていくという彫刻技法を用いる。このタイプは現存する大型祠堂として孝堂山石祠堂が有名であるが、分散して出土した小祠堂画像石の中にも復元可能なものがある。嘉祥県五老窪墓からは、周辺からかき集め、墓の建造に再利用したと考えられる小祠堂画像石が出土した。これについて曾布川寛氏は、前述の蔣英炬（一九八三）で試みられた小祠堂の復元作業

左壁 62 × 58cm　　後壁 62 × 93cm　　右壁 63 × 59cm

5-1. 山東嘉祥五老窪墓出土　拓本　(左より『文物』1982.5a　図 8,6,7)

5-2. 山東嘉祥劉村洪福院出土画像石下段を白黒反転
(『嘉祥』図 1)

5-3. 同 5-1　69 × 104cm
(『文物』1982.5a　図 11)

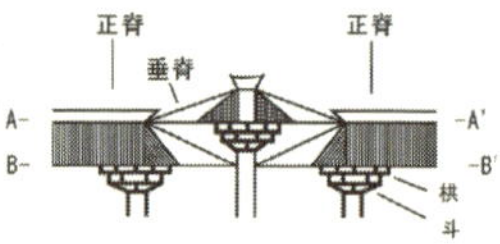

5-4. 早期祠堂型の家屋建築
孝堂山石祠堂の模本
(『初編』図 11 より作成)

図５　早期祠堂型画像石

の結果を踏まえ、図５－１のように配置の復元案を提示している[二八]。

この流派の場合、人物の横顔が扁平に描かれる独特の画風や構図・彫刻技法以外に、樹木や家屋建築物の表現に特徴がある。

樹木図が描かれることは少なく、屈曲の度合いも一様ではないが、枝先は、針葉を集め扇形に広げたような葉が連なって表現される（図５－２）。

家屋建築物の表現は、山東嘉祥五老人窪墓出土の二石（図５－１後壁と３）の比較から、同じ様式がとられていることがわかるだろう。つまり、図５－４に示した模本のA―A'、B―B'の直線に示されるように、屋根の上辺と下辺（つまり檐）が、複数の建物に渡り平行線で統一して構成されている。また、垂脊の部分が三角形で表現されるのも特徴的である。

6-1　武氏祠堂型の樹木　拓本
（図 2-2 局部）

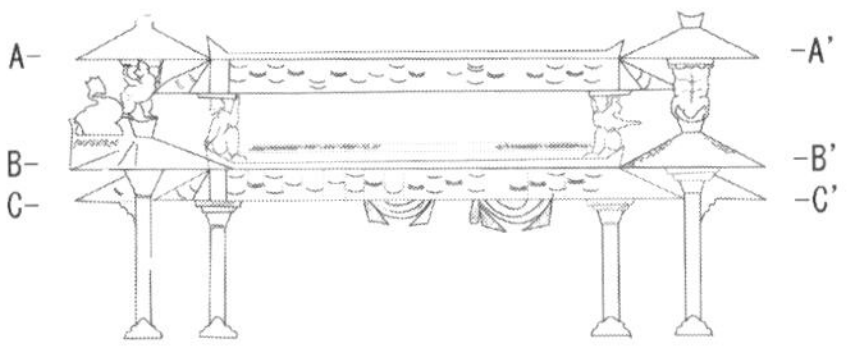

6-2　武氏祠堂型の家屋建築物　模本
（図 2-2 より作成）

6-3.　山東嘉祥宋山 1 号墓出土
局部　拓本（図 4 右壁に同じ）

6-4.　山東莒県東莞出土　局部　拓本　178 年
（『全集 3』図 137）

図６　武氏祠堂型画像石

②武氏祠堂型（後漢中期後半〜後漢後期）

前述のように、これは嘉祥県の武氏祠堂の画像石を代表とする画像石である。彫刻技法は図像を平面に残して余白に細かい縦線を刻むものだ。この画像石には、構図や画風の他に、樹木表現や家屋建築にその特徴を見ることができる。

樹木図の表現は、屈曲した幹と交差し絡まった枝、その先には扇形の葉らしきものが連なるというものである（図６－１）。この特徴は、武氏祠堂型の影響を色濃く受けたと思われる山東莒県東莞出土の樹木図にも見られる（図６－４）。

家屋建築表現は、図６－２に示したA—A'・B—B'・C—C'というように、屋根の上辺と下辺の線が平行に表現され、また、垂脊の部分が三角形で表現される。これらの表現は早期祠堂型と同様であるが、ただし、正脊の両端が反り返るという違いがある（図6-2）。この反り返りは、後漢の墓葬装飾や副葬品である陶製の家屋建築物にも見られる特徴であり、実際は筒瓦や瓦当などで正脊両端を反らせるという建築的特徴を表現したものである。[一九] 画像石においては、後漢中・後期にこのような表現が認められる。つまり武氏祠堂型の建築表現は、早期祠堂型を受け継ぎつつも、後漢後期の新たな建築様式を反映させた表現だということが分かる。

同様な建築表現は、武氏祠堂型である嘉祥宋山一号墓出土の画像石にもあり（図6-3）、前掲の莒県東莞出土画像石の家屋建築にも、反り返った正脊が見られる（図6-4）。

左右側壁の最上部には西王母図と東王公図がそれぞれ配置される。小南一郎氏は武氏祠堂型の西王母・東王公図について、その被り物や眷属などが特徴的であるとして一つの型として区分している。[二〇] また李淞氏もその西王母図の研究において、「嘉祥様式」の西王母図として分類している。[二一] このように西王母・東王公図は、この流派を特徴づける図像だと言えよう。

③両城鎮型（後漢中期～後漢後期）

山東省微山両城陳附近より多数出土している画像石である。詳細な出土収集状況が不明であり、画像石同士がどのような組み合わせになるのかは分かってはいない。しかし前述のように祠堂画像石であったことは確かであり、画像内容・大きさ・縁の紋様などから、後壁・左壁・右壁の組み合わせを復元したのが図7～11である。図9は曾布川氏が指摘された構成であり、西に西王母、東に樹木が対置される。[二二] これら祠堂の復元より注目される特徴は、家屋建築・樹木・建鼓図の表現であり、以下に見て行きたい。

家屋建築物は後壁に配置され、屋根の正脊が短いので廡殿頂であろう。この屋根は上部の廡殿頂と下部の発達した庇檐との重なりを示しており、それらは正脊の下に二つの台形を上下ずらした様に表現される（図12-2・3）。

左壁 69 × 66cm　後壁 69.5 × 130cm　右壁 70 × 56cm

図７　両城鎮型画像石　山東微山両城附近出土　拓本　（左より『選集』図 8,10,9）

左壁 90 × 88cm　後壁 89 × 147cm　右壁 84 × 80cm

図８　両城鎮型画像石　山東微山両城附近出土　拓本　（左より『選集』図 39,34,26）

左壁 67 × 56.5cm　後壁　永和六年（141 年）67 × 104cm　右壁 67 × 66cm

図９　両城鎮型画像石　山東微山両城附近出土　拓本（左より『選集』図 3,1,4）

左壁 94 × 92cm　　後壁 92 × 141cm　　右壁 94 × 90cm

図 10　両城鎮型画像石　山東微山両城附近出土　拓本　（左より『選集』図 40,37,41）

左壁 77 × 78cm　　後壁 74 × 119cm　　右壁 76 × 77cm

図 11　両城鎮型画像石　山東微山両城附近出土　拓本　（左より『選集』図 5,11,6）

側壁部分に相当する画像石には、「観魚」図と呼ばれる画像石と、樹木を主体とした画像石が多く、これらが対置されていたと考えられる。後述の滕州型画像石では、これら二つの要素が後壁の左右両端に組み込まれており、これを手がかりに配置を復元した(二三)（図16後壁）。

観魚図は、人々が長い階の備わった高楼から下の漁労風景を眺める画像である。屋根はやはり後壁同様に台形をずらしたような庇檐の重なりが示され、その階は幾重にも連なる栱で持ち送られている（図7・8・10の左壁など）。

樹木図は武氏祠堂型の樹木図同様に幹が屈曲し、枝が交差している。だが、葉の形が異なり、広葉を束ねたような枝先の葉の表現が独特である（図12-1）。

建鼓はスタンドのついた太鼓であるが、両城鎮型の建鼓図の場合、台座に対称を成す虎がおり、その上に打ち手がまたがるという独特のものである（図8後壁下段中央）。

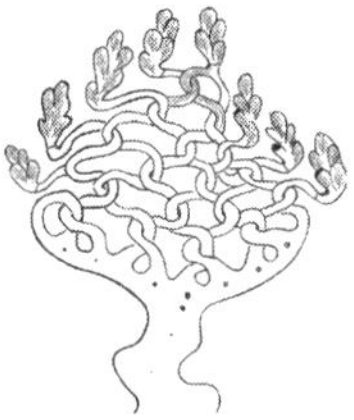

12-1. 両城鎮型の樹木　模本（図7右壁より作成）

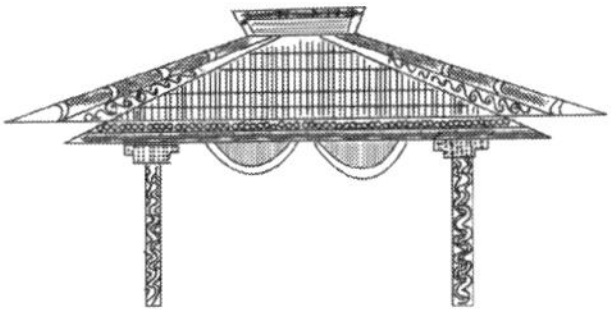

12-2. 両城鎮型の家屋建築物　模本（図9後壁より作成）

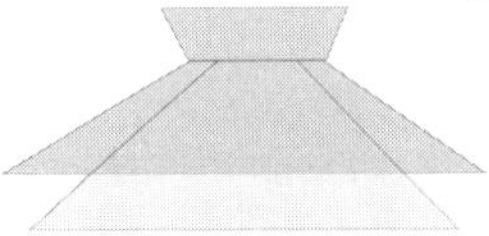

12-3. 屋根概念図

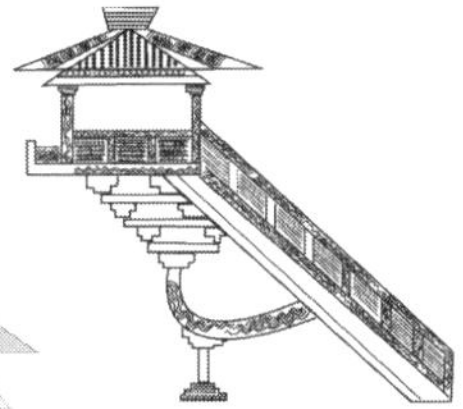

12-4. 両城鎮型の家屋建築物　模本（図8左壁より作成）

12-5. 微山青山小河川出土　拓本（『文物』2000.10）

12-6. 微山青山民家出土　拓本（『文物』2000.10）

12-7. 滕州駁山頭収集　拓本（『選集』図339）

図12　両城鎮型画像石の特徴

かる（図12‐5～7）。

このような条件を考慮すれば、微山県両城鎮以外にも、その付近一帯に両城鎮型画像石が散在していることが分

④滕州型画像石（後漢中期～後漢後期）

この画像石は山東省滕州市一帯より出土している画像石である。図13・14はそれぞれ対をなす、小祠堂画像石の左右側壁にあたる石と考えられる。しかし後壁にあたる画像石は不明である。これら画像石には、共通して牛車や羊車、足を棒にくくられ人々に担がれた鹿らしき動物の図像が組み込まれ、しかもほぼ同じものである（図15‐1～3）。このことは、これらの画像石が同じ流派の画像石製造者によって作られたことを示している。この流派の特徴は他に、家屋建築物・樹木、西王母・東王公に現れている。

家屋建築物の表現は、後壁中央の楼閣の場合、単純な台形の屋根がつき、斗栱は表現されないか、表現されても角材を二つ重ねたような簡単なものである。また、柱上部から龍が頭をもたげている。楼閣の向かって左側にはL字形の建物が付き、両城鎮型のように階がつき、斗栱で持ち送られた高楼が備わる場合もある（図15‐5）。樹木図は後壁右上に配置され、やはり屈曲し、枝が交差しているが、蛇を絡ませることで樹冠を丸く表現し、樹上には仙人が居り鳳に珠を与える（図15‐4）。後に簡略化されるものの、基本的にこの形を取り続ける。

側壁には西王母が上段に配置され、勝という飾りを頭に着け、左右の眷属は蛇身であり、その蛇身が絡まってできた玉座に座す（図13左壁、図14右壁、図17・18左壁）。もう一方の側壁には、東王公が上段に対置され、多くは几に座しているが（図14左壁、図17右壁）、龍に座すものも少数ながら存在する（図13右壁、図16右壁）。

以上の祠堂復元案は考古学的調査を経たものではなく、画像や紋様・構図などを考慮した上でのあくまでも便宜

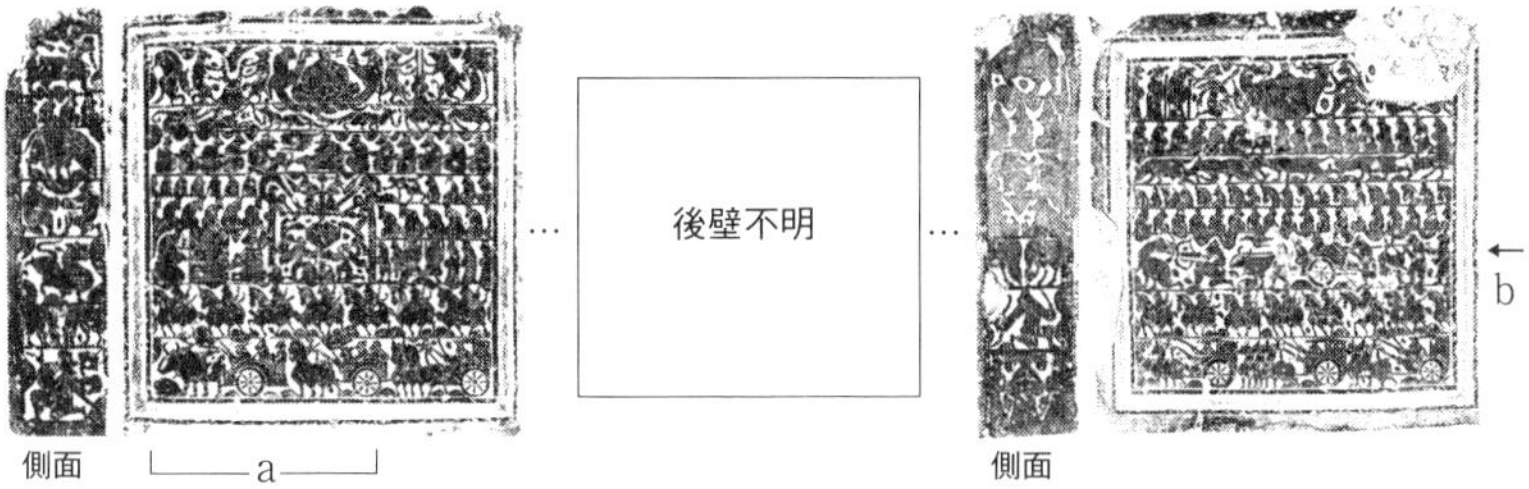

左壁？ 82 × 83 cm　　右壁？ 82 × 82 cm

図 13　滕州型画像石　山東滕州西戸口出土　拓本（左より『選集』図 218,219,216,217）

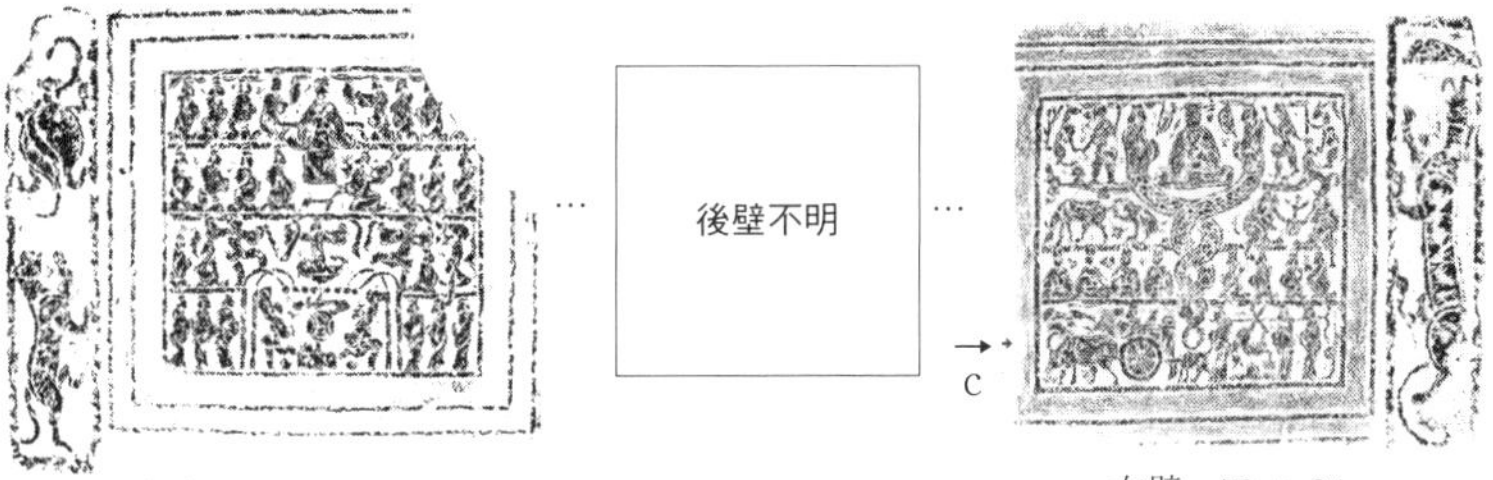

左壁　80 × 84cm　　右壁　79 × 84cm

図 14　滕州型画像石　山東滕州西戸口出土　拓本（左より『選集』図 231 ～ 234）

15-1. 図 13-a の拡大

15-2. 図 13-b の拡大

15-3. 図 14-c の拡大

15-4. 滕州型の樹木
拓本（図 17 後壁右端局部）

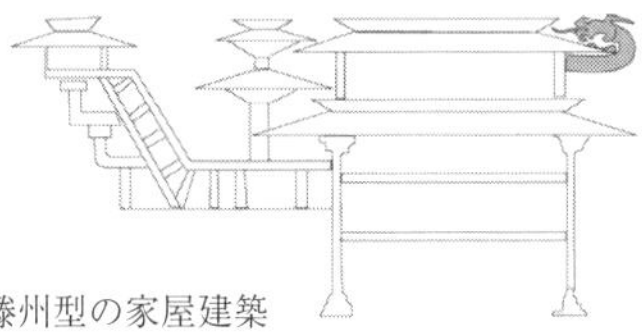
15-5. 滕州型の家屋建築
模本（図 16 後壁より作成）

図 15　滕州型画像石の特徴

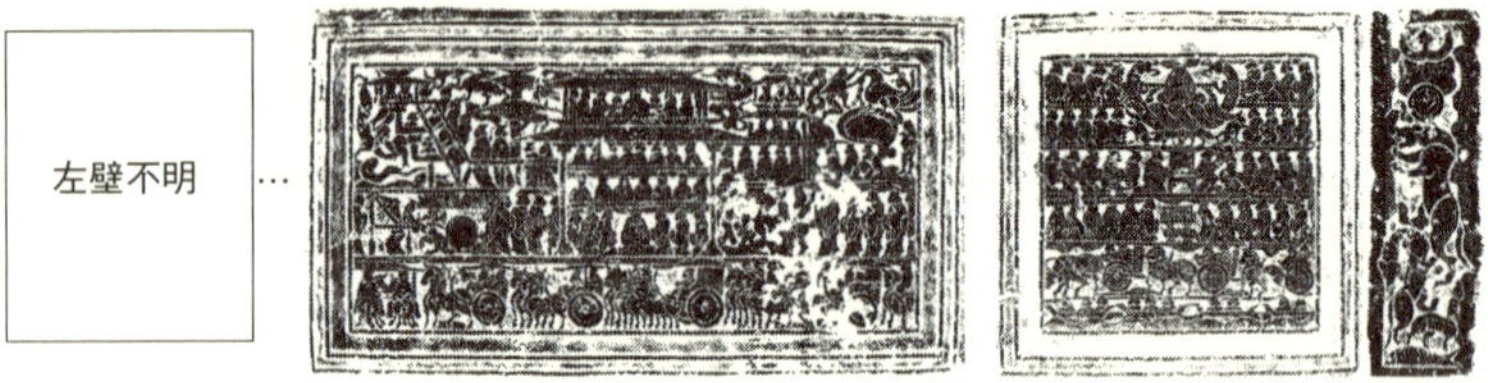

後壁　80 × 150cm　　右壁　80 × 82cm　右壁側面

図 16　滕州型画像石　山東滕州西戸口出土　拓本（左より『選集』図 224, 220, 221）

左壁 74 × 74cm　　後壁 75 × 129cm　　右壁 74 × 74cm

図 17　滕州型画像石 山東棗庄大郭出土　拓本（左より『選集』図 281, 285, 283）

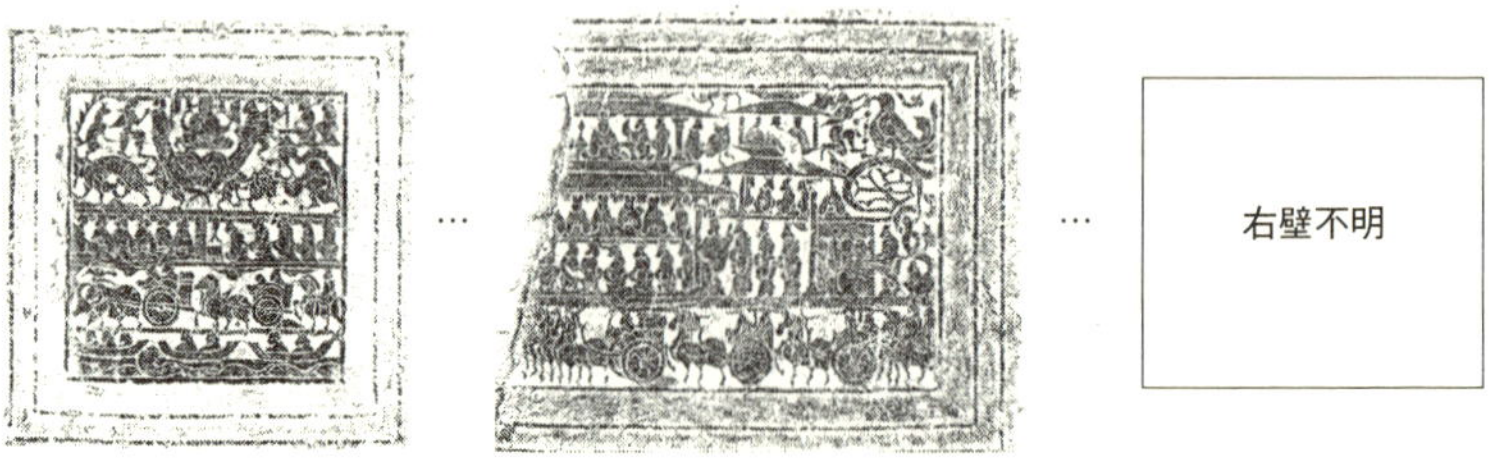

左壁 74 × 73cm　　後壁 73 × 87cm

図 18　滕州型画像石山東滕州小王荘収集　拓本（左より『選集』図 336, 337）

的なもので、大きさなどから相応しくない物も有るだろう。だが、このように祠堂画像石の復元を試みることで、それぞれの流派を特徴付ける要素を導くことができた。これらの要素を基準に、その他多数の散在している画像石を検討していくと、その他にも上記の流派のものと判断しうる画像石が多く存在することが分かる。

表1は前述の樹木図や建築図などの要素から、これら流派の区別を示したものである。そしてそれを地図上に落としたのが図21（二一九頁）、これにより分布範囲を明示し、大まかな分布的違いを示したのが図22（二二〇頁）である。ちなみに早期祠堂型および武氏祠堂型は画風が特徴的であるため、画風も判断の基準にしている。

流派の区別以外にこの表から分かることを以下三点挙げたい。第一に、広い地域で早期祠堂型あるいは武氏祠堂型に属する画像石が分布しているということである。

第二に、早期祠堂型の彫刻技法や武氏祠堂型の家屋建築・樹木図などの特徴を一部取り入れた、つまり影響を受けた画像石が出土しているということである。これらも広くは同じ流派と考えられるかもしれないが、彫刻技法が均一でない、構図や画風が異なるなどの問題を残し、早急に分類すべきではないだろう。とりあえず現段階では「擬武氏祠堂型」と名づけ、区別しておきたい（表1の「型」項目参照）。

例えば、山東安丘董家荘墓は武氏祠堂型の樹木図を用いるが、一部の画像石では早期祠堂型の彫刻技法を採用し、双方の型からの影響が窺える。[二四] また、図19の1・2は山東章丘黄土崖墓より出土した画像石だが、[二五] その人物の表現は武氏祠堂型の人物、例えば嘉祥宋山一号墓出土の画像石中の人物によく似ている（図19－3）。しかも彫刻技法も余白に平行の鑿痕を残すという共通性を持つ。前述の山東莒県東莞出土の画像石は、図6－4に示した図像だけでなく、西王母や東王公など武氏祠堂型を真似た画像を多数含む。[二六]

第三に、両城鎮型と滕州型が折衷した画像石が存在するという点である。図20－1は山東鄒県大故県収集の画像石であるが、滕州型に特徴的な樹木図と、両城鎮型に特有の建鼓座（虎が顔面を軸に対称をなす。図8後壁の中央参照）

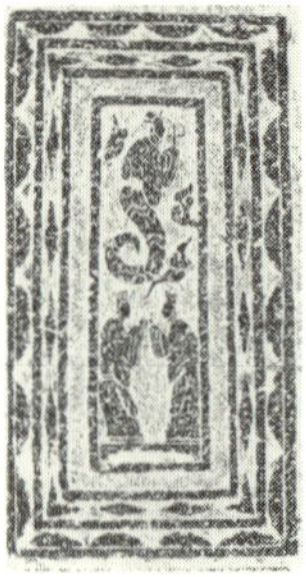

19-1. 山東章丘黄土崖墓画像石
（『考古』1996.10 図9）

19-2. 19-1の局部

19-3. 山東嘉祥宋山1号墓第3石3段目左端局部（図4右壁）

図19 擬武氏祠堂型

20-1. 山東鄒県大故県収集
（『選集』図95）

（左）20-2. 山東鄒県郭里出土
（『選集』図87）

（下）20-3. 同20-2
（『選集』図89）

図20 両城鎮・滕州折衷型の画像石

が合体していることが注目される。他にも、山東鄒県郭里出土の画像石には、両城鎮型に特有の、台形をずらした屋根表現を持つ建築図が見えるが（図20－2）、滕州型に特有の、円い樹冠の樹木図も見える（図20－3）。

つまり時間的には異なるが継承関係にある早期祠堂型と武氏祠堂型という二つの流派は、現在の嘉祥県の周囲一帯を中心として、その影響力を山東丘陵北縁部という広い範囲にまで及ぼしている。しかし、一方では、同時期に並存する武氏祠堂型・両城鎮型・滕州型の間では、両城鎮型と滕州型に折衷型が見られるというように近い関係であるのに対し、隣接する武氏祠堂型とはそのような緊密な関係が見られない。

これを地理的に把握してみると、両城鎮型および滕州型の画像石は山東丘陵西縁の小高い所に分布する。それに対し、早期祠堂および武氏祠堂型画像石は山東丘陵西部の低平地

表１　黄河下流域　流派別一覧表

時期	郡名	遺跡名	型	建築	樹木	その他の図像	所在地	彫刻技法	備考	文献名
—	?	山東滕州大岩頭収集(?)	3と4			両城鎮型建鼓	山東省滕州市大岩頭	凸面刻		『選集』図338
—	魯国	山東曲阜西顔林収集	2’		武氏		山東省曲阜県東風公社西顔林村	凸面線刻・余白平行鑿痕？	左端が破損。	『選集』図172
—	魯国	山東滕州後台出土	4			画風	山東省滕州市後台村	凸面線刻	一石のみ。	『選集』図318
—	魯国	山東滕州小王荘収集	4	滕州	滕州		山東省滕州市桑村小王荘	凸面線刻	1976年発見。	『選集』図336、337
3期(122年)	魯国	山東滕州西戸口墓	4	滕州K	滕州		山東滕州市東桑村西戸口	凸面線刻・余白平行鑿痕	1958年出土。題記あり。	『選集』図208-236
—	魯国	山東鄒県大故県収集	3と4		滕州	両城鎮型建鼓座	山東省鄒県大故県村	浅浮彫	滕州型の樹木と両城鎮型の建鼓座が融合。	『選集』図95-97
—	東郡	山東平陰孟荘墓	2			画風	山東省平陰県東阿公社孟荘	凸面線刻・余白平面	1967年出土。	『選集』図496-500
5期	東郡	山東陽谷八里廟1号墓	2	武氏	武氏		山東省陽谷県寿張郷八里廟村	凸面線刻・余白平行鑿痕	画像石の再利用墓。	『文物』1989.8
—	東郡	山東梁山百墓山墓	2	武氏			山東省梁山北部斑店百墓山	凸面線刻・余白平行鑿痕		『選集』図459-462
4期	東平	山東東平後魏雪出土	2	武氏			山東省東平県大羊公社後魏雪	凹面線刻（凸面線刻・余白平行鑿線に見える）	1964年出土。1石。車馬の題記「□尉卿」。武氏祠堂型により、4期とす。	『選集』図501
—	東平	山東梁山后集墓	1			画風	山東省梁山県城関后集	凹面線刻・余白平行鑿痕		『選集』図463-465

4 期	東平	山東梁山茶荘出土	2			画風	山東省梁山県城関茶荘	凸面線刻・余白平行鑿痕		『選集』図 452-458
2-3 期	東平	山東汶上先農壇収集	1	早期			山東省汶上県城関鎮先農壇	凹面線刻・余白平行鑿痕		『選集』図 204、205
—	任城	山東済寧喩屯墓	3			両城鎮型建鼓	山東省済寧市喩屯郷亢父故城南	浅浮彫・余白平面	出土状況不明。13 の画像石が出土、彫刻技法や画像の特徴より、後漢後期のものか。	『文物』1983.5
3 期	任城	山東鄒県黄路屯出土	3	両城鎮K			山東省鄒県郭里黄路屯	浅浮彫・余白平面	1953 年と 1959 年に出土。	『選集』図 53-70
—	任城	山東鄒県下鎮頭出土	3	両城鎮K			山東省鄒県郭里下鎮頭	浅浮彫		『選集』図 91-94
—	任城	山東鄒県郭里出土	3 と 4	両城鎮	滕州		山東省鄒県郭里	浅浮彫		『選集』図 85-89
4 期？	任城	山東鄒県独山	2			画風	山東省鄒県郭里独山村	浅浮彫・余白平行鑿痕	3 石出土し、内 1 石は車馬出行図の人物が武氏祠堂型風。	『選集』図 83
4 期	任城	山東鄒城高李墓	3	両城鎮			山東省鄒城市郭里郷高李村	浅浮彫、陰線刻	第 10 石のみ陰線刻、画像石の再利用。画像石は 3 期、造墓は 4 期	『文物』1994.6
4 期	泰山	山東泰安大汶口 2 号墓	2			画風	山東省泰安市大汶口鎮	凸面線刻・余白平面、浅浮彫・余白平面		『文物』1989.1
—	山陽	山東嘉祥嘉祥村出土	1			画風	山東省嘉祥県嘉祥村		2 石。解放後の発見。	『嘉祥』図 107、108

2期(67年頃か)	山陽	山東嘉祥五老窪墓	1	早期	早期		山東省嘉祥県五老窪万荘東	凹面線刻・余白平行鑿痕	1981年出土。画像石の再利用墓。第3石に「丁卯」の銘あり、曾布川1993は孝堂山の年代より明帝永建2年（67年）とす。	『文物』1982.5a
—	山陽	山東嘉祥洪山出土1	1			画風	山東省嘉祥県洪山村		1石。1954年発見。	『嘉祥』133頁
—	山陽	山東嘉祥洪山出土2	1			画風	山東省嘉祥県洪山村		2石。1980年代発見。	『嘉祥』133-134頁
—	山陽	山東嘉祥紙坊敬老院墓	1			画風	山東省嘉祥県紙坊鎮敬老院		23石。1983年出土の石室墓、配置の乱れより、画像石の再利用墓か。	『嘉祥』138-141頁
—	山陽	山東嘉祥宋山1号墓	2	武氏			山東省嘉祥県満洞宋山村	凸面線刻・余白平行鑿痕	1978年出土。小祠堂画像石の再利用墓。	『文物』1979.9
—	山陽	山東嘉祥宋山2号墓	2	武氏	武氏		山東省嘉祥県満洞宋山村	凸面線刻・余白平行鑿痕	1980年出土。小祠堂画像石の再利用墓。	『文物』1982.5b
4期	山陽	山東嘉祥南武山墓	2	武氏	武氏		山東省嘉祥県南武山	凸面線刻・余白平行鑿痕	1969年、3石が出土。一つの墓から出土した。形状から、この3石は一つの小祠堂を構成していた。それを再利用した墓だろう。	『嘉祥』図78-80
—	山陽	山東微山青山小河川出土	3	両城鎮K			山東省微山県両城郷青山村西の河岸			『文物』2000.10
—	山陽	山東微山青山民家出土	3	両城鎮			山東省微山県両城郷青山村			『文物』2000.10
3期永和6年(141年)	山陽	山東微山両城附近出土	3	両城鎮、両城鎮K	両城鎮		山東省微山県両城附近		これまで合計37石出土し、出土地点は不同一。	『選集』図1-45

4期？	山陽	山東微山両城鳳凰山伏羲廟出土	3	両城鎮			山東省微山県両城郷鳳凰山南麓伏羲廟			『文物』2000.10
—	山陽	山東鄒県王屈	3	両城鎮			山東省鄒県郭里王屈村	浅浮彫・余白平行鑿痕、陰線刻	1955年と1959年に出土。	『選集』図71-81
—	東海	山東棗庄山亭出土	3と4	両城鎮K	滕州		山東棗庄市山亭附近		1963年出土。以前は滕山県。	『選集』図237-249
—	東海	山東棗庄大郭出土	4	滕州	滕州		山東棗庄市桑村大郭村		出土地、以前は滕県に属す。	『選集』図279-287
—	東海	山東滕州駁山頭収集	3	両城鎮K			山東省滕州市駁山頭	浅浮彫	1976年発見。	『選集』図339
4期（178年）	琅邪	山東莒県東莞出土	2’	武氏	武氏		山東省莒県東莞鎮東莞村	凸面線刻、凹面線刻、浅浮彫	1993年出土。画像石の再利用墓。題記あり。	『文物』2005.3
4期	済南	山東章丘黄土崖墓	2’			画風	山東省章丘市聖井鎮黄土崖村東磚廠	浅浮彫？・余白平行鑿痕	女媧および人物が武氏祠に似る。	『考古』1996.10
4期	北海	山東安丘董家荘墓	2’		武氏		山東省安丘県董家荘村			『文物』1964.4
—	北海	山東高密田荘収集	2’	武氏			山東省高密県井溝公社田荘	高浮彫、浅浮彫・余白平行鑿線		『選集』図566-569
—	東莱	山東招遠界河墓	2’	武氏			山東省招遠県界河公社	凹面線刻・余白平行鑿線、浅浮彫・余白平行鑿線、高浮彫	1963年出土。1石のみ武氏祠堂型あるも、凹面刻。	『選集』図577-583
—	山陽	山東嘉祥劉村洪福院収集	1		早期		山東省嘉祥県劉村洪福院	凹面線刻・余白平行鑿線？		『嘉祥』図1、2
—	山陽	山東嘉祥焦城収集	1	早期			山東省嘉祥県焦城村	凹面線刻・余白平行鑿線？		『嘉祥』図3、4

—	山陽	山東嘉祥城小学堂収集	1				山東省嘉祥城小学堂	凹面線刻・余白平行鑿線？		『嘉祥』図 6
—	山陽	山東嘉祥蔡氏園収集	1	早期			山東省嘉祥県東北 3.5km 蔡氏園			『嘉祥』図 7-12
—	山陽	山東嘉祥商村出土	1			画風	山東省嘉祥県西南 6.5km	凹面線刻・余白平行鑿線？		『嘉祥』図 25
—	山陽	山東嘉祥程家収集	1			画風	山東省嘉祥県程家村	凹面線刻・余白平行鑿線？		『嘉祥』図 26
—	山陽	山東嘉祥隋家荘収集	1、2	武氏		画風	山東省嘉祥県隋家荘		3 石。内 1 石は武氏祠堂型、2 石は早期祠堂型。	『嘉祥』図 27-29
—	山陽	山東嘉祥呉家荘収集	1	早期			山東省嘉祥県呉家荘			『嘉祥』図 31
—	山陽	山東嘉祥呂村収集	1			画風	山東省嘉祥県呂村		2 石。	『嘉祥』図 32、33
—	山陽	山東嘉祥上華林収集	1			画風	山東省嘉祥県上華林村			『嘉祥』図 34
—	山陽	山東嘉祥洪家廟収集	1			画風	山東省嘉祥県洪家廟			『嘉祥』図 36
—	山陽	山東嘉祥七日山収集	1			画風	山東省嘉祥県七日山		2 石。内 1 石は早期祠堂型。	『嘉祥』図 40、41
—	山陽	山東嘉祥斉山出土	2			画風	山東省嘉祥県斉山	凸面線刻・余白平面	1977 年 3 石出土。	『嘉祥』図 81-84
—	山陽	山東嘉祥甸子収集	2			画風	山東省嘉祥県甸子村		解放後発見。	『嘉祥』図 100
—	山陽	山東嘉祥花林収集	1、2			画風	山東省嘉祥県花林村			『嘉祥』図 104、105
—	任城	山東嘉祥疃里収集	1	早期			山東省嘉祥県疃里村		70 年代発見。	『嘉祥』図 106

—	山陽	山東嘉祥狼山屯出土	1	早期			山東省嘉祥県狼山屯		何度かに分けて出土収集したもの。	『嘉祥』図 109-116
—	山陽	山東嘉祥徐村収集	1	早期			山東省嘉祥県徐村		何度かに分けて出土収集したもの。	『嘉祥』図 119-124
—	山陽	山東嘉祥西焦城	1			画風	山東省嘉祥県西焦城			『嘉祥』図 125
—	山陽	山東嘉祥十里鋪収集	1			画風	山東省嘉祥県十里鋪		80 年代に 10 石発見。	『嘉祥』図 143-151
—	山陽	山東嘉祥仲東収集	1	早期			山東省嘉祥県仲山郷仲東村		80 年代に 2 石発見。	『嘉祥』図 153、154
—	山陽	山東嘉祥郗家荘収集	1	早期			山東省嘉祥県郗家荘			『嘉祥』図 160

〈凡例〉

時期：「1 期」…新莽期〜後漢初年。「2 期」…後漢前期 (光武帝・明帝期：25-75 年)。「 3 期」…後漢中期 (章帝〜質帝：76-145 年)。「4 期」…後漢後期 (桓帝以降：146 年以降後漢末期まで)。「5 期」…200 年前後〜魏晋期。「—」…不明。

郡名：後漢の郡名。

遺跡名：省・県・地名の順に記し、確実に一つの墓から出土したものについては「〜墓」、出土したことが明らかなものは「〜出土」、出土状況が不明なものは「〜収集」とした。

型：「1」…早期祠堂型。「2」…武氏祠堂型。「3」…両城鎮型。「4」…滕州型画像石。「1’」…擬早期祠堂型。「2’」…擬武氏祠堂型。「3 と 4」…両城鎮と滕州型の折衷型。

建築:「早期」…早期祠堂型の建築物、図 5-4 参照。「武氏」…武氏祠堂型の建築物、図 6-2 参照。「両城鎮」…両城鎮型の建築物、図 12-2 参照。「両城鎮 K」…両城鎮型の建築物に観魚図（高層の建築物）が附属、図 12-4 参照。「滕州」…滕州型、図 17 後壁の建築物参照。「滕州 K」…滕州型の建築物に観魚図が附属、図 15-5 参照。

樹木:「早期」…早期祠堂型、図 5-2 参照。「武氏」…武氏祠堂型、図 6-1 参照。「両城鎮」…両城鎮型、図 12-1 参照。「滕州」…滕州型、図 15-4 参照。

その他の図像：その他、分類の基準となった図像や特徴。

文献名：文献名は略称。正式名称は「資料」（231 〜 232 頁）を参照。

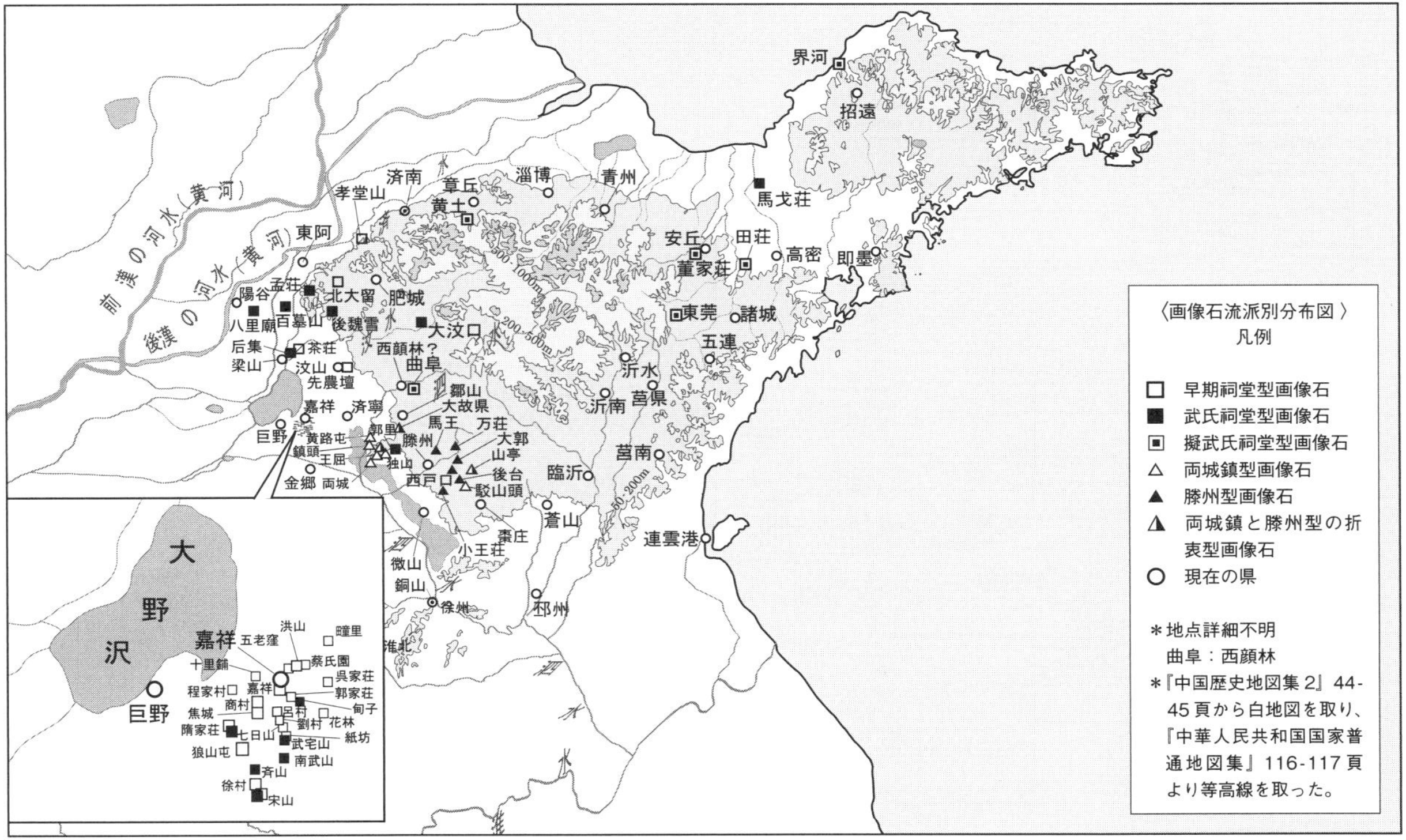

図21　画像石流派別分布図

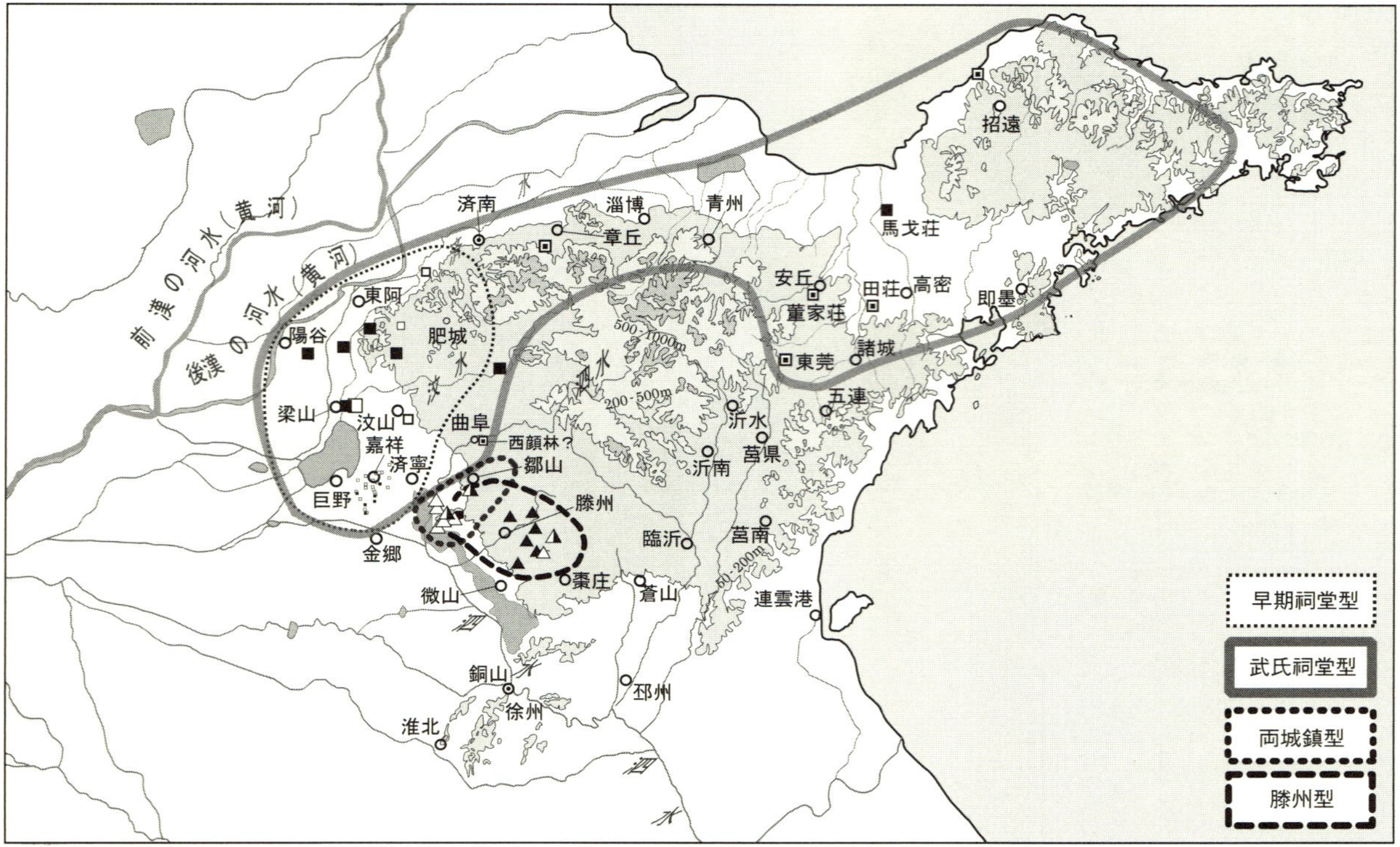
前漢の河水（黄河）
後漢の河水（黄河）
済南
淄博
青州
章丘
馬戈荘
招遠
東阿
陽谷
肥城
汶水
安丘
董家荘
田荘
高密
即墨
諸城
東莞
五連
500-1000m
200-500m
泗水
梁山
汶山
嘉祥
済寧
巨野
曲阜
西顔林？
鄒山
滕州
金郷
臨沂
沂水
沂南
莒県
莒南
50-200m
微山
棗庄
蒼山
連雲港
銅山
徐州
邳州
淮北
早期祠堂型
武氏祠堂型
両城鎮型
滕州型
図 22　分布範囲の違い

である嘉祥県一帯に集中し、そこから、漢代の済水や汶水などの河川沿いに淄博・安丘・高密など山東丘陵地北縁部へと広がる、実に広い地域に分布していることが注目される。

このような空間的特徴はどのような要因から形成されるのか、以下に考察したい。

二、黄河下流域の歴史空間

（一）『史記』「貨殖列伝」の地理空間認識

以上に見た画像石の分類による分布範囲は、前後両漢の行政区画には当てはまらないことは明らかである。画像石の分布的特徴より見出すことのできた地理空間的まとまりを理解するためには、漢代にどのような地理観念があったのかを考慮する必要がある。

司馬遷の『史記』「貨殖列伝」は古代の地理空間をいくつかの視点で説明しており、漢代の多様な地理観念を把握する上で参考となる。五井直弘氏の分類を借りるならば、そこでは（一）物産などの自然現象による区分、（二）主要都市による区分、（三）「三河」の例だけだが、いくつかの郡ごとによる表現、（四）趙など春秋戦国期の国名・州名を用いた地域区分、である。[二七]

ちなみに（四）では、「鄒・魯は洙・泗に濱《いど》み、猶お周公の遺風有り、俗は儒を好み、礼を備え、故に其の民齪齪とす（鄒・魯濱洙・泗、猶有周公遺風、俗好儒、備於礼、故其民齪齪）」のようにその地理的位置を点として説明し、またその風俗的特徴を説明する記載がある。これは春秋期の邑を基点としてその位置を述べたもので、またそれ故に周公の遺風があると周に関連付けられてもいる。

また、「夫れ鴻溝より以東、芒・碭より以北は、巨野に属し、此れ梁・宋なり（夫自鴻溝以東、芒・碭以北、属巨野、此梁・宋也）」のように地理的位置を面として説明した記載もある。この場合は戦国の領域的な概念を反映させたもので、当然その領域は国の伸張によって揺らぐものであり、それ故、梁・宋という重複する二つの国が共に記されている。

このように「貨殖列伝」に記される春秋戦国的な地理観念は、前漢までの変動を反映した多層的なものであるということを念頭に置かねばならない。ここに示される地理的空間は漢代人による春秋戦国期の地理的把握なのである。

これらの地理観念の中で、画像石の分布的特徴に近いのは、上記（四）であり、武氏祠堂型の分布範囲は春秋戦国期の斉の範囲に重なる（図23）。また、前述の擬武氏祠堂型に分類した山東莒県東莞出土の画像石は、斉の長城跡に近い場所で発見された。恐らく戦国の領域国家としての斉というよりも、山脈など自然地理的要因に制限された地域としての斉に武氏祠堂型や擬武氏祠堂型が分布していることを示すものだろう。

（二）春秋戦国期の地理空間と画像石分布

春秋戦国時代の地理認識と画像石分布がどのような関係にあるか次に見てゆきたい。

項羽と劉邦が覇権を争った楚漢戦争末期には、韓信に対し、楚が破れたら「陳より以東、海に傅《つ》くまで斉王に与えん（自陳以東傅海与斉王）」（『史記』巻七「項羽本紀」）と言い、陳より以東から海にいたるまでの地を斉王に封じている。また、韓信が謀反の疑いで拘束された後、田肯という人物が劉邦に対し斉の重要性を説き、誰も封じないよう提言

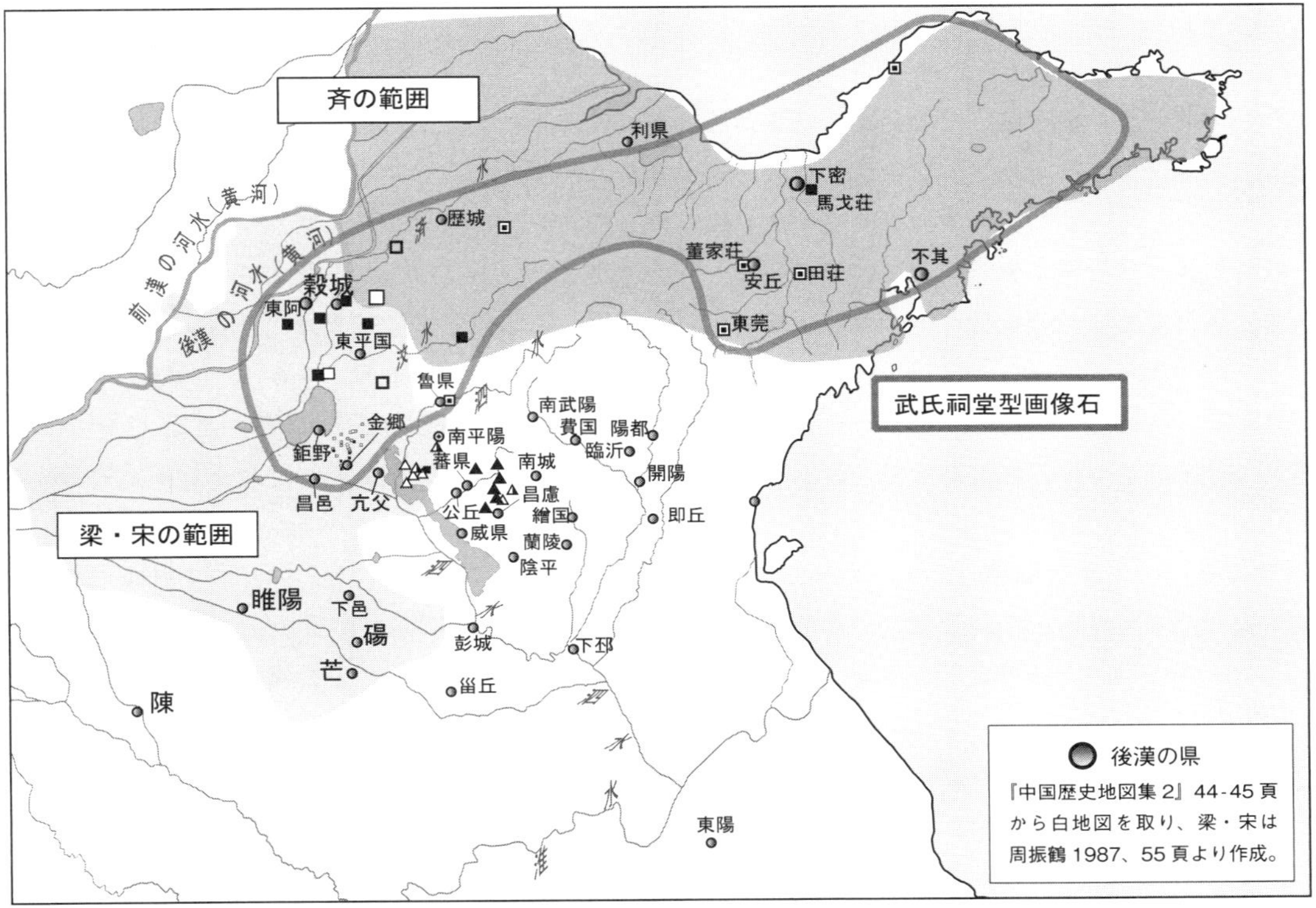

図23　漢代の地域概念と画像石分布

した際、「夫れ斉、東に琅邪・即墨の饒有り、南に泰山の固有り、西に濁河の限有り、北に勃海の利有り（夫斉、東有琅邪・即墨之饒、南有泰山之固西有濁河之限、北有勃海之利）」（『史記』巻八「高祖本紀」）と地域範囲を示している。

また、彭越に対しては「睢陽以北より穀城に至るまで、以て彭越に与えん（睢陽以北至穀城、以与彭越）」（『史記』巻七「項羽本紀」）として彭越を梁王に封じ、ここに梁の範囲が示されている。より具体的には先の「貨殖列伝」に「夫れ鴻溝より以東、芒・碭より以北は、巨野に属し、此れ梁・宋なり」と示される。

このような空間認識を画像石の分布に当てはめ、より地形に照らして画像石の分布地を検証するならば、早期祠堂型および武氏祠堂型画像石の分布は、（一）斉および宋（または梁）にまたがる地域であり、（二）漢代の済水や汶水流域に多く分布し、（三）大野沢の周辺、特に大野沢南側に集中する、という特徴があることが分かる（図22・23）。

上記の斉および宋にまたがる地域とは、大野沢が大きく関わっている。春秋戦国時代における大野沢の領有について見てみると、大野沢（鉅野沢とも）のことを『塩鉄論』「刺権」に「宋之鉅野」と言い、『爾雅』「釈地」では「魯に大野有り（魯有大野）」と述べている。つまり大野沢を領有する国が変化していることがわかる。

この理由として、一つに、大野沢は戦国期の領域国家の経済基盤となるものであるから、領域の広がりやぶつかり合いによって領有国が変わることがあげられる。[二八] またもう一つの理由として、小さい山や低平地が続くこの地域では、自然の障害が無く、領有に変化を来たしやすかったことが想定できるだろう。

それでは後漢において、どのような条件が大野沢の南側を斉の地域と結びつけ、このような画像石の分布範囲を形成させているのか。また、同時期に出現した武氏祠堂型と両城鎮型の画像石が、隣り合う形で混じることなく分布するのはどういうことなのだろうか。

（三）黄河の決壊と大野沢周辺の再開発

前述のように、早期祠堂および武氏祠堂型の画像石は大野沢の南側に特に多く分布している。『漢書』「地理志」によれば、前漢期、この画像石集中地域に鉅野県と爰戚県があったことが分かるが、『続漢書』「郡国志」には爰戚県は無く、金郷県の名が見え、後漢にはすでにこのような県の置廃があったことが分かる。このような県の置廃については、設立基盤となる農地の性質から、県を自律的な旧県と中央依存的な新県とに分け、古代中央集権国家の形成について論じた木村正雄氏の研究がある。(二九) それによれば、特に黄河下流域の後漢における廃県は、国家権力の衰微によって黄河への治水事業が機能せず、農地が荒廃したと指摘する。(三〇) この地域の衰退および振興、そして画像石の分布より大野沢南側から旧斉の地域へと地域的まとまりが認められることは、黄河と関連させて考える必要があるだろう。

大野沢の南に位置するこの地域の水利上の事件として、先ず、前漢武帝期の瓠子河決が挙げられる。『漢書』巻二九「溝洫志」の記載によれば、武帝の時に黄河は瓠子で堤防が決壊し、その流れは大野沢に入り溢れて、淮水と泗水にまで通じたという。武帝は汲黯と鄭当時らを派遣し決壊を塞がせたが、また決壊した。この時、丞相田蚡は黄河の北の地に禄を食んでいたが、黄河が南に決壊したことによって自らの土地に水害が起こらなくなったことから、天の意思に背くとして堤防の修理に反対し、その後二十数年もそのままに置かれた。だが、放置された河の決壊が、梁と楚の地に大きな被害を与えたため、二十数年の後にようやく塞がれたのである。(三一) このように、この地域は前漢中期よりしばらくの期間、黄河の決壊によって被害を受け、その影響が長らく続いた地域であった。

またその後、平帝の鴻嘉四年（前一七）の汴口における黄河の決壊、王莽の始建国三年（一一）には魏郡で決壊し、後漢明帝の永平一二年（六九）に王景によって治水が行われるまで放置されたのであった。(三二) 特に黄河沿岸は八十数年もの長きに渡り、放置されたのである。

黄河の氾濫が終息して水利を中心とした社会基盤が整い、この地が発展したのは、画像石の分布が示すように後漢のことであろう。なぜなら、画像石全体で見ても、この地域における分布密度は高く、このような画像石の集中は、当然墓群の存在、つまりこの一帯に人々が集住していたことを示し、しかも画像石というステイタスシンボルを数多く有したという経済的活況を示している。

また、『後漢書』巻七六の「秦彭伝」では、建初元年（七六）に秦彭は山陽太守となり、「稲田数千頃」を開墾したことが記されている。まさに後漢以降この地域は発展期を迎えたのである。

前述のように、瓠子で堤防が決壊したことで、大野沢が溢れて淮水・泗水に通じたという記載は、長期にわたって大野沢から泗水に繋がる水の流れが形成されたことを示している。後の記載であるが、北魏・酈道元の『水経注』には、この水の流れがどのように収拾されたかを知る手がかりが示される。

「菏水又東し、鉅野の黄水と合す。菏済は別名なり。黄水は上に鉅野の諸陂を承く。沢には蘧瀫・育陂・黄湖有り。水は東のかた流れ、之を黄水と謂う。又薛訓渚水有り、渚自り薛村の前を歴て分かれて二流と為り、一水は東のかた黄水に注ぎ、一水は西北のかた沢に入る。即ち洪水なり（三三）」。

この菏水とは済水より流れを分かち、東南に流れて泗水に合流する河川である。この菏水が東南する途中、鉅野の黄水と合流する。黄水は北で鉅野すなわち大野沢の水より形成されたため池（蘧瀫・育陂・黄湖）からの流れを受け、先に菏水と合流するとあるのだから、東南に流れて菏水と合流し、さらに東南して泗水に流れるのである。ここで大野沢から泗水までの流れが形成されていることが分かる。そして、薛訓渚からの流れが二つに別れ、一方は東の

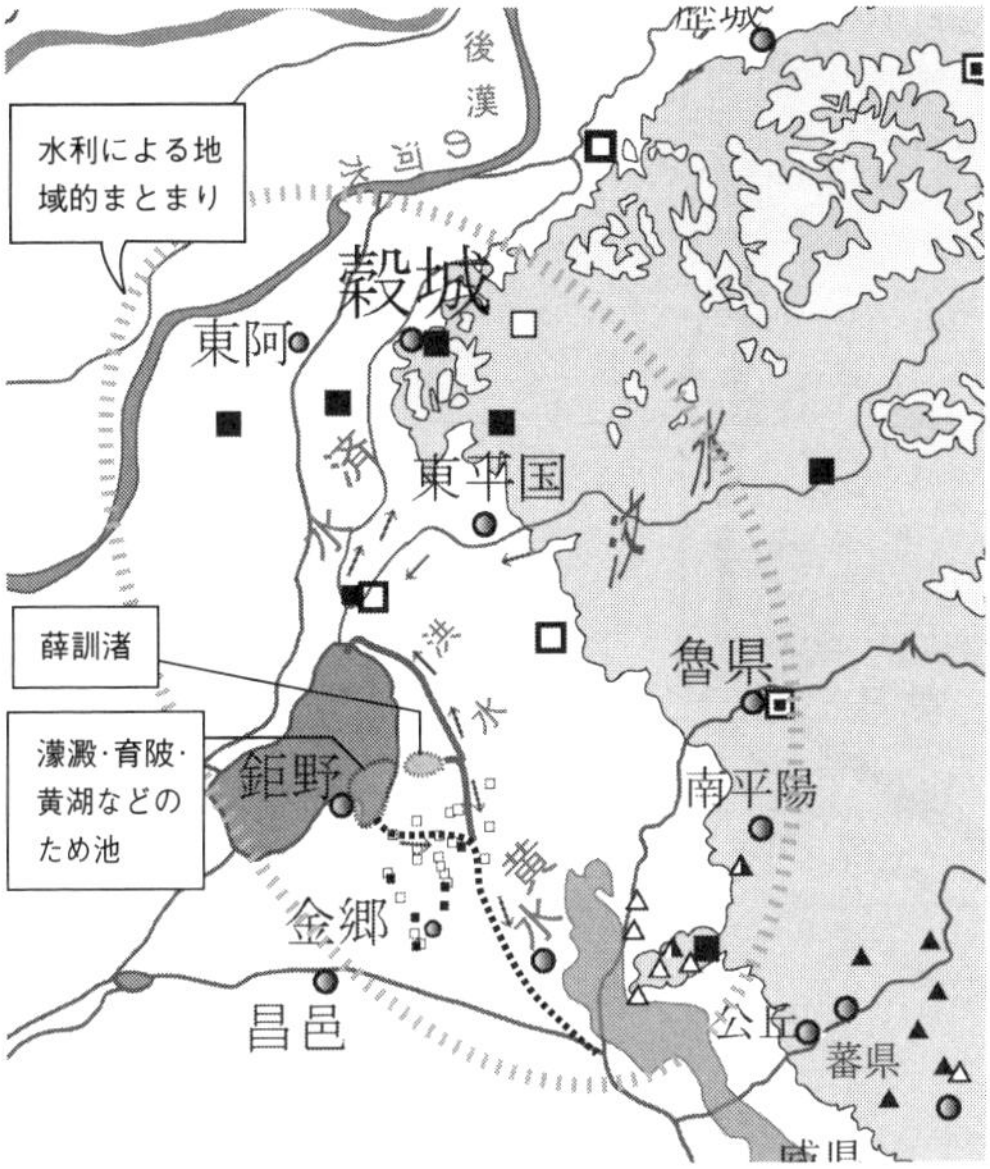

図24 『水経注』における大野沢周囲の水利

24-1. 画像石の分布と水利の関係

→は河川の流れる方向を示す。（図21の地図局部と『水経注』の記載から作製）

黄水に合流し、また一方は洪水という河川となって西北して大野沢に入るとある。この薛訓渚は大野沢（鉅野沢）に近いことから、大野沢の水を利用したため池か、もしくは大野沢が縮小する過程でできた湖かもしれない(三四)。

以上のことから、大野沢周辺にため池があり、南北へと通ずる河川の流れが形成されていたことが分かる（図24-1・2）。恐らく、黄河の堤防の河決により大野沢が溢れ、淮水・泗水が通じたという記載は、大野沢を挟み南北に水の流れを生じさせたことを意味し、この流れを収拾した形が、『水経注』の記載であろうと思われる。

この大野沢からは済水が出で、また汶水は大野沢に流れ込んでいる。早期祠堂型および武氏祠堂型画像石が大野沢南部だけでなく、大野沢北東部で連結する済水・汶水流域にも分布するということ、また、『水経注』に大野沢から黄水が南北に通るとあることを考慮

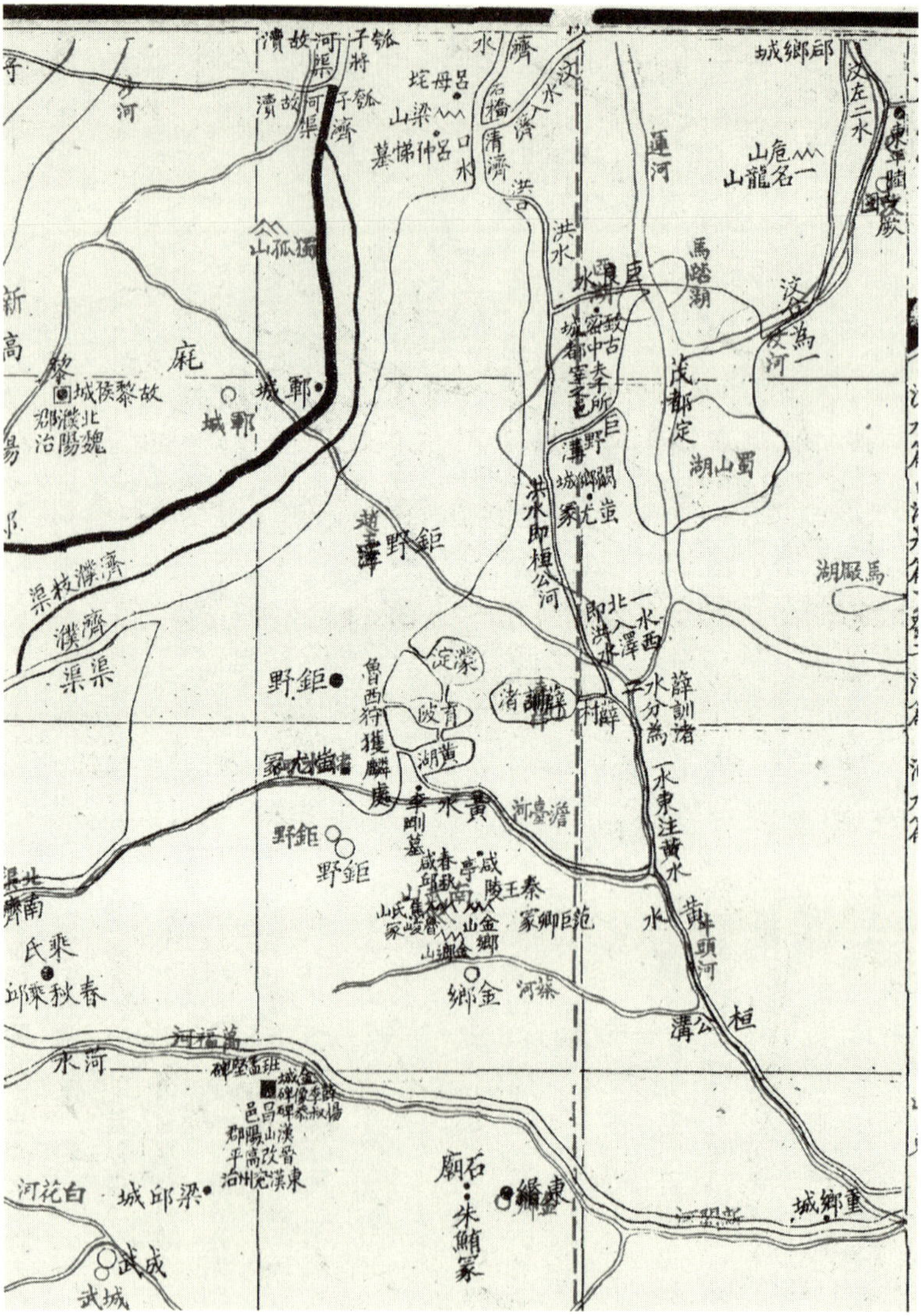

24-2. 楊守敬『水経注図』(同書 266 頁)

するると、恐らく大野沢を挟み南北に通じる形でため池・水路などの整備を伴う開発を行ったと考えられる。このような水の営みによって地域的連関が生じ、画像石の分布に反映されていると思われる。

これに対し、両城鎮や滕州型の画像石は山東丘陵地の裾野に分布し、河決の被害を受けなかった地域であり、図像も近似的なものが出現するなど、類似性が認められ、画像石の分布も明らかに早期祠堂型や武氏祠堂型画像石とは異なる。

おわりに

以上、画像石の分布的特徴から、黄河下流域の空間的特徴について考察した。画像石の製造者集団に着目すると、四つのタイプに分かれる。そのうち継承関係のある早期祠堂型および武氏祠堂型画像石は大野沢の南部を中心に山東丘陵北部に分布し、他の両城鎮型と滕州型画像石の分布範囲とは明確に区別される。特に早期祠堂型・武氏祠堂型の分布地域は春秋戦国期の斉の地と重なる。ただ、大野沢一体は自然の障壁がなく、戦国期の支配に見られるように流動的な地域である。それにも関わらず、大野沢南部を中心とする画像石の分布が旧斉の地との地域的関係を示している理由は、黄河の決壊という自然の作用と、それに対する人間の営利によって地域的まとまりが形成されたことが要因の一つに挙げられるのではないだろうか。画像石の分布的特徴は春秋戦国期の歴史空間を受け継ぎながらも、黄河の変化に対応して形成された地域的まとまりを表現していると言えよう。

【参考文献】

・秋山進午一九六三：「武梁祠堂復元の再検討」（『史林』第四六巻第六号、一九六三年）。
・大村西崖一九一五：『支那美術史彫塑篇』（東京、仏書刊行会、一九一五年）。
・菅野恵美二〇〇二：「四川漢代画像磚の特徴と分布――特に同笵画像磚を中心として」（『史潮』五一号、二〇〇二年）。
・菅野恵美二〇〇三：「陝北画像石の地域的特徴」（『学習院大学人文科学論集』一二、二〇〇三年）。
・木村正雄一九六五：『中国古代帝国の形成』→『中国古代帝国の形成　新訂版』（東京、比較文化研究所、二〇〇三年）。
・五井直弘二〇〇二：『中国古代の城郭都市と地域支配』（東京、名著刊行会、二〇〇二年）。
・小南一郎一九九一：『西王母と七夕伝承』（東京、平凡社、一九九一年）。
・佐原康夫一九九一：「漢代祠堂画像考」（『東方学報』第六三冊、京都、一九九一年）。
・周振鶴一九八七：『西漢政区地理』（北京、人民出版社、一九八七年）。
・蔣英炬一九八三：「漢代的小祠堂――嘉祥宋山漢画像石的建築復原」（『考古』一九八三年第八期）。
・蔣英炬・呉文祺一九八一：「武氏祠画像石建築配置考」（『考古学報』一九八一年第二期）。
・蔣英炬・呉文祺一九九五：『漢代武氏墓群石刻研究』（済南、山東美術出版社、一九九五年）。
・信立祥一九八九：「漢画像石的分区与分期研究」（兪偉超編『考古類型学的理論与実践』、北京、文物出版社、一九八九年）。
・信立祥一九九六：『中国漢代画像石の研究』（東京、同成社、一九九六年）。
・角谷常子一九九一：「漢代画像石研究ノート」（『泉屋博古館紀要』七、一九九一年）。
・関野貞一九一六：『支那山東省に於ける漢代墳墓の表飾』（東京、東京帝国大学、一九一六年）。
・曾布川寛一九九三：「漢代画像石における昇仙図の系譜」（『東方学報』第六五冊、京都、一九九三年）。
・『中国古代建築史』（建築科学研究院建築史編委会組織編写、劉敦禎主編、北京、中国建築工業出版社、一九八四年。第二版（初版一九六六年））。
・増淵龍夫一九五七：「先秦時代の山林藪沢と秦の公田」（中国古代史研究会編『中国古代の社会と文化』、東京、東京大学出版会、一九五七年（増淵龍夫一九九六所収））。
・増淵龍夫一九九六：『新版　中国古代の社会と国家』（東京、岩波書店、一九九六年）。

・李松二〇〇〇：『論漢代芸術中的西王母図像』（長沙、湖南教育出版社、二〇〇〇年）。
・Fairbank, Wilma1941: "The Offering Shrines of 'Wu Liang Tz'u'", *Harvard Journal of Asiatic Studies* 6, No.1, 1941, (Fairbank, Wilma1972, pp41-86 所収)
・Fairbank, Wilma1972: Adventures in Retrieval, *Harvard-Yenching Institute Studies* 28. Cambridge, Mass.:Harvard University Press, 1972.

【資料】

・『嘉祥』：朱錫禄『嘉祥漢画像石』（済南、山東美術出版社、一九九二年）。
・『考古』一九九六・一〇：章丘市博物館「山東章丘市黄土崖東漢画像石墓」（『考古』一九九六年第一〇期）。
・『初編』：傅惜華編『漢代画象全集　初編』（「巴黎大学北京漢学研究所図譜叢刊之一」、北京、一九五〇年）。
・『水経注図』：清・楊守敬撰『水経注図』（台北、文海出版社、一九六七年）。
・『選集』：山東省博物館・山東省文物考古研究所編『山東漢画像石選集』（済南、斉魯書社、一九八二年）。
・『全集一』：中国画像石全集編集委員会編『中国画像石全集　第一　山東漢画像石』〈中国美術分類全集〉（山東美術出版社・河南美術出版社、二〇〇〇年）。
・『全集二』：中国画像石全集編集委員会編『中国画像石全集　第二　山東漢画像石』〈中国美術分類全集〉（山東美術出版社・河南美術出版社、二〇〇〇年）。
・『全集三』：中国画像石全集編集委員会編『中国画像石全集　第三　山東漢画像石』〈中国美術分類全集〉（山東美術出版社・河南美術出版社、二〇〇〇年）。
・『中華人民共和国国家普通地図集』：国家地図編纂委員会編『中華人民共和国国家普通地図集』（北京、中国地図出版社、一九九五年）。
・『中国歴史地図集二』：譚其驤主編『中国歴史地図集』第二冊〈秦・西漢・東漢時期〉（北京、地図出版社、一九八二年）。
・『文物』一九六四・四：山東省博物館「山東安丘漢画像石墓発掘簡報」（『文物』一九六四年第四期）。
・『文物』一九七九・九：嘉祥県武氏祠文管所「山東嘉祥宋山発現漢画像石」（『文物』一九七九年第九期）。
・『文物』一九八二・五ａ：嘉祥県文管所　朱錫禄「嘉祥五老窪発現一批漢画像石」（『文物』一九八二年第五期）。

・『文物』一九八二・五ｂ：済寧地区文物組・嘉祥県文管所「山東嘉祥宋山一九八〇年出土的漢画像石」（『文物』一九八二年第五期）。
・『文物』一九八三・五：済寧県文化館　夏忠潤「山東済寧県発見一組漢画像石」（『文物』一九八三年第五期）。
・『文物』一九八九・一：泰安市文物局　程継林「泰安大汶口漢画像石墓」（『文物』一九八九年第一期）。
・『文物』一九八九・八：聊城地区博物館「山東陽谷県八里廟漢画像石墓」（『文物』一九八九年第八期）。
・『文物』一九九〇・九：徐州博物館「徐州発現東漢元和三年画像石」（『文物』一九九〇年第九期）。
・『文物』一九九四・六：鄒城市文物管理処「山東鄒城高李村画像石墓」（『文物』一九九四年第六期）。
・『文物』二〇〇〇・一〇：微山県文物管理所「山東微山県出土的画像石」（『文物』二〇〇〇年第一〇期）。
・『文物』二〇〇五・三：劉雲濤「山東莒県東莞出土漢画像石」（『文物』二〇〇五年第三期）。
・『文物参考資料』一九五四・五：劉敦楨「山東平邑県漢闕」（『文物参考資料』一九五四年第五期）。

【注】

（一）菅野恵美二〇〇二参照。
（二）菅野恵美二〇〇三参照。
（三）佐原康夫一九九一、九～一二頁参照。
（四）信立祥一九八九、二三八頁では、薌他君祠堂石柱の銘文より、「師」と呼ばれる石工と「画師」に作業が別れていたことを指摘する。
（五）角谷常子一九九一、九五～一〇五頁参照。
（六）祠堂の役割については、佐原康夫一九九一に詳しく説明される。
（七）Fairbank.W（1941）参照。
（八）関野貞一九一六参照。
（九）秋山進午一九六三。
（一〇）蔣英炬・呉文祺一九八一、一九九五参照。
（一一）『文物』一九七九・九、『文物』一九八二・五ｂ参照。

（一二）蔣英炬一九八三参照。計四つの小祠堂が復元された。

（一三）そもそも小祠堂は、早くは関野貞（一九一六）・大村西崖（一九一五）により、孝堂山下の小祠堂が紹介されており、その存在をヒントに、Fairbank.W（1941）は前石室・左石室後壁に壁龕（小祠堂）が付属していたこと、およびその構造を明らかにしたのであった。

（一四）佐原康夫一九九一参照。

（一五）曾布川寛一九九三参照。

（一六）角谷常子一九九一はⅠ・Ⅱ・Ⅲの三型を提示する。これは本論での早期祠堂型・武氏祠堂型・滕州型にそれぞれ該当する。本論では更に両城鎮型を追加する。

（一七）信立祥一九九六で早期祠堂画像石と呼び、本論でもこの名称を用いる。この流派に属する画像石で年代の分かるものには、山東汶上県出土の天鳳三年（一六）とされる銘を持つ祠堂画像石（『初編』図一二九）、山東平邑県の元和三年（八六）の銘を持つ皇聖卿闕（『文物参考資料』一九五四・五）などがある。

（一八）曾布川寛一九九三、一五六頁参照。

（一九）『中国古代建築史』八二頁。

（二〇）小南一郎一九九一参照。

（二一）李淞二〇〇〇、九八～一一二頁参照。

（二二）曾布川寛一九九三、一六五・一六六・一六八頁参照。

（二三）滕州型の後壁（図16・17・18）を比較した場合、図16に描かれる樹木は簡略化されたものであることに気づく。この場合、図17・18が図16よりも時期が早いことになり、また図17には観魚図が無く、図16にしか見られない。よって、同時期に並存していた両城鎮型から影響を受け、観魚図が図16に組み込まれた可能性が有る。

（二四）出土状況については『文物』一九六四・四参照。樹木図は西後室西壁上層の画像石に現れる（『選集』図五三七）。

（二五）『考古』一九九六・一〇参照。

（二六）『文物』二〇〇五・三参照。

（二七）五井直弘二〇〇二、二八五～二八六頁参照。

（二八）よく知られているように、増淵龍夫氏は氏族の共同体に利用されていた山林藪沢が、春秋中期以降、常備軍維持のために共同体の長である君主の家産となり、以後、専制君主権力を支える経済的基盤の一つになったことを指摘した。増淵龍夫一九五七参照。

（二九）木村正雄一九六五では、農地を第一次農地高度と第二次農地に分ける。第一次農地は、高度な治水技術を必要としない小高い農地であり、そこから発生した邑を起源とする県を旧県とする。第二次農地は春秋時代以降の鉄器の普及と大規模な治水機構によって新たに開発された農地を意味し、それを基盤として置かれた県を新県と定義した。

（三〇）それは、春秋戦国期の領土拡大に伴って低平地が開発され設けられた新県は、大規模な治水事業の必要上、中央権力への依存が高く、国家権力が衰微すると荒廃し、大量に廃省されたというものである（木村正雄一九六五参照）。特に黄河下流域の沿岸地およびその北側に広がる河北大平原については、ほとんどの県が漢代に置かれ（漢県）、漢代以降に強大な国家権力による治水灌漑事業を背景に開拓された地域であったと指摘している（木村正雄一九六五、六五一～六六〇頁）。

（三一）「其後三十六歳、孝武元光中、河決於瓠子、東南注鉅野、通於淮泗。上使汲黯・鄭当時興人徒塞之、輒復壊。是時武安侯田蚡為丞相、其奉邑食鄃。鄃居河北、河決而南則鄃無水災、邑收入多。蚡言於上曰、『江河之決皆天事、未易以人力彊塞、彊塞之未必応天』。而望気用数者亦以為然、是以久不復塞也。……自河決瓠子後二十余歳、歳因以数不登、而梁楚之地尤甚。上既封禅、巡祭山川、其明年、乾封少雨。上乃使汲仁・郭昌発卒数万人塞瓠子決河」（『漢書』巻二九「溝洫志」）。

（三二）平帝期・王莽期・明帝期までの黄河の決壊とその経緯については木村正雄一九六五、六五七～六五九頁参照。

（三三）「菏水又東、与鉅野黄水合、菏済別名也。黄水上承鉅野諸陂。沢有濛瀫、育陂、黄湖。水東流謂之黄水。又有薛訓渚水、自渚歴薛村前分為二流、一水東注黄水、一水西北入沢、即洪水也」（『水経注』巻八「済水二」）。

（三四）大野沢が縮小傾向にあったことについては、村松論文を参考のこと。洪水については『水経注』が指摘するように、晋の桓温によって掘られた運河である。

第三章　黄河下流域を見る方法

中国大陸一〇万分の一地勢図の種類とその資料的特徴について
――河北省大名県における外邦図・民国図・ソ連図の比較を通して

中村　威也

はじめに

中国の地勢図・地形図については、小縮尺のものは比較的多く存在するが、中縮尺、大縮尺のものはほとんど存在していない。また日本の国土地理院の地図同様に、中国でも各地域の地理局などが五万分の一の地勢図などを発行しているが、われわれ外国人は言うまでもなく中国人でさえそれを見ることや利用することは非常に困難であると聞く。(一) 近年発行された各地域の地方志(県志)や一九八〇年代の各県単位で内部発行された『地名録』、現地で売られている大縮尺の地図などには、郷・鎮やそれ以下の村・集落の名称も記載したかなり詳しい地図を載せているものがあるが、地形が分かるような等高線が書かれたものは少ない。

そのため、中国大陸の地勢や地形を把握する時には、旧日本陸軍が作製した一〇万分の一などの中国大陸の地形図(いわゆる「外邦図(二)」)や、中華民国が作製した五万分の一や一〇万分の一などの中国大陸の地形図(ここでは「民国図」と呼ぶ)を利用せざるをえなかった。しかし、日本にある外邦図・民国図は、本来は軍用に資したことや一〇万分の一という縮尺ではそれほど詳しい地勢が読みとれないこと、さらには所蔵機関・所蔵地図がはっきりせず、また対外的に公開していなかったことなどにより、これまで地理学や歴史学の方面での研究やフィールドワークに利用されることはあまりなく〔石原潤二〇〇三〕、多くの研究者が利用してきたとは言えない状況であった。

筆者は「黄河下流域の生態環境と古代東アジア世界」プロジェクトにおいて、二〇〇五年三月に黄河下流域（山東省済南市・河北省邯鄲市・大名県など）での現地調査に参加する機会を得た。その際、調査対象地域の「仮製北支那十万分一圖」（旧日本陸軍作製）と旧ソ連作製の一〇万分の一図を携帯し、地図と実際に調査で訪問した現地の地名・地勢・地形を照合する作業も試みた。その結果、旧ソ連作製の地図から得られる情報は、道路や水路の状況などの点で現地の状況と適合している部分が多かった。一方の「仮製北支那十万分一圖」の地図に関しては地名が異なっていたり、集落間の距離や方角に違和感や明らかな間違いがあった。ただ地勢・地形に関してはある程度正しく記載されているようにも感じられた。そこで、調査終了後、中国大陸の外邦図を中心とした地勢図の作製状況・所在状況などを再把握するとともに、現地調査で得られた知見との比較を試みた。

本稿では、河北省大名県を例にして現在我々が利用できる中国大陸の一〇万分の一地図にどのような種類のものがあるか、そしてその各図はどのような特徴を持つか、を比較検討する。具体的には、日本の旧日本軍が作製した地図二種類、中華民国が作製した地図二種類、さらに旧ソビエト連邦が作製した地図一種類の、いずれも一〇万分の一地図を比較し、それぞれの特徴の把握に努める。それと同時に、これまでほとんど知られていなかった黄河下流域一万分の一地形図について紹介し、若干の考察を加える。

なお、地図の名称については固有のものであることから、文中では当時の表記に従った。

一　中国大陸の一〇万分一地形図について

まず、本稿でとりあげる各種の中国大陸の一〇万分一地形図について概述する。

①外邦図

外邦図とは、明治から昭和にかけて旧陸軍参謀本部・陸地測量部などが、主として軍事目的のために作製・複製した日本以外の地域（つまり外邦）の地図の総称である。(三) 縮尺は主として二・五万分の一から一〇〇万分の一まで、地域は太平洋・シベリア、インド、中国を含むアジア大陸・北米やオーストラリアなど広範囲にわたる。基本的に軍事目的のために製作・使用されたものであったため、その全貌はいまだ明らかになっているとは言えないが、近年になって資料的性格についての研究も始まり、地図の特徴なども明らかになりつつある。従来は所蔵すら公表していなかった図書館などの所蔵機関も所蔵を公表し、所蔵目録を発行しつつあり、(四) 今後は研究者にとって利用、研究しやすくなっていくと思われる。(五)

さまざまな縮尺・性格のある外邦図のうち、今回は、「仮製北支那十万分一圖」と「北支那十万分一圖」を検討の対象とする。一〇万分の一図は地形図であり、かつ中国大陸を対象にしたもっとも揃っている縮尺の地図であること、さらに中華民国やソ連が製作した地図との比較も可能であり、中国大陸の他地域にも今回の検討結果を参考にできると考えたからである。

「仮製北支那十万分一圖」は、明治四〇年代（一九〇八～一九一二年）から大正にかけて測量され、大正年間（一九一二～一九二六年）に製版された地形図である。特徴としては、経度緯度の記入がなく、地名、道路、河道、植生（沙地や樹林）や地勢（堤防跡など）の記述がある。

　「北支那十万分一圖」は（測量・地図（編）一九七〇：四八〇頁）に「昭和一二年には日支事変の発生に伴い、多数の支那製五万分の一兵要図を入手し、整理の結果その欠部その他既成地図区域のうち改測を要する地区について、空中写真測量により応急戦用地図（一〇万分一）を作成した」と見える。（布目・松田（編）一九八七）を通覧すると、たしかに昭和一二年以降には陸地測量部の複製や空中写真測量による一〇万分の一地図が作製されているが、甘粛省、青海省や内モンゴル地域などに多い。今回対象とする河北省の地図では「仮製北支那十万分一圖」や中華民国の地図を参考にしているようであり、また実際に測量員を送り込んで迅速測量した結果を盛り込み製作したもので、ほとんどが昭和一〇（一九三五）年前後に製版された地形図である。たとえば「北支那十万分一圖」「大名縣」には「昭和十年製版（民國十年直隷陸軍測量局製直隷省十万分一圖）」（二四七頁・地図4参照）とあって、中華民国製図の地図に依拠している旨を記している。[六]特徴としては、経度緯度の記入があり、一枚の地図の範囲は、縦が緯度〇度二〇分、横が経度〇度三〇分である。「仮製北支那十万分一圖」と比較してみると、植生や地勢の記述は少ないように思える。

　現在の大名県は「仮製北支那十万分一圖」（仮製北支那）では「大名」（仮製大名）に相当し、「北支那十万分一圖」（新製北支那）では「冠縣」（新製冠県）、「大名縣」（新製大名）に相当する（括弧内は本稿での略称。以下同じ）。

②民国図

　中華民国で作製された地図で、共産党との戦闘や日本による侵略により、大陸全土の地図は完成しなかったが、各地域毎に様々な縮尺で作られたものがある。[七]こうした中華民国が作製した地図は、外邦図同様に機密度が高かったこともあり、詳細は不明な点もあるが、その概要ならびにやや詳しい状況は（中国測絵（編）一九九五）から知ることができる。各種さまざまな地形図が作られたが、ここでは「十萬分一民國圖」を検討の対象とする。中華民国の全国規模の地図製作は、大きく二つの時期に分けられる。初めの時期は、袁世凱の北洋政府が一九一四（民国三）年に「十年速測計画」を公布し、各省の陸軍測量局に測量・作図させたもので、一九二八（民国一七）年に北洋政府が崩壊するまで続いたが、全国をカバーすることはできなかった。続く南京政府も同様に全国をカバーする地図製作に乗り出し、「参謀本部陸地測量總局」などが地図を製作している。しかし一九三七年の日本軍侵攻による影響で、これも未完成のまま終わることになった。しかし、現在の中国の西方、北方を除く地域はカバーしており、さまざまな縮尺の地図・海図・地籍図などが作製された（中国測絵（編）一九九五）（中央研究院（編）一九九一）。

現在の河北省大名県は「十萬分一民國圖」では「大名縣」「南樂縣」に相当するが、中華民国が作製した一〇万分の一図は、大名県付近では二種類存在する。一つは一九一五（民国四）年の測量、一九二〇・二一（民国九・一〇）年の製版のものであり、もう一つは測量日時の記述がなく、一九二七・二八（民国一六・一七）年製版、一九三三（民国二二）年一月印刷のものである。ここでは、前者を民国図①、後者を民国図②と略称する。測量・製版の時期と測量・製版の担当部署から考えると、民国図①は北洋政府が測量・製作したもの、民国図②は測量時期が記されていないものの、製版の時期や「参謀本部陸地測量總局」という部署名から、南京政府が製作したものであることが分かる。

本稿で使用する地図は「大名縣」（民国大名①、民国大名②）「南樂縣」（民国南楽①、民国南楽②）である。両者の性格については後に述べる。ともに経度緯度の記入があり、等高線・植生の記号がある。一枚の地図の範囲はともに、縦が緯度〇度一五分、横が経度〇度三〇分である。

また河北省大名県の地勢図としては中華民国が作製した「五萬分一地形圖」（民国五万分の一図）がある。これは「國防部測量局」の作製で一九三六～三七（民国二五～二六）年迅速測量、一九三七（民国二六）年製版のもので、緯度経度の記入はなく、高度、植生の記述がある。しかし、ここでは一〇万分の一図を比較対象とするため、検討の対象とはしない。

③ソ連図

旧ソビエト連邦は、二〇万分の一図を中心として、世界の各地域の地勢図を作成している。(八) ソビエト連邦の参謀本部が作製したものであるが、この地図に関する情報はあまり見当たらない。ソビエト連邦の崩壊とともに流出したとも言われている。地図の欄外表記から一九七〇年代を中心として一部は一九八〇年代に作図していることが分かる。ここでは岐阜県図書館世界分布図センターが所蔵している、ソビエト連邦が作った中国の一〇万分の一地勢図を利用する。(九) この地図には、等高線・窪地・堤防などの高度情報の他に、緑地・沙地・樹木などの植生の記号がある。本稿で扱う外邦図・民国図はともに白黒であるが、ソ連図はカラーで、道路や運河など詳細に記されている。外邦図・民国図と比べるとその製図技術が格段に進歩していることが伺える。二キロメートルのUTMグリッドがひかれていて、磁北との補正値も図廓外に記されている（二五五頁・地図10・左下参照）。一枚の地図の範囲は、縦が緯度〇度二〇分、横が経度〇度三〇分である。

以上、本稿で比較検討する中国大陸一〇万分の一地形図、①外邦図（仮製北支那・新製北支那）、②民国図（民国図①・民国図②）、③ソ連図の五種類についてその概略を述べた。

二　各一〇万分の一図の比較——大名県を例にして

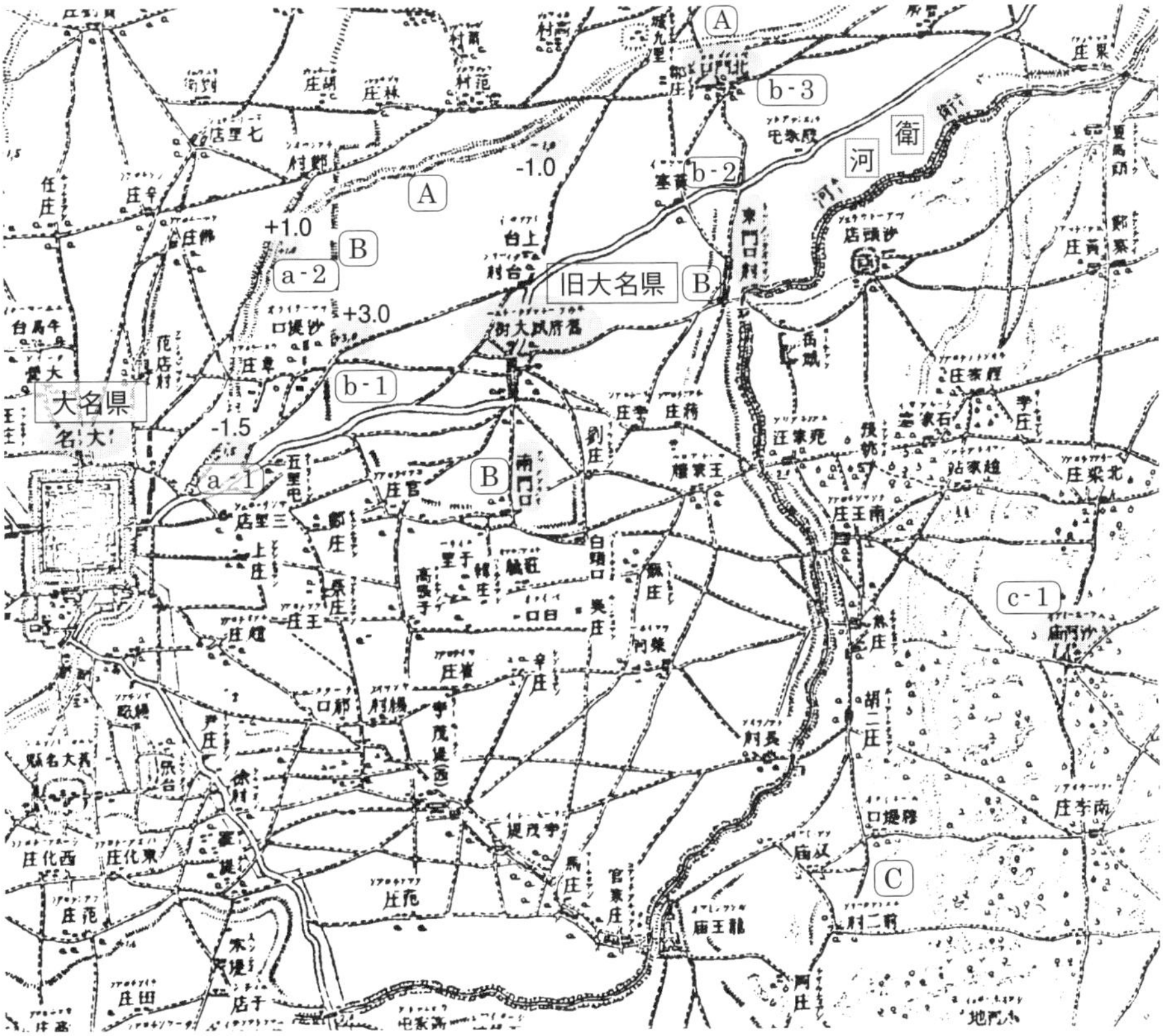

地図1　「仮製大名」部分

ここではまず最も古く測量された「仮製北支那」について、地名、方角、河川、沙地など植生の描き方などの情報を確認する。「仮製大名」は、地名、道路および河川と河岸、河川跡、堤防跡などの盛り土を描く。植生としては、闊葉樹の記号があり、また点を集中して描いている部分があり、所々に比高を記している（地図1）。

以下、具体的に見てみる。大名県城の東には東北に延びる河道跡Aがある（地図1・A）。初めはマイナス一・五メートルの窪地として描き（a‐1）、しばらくいくと堤防跡として描かれて比高はプラス一・〇メートルである（a‐2）。さらに「北門口」（b‐3）付近からは河道跡として描かれる。

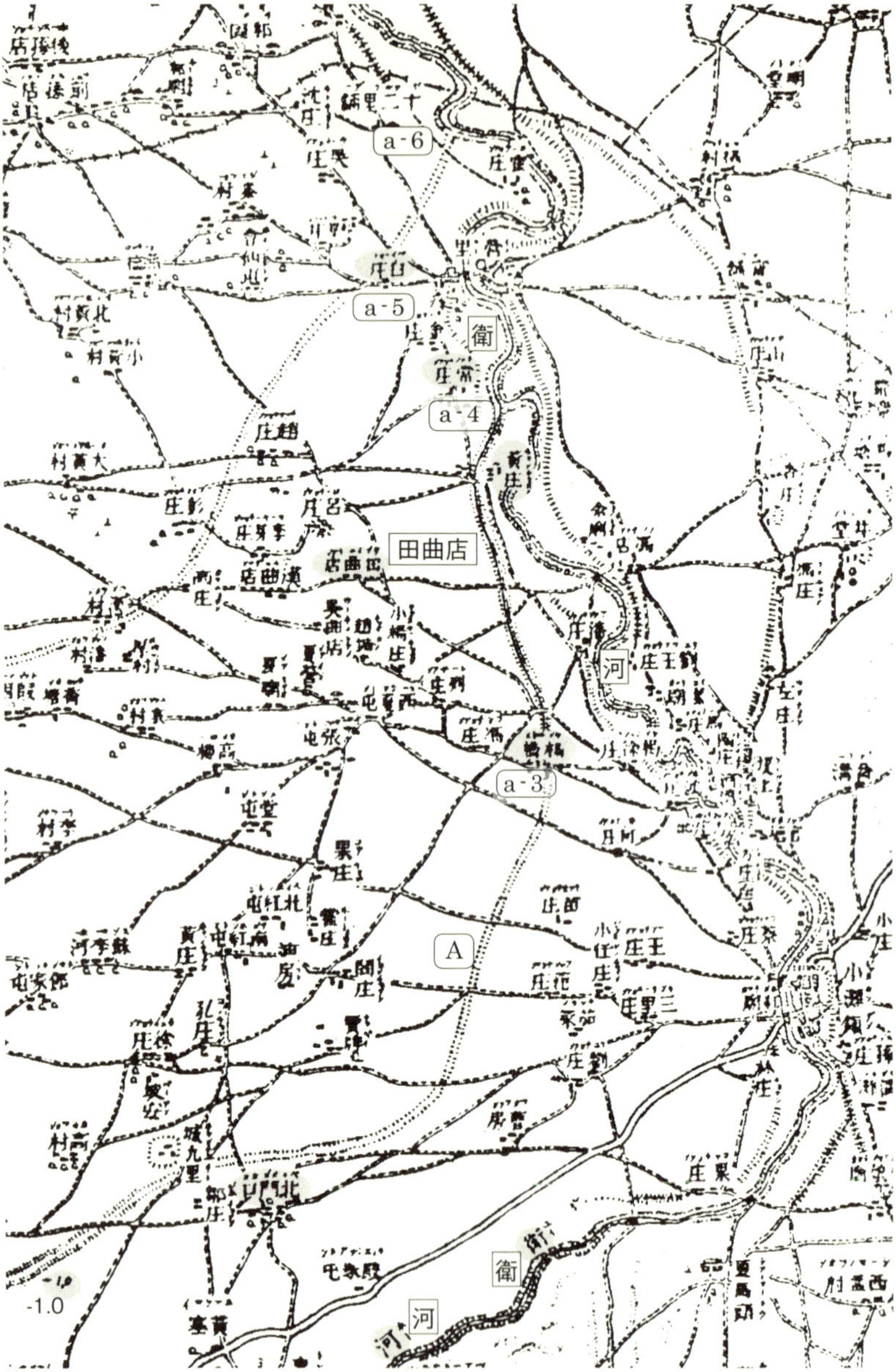

地図２ 「仮製大名」部分

また、大名県城の東には、旧大名県の城壁跡の土壁Bを描き（地図1・B）、西側の土壁の比高はプラス三・〇メートルと記される（b‐1）。なおこの旧大名県の城壁跡は、三六四年〜一四〇〇年頃までの県城のものだったとのことである。この城壁跡の東側には「東門口村」（b‐2）があり、そのほぼ真上（真北）に「北門口」（b‐3）が位置している。大名県城から東に行き、「衛河」を渡った「沙河廟」（c‐1）一帯の地域には闊葉樹の記号とともに点印が広がり、沙地などを表現したと思われる（地図1・C）。

さきほどの河道跡Aをさらに北へ行くと「楊橋」（地図2・a‐3）からは水のある通常の河川として描かれ、「黄庄」と「常庄」の間付近で「衛河」につながっている（地図2・a‐4）。

次に、同じ部分を「新製大名」（地図4）と「新製冠県」（地図3）で見てみる。「新製北支那」では、地名、道路および河川と河岸、河川跡、堤防跡などの盛り土を描くが、図式は「仮製北支那」とやや異なり、河川跡は点描し、河岸・堤防跡と盛り土は別な記号で描いている。これは依拠する図式が違うからであろうが、「仮製大名」に見られた数々の比高はここではひとつも出ていないことには特に注意すべきであろう。

「新製冠県」での河道跡Aは点画で河川跡であることを示すが、比高や窪地、堤防跡はない（地図3・A）。河道跡Aは北上して「趙橋」（地図3・a‐3）よりやや南で通常の水流のある河川として描かれ、「白家庄」（a‐5）で西北に流れを変えて別の河川跡と合流し、さらに北上して「劉庄」付近の県境で衛河と合流している（地図3・a‐6）。この流れは、先に見た「仮製大名」（地図2）と異なっている。そればかりか（a‐3）付近から（a‐6）間の「衛河」は、「新製冠県」（地図3）では北東方向に流れているのに対し、「仮製大名」では西北方向に流れており、方向が相当異なっている。

次に「仮製大名」にあった土壁Bの箇所を「新製大名」で確認してみる（地図4）。地図1・Bに見えた旧大名県城の土壁は、「新製大名」では全く見えず、「新製冠県」ではわずかに「東門口」（地図3・b‐2）付近でのみ見え

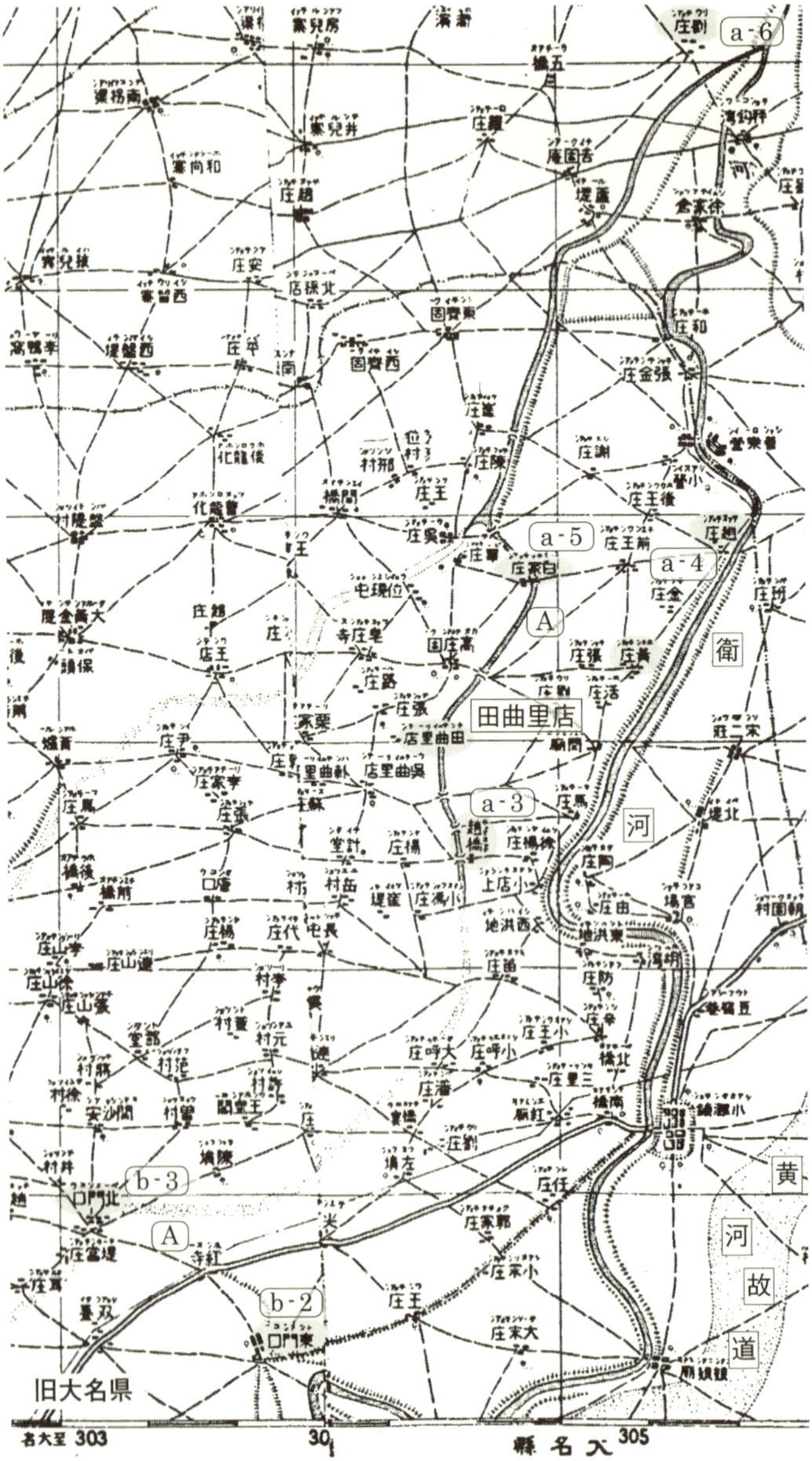

地図３　「新製冠県」部分

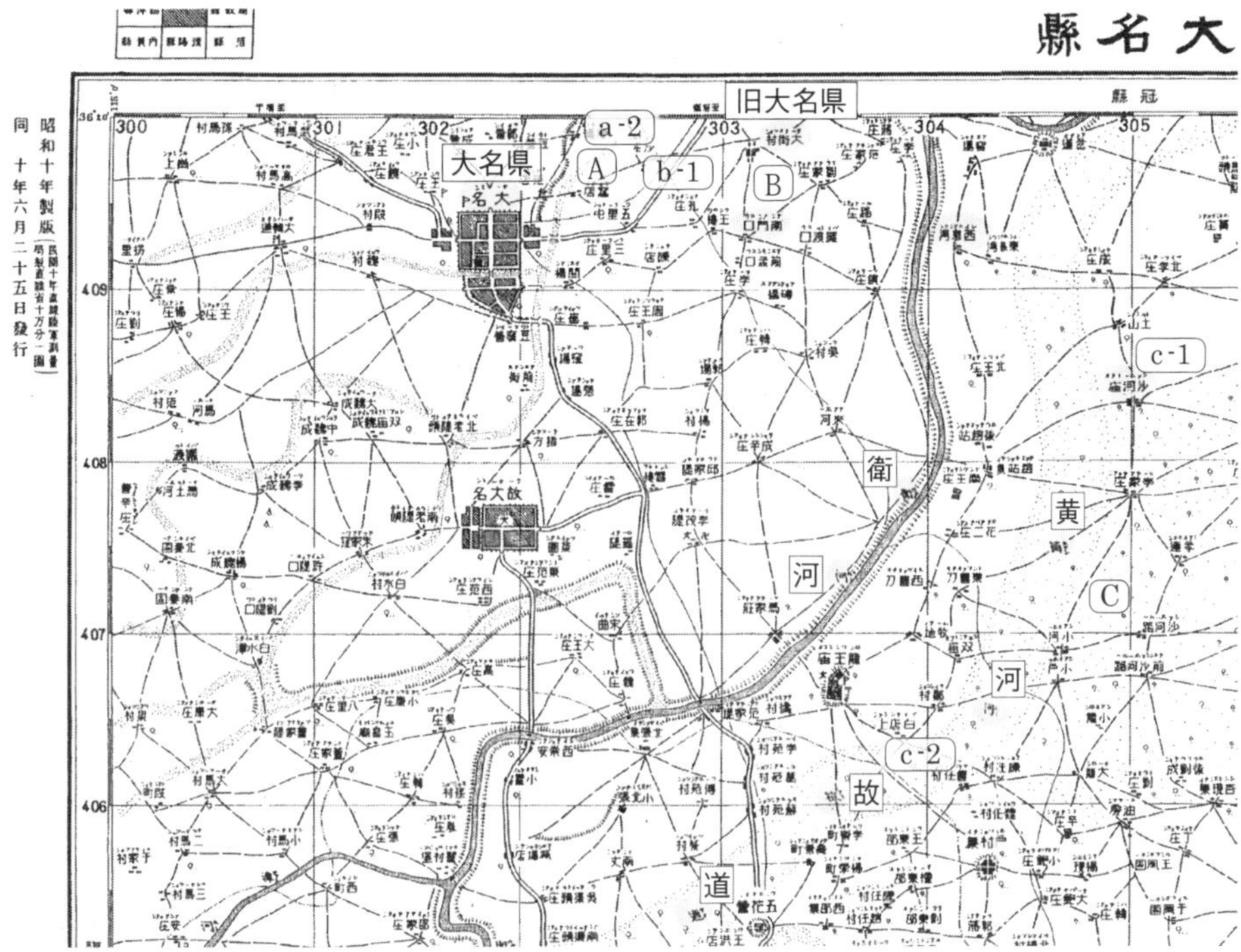

地図４　「新製大名」部分

る。なお「東門口」（地図３・b‐２）から見た「北門口」（地図３・b‐３）は左上（西北）に見える。「衛河」の東岸一帯の「沙河廟」（地図４・c‐１）以南は、闊葉樹とともに点が描かれ、さらには衛河と沿うように「黄河故道」（地図４・c‐２）が描かれている。以上の特徴は、後に確認するが、「民国大名①」と同じである。「新製冠県」は「昭和十年製版（民國十年直隷陸軍測量局製直隷省十万分一圖）」（地図４の左図廓外にも同様の記述がある）とあることからも、「仮製北支那」の地図よりも民国一〇年製版の「民国大名①」の内容を優先的に採り入れて製図したことがうかがえる。

　さて、同じ地点（a‐３）が、「仮製大名」では「楊橋」、「新製冠県」では「趙橋」と名称が異なっている。他にも両者を比較してみると、地名が異なっている箇所や村落と村落の位置や方向も違っているところが多い。繁雑になるためここでは逐一指摘しないが、先に指摘した「東門口」（b-2）と「北門口」（b-3）の位置関係がよく分かる例であろう。他にも「仮製北支那」に見える村落が「新製北支那」では見えなかったり、その逆の場合もある。さらに「新製大名」で顕著に見える大名県城周辺の河川跡は、「仮製大名」では見えなかったり堤防跡のみである。方角の違いはさることながら、河流の流れの描かれ方、土壁の有無は、はたして測量時期、製図年代の違いからくるものなのだろうか。それとも、どちらかが誤っているのだろうか。その判断を下す前に、中華民国で製作した民国図で、同様の地点を確認しておこう。

「民国大名①」と「民国大名②」は同じ「大名縣」という名の地図で、地図の範囲の経度緯度も同一である。しかし「民国大名①」の右上に「冠縣」の県城が地図上に見えるのに対して「民国大名②」にはそれが見えない。「民国大名①」と「民国大名②」の図廓内に書かれた地名を比較してみた結果、「民国大名①」を右上に二〇度ほどずらさないと「民国大名②」にあわない。現代の地図で確認したところ「民国大名②」は緯度経度のデータをより正確に地図に反映させており、「民国大名①」には緯度経度、つまりは方角にかなりゆがみ・誤りがあることが分かる。具体例を言うと、「民国大名①」では「大名縣」の県城の真東には「西袁湾」や「東孟村」がある（地図5）が、「民国大名②」（地図6）では県城とそれらを結ぶ直線は右肩上がりになってしまう。しかし、大名県の北に位置する「漳家庄」の方角は、「民国大名①」と「民国大名②」でほぼ真北に位置している。

では、「仮製北支那」と「新製北支那」で見た地点を民国図でも見てみる。河道跡Aは「民国大名①」では、大名県城から河道跡として描かれ（地図5・A）、「趙橋」（地図5・a-3）手前で実際の河川となり、「白家庄」（地図5・a-5）を経由し別の河川跡と合流、北上して「劉庄」付近（地図5・a-6）の県境で衛河と合流している。これは「新製冠県」（地図3）とまったく同じ描き方で、「仮製大名」に見えた窪地・堤防跡などは描かれていない。「民国大名②」（地図6）も基本的には同じだが、河川跡Aは北上する途中で消えてしまっている。「趙橋」（地図6・

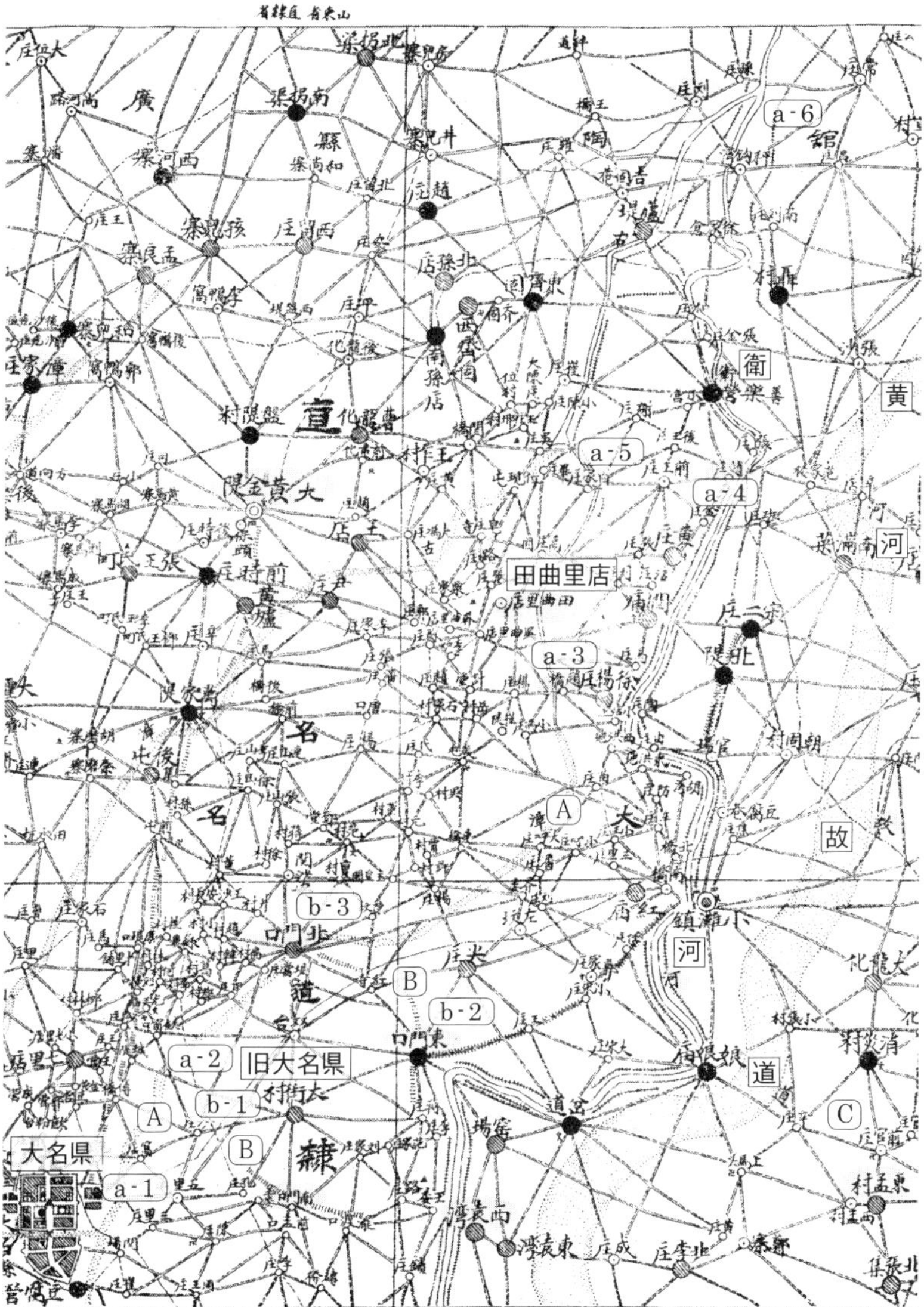

地図５　「民国大名①」部分

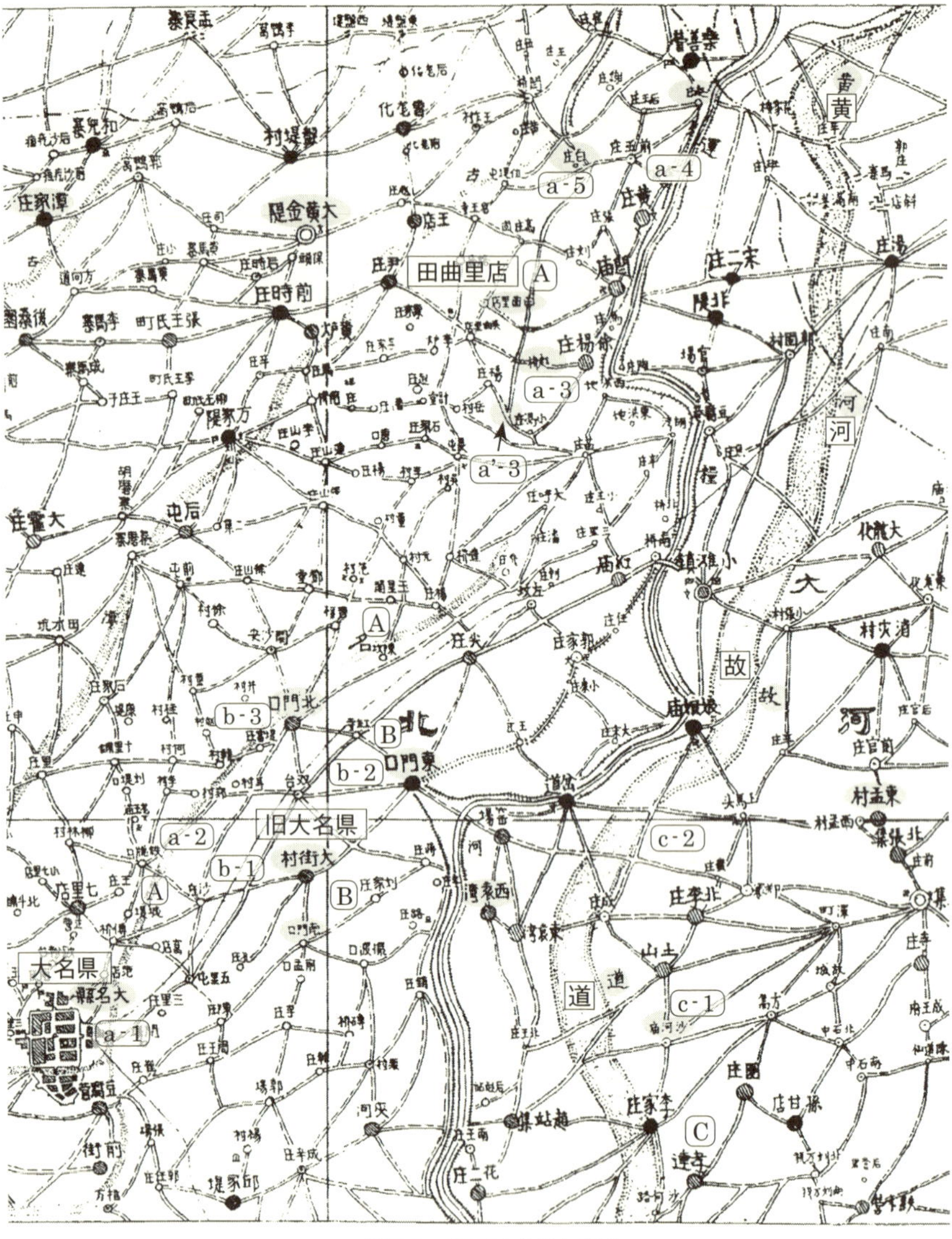

地図６　「民国大名②」部分

a-3）付近で河川として出てくるが、道路とつながって見えてしまっている（a'-3）。さらに言えば、大名県から北北東に延びている堤防跡が「民国大名①」（地図5）では、はっきりとほぼ連続して描かれているが、「民国大名②」（地図6）には全く見ることができない（「仮製大名」、「新製冠県」ともにこの堤防跡ははっきりと見ることができる）。この点、「民国大名②」は地図としての正確さを欠いていると言わざるを得ない。

旧大名県の城壁跡Bは、「民国大名①」では「仮製大名」に見えた西壁（地図1・b-1）が見えないが、南壁と「東門口」（地図5・b-2）を中心とした東壁や「北門口」（地図5・b-3）までは土壁として描かれている（地図5・B）。ところが「民国大名②」では、「東門口」（地図6・b-2）と「北門口」（地図6・b-3）は見えるものの、城壁跡は全く描かれていないのである（地図6・B）。これは、「民国大名①」が測量された一九一六（民国四）年の段階にあった旧大名県の城壁・土塁Bが、「民国大名②」が製版された一九二九（民国一七）年の段階には、無くなっていたことを意味しているのであろうか。この問題については、先に見た「仮製北支那」と「新製北支那」との違いとともに後に検討する。

続いて「沙河廟」付近のCを見てみる。「沙河廟」（c-1）一帯の描きかたでは、「民国南楽①」（地図7・C）は点を密集させており、やはり沙地を表現しているようである。道路と道路の間を点で埋めているように描いている点が「新製大名」と同じであるが、闊葉樹などの印はない。読みとりにくいが「黄河故道」（地図7・c-2）の字も見える。「民国大名①」（地図5）も「黄河故道」を河川跡としてあらわし、また沙地も点で表現している。「民国南楽①」は、「民国大名①」と比較しても分かるように、全体的にやや乱雑に製図されたように感じる。一方の「民国大名②」は「沙河廟」（地図6・c-1）とその西側に「黄河故道」（地図6・c-2）が描かれる。「民国南楽①」の「沙河廟」（地図7・c-1）では、周囲に点があって沙地が広がっていたが、「民国大名②」では「沙河廟」（地図6・c-1）付近に点が見られない。ただ、その南側、つまり「民国南楽②」（地図8）では闊葉樹の印とともに点を密集

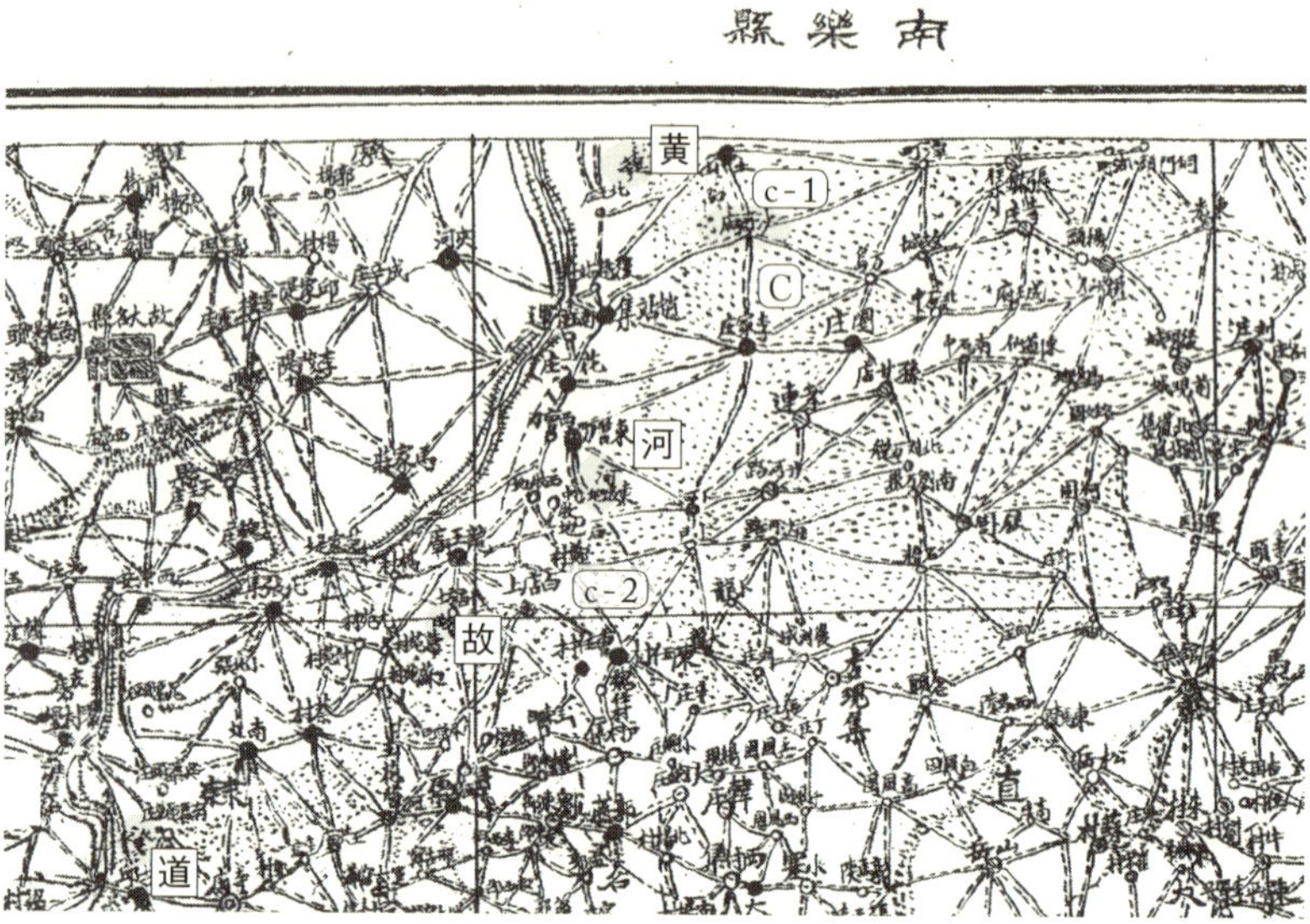

地図７ 「民国南楽①」部分

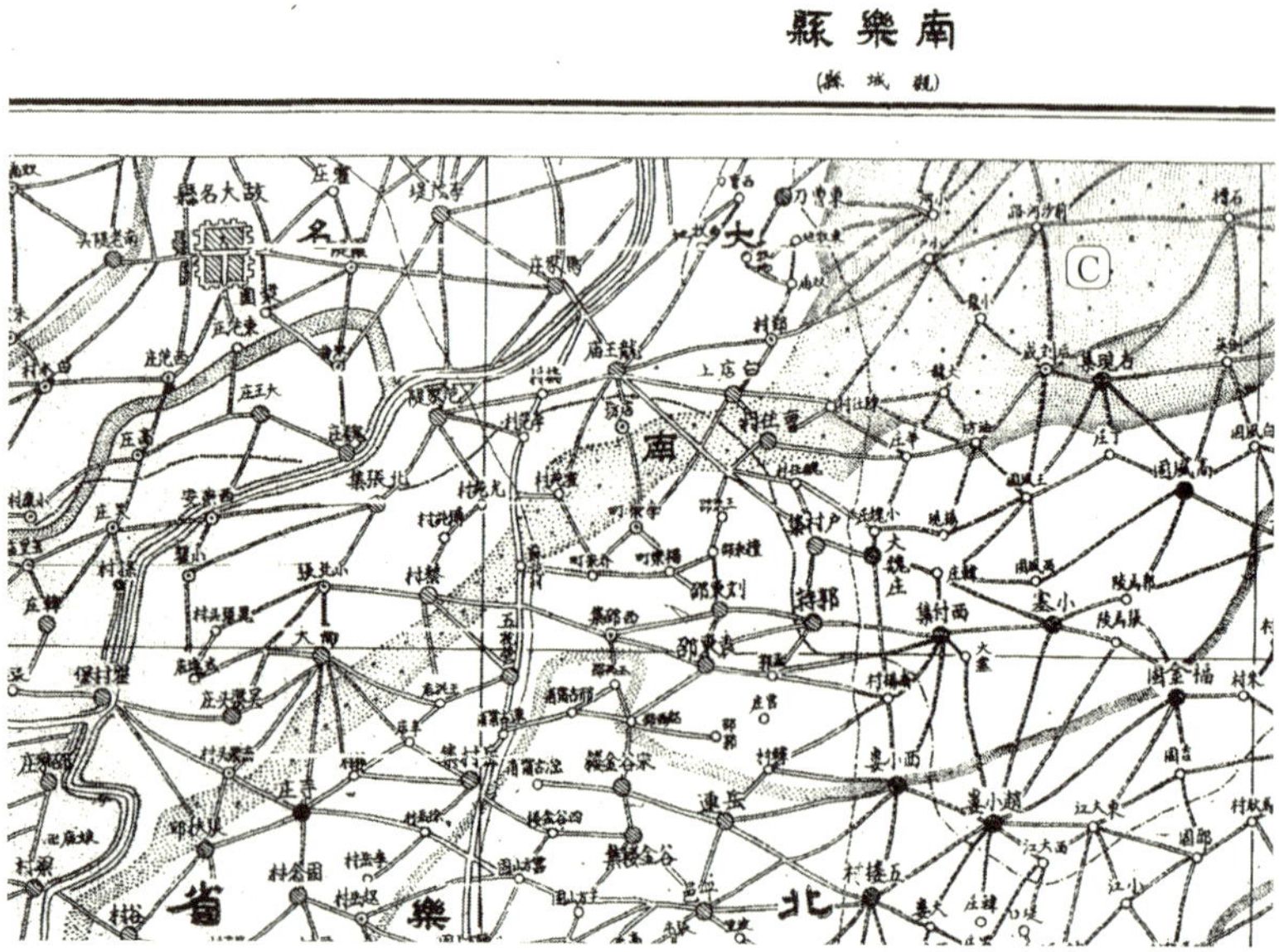

地図８ 「民国南楽②」部分

させた沙地の表現が見られる（地図8・C）。「民国南楽②」には「黄河故道」の字が見えないが、C部分とその南端部分では点のタッチが異なり、河道跡と沙地の区別を表現したようにも思える。

参考までに「民国五万分の一図」では、城壁跡はまったく記されておらず、河道跡Aは「民国大名②」とほぼ同じである。「沙河廟」付近は畑の印が見えず、植生の印はなく「黄河故道」は点画で表現されている。ところどころに標高点などを記すが、地形や地勢の表現に乏しく、「民国大名②」の性格と似ている。

ここで、河北省大名県付近の河道・河道跡Aと旧大名県の城壁・土塁Bと沙河廟付近の沙地Cの描写について、それぞれの特徴を製版年次の順にまとめて記すと以下の通りになる。

	A	B	C	製版年次
仮製北支那	窪地↓堤防跡↓河道跡↓河道	東壁・南壁・西壁	闊葉樹と沙地	一九一七年
民国①	河道跡↓河道	東壁・南壁	沙地	一九二一年
民国②	河道跡↓消滅↓河道	なし	なし	一九二八年
新製北支那	河道跡↓河道	東壁	闊葉樹と沙地	一九三五年

「民国②」はB、Cともに描写がなく、地図として地勢状況の描写に乏しい。また、前述した通りAの記述において途中で河道が消滅するように描くなど細部に誤りが見られた。従って、いま仮に「民国②」を除いて考えると、たとえば、Bの旧大名県城の城壁は、数年過ぎるうちに初めは西壁、次は南壁が切り崩され、消滅したようになる。またCの沙河廟付近の地勢・植生は、一貫として闊葉樹と沙地であったと言えそうである。（一〇）これが確かならば、一九〇〇年代初めの二十数年間の地勢・地形の変化・変貌が外邦図と民国図を利用することで明らかにできる

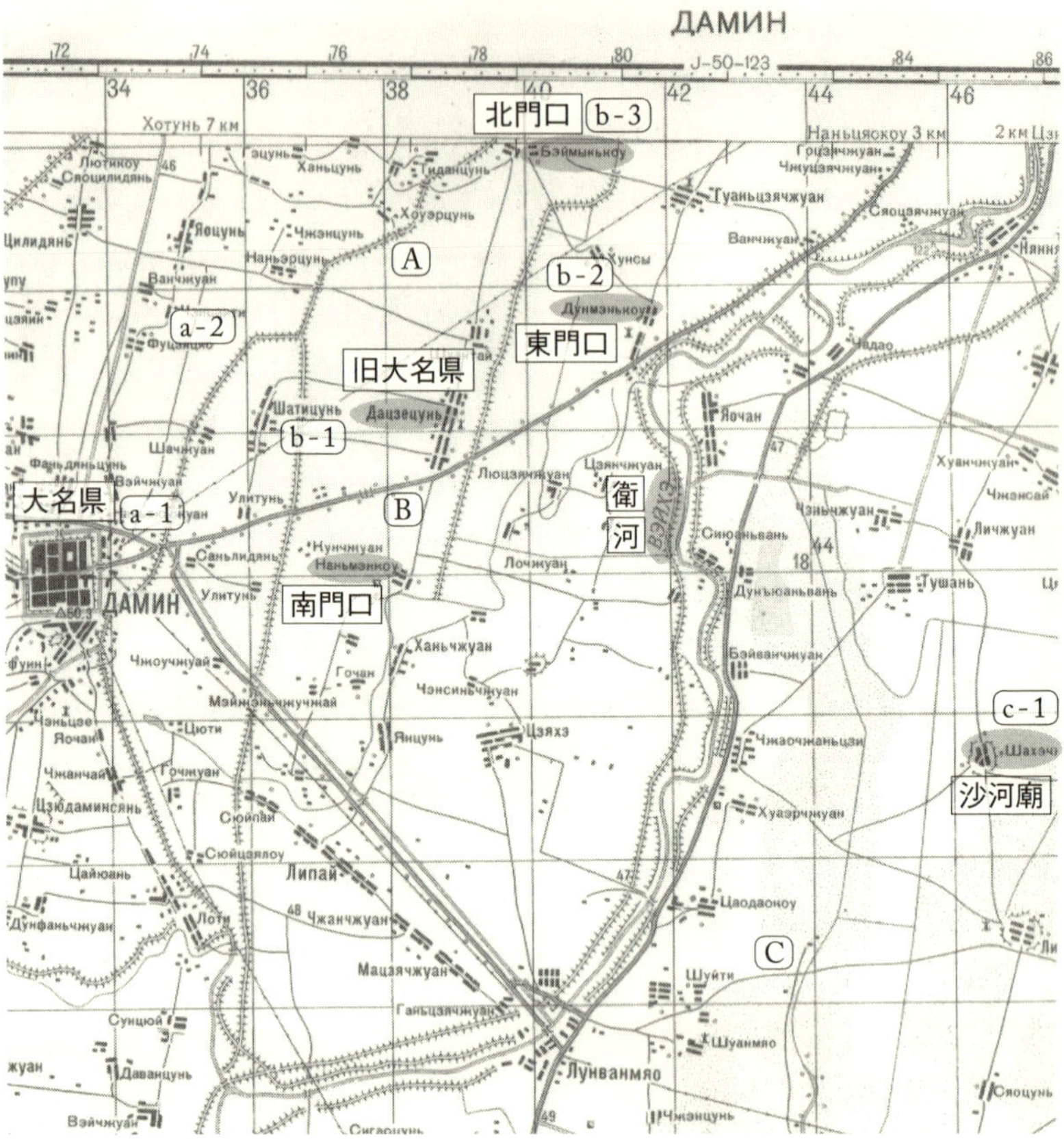

地図９　「旧ソ大名」部分

ことになる。そのようなことが本当に可能なのかどうか、一九七〇年代に詳細に作られたと思われるソ連図の該当部分と比較し、さらに検討を重ねてみよう。

まず初めに旧大名県の城壁Bについてだが、「旧ソ大名」（地図９）に特に見当たらない。「東門口」（地図９・b‐２）の衛河沿いに堤防があるが、これは他の一〇万分の一図と同じである。特に城壁、土塁などが周囲には見当たらないが、西壁の一部と覚しきものが堤防跡として見える程度である（地図９・b‐１）。またBの下にある「南門口」付近もそうである。しかし、これまで見てきたのと異なり、旧大名県の中央付近には南北に走る堤防跡を記している。「沙河廟」（c-1）付近の沙地の表現はCに見え、薄茶の点で示されている。道路を囲むようにして点が記されておらず、現状を反映して沙地であると判断して付されたように思われる。

続いてAの河道の描き方であるが、「旧ソ大名」（地図9）では、堤防跡として記されている。「仮製大名」に見えたような窪地の表現も見当たらない。北上して「北門口」（地図9・b-3）のすぐ北で水の流れがある河川として

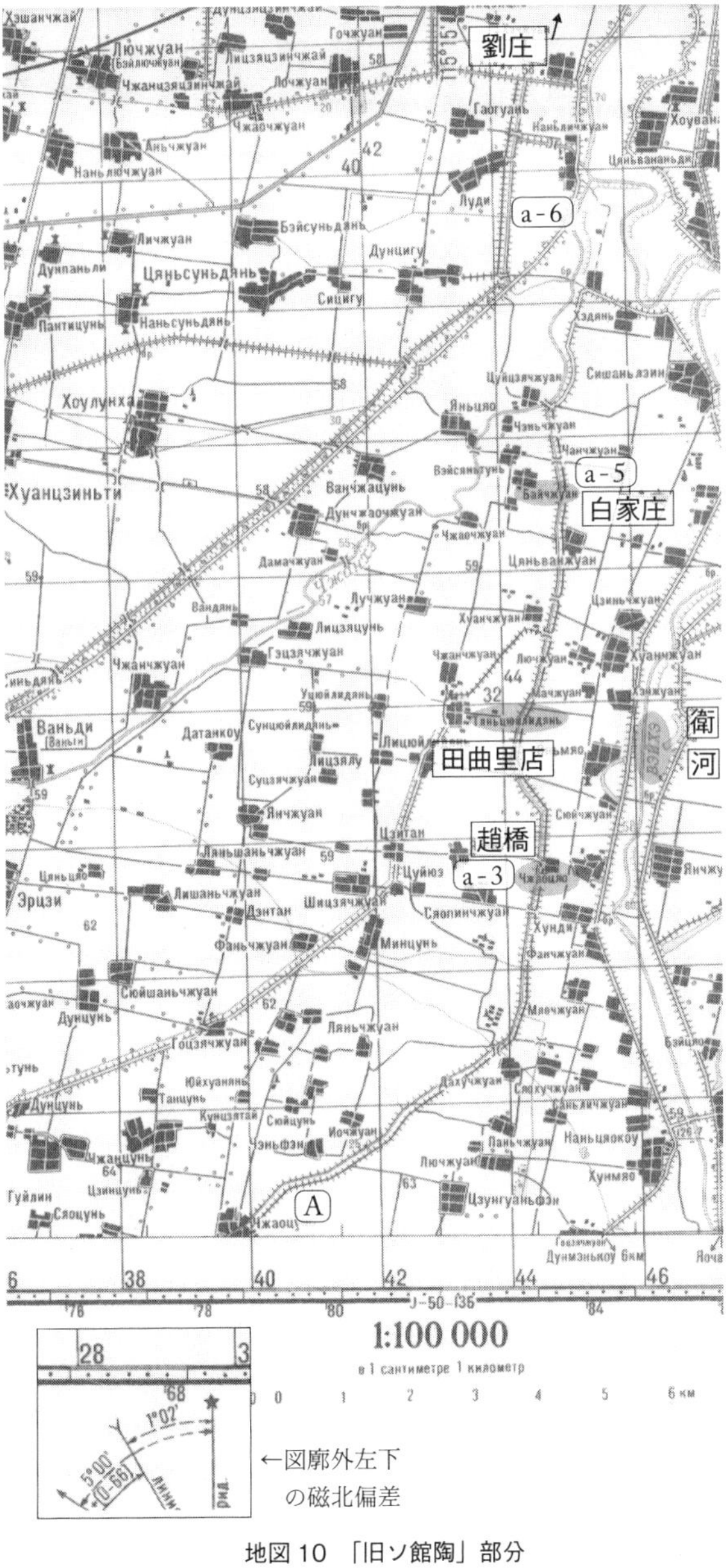

地図10 「旧ソ館陶」部分

描かれている点がこれまでと異なっている。その後はやはり「趙橋」（図10・a-3）を通り北上して「白家庄」（地図10・a-5）を経由し別の河川と合流し、その後「劉庄」付近の県境で衛河と合流している（地図10・a-6）。これは、「民国大名①」や「新製冠県」が途中で合流する河川を河川跡としているが、「旧ソ館陶」では実際の水のある流れの河川と合流している点以外はほぼ同じである。なお旧ソ連の一〇万分の一図には、各所に高度、河川の幅が記されている。大名県付近は海抜六〇メートル前後である。また「旧ソ大名」に「新製大名」を重ね合わせようとすると、若干「新製大名」を左に傾けないと合わない。測ってみるとおおよそ五度くらいである。これは「旧ソ大名」の図廓外左下に磁北偏差が四度五四分と記載されており、「旧ソ館陶」では五度である（地図10・下部）のにほぼ等しい。したがって、「新製大名」の地図上の北は、磁北そのままであることが確認できる。

一九七〇年代に製作された旧ソ連の地図からは、Bの城壁跡はほとんど見られなかった。先の外邦図・民国図を見る限りでは、西壁と南壁が消滅していった。一九七〇年代には残る東壁も無くなってしまったかのようである。しかしここで気になるのは、Aの河道跡の「仮製大名」の描写の詳細さである。他のどの地図にもただの堤防跡としてしか記されていなかった。方角や地名の誤りが多い「仮製大名」であるが、こうした地勢情報も信頼できないものとすべきなのであろうか。そのことを確認するために、次に新しい地図資料を紹介する。

三　「一萬分之一黄河下游地形圖」から得られる情報との比較

台湾の中央研究院近代史研究所には、旧日本陸軍が製作した外邦図や各種の民国図を所蔵している。[一二] その中には「一萬分之一黄河下游地形圖」と題された黄河下流域・徒駭河を対象にした、詳細な地図も所蔵している。この地図は、黄河委員会が一九二〇年代から実施していた精密な水準測量（標高を測定することを主な目的とした測量）によるもので〔謝二〇〇二〕〔黄河（編）二〇〇四：七八頁〕、細かな地形・河道の横断図・植生の記述がある。地図一枚の範囲は、縦が緯度〇度〇二分三〇秒、横が経度〇度〇六分である。河北省から山東省にかけての一帯の地図については、一九二二（民国一一）〜一九三七（民国二六）年を中心に測量したことが図廓外に記された測量日時から分かる[二二]〔中央研究院（編）一九九一：一一四八〜一一八九頁〕。索引図などは付されていないが、西は河南省偃師・孟県付近を基点として、南のラインは開封→商丘→単県、汶上→東平→長清→済南→章丘→博興→利津、西から北のラインは上記基点から温県→武渉→新郷→安陽→邯鄲→正定→曲陽→満城→易県→順義→密雲→薊県遷安→昌黎をカバーしており、おおむね太行山脈以東の平原すべてが収録範囲で非常に広範囲である。

この「一萬分之一黄河下游地形圖」（黄河下流域一万分の一図）は上記近代史研究所に二二六七枚所蔵されており、現在は郭廷以図書館においてマイクロフィルムで閲覧・複写をすることができる。注（二二）にも少し触れたが、この地図資料は、土地の値段や農作物が記されているものやそうでないもの、村落の戸数が記されているものとそうでないもの、英字名が付されているものとそうでないものなど、いくつかのバージョンがある。全体の資料的な性格の検討、考察が必要であるが、約一〇〇メートル間隔で実地に標高を測量してある測量線などから判断するに、非常に精密に測量しており、一九三〇年代の該当地域の研究だけでなく、黄河下流域の地形や社会を検討するための貴重な地図資料と言える。地図一枚一枚には名称がつけられていないため、ここでは「黄河下流域一万分の一図」と略称し、各図については所蔵番号（煩雑を避けるために冒頭のR/3-116-は略する）を用いる。では、これまで一〇万分の一図で見てきた箇所について、今度は黄河下流域一万分の一図で確認してみる。

Aの河道跡について見てみる。「仮製大名」で窪地として描かれていた（a-1）に該当する部分は、地図11（[36-11-27]左）の左下に見える。右岸が四五・三メートル、左岸が四五・五メートル、そして川底は四一・五メート

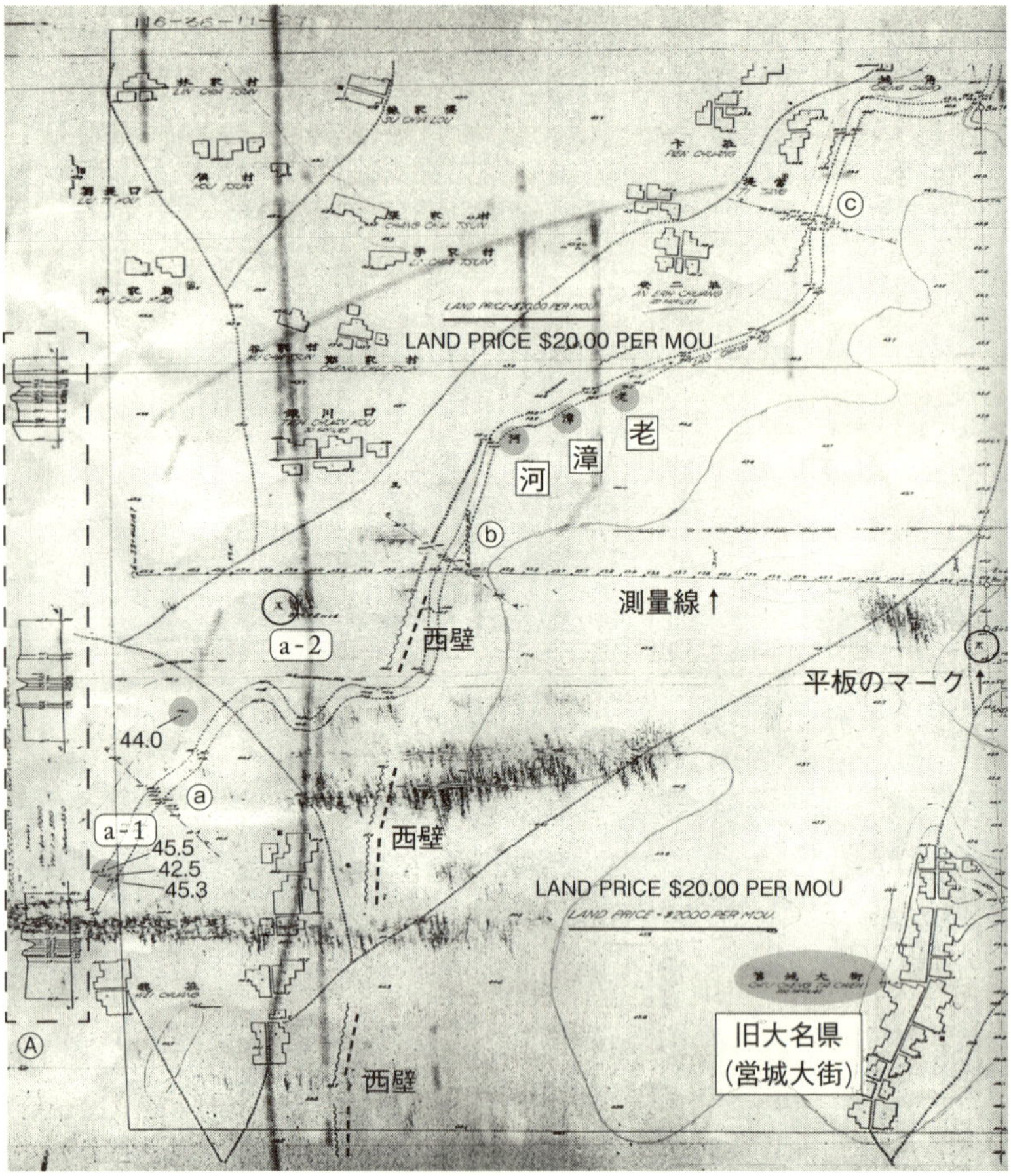

Ⓐの拡大図（河川の横断図）

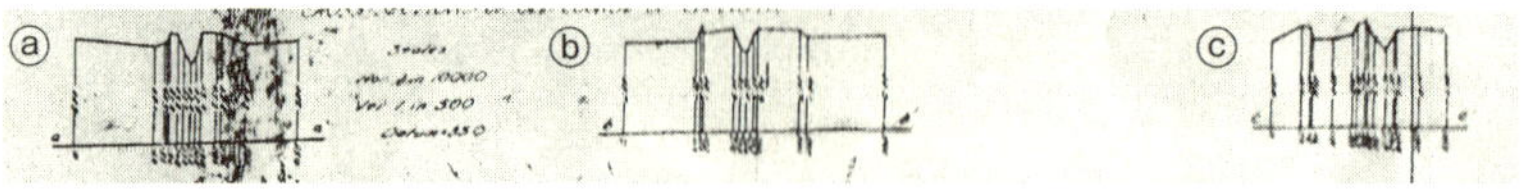

地図 11 ［36-11-27］左半分（「黄河下流域一万分の一図」）

ルである。河道跡の周囲の標高は四四~四五メートルほどなので、窪地と表現するかは別として「仮製大名」のマイナス一・五メートルという数値よりももっとくぼんでいると言ってもいいくらいである。次に（a-2）は河岸が四五・一メートルで周囲は四四・四メートルなので、岸高は〇・七メートルほどのようだ。いずれにせよ、一〇万分の一図で河岸の比高を記したものは「仮製大名」のみであり、旧大名県城の城壁を東壁・南壁・西壁をすべて記していたのも「仮製大名」のみであった。ここではっきりと西壁が城壁の跡としての記号で記されていることが見て取れる。図は省略するが、[36-11-33] には南壁が、[36-11-27] 右には東壁がやはり同様に記されているのである。

ところで地図11では、左中央から測量線が始まり右端で十字になっている様子が見える。十字のやや下には測量に用いる平板のような器具のマークがあり、測量地点となっていたことがわかる。さらに左側には図中に「老漳河」と見える河川の横断図（地図11・ⓐ・ⓑ・ⓒ）が描かれているが、どれも水流がない。また英字で「LAND PRICE $20.00 PER MOU」とあって、一畝ごとの土地価格が載っている。城壁跡のほかには、河川（跡）、道路、堤防、街の名前、居住家族数そしていたるところに海抜が記載されているのである。この [36-11-27] 図の測量年代は右下にある署名欄にも記載がなく、不明ではあるが、この一帯の黄河下流域一万分の一図の測量は早くても一九二一（民国一〇）年であった。したがって、「民国大名①」（民国四年調査・民国一〇年製版）に西壁が描かれていなかったは、西壁の記載のあった「仮製大名」（大正四年測量・大正六年製版）以後に西壁がなくなったからではなく、地図上で省略してしまった、記載しなかったのである。つまり、「仮製支那」から「新製支那」へ、また「民国①」から「民国②」へと方角や緯度経度、地名を正確にする段階で、「仮製大名」に見えたような河道Aの窪地・堤防といった細かな表現や西壁などの情報が引き継がれることなく、失われてしまったのである。

さて、河道跡Aの流れは、やはり「趙橋」よりやや南から水流のある流れとして描かれて北流する（地図12）。この河道は「漳河故道」と記されている。注目すべきは、この漳河故道の横断図が測量してあることである。水流が

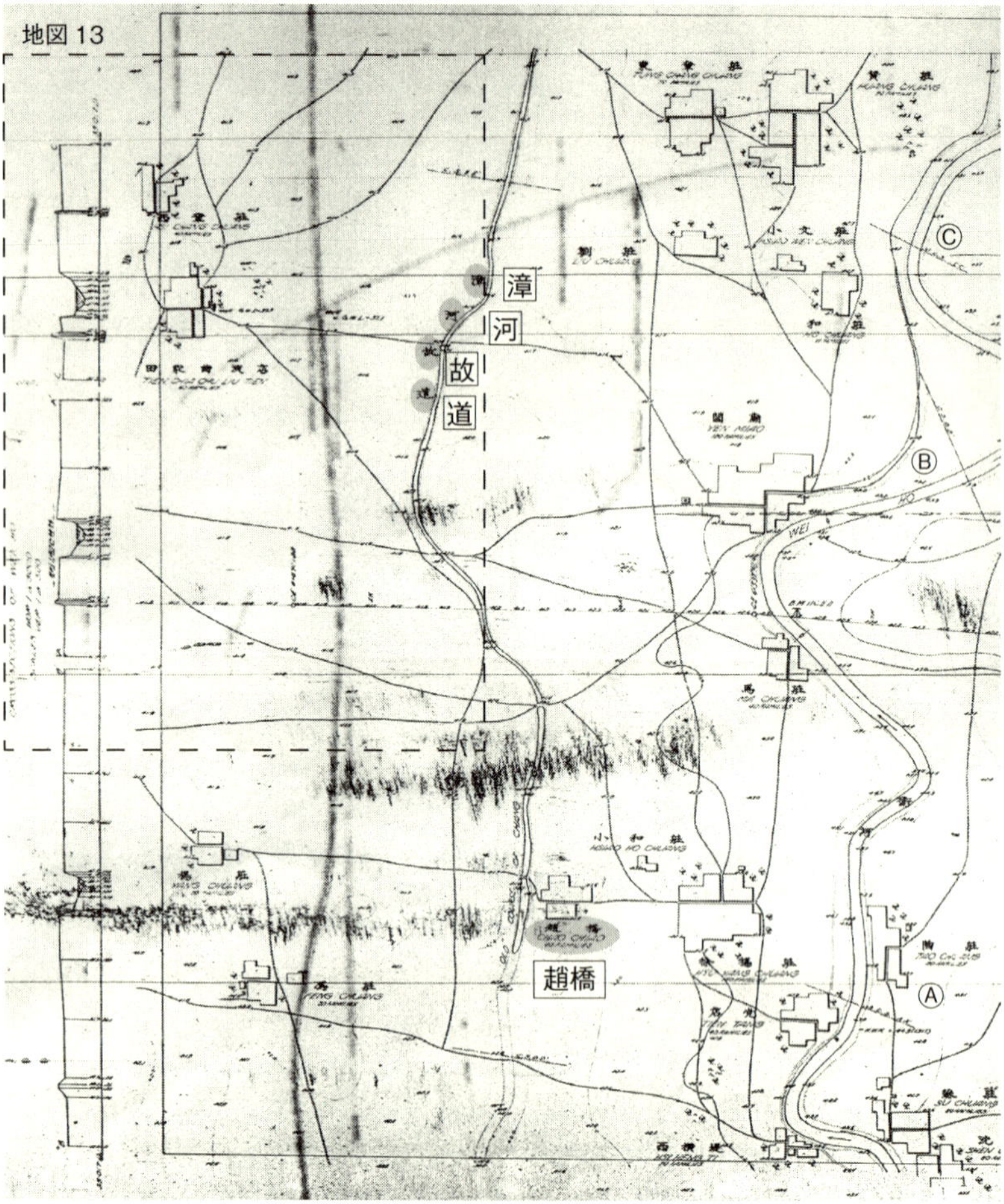

地図 12 ［36-11-16］部分

ない部分での横断図では、川底の標高は三九・三メートルで、水流のある部分での横断図では川底が三六・八メートル、水面の標高は三八・〇メートルである。

漳河故道の西側に位置する「田家曲流店」では三七・一メートルと三七・三メートルの井戸水の水位が「Well G.W.L=」の後に記されている（地図13）。つまり、この「黄河下流域一万分の一図」では、地下水位と河川の水位が分かるのである。地下水位が三七メートル前後のこの一帯では、川底がそれより高いところで水流がなくなっていることもよく理解できる。さらに「田家曲流店」の下には「60 FAMILIES」と戸数が記され、東に寺院の印、周辺には闊葉樹の印があり、そうしたものの存在も知ることができる。図廓外の左には衛河の横断測量図（Ⓐ・Ⓑ・Ⓒ）が記され、一九一七年の洪水時の最高水位が四四・三六メートルであったことも記載されている。また地図12には見えないが、[36-11-16] 図の中央のやや上には、土地価格が毎畝二〇

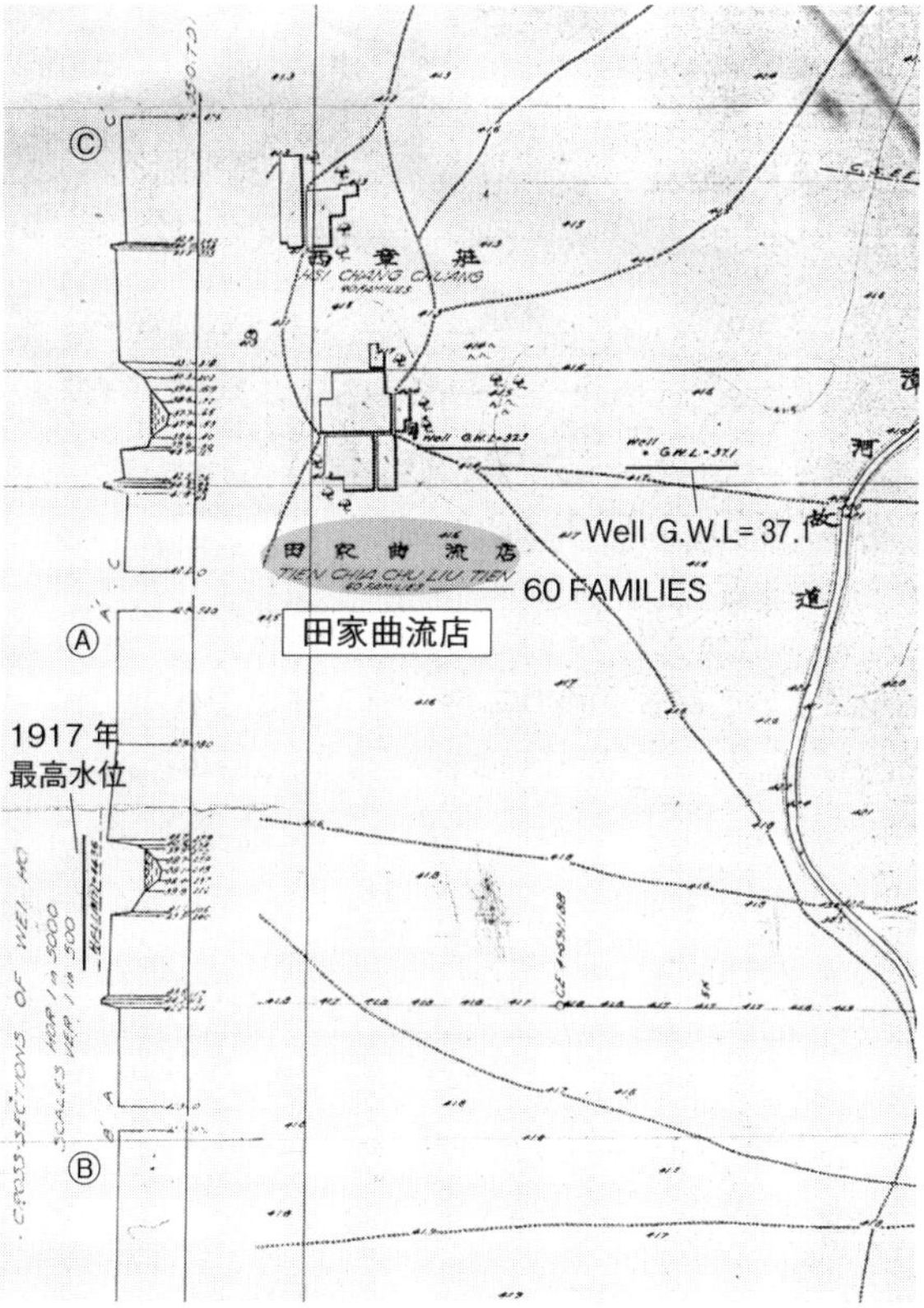

地図13 ［36-11-16］部分拡大

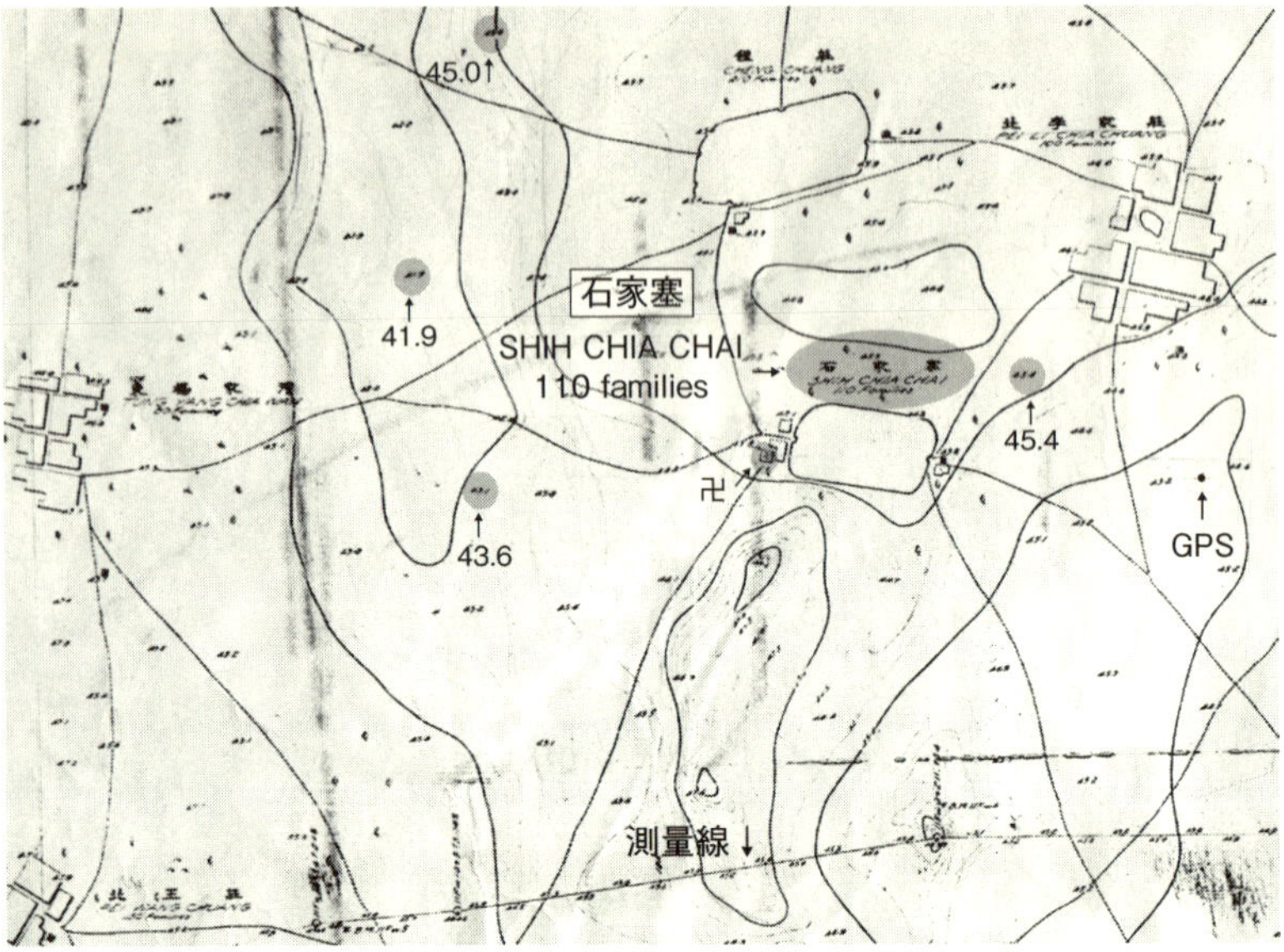

地図 14　［36-11-34］部分

～三五元と記され、やや下には産物が、麦と落花生などであることが記載されている。

次に、我々が現地調査で訪れた大名県石家塞は、「黄河下流域一万分の一図」では［36-11-34］（地図14）に見える。携帯したGPS測定器では北緯三六度一六分四五秒六、東経一一五度一六分三六秒八、標高五二メートルであった。この位置を［36-11-34］図上におとすと、経度が約プラス五秒、緯度がマイナス六秒五ほどずれたところにあたる（地図14）。距離にするとおよそ一キロメートルの誤差となるが、計測に使用したGPS測定器は世界標準系の経度緯度を使用しているため、たとえば東京でも旧来の緯度経度データより五〇〇メートルほど南東にずれるし、測定の誤差を考慮しなければならない。また地図上では石家塞は四五メートルほどの標高と記載されており、プラス七メートルの差があるが、GPSは平均海面にジオイド高を足した楕円体からの高さを測定し、加えて人が持つ高さも加算されるので、［36-11-34］の標高データはおおむね妥当な値と言えよう。従って、「黄河下流域一万分の一図」

の緯度経度データと標高データはかなり正確なことが理解できる。

さて、我々は石家塞西端の「泰山行宮廟」（地図14・卍）を調査し、泰山行宮廟西南端から西南西を遠望したところ、樹木や畑の向こうの地平線付近に白く横たわる沙地があった。これが各種の一〇万分の一図で「黄河故道」と記されたところに当たる。グーグルローカル（http://local.google.co.jp/）でこの地域を見るとそのことがよく分かる。[36-11-34]（地図14）の地勢と勘案すると、黄河故道とされているところは四三メートル台以下で、石家塞より二メートル以上低い地帯である。[36-11-34] では沙地として描かれていないように見える。ただ、より南方の [36-15-4] では「南李家荘」付近にところどころ沙地を表現している。現地調査でも「南李家荘」から「沙河廟」に行く際には、沙地が非常に多く見られた。したがって「黄河下流域一万分の一図」は当時の植生をかなり反映していると考えられ、また一面を点描するのではない表現は「仮製大名」や旧ソ連製図と同じであるから、沙地表現などの植生は、一〇万分の一図の中では「仮製北支那」と旧ソ連製が実際をより忠実に反映しているのではないかと考えられる。

以上のように、「黄河下流域一万分の一図」には、村落名、戸数、標高、地勢、植生、経度・緯度、河川、河川跡、河川の横断図、道路、堤防、井戸の水位、河川の水位など細かな情報が盛り込まれていた。この地域の歴史地理学を検討する際のもっとも詳しく、また他の資料では知ることのできない情報が豊富な資料であることが理解していただけただろう。

おわりに

結論として、以上に検討した結果を述べると以下のようになろう。

一、「仮製北支那」地図は、方角・地名に誤りが多く見られ、大名県では河川の流れに間違いがある。しかし、他の一〇万分の一図と比較すれば、旧ソ連製図と比べても植生や堤防跡などの描写が比較的詳細である。

二、「新製北支那」地図は、「仮製北支那」と比べて、方角・地名・河流などが正されている。磁北が地図上の北になっている。植生や堤防跡の描写は、「仮製北支那」の成果を継承せずに簡略化しており、民国図を基本としている。

三、民国図「十萬分一民國圖」には、製版年次で区別できる二つの版があり、旧版は経度・緯度、方角がかなりずれている。しかし城壁跡の表現からうかがえたように、細かい地図情報は新版よりも詳しい傾向にある。新版は製図が雑なものが含まれるが、方角は旧版よりも正しい。

四、旧ソ連製図は、磁北補正を明示するなど緯度経度が細かく正確であり、また沙地の表現などからも、地表の植生をかなり忠実に反映していると思われる。ただ、衛星ないし航空写真からの製図ではないかと推測されるため、実地測量で得られる細かな点については描写されていない部分があると思われる。

五、「黄河下流域一万分の一図」は、緯度経度、高度は誤差の範囲内と思われ、かなり正しく測量されたものだと考えられる。植生・村落名などはもっとも詳しく、村落の戸数、標高、河川横断図、井戸・河川の水位など独自な情報を有している。

「黄河下流域一万分の一図」は大縮尺で水準測量を基本としているがゆえに、もっとも詳細なデータを有している。もちろん七〇数年前の測量であるから、すべてが正確なわけではないであろう。しかし、現在公開されているどの地図よりも大縮尺であり、村落名、河川跡、標高、水位なども一番詳しいから、黄河下流域のフィールドワークに際しては、現在、もっとも参考にすべき地図資料であることは間違いない。今後は、外邦図・民国図・旧ソ連図といった各一〇万分の一図の特徴を考慮した上での、積極的な活用が期待される。また「黄河下流域一万分の一図」の持つ情報量の多さは、計り知れないものがある。多くの分野によるこの地図資料の積極的な活用を期待して、この簡単な比較考察を終える。

なお、本稿で使用した地図の所蔵機関は以下の通りである。「仮製北支那」（東京都立大学附属図書館）、「新製北支那」「ソ連図」（岐阜県図書館世界分布図センター）、「民国図①」「民国図②」「黄河下流域一万分の一図」（中央研究院郭廷以図書館）。また、国立国会図書館所蔵の各地図も適宜参考にした。利用に際して便宜をはかっていただいた各機関には謝意を表したい。

【注】

（一）筆者は、ある中国人の歴史研究者から、自身は五万分の一地形図を、他の歴史研究者からは一〇万分の一地形図を利用してフィールドワークをしていると直接聞いたことがあり、また、別の研究者にそのコピーを見せてもらったことがある。それは人民解放軍が一九八〇年代を中心に測量・作図したものであった。筆者自身も四川省のある県の文物管理所で二万分の一地形図を見せてもらいながら遺跡の分布の説明を受けたことがある。しかし、このような大縮尺の地形図は、中国においては「国家機密とされているため、入手はおろか通常では見せてもらえない」〔河内二〇〇一：五八頁〕状況であることは現在でも変わらないようである。

（二）外邦図については〔長岡一九九三〕が、外邦図の沿革と測量の実態、また作製された外邦図の一覧図を紹介し、研究の先鞭をつけた。その後は、注（三）などの成果がある。〔小林二〇〇六〕は、外邦図研究の流れを最新の情報をも踏まえて概説し、外邦図の製作から所蔵、利用、研究、課題などを網羅しており、外邦図に関する非常に簡潔で有益なガイダンスとなっている。本稿では、注に引用したものは当然ながら、そのほか多くの外邦図研究に益を受けている。

（三）外邦図の製作に関しては〔測量・地図（編）一九七〇〕に比較的まとまった記載があり、日本が製作した外邦図の作成状況を載せている〔測量・地図（編）一九七〇：四四〇〜四四三頁〕。その「第六章　中国」では、中国についての測量・作図の状況が簡潔に記されている（〔測量・地図（編）一九七〇：四七九〜四八二頁〕）。これらの記載を裏付けるような資料は多くなく、わずかに〔参謀本部（編）一九七九〕などから知られる程度であったが、近年、大阪大学人文地理学研究室の小林茂教授を中心とした外邦図プロジェクトにより、さまざまなことが究明され、明らかにされている。その成果は『外邦図ニューズレター』として公にされ、多岐にわたって非常に有益な情報に富んでいる〔「外邦図二〇〇三」〔外邦図二〇〇四〕〔外邦図二〇〇五〕〔外邦図二〇〇六〕〕。また、外邦図作成における具体的な測量や作図などに関しては、当時の作成者側の資料である〔渡辺正委員会（編）二〇〇五〕が特に貴重である。

（四）東北大学、京都大学などは地図の書誌的情報を詳しく載せた外邦図目録を刊行している〔「東北大学（編）二〇〇三〕、〔京都大学（編）二〇〇五〕〕。他にはお茶の水大学、大阪大学、東京大学〔「小堀・田中（編）一九八三〕〕、駒澤大学、立教大学、国土地理院、防衛庁防衛研究所などが外邦図を所蔵している。国内外における外邦図の所蔵状況については〔久武二〇〇五〕が諸研究を挙げて概要を記し、参考になる。その他、北京の国家図書館での所蔵も確認できる〔「北京図書館（編）一九九七〕〕。

（五）日本に所蔵されている外邦図で、一般に所蔵を公開し複写もできる機関としては以下の四カ所がある。それぞれの所蔵目録（中国大陸を掲載したものに限った）とあわせて列挙する。

①アジア経済研究所〔「アジア経研一九九〇〕〕

②国立国会図書館地図室〔「布目・松田（編）一九八七〕・〔国会図書館（編）一九八二・一九九一〕〕

③東洋文庫〔「布目・松田（編）一九八七〕〕

④岐阜県図書館世界分布図センター（http://www.library.pref.gifu.jp/map/worlddis/mokuroku/out_japan/out_japan.htm）

なお岐阜県図書館世界分布図センターは、東北大学所蔵の外邦図の複写を所蔵し、また重複しない部分を中心に、京都大学などの所蔵のものも逐次複写して所蔵・公開しており、今後さらなる外邦図の一般利用が期待できる。

（六）後述するように、「北支那十万分一圖」「大名縣」と中華民国製作の「大名縣」〔「中華民國四年八月調査　十年十一月製版」〕を比較してみると、いろいろな違いが見られる。したがって、「北支那十万分一圖」「大名縣」は民国図に依拠しつつも、さまざまな情報を元にして作製したものであると言うことができる。

（七）中華民国の地図製作については〔中国測絵（編）一九九五〕が詳しい。ここでの記述の多くはこれに拠っている。また〔中国測絵（編）一九九五〕の中華民国時期の部分の抄訳として〔大堀二〇〇〇〕がある。

（八）旧ソビエト連邦二〇万分の一図は、明治大学にも所蔵されており、授業で使用した事例が〔小疇一九九七〕に見える。また旧ソ連製作の中国大陸一〇万分の一図については〔河内二〇〇一〕に言及がある。しかし、資料群として概説した専論は管見の限り見当たらなかった。識者のご教示を請いたい。

（九）岐阜県図書館世界分布図センター所蔵の目録は以下のＵＲＬにある。「旧ソ連製地図所蔵一覧」（http://www.library.pref.gifu.jp/map/worlddis/mokuroku/old_ussr/old_ussr.htm）

（一〇）「民国図①」では、闊葉樹の印が一帯にまったく見えない。したがって、闊葉樹の記号を付さなかったと思われる。

（一一）台湾中央研究院の地図コレクションについては、目録に〔中央研究院（編）一九九一〕があり、現在は以下のＵＲＬで検索も可能である（http://db1.sinica.edu.tw/~textdb/archives/map_q.php）。また簡単ではあるが、資料紹介として〔謝二〇〇二〕がある。

（一二）黄河水利委員会は一九三三年に成立した部局であるから、〔謝二〇〇二〕が「一九二〇年代から黄河水利委員会が測量した」としているのは、訂正を要する。この点について〔黄河（編）二〇〇四：七八頁〕の一九三三（民国二二）年の条に「黄委会成立測量隊」と題し「この時より民国二七年までは黄委会測量の第一段階であり、黄河下流の河道の地形、堤防工事や精密水準測量に重点が置かれていた。合計、（黄河の）河道図一・三万平方キロメートル、徒駭河の河道図一・一万平方キロメートルを測量した」とあり、〔中国測絵（編）一九九五：五九三頁〕に「一九三三年から一九三七年に相次いで四つの測量隊を投入し、黄河下流（河南省偃師から山東省利津の河口まで）の河道一万分の一地形図を一・三平方キロメートル、徒駭河の河道図を約一万平方キロメートルを測量した」とある。しかし、「黄河下流域一万分の一図」の中には確かに一九二二（民国一一）年やそれ以降に作図されたものも見受けられる〔中央研究院（編）一九九一〕。とすれば、黄河水利委員会に先立つ順直水利委員会（一九一八〜一九二八年）、華北水利委員会（一九二八年〜）が測量・作図していたものを、黄河水利委員会が引き継いで測量・作図などの参考にしたと考えるのが自然であろう。実際に「一萬分之一黄河下游地形圖」には数種類の図式パターンがあること、同一地域で二枚の地図が存在するものがあるのは、そのためだと考えられる。今後、この地図資料の成り立ちなど詳しい成立や測量の事情の究明が求められる。

〔引用文献〕（ＵＲＬは二〇〇七年二月二八日現在）

〔日文〕五十音順

・アジア経済研究所（アジア経研）一九九〇：『発展途上地域地図目録　第一巻　アジア地域編』（アジア経済研究所）。

・石原潤二〇〇三：「外邦図は「使えるか」？――中国とインドの場合」〔外邦図二〇〇三〕。

・大堀和利二〇〇〇：「『中国測絵史』より、民国政府の測量・地図作成事情」（『地図』三八―四）。
・小疇尚一九九七：「旧ソ連邦の地勢図を読む」（『図書の譜　明治大学図書館紀要』一）
(http://www.lib.meiji.ac.jp/openlib/issue/kiyou/chizu/index.html)。
・外邦図研究グループ（外邦図）
二〇〇三：『外邦図研究ニュースレター』No.1（大阪大学大学院文学研究科人文地理学教室）
(http://www.let.osaka-u.ac.jp/geography/gaihouzu/newsletter1/pdf/n1_all.pdf)。
二〇〇四：『外邦図研究ニュースレター』No.2（大阪大学大学院文学研究科人文地理学教室）
(http://www.let.osaka-u.ac.jp/geography/gaihouzu/newsletter2/pdf/n2_all.pdf)。
二〇〇五：『外邦図研究ニュースレター』No.3（大阪大学大学院文学研究科人文地理学教室）
(http://www.let.osaka-u.ac.jp/geography/gaihouzu/newsletter3/pdf/n3_all.pdf)。
二〇〇六：『外邦図研究ニュースレター』No.4（大阪大学大学院文学研究科人文地理学教室）
(http://www.let.osaka-u.ac.jp/geography/gaihouzu/newsletter4/pdf/n4_all.pdf)。
・河内洋佑二〇〇一：「中国の地形図、地質図、地名事典、地質用語辞典の紹介」（『地質ニュース』五六三）
(http://www.gsj.jp/Pub/News/pdf/2001/07/01_07_05.pdf)。
・京都大学総合博物館・京都大学大学院文学研究科地理学教室（京都大学）二〇〇五：（編）『京都大学総合博物館所蔵外邦図目録』（京都大学総合博物館・京都大学大学院文学研究科地理学教室）。
・国立国会図書館専門資料部（国会図書館）
一九八二：（編）『国立国会図書館所蔵地図目録　外国地図の部Ⅰ』（国立国会図書館）。
一九九一：（編）『国立国会図書館所蔵地図目録　外国地図の部Ⅷ』（国立国会図書館）。
・小林茂二〇〇六：「近代日本の地図作製と東アジア――外邦図研究の展望」（『E-journal　GEO』一―一）
(http://wwwsoc.nii.ac.jp/ajg/ejgeo/115266kobay.pdf)。
・小堀巌・田中正央一九八三：（編）「東京大学総合研究資料館所蔵地図目録　第一部国外篇」（『東京大学総合研究資料館標本資料報告』第八号）。

・参謀本部北支那方面軍司令部（参謀本部）一九七九：（編）『外邦測量沿革史：草稿』（ユニコンエンタプライズ〈複製〉）。
・測量・地図百年史編纂委員会（測量・地図）一九七〇：（編）『測量・地図百年史』（国土地理院）。
・東北大学地理学教室（東北大学）二〇〇三：（編）『東北大学所蔵外邦図目録』（東北大学大学院理学研究科地理学教室）。
・長岡正利一九九三：「陸地測量部外邦図作成の記録――陸地測量部・参謀本部　外邦図一覧図」（『地図』三一―四）。
・久武哲也二〇〇五：「日本および海外の諸機関における外邦図の所在状況とその系譜関係」（『地図情報』二五―三）。
・布目潮渢・松田孝一一九八七：（編）『中国本土地図目録〔増補版〕』（東方書店）。
・渡辺正氏所蔵資料集編集委員会（渡辺正委員会）二〇〇五：（編）『終戦前後の参謀本部と陸地測量部――渡辺正氏所蔵資料集』（大阪大学文学研究科人文地理学教室）。

〔中文〕
・黄河水利委員会（黄河）二〇〇四：（編）『民国黄河大事記』（黄河水利出版社）。
・謝国興二〇〇二：「中央研究院近代史研究所檔案館收蔵地図簡介」(http://archives.sinica.edu.tw/main/map.html)。
・中央研究院近代史研究所檔案館編目室（中央研究院）一九九一：（編）『近史所檔案館蔵 中外地図目録彙編』第一冊・第二冊（中央研究院近代史研究所）。
・中国測絵史編輯委員会（中国測絵）一九九五：（編）『中国測絵史　第二巻（明代～民国）』（測絵出版社）。
・北京図書館善本特蔵部輿地図組（北京図書館）一九九七：（編）『輿図要録――北京図書館蔵六八二七種中外古旧地図目録』（北京図書館出版社）。

衛星画像を利用した黄河下流域古河道復元研究——大名・館陶を中心に

長谷川　順二

はじめに

中国第二の大河、黄河。全長約五四〇〇キロメートル、年平均流量五六〇億立方メートルを誇る世界でも有数の大河である。(一)この満々たる水を湛えた黄河は「善淤、善決、善徙（良く濁り、良く決壊し、良く移動する）」と称され、幾度となくその流路を変えてきた。このことは文献資料にも記されており、それらの記述を用いて古代の河道である「故河道」を復元する試みも清代以降、幾度か為されている(二)（図1）。しかしこれらの復元河道はあくまでも文献記述に基づいたおおまかなものであり、必ずしも地形に沿った復元とは言えない。この点をカバーするために、衛星画像などのデジタルデータの導入を試みることとした。本研究では前漢黄河の河道復元を主テーマとし、今回はその一部としては主に河北省大名県および館陶県周辺の地域を扱う（図2）。この地域は二〇〇五年に現地調査を行った箇所であり、(三)その際に得られたＧＰＳ（グローバル・ポジショニング・システム、二四基の人工衛星を利用した全地球測位システム）情報を活用する。

『漢書』「溝洫志」には、黄河が館陶県にて決壊し、そこから屯氏河が分流したという記述がある。(四)『水経注』で

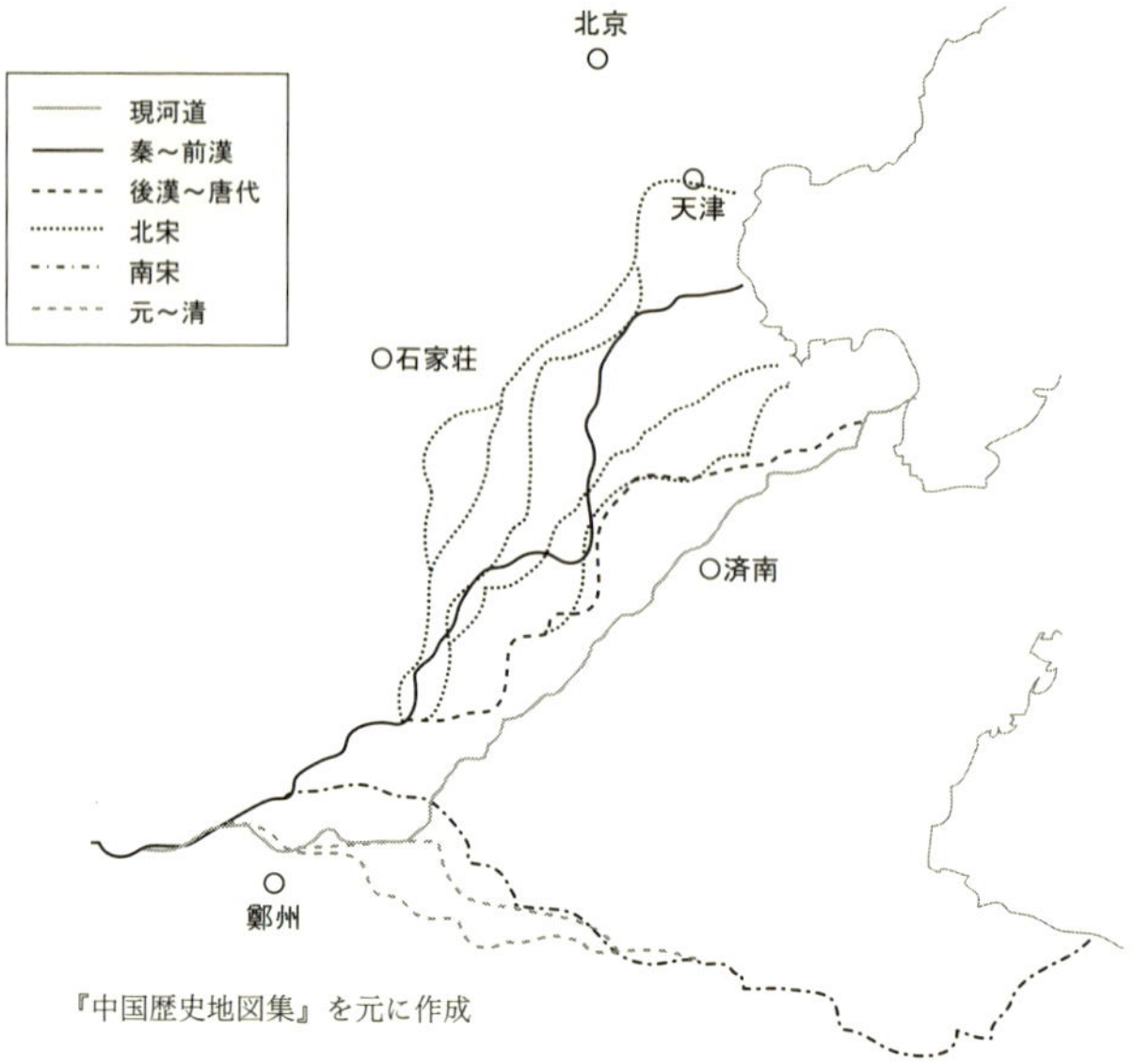

図１　歴代河道図

図２　今回の調査範囲（大名県・館陶県）

は前漢黄河は「大河故瀆」と呼ばれ、元城県・沙邱堰・五鹿・館陶県を流れていたとある。(五)『中国歴史地図集』(六)ではこれらの記事に基づき、大名県からほぼ真北に流れ、館陶県の北西側を回りこんで東へと曲がる河道を想定している。これらの文献記述に加え、衛星画像や地形データなどのデジタルデータおよび現地調査で得られたGPS情報を総合し、この元城県(現在の大名県)から館陶県までの前漢河道を復元する。

今回の研究対象となる大名県~館陶県の地域には、前漢黄河本流の他に複数の河道が流れていた。前漢には黄河から屯氏河が分流し、その後は三国時代に魏の曹操によって白溝(七)が、隋の煬帝によって永済渠(八)が建設された。さらに宋代以降に漳河などの河川が流れ込むといったように、この地域は現代に至るまで河川が複雑に入り乱れてきた箇所である。衛星画像から読み取った河道痕の流路(九)(図3)を見ても、該当箇所は複数の河川が錯綜しており、流路の特定は容易ではない。まず始めにこれらの河道を弁別し、年代や河川名等それぞれの所属を明確にしておく必要がある。各河道の所属を明らかにするには文献資料を使用する。(一〇)

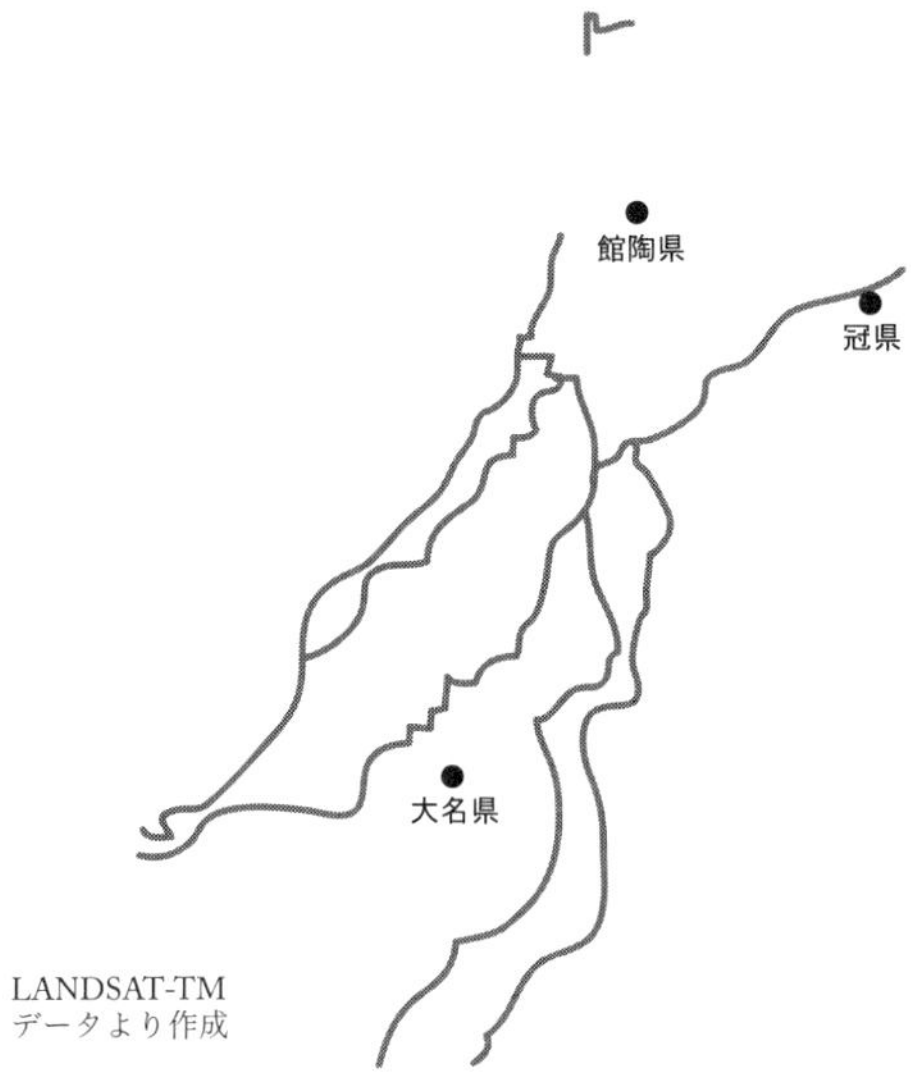

図3　大名県・館陶県付近の河道痕

河道の位置を特定するには、まず関連する都城の位置を特定する必要がある。前述した『水経注』を始めとした地理書には、河道の位置を記す基準として都城が使われているためである。しかし文献資料に記された都城の位置は、そのままではデジタルデータと重ね合わせるこ

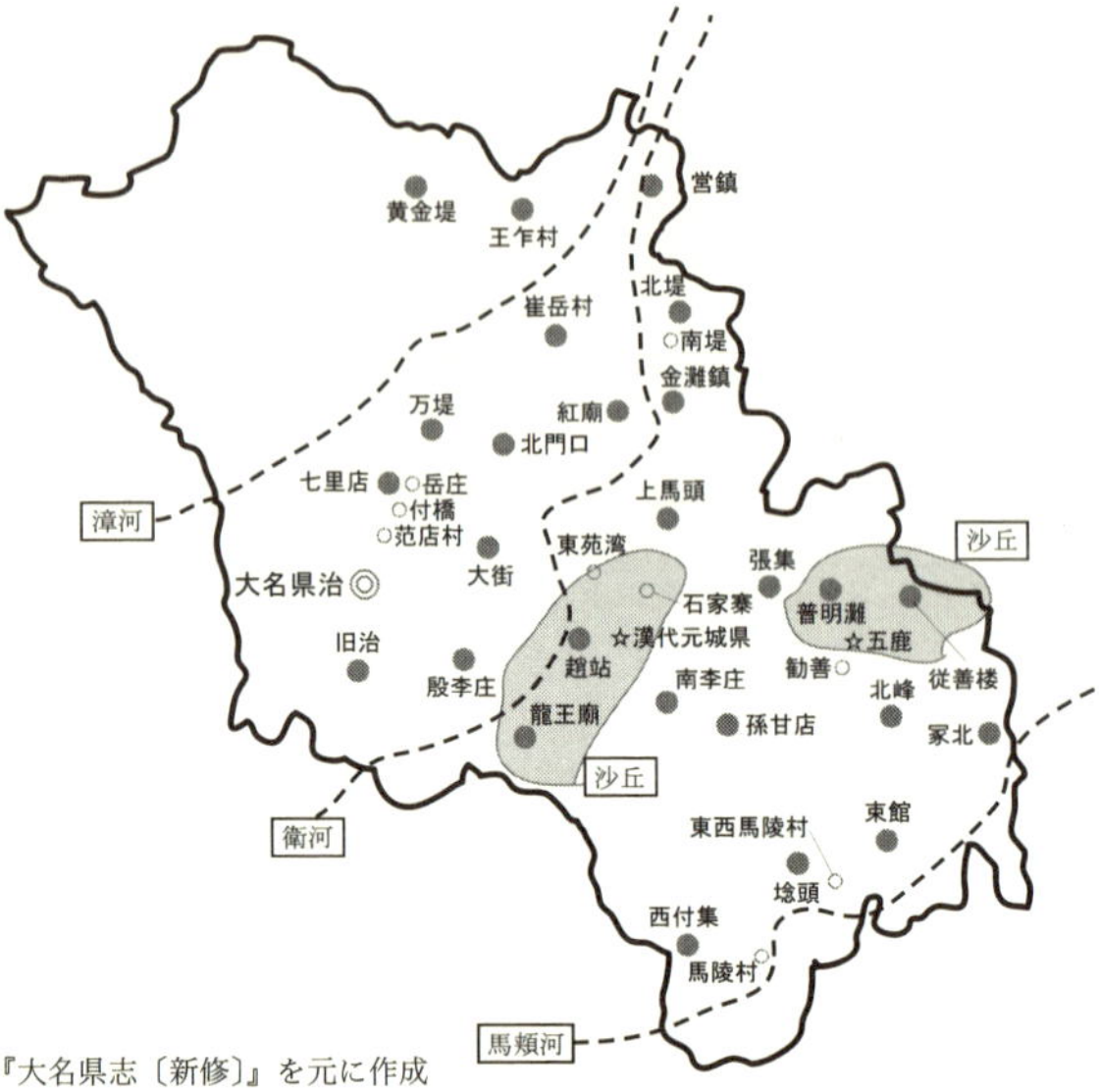

『大名県志〔新修〕』を元に作成

図４　大名県地図

とはできない。文献資料の記述を、現代の緯度経度を利用した位置記述に置き換える必要がある。ここでは、主に都城遺跡を利用して緯度経度情報に置き換える。以下に、文献記述と遺跡を利用した緯度経度情報への置換の例を挙げる。

一、都城の位置比定

ここでは『水経注』の記述に基づき、元城県・館陶県の二カ所を比定する。これらの都城は文献記述、主に『大名県志』『館陶県志』などの地方志にある都城遺跡、またはそれに類する記事を利用して位置を特定する。最終的には現地に赴き、GPSを使って位置を計測した。

漢代元城県は、『水経注』や『大名県志〔民国〕』[一一]によれば「沙麓」の近傍にあるとしている（沙麓は『大名県志〔民国〕』では大名県の上馬頭郷石家寨村にあるとしている）[一二]。実際に現地の文物局の方に依頼したところ、案内されたのはやはり石家寨村であった。この村には特に石碑など遺跡の証拠となるものは存在しない。唯一関連するものとして、地元で「沙廟」とよばれる廟が存在した（この廟には「泰山行宮碑」の碑があった。碑文によれば明代の建造物である）。この石家寨一帯は「沙丘」と称される地域だということから、『大名県志〔民国〕』ではここを沙麓と見なして漢代元城県を比定したと思われる。

『大名県志〔新修〕』[一三]によれば、大名県にはこの「沙丘」と称される沙地が多く見受けられ、そのほとんどは衛河の東側・大名県の南東部に集中している[一四]（図4）。『水経注』によれば、この辺りには「沙鹿（麓）」の他に「沙邱堰」と呼ばれる地もあったという。これらの沙丘が古代の沙地の状態をそのまま留めてきたものかは不明だが、このような文献記述と現在の地形との相関は興味深い。

『館陶県志〔新修〕』を元に作成

図5　館陶県地図

漢代館陶県は前述したように、前漢期に黄河が決壊したという記述が『漢書』「溝洫志」にあることから、前漢黄河の位置を特定するには欠かせない場所である。『館陶県志〔新修〕』[一五]によれば、漢代館陶県は冠県（山東省）の東古城郷にある。現在の館陶県から衛河を渡って東へ行き、さらに衛東干渠と呼ばれる渠道を越えて東側に位置する（図5）。

『元和郡県志』によれば、この漢代館陶県の東四里に大河故瀆（＝前漢黄河）が位置するとある[一六]。『館陶県志〔新修〕』に掲載されている清代の館陶県地図には、県の東部に南北に走る帯状の沙地帯が書かれている[一七]。『元和郡県志』の「東四里」という記述とおおむね合致するが、この沙地帯がすなわち前漢黄河の河道であると、一概には言えない。沙地は北東方向へとほぼ直進しているが、前漢黄河は館陶県から東に位置する漢代霊県（現在の山東省高唐県）へと流れるためである。[一八]

また県城ではないが、『水経注』に「五鹿」という地が登場する。春秋時代、晋文公が放浪していたときにこの近傍で食が尽き、五鹿の住人に食を乞うたところ食の代わりに土塊を与えられたという記述が『春秋左氏伝』にある。[一九]この五鹿は、杜預によれば現在の大名県であるという説と、もう一つ濮陽県の南という二つの説が存在する。[二〇]ここでは『大名県志（民国）』の説に従い、[二一]大名県の普明灘郷勧善村を五鹿とした。

さらに『水経注』には登場しないが、大名県の南端に「馬陵」という地がある。現在の埝頭郷東西馬陵村、および西付集郷馬陵村の一帯である。戦国時代、ここで斉の孫臏が魏の龐涓を破ったという記述が『史記』にある。[二二]黄盛璋氏によれば、この馬陵は黄河の東側に位置するという。[二三]これもまた前漢黄河の位置を特定するための情報として活用できよう。

二、王莽金堤遺跡

前漢黄河を復元するうえで重要なのが、「金堤」と呼ばれる堤防遺跡である。これは漢代（またはそれ以降）に黄河の水害を防ぐことを目的として作られた堤防であるため、この遺跡の近隣に黄河が流れていた可能性が高い。『大名県志（新修）』によると、大名県には県城を南北に貫いている金堤が存在する。[二四]現在も盛土部が残っているもの、また盛土は消滅しているが地名などに痕跡が残っているもの、さまざまな形で痕跡が確認できる。現在の漳河・衛河とは異なる道を取るこの堤防は、各所で削り取られて寸断されているが、これらの残存堤防や地名などの要素を

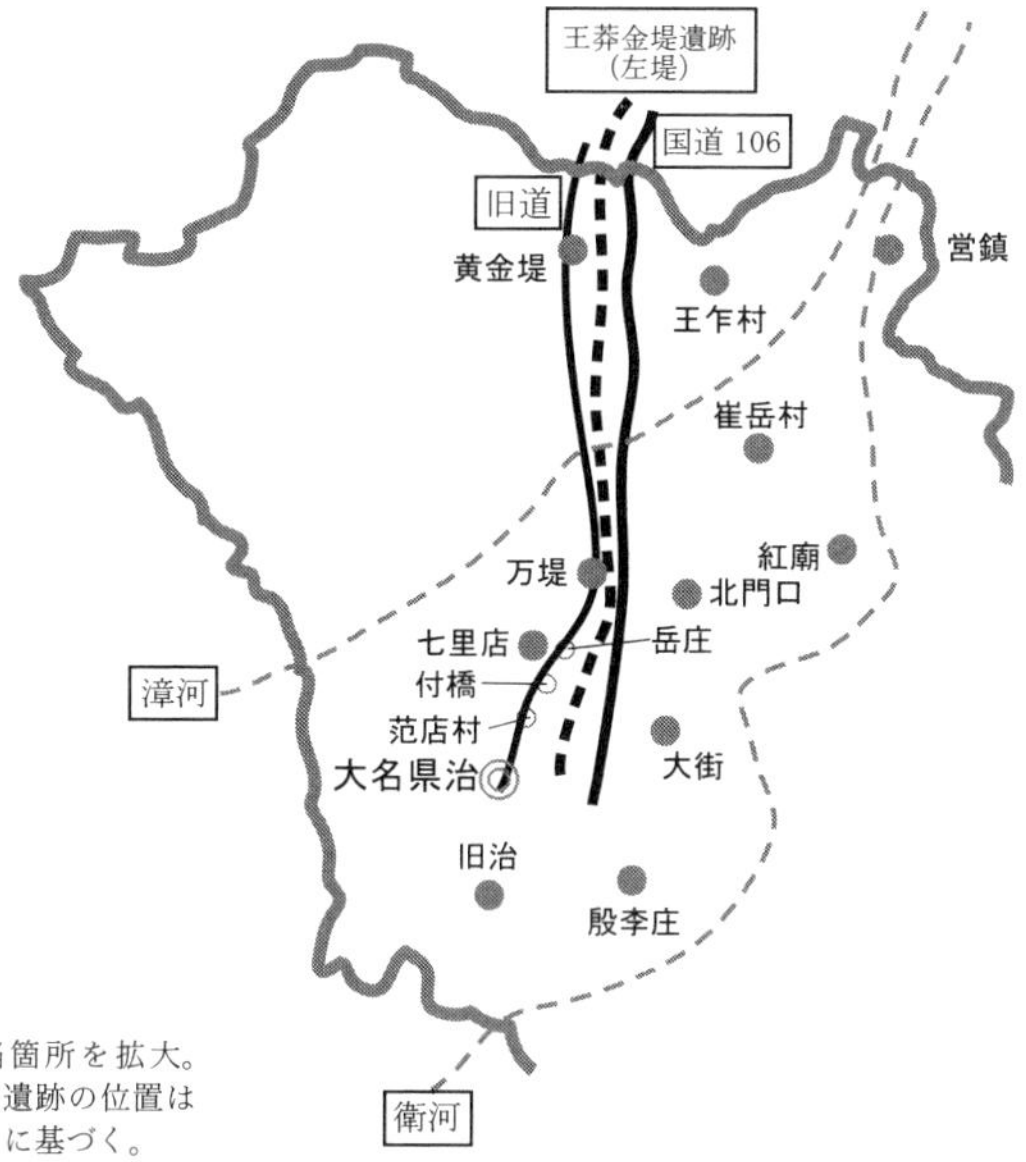

図4の該当箇所を拡大。
道路・金堤遺跡の位置は
GPSデータに基づく。

図6　大名県北西部

使ってつなぐことで、ある程度の範囲に位置を絞り込むことは可能である。

　二〇〇五年春の現地調査では、実際にこの金堤遺跡を訪れた。確かに一部箇所では数メートル高の盛土部が確認できる。しかし、この盛土がすなわち漢代の建造物であるかどうかは、簡単には判別できない。金堤は漢代以降も修築作業が連綿と続けられてきたためである。[二五] しかし漢代以降にこのような南北の流路を取った河川は他には見いだせない。現在の漳河も金堤を貫いて南西～北東へと流れていることを考えると、金堤の南北直進ルートは前漢黄河である可能性は高い。

　これら金堤はほぼ南北に直進し、脇には堤防に沿う形で街道が走っていた（図6）。堤防の東側にも道路は通っているが、こちらは近年完成した国道一〇六号線である。『大名県志（新修）』掲載の「大名県地図」には東側の国道は記されておらず、西側の旧道のみとなっている。集落が旧道を中心とした堤防の西側に点在し、東側には見受けられないことを合わせて考えると、この金堤に沿っていた河川（おそらくは前漢黄河か）は堤防の東側を流れていたと推測できる。

三、デジタルデータとの比較

以上の手順を踏み、古代以来の文献に記述される都市・堤防その他の位置を、現在の緯度経度へと置き換えた。最後にこれらの緯度経度情報を使って、衛星画像やＤＥＭ（デジタル標高データ）と重ね合わせ、比較検討を行う。以前に復元を行った濮陽周辺では、ＤＥＭを利用して作成した３Ｄ地形モデルおよびＬＡＮＤＳＡＴ画像を解析して割り出した河道痕から前漢河道を特定した。[二六] 今回の大名県・館陶県でもまずこの二つの手法を試してみたが、残念ながら期待したほどの効果は得られなかった。濮陽周辺と今回の調査範囲では地形的・地質的条件が異なるためであろう。

そこで視点を変えてみた。前述したように、大名県には「沙丘」と称される沙地が多い地域である。『水経注』にも「沙鹿」「沙邱堰」という地名が登場するように、この地域には古代から沙地が多く見られる。この沙地を利用して衛星画像を解析してみる。

現地調査で大名県石家寨村にある「沙廟」と呼ばれる廟を訪れた際に、ＧＰＳを用いてその地点の緯度経度を計測してきた。また二〇〇四年に濮陽付近を調査した際に、河南省内黄県に現存する帯状の沙地帯（現地では「黄河故道」と称されるが、恐らくは宋代頃の河道か）を訪れた。この地点の緯度経度も計測済みである。これらの地点を基礎情報とし、衛星画像上から同様の沙地要素を持つ箇所を拾い上げるという解析方法を使った。[二七]

この解析結果を見ると、まず大名県と館陶県の間を南北に走る流れがうっすらと見て取れる。図３（ＬＡＮＤＳ

ATを素材とした河道痕）では見えなかったラインである。漢代元城県の西側を通って館陶県へと流れるこのラインは『水経注』他の文献記録と合致することから、おそらくこれが前漢黄河の河道だと思われる。さらに前漢河道から右側、河道の東にかけて黒の濃い範囲が見て取れる。この範囲は現在でも「沙丘」「沙廟」などと呼ばれる箇所に重なる。この範囲が「沙鹿」「沙邱堰」か。河道の屈曲と合わせて見ると、漢代元城県のすぐ北側で決壊し、そこから東へと流れ出したと想定出来る。さらに前漢河道の屈曲の度合いおよび現・大名県の南側では、前漢黄河から分岐する川筋が見て取れる。これは『漢書』「溝洫志」や『水経注』に記述のある「屯氏河」であろうか（図7）。

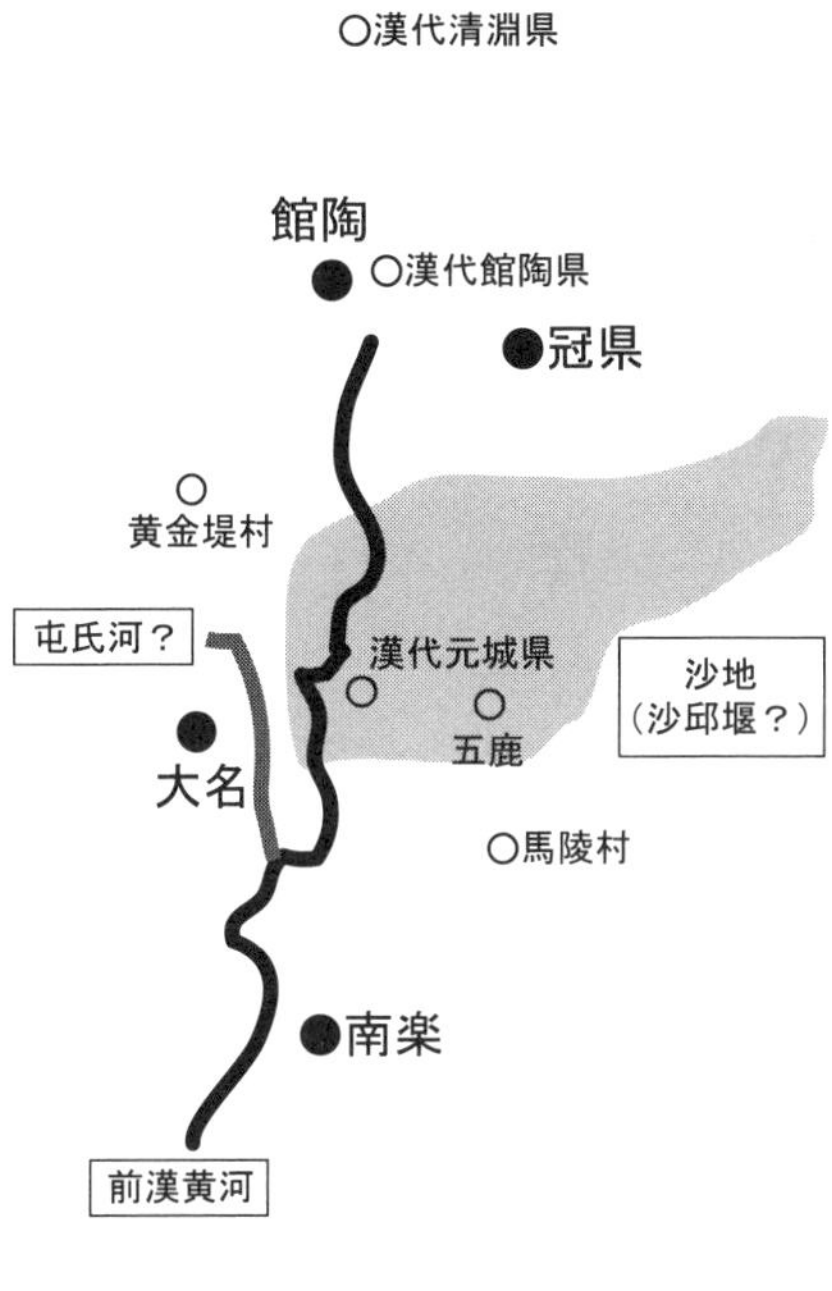

図7　大名・館陶県周辺の復元河道図

今回割り出した大名～館陶間の前漢河道に、以前復元した河南省滑県～濮陽市～清豊・南楽県の前漢河道をつなげてみた（図8）。この復元河道のうち、滑県～濮陽市の範囲は3D地形モデルから、濮陽市～南楽県は「教師なし分類」によって割り出した河道痕から復元した。今回の大名～館陶では「沙地」をキーとして解析するという「教師付き分類」という手法を用いた。このように、解析方法は対象となる地域の地形・地質特性によって異なり、たとえ隣接した範囲でもまったく異

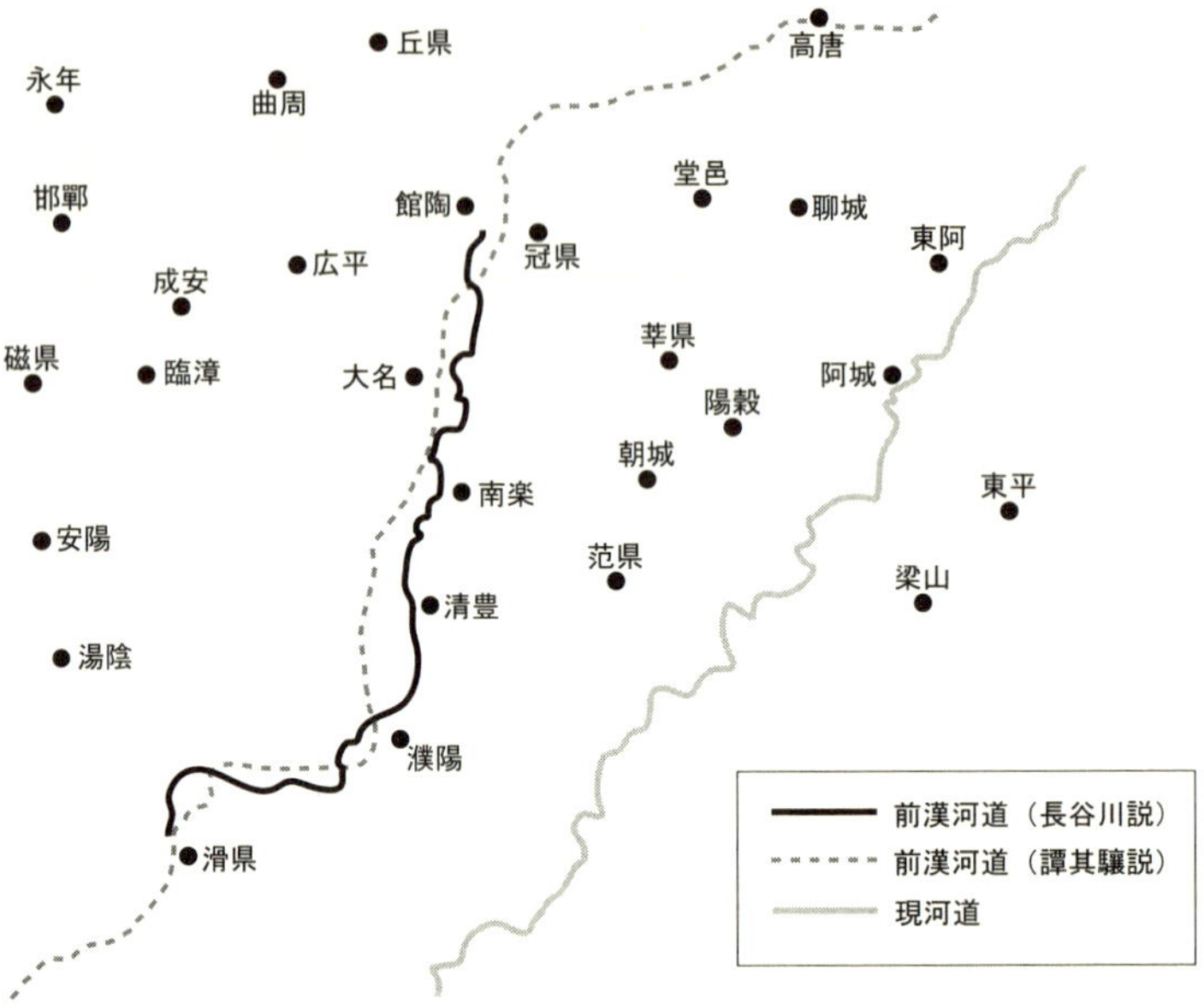

図８　復元河道（滑県～濮陽～大名～館陶）

なる解析方法を採る必要があることが判明した。今後は、対象となる地域に適したデータや解析方法をいかにして把握するかが鍵となるだろう。

おわりに

デジタルデータとの比較を行う際に注意するのは、データはあくまで文献記述の補助的な立場として扱うという点である。本研究で主に利用している衛星画像やDEMは、両方とも近年開発された技術によって計測されたものであり、現代のデータである。対して復元を試みている前漢時代の黄河河道は、約二〇〇〇年前のものである。この時代の情報を知るには、やはり同時代資料である『史記』『漢書』などの史書、あるいは時代が多少下るが北魏期の『水経注』、または唐代以降に製作された各種地理書に拠ることとなる。つまりデジタルデータよりも文献記述のほうを優先して検討するというのが主なスタンスとなる。

しかし実際に文献とデジタルデータとの比較検討を進めていくと、陰安のように文献記述とそぐわない箇所も出てくる。[二八] これは今後も確実に遭遇することが予測できる問題である。資料批判の観点から見て、文献記述の誤りであるという可能性も考えられるが、簡単に結論を出せる問題ではない。実例をひとつひとつ慎重に検討し、解決していくことになるだろう。

今回の復元作業において、河道本体だけでなく「屯氏河」や「沙丘」など周辺の地形も同時に確認できた。このように視点を広げることで黄河河道だけでなく、周辺を含めた古代の環境全体を復元できる可能性が見えてきた。今後もこの方法を用いた研究を進めることで、古代中国の環境復元を目指す。

【注】

(一) 数値情報は、水利部黄河水利委員会編『黄河流域地図集』(中国地図出版社、一九八九年)による。

(二) 楊守敬『水経注図』(文海出版社、一九六七年。後に『楊守敬集』第五集、湖北人民出版社、一九八八年に再録)、譚其驤主編『中国歴史地図集』(中国地図出版社、一九八二年)など。なお図1は、この『中国歴史地図集』に基づいて作成した。

(三) 二〇〇五年三月二一～二八日に河北省館陶県～邯鄲市～臨漳県～大名県の範囲を回り、現地調査を行った。学習院大学東洋文化研究所プロジェクト「黄河下流域の生態環境と古代東アジア世界」による。

(四) 「宣房を塞ぎし自り後、河復た館陶にて北決し、分して屯氏河を為す」(『漢書』巻九「溝洫志」)。

(五) 「又東北して元城県故城の西北を逕、而して沙丘堰に至る。《史記》曰く、魏武侯公子元の食邑は此に於てす。故に県氏なり」。「郭東に五鹿の墟有り、墟之左右に陥城多し。《公羊》曰く、襲邑也。《説》曰く、襲陥かな。《郡国志》曰く、五鹿の墟、故は沙鹿に沙亭有り。周穆王盛姫を喪いて東征にて五鹿にて舎し、其の女⿰女坐叔届此に思哭す。是れ女⿰女坐之丘と曰い、沙鹿之異名と為る也。《春秋左伝》僖公十四年、沙鹿崩ず。晋史之を卜して曰く、陰の陽雄を為して土火相乗す、故に沙鹿崩ずる有り」。「一水分す。大河故瀆北出して屯氏河を為す。館陶県の東を逕、東北に出ず」(『水経注』巻五「河水注五」)。

（六）前掲注（三）。今回使用したのは第二集（秦・西漢・東漢）である。
（七）「曹公白溝を開き、水の北注せしを遏む。方に故瀆を復さんかな」（『水経注』巻九「清水注」）。
（八）「（大業）四年春正月乙巳、河北の諸郡男女百余万に詔を発し、永済渠を開く。沁水を引き、南は河に達し、北は涿郡に通ず」（『隋書』巻三「煬帝紀上」）。
（九）衛星画像から河道様地形を読み取り、抽出した図。詳しくは拙稿「リモートセンシングと歴史学――黄河下流域を例に」（近待刊）を参照。
（一〇）文献資料の河川記述から河道の所属年代を明らかにする手法については拙稿「前漢期黄河故河道の復元――衛星画像と文献資料の活用・濮陽を例に」（『学習院史学』第四二号、二〇〇四年、一九七～二一一頁）を参照。
（一一）程廷恒修・洪家禄纂『大名県志』、民国二三年刊（一九六八年に成文出版社より影印本として再版、以下『大名県志（民国）』と表記）。
（一二）『大名県志（民国）』に、「元城故城　其の地、三有り。一を漢県治と為し、沙麓（鹿）に近し」とある。沙麓は「今城の東二十余里、第九区、石家寨村の西、黄河の東岸に在り」とある。
（一三）大名県県志編纂委員会編『大名県志』（新華出版社、一九九四年。以下、『大名県志（新修）』と表記）。
（一四）「沙邱の主要分布は黄河故道に在り。龍王廟・趙站・従善楼・普明灘などの郷鎮は較べて多し」（『大名県志（新修）』第一編地理）。
（一五）河北省館陶県地方志編纂委員会編『館陶県志』（中華書局、一九九九年。以下、『館陶県志（新修）』と表記）。
（一六）「大河故瀆、俗名を王莽河と曰う。県東四里に在り」（『元和郡県志』巻二〇「河北道一」）。
（一七）清代の館陶県は現在よりも東側に広く、冠県の一部の領域を含む。そのため東古城（漢代館陶県）と沙地帯は館陶県の領域に含まれていた。『館陶県志（新修）』参照。
（一八）『漢書』「溝洫志」に、「元帝永光五年、河、清河・霊・鳴犢口にて決す。師古曰く、清河の霊県・鳴犢河口なり」とある。
（一九）「衛を過り、衛文公礼せず。五鹿に出で、食を野人に乞う。野人之に塊を与う。公子怒り、之を鞭ぜんと欲す」（『春秋左氏伝』巻一四、僖公二三年）。
（二〇）「五鹿、衛地。今衛県の西北、地名に五鹿有り。陽平元城県の東に、亦五鹿有り」（『春秋左氏伝』巻一四、僖公二三年、杜預注）。

（二一）「五鹿城　今城の東四十五里に在り。春秋時、衛地。亦斉晋与に境を接す。按ずるに、五鹿は今の九区勧善村の東北里許に在るか」（『大名県志〔民国〕』）。

（二二）「斉因りて兵を起し、田忌・田嬰を将とし、孫子を師と為し、韓・趙を救う。以って魏を撃ちて之を馬陵に大敗せしめ、其の将龐涓を殺し、魏太子申を虜とす」（『史記』巻四六「田敬仲完世家」）。

（二三）黄盛璋「《孫臏兵法・擒龐涓》篇古戦地考察和戦争歴史地理研究」（『中国古代史論叢』一九八二年三号、二七五〜三〇九頁）。

（二四）

金堤

「即ち漢時の旧堤。勢岡嶺の如し。東南より県界に入る。按ずるに『漢書』文帝十二年、河酸棗にて決し、東して金堤を潰す。成帝建始四年、河東郡金堤にて決す。次の歳、河平元年と改元す。王延世以て堤河使者と為し、堤を繞して河決を塞がせしむ。古黄河は開州・清豊・南楽を歴、大名より東北して館陶に趨る。計長二百余里。明弘治間の知府李瓚、重築す。今城の北に土阜蜿蜒し、忽ち断し忽ち連なること凡そ数十里。是れ其の蹟也」（『大名県志〔民国〕』）。

「大名県境内に〝漢堤〟（亦称金堤）有り、即ち黄河の古堤なり。左堤は魏県曹村従り東北し、大名城を過りて北して付橋村・岳荘・万堤を経て黄金堤村に至り、館陶県境に進入す。右堤は河南省南楽県王崇灘村由り東北し、大名県東苑湾を過り、金灘鎮・南堤村を経て山東冠県境に進入す」（『大名県志〔新修〕』）。

王莽金堤遺跡

「史載に据らば、王莽簒位して帝を称せし後、黄河の洪水にて其の祖の墳塋の淹するを防がんとして堤を筑かんと為し、俗に〝漢金堤〟と称す。此の堤は今の城北、范店村・付橋村・黄金堤の一線に位し、残断連綿たり。残高約二米、残寛約四十米。残断面に碎土層を明顕に見ゆ」（『大名県志〔新修〕』）。

（二五）『大名県志〔民国〕』巻二一「古蹟志・金堤」の項に、「明弘治間、知府李瓚、重築す」とあることから、明代にも修築がなされていたことが分かる。

（二六）口頭報告「濮陽周辺の黄河故河道復元——文献資料と衛星画像から」（二〇〇四年一一月一三日、史学会（於東京大学））。

（二七）このように特定の条件を与えて要素を抽出する解析方法を、「教師付き分類」と呼ぶ。先に河道痕を拾い上げた際に使ったのは、抽出条件を特定せずに解析を行った「教師なし分類」であった。後者の「教師なし分類」でもある程度の地質情報を

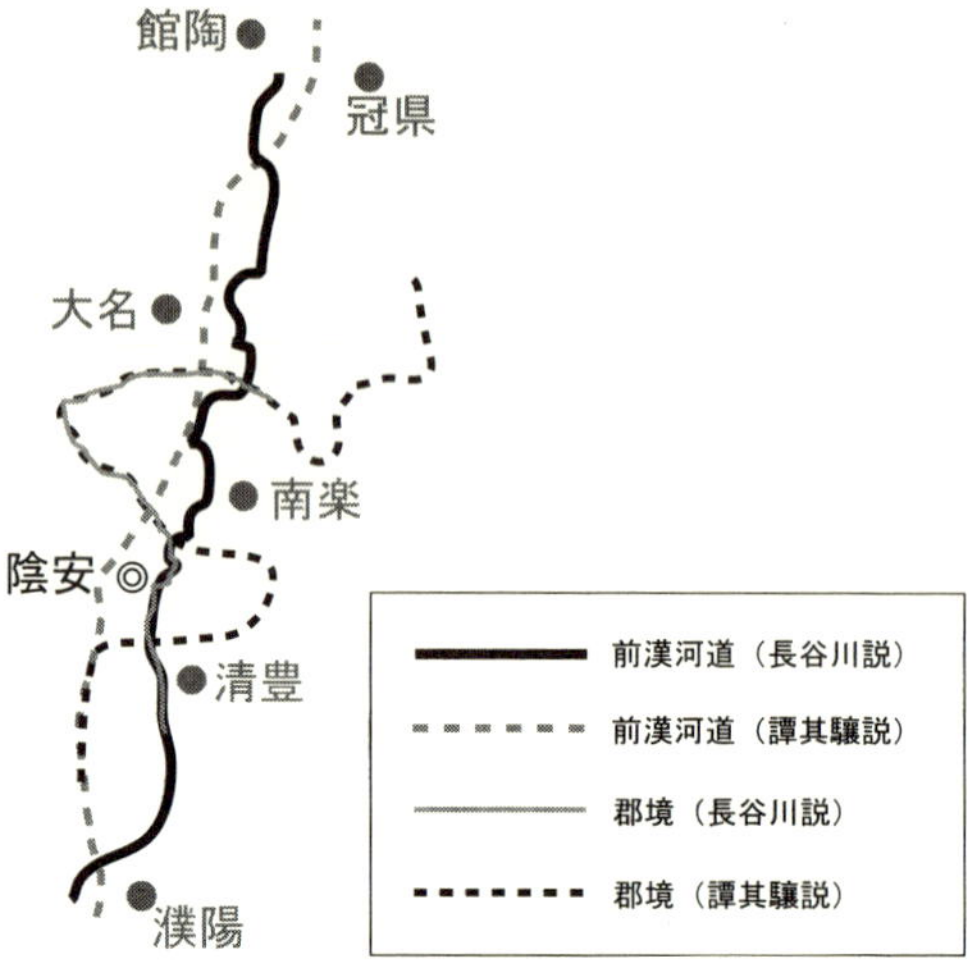

図９　復元河道と陰安県。魏郡・東郡の郡境

得られるが、今回の「沙地」のように特定の条件を与えることで、より精密な結果を得ることを可能にするのが「教師付き分類」である。現地調査を行い、現地の詳細な地質情報を実見できていたからこそ取りうる方法である。

（二八）前掲注（二六）。『水経注』「河水注五」に「北して陰安県故城の西を経る」とあるように、大河故瀆は陰安の西側を流れていたと考えられる。『中国歴史地図集』でもこの説を採っている。しかし衛星画像の解析によると、故河道は陰安（現在の河南省清豊県古城鎮）の東側を流れることになる。『歴史地図集』では大河故瀆を陰安の西側に回らせたために、魏郡（『漢書』「地理志」によれば、陰安は魏郡に属する）の郡境を黄河をまたぐように設定しているが、大河故瀆が陰安の東側を流れるのであればこのようにまたぐ必要はなくなる（図９）。

黄河下流域における初期王朝の形成——洛陽盆地の地理的、生態的環境

久慈　大介

はじめに

多様な地理的、生態的環境を有する中国大陸では、新石器時代以来、各地の環境にもとづいてさまざまな地域的諸文化が展開し、多元的な様相をみせていた。黄河下流域[一]においても、そこに内包される地理的環境にもとづきながらいくつかの地域的文化が生まれ展開していったが、紀元前二〇〇〇年紀になると、洛陽盆地一帯を中心として中国史上最初の初期王朝文化としての二里頭文化が成立する。そのような意味において、この黄河下流域という地域は広大な中国大陸のなかでも特に重要な意味をもっているといえよう。

そこで本稿では、「黄河下流域の生態環境と東アジア海文明」と題されたシンポジウムの趣旨を踏まえ、黄河下流域の地理的、生態的環境に注目しながら初期王朝時代までの文化の動態を整理し、地域としての黄河下流域をいま一度見直すとともに、中国史上最初の初期王朝文化が成立する舞台となった洛陽盆地一帯の地理的、生態的環境に着眼しながら、この地に初期王朝が成立した背景等について考察を加えてみたい。

一、黄河下流域の地理的環境

中国大陸をその北部を流れる黄河に沿って西から東へ俯瞰すれば、標高四〇〇〇メートル以上のチベット高原とその周囲の山脈群からなる第一階梯、標高二〇〇〇メートルから一〇〇〇メートルの内蒙古高原・黄土高原などからなる第二階梯、標高一〇〇〇メートル以下の丘陵と標高二〇〇メートル以下の平原地帯からなる第三階梯という三つの大きな階梯が認められる。第三階梯のさらにその先には、水深二〇〇メートル以下の大陸棚がひろがっており、ここはかつて海水準が低かった更新世の氷期にはその多くが陸地化していたと考えられ、第四の階梯としてとらえることもできる。

黄河下流域は、このなかの第三階梯に属する地域で、青海省に源を発した黄河が第二階梯の特徴的景観とも言える黄土高原の河谷を刻みながら流れくだり、現在の洛陽・鄭州一帯でその河谷を抜けてその下流域に形成した広大な沖積平原地帯である。黄土高原に由来する大量の泥土を押し流し、その泥土を河流の平原地帯に堆積させ続けてきた黄河の下流は、大洪水のたびにその流路を大きく変化させ、ある時期には山東丘陵を北に迂回して渤海に流れ込み、またある時期には山東丘陵を南に迂回して黄海に流れ込んでいたことが知られる。このような黄河河道の度重なる変化は、自然堤防(微高地)、窪地、沼沢地などからなる黄河下流域の沖積平原に特徴的に見られる景観を形成し、同時にそこに居住する人々の生活にも大きな影響を与えてきた。

黄河下流域は、このような黄河の作用によって形成された広大な扇状地状の地形を成しており、華北平原や黄淮平原などの沖積平原をその主体的な地理的環境としながらも、太行山脈東麓一帯の丘陵地帯、嵩山一帯を中心とした丘陵地帯、泰山・沂山一帯を中心とした山東丘陵地帯、渤海湾に面した沿岸部など、いくつかの特徴的な地理的環境をも内包しながらその地理的空間が構成されている。

中国古代の黄河下流域では、それぞれの地理的環境にもとづいて、いくつかの地域的文化が生まれ、展開していったが、その過程において、気候の変動などによる動植物相の変化や居住環境の変化にともない、そこに居住する人間の営みもさまざまな形に変容し、さらにはそれぞれの文化間の関係性も時期によって大きく変化したことが知られる。そのような複雑な過程を経て、紀元前二〇〇〇年紀には洛陽盆地一帯を中心として、中国史上最初の初期王朝が成立することとなる。以下で、黄河下流域における初期農耕文化の成立から初期王朝の成立までの流れを、その地理的、生態的環境に着目しながら簡単に整理してみたい。

二、黄河下流域における文化の動態

今からおよそ一万一〇〇〇年前、ヤンガー・ドリアス期と呼ばれる寒冷期が終わり完新世に入ると、気候の温暖化を背景とした環境の変化に呼応するように、黄河下流域ではそれまでの細石器を主体とした狩猟採集的な生活から、土器を伴ったより定住性の高い生活へと人々の営みが変化していった。例えば、太行山脈東麓の丘陵地帯と華北平原との境界上に位置する河北省徐水県南荘頭遺跡(二)からは、磨盤・磨棒などの粉食具、骨鏃・骨錘などの狩猟・漁猟具などとともに、中国大陸における最早期の土器のひとつとして位置づけられる土器も出土しており、完新世早期の環境変化にともなう平原部への進出と、本格的な定住生活への移行といった黄河下流域における当時の生活状況の変化を垣間見ることができる。また、南荘頭遺跡に後続し、同様に太行山脈東麓に立地する河北省容城上坡遺跡(三)や北京市鎮江営遺跡(四)などでは、遺跡から実際に竪穴住居址や多数の貯蔵穴が見つかっており、平原部における定住化といったこの時期の動向をより明確に示している。

気候がさらに温暖化へと向かった紀元前六〇〇〇年ごろの黄河下流域では、太行山脈東麓の丘陵地帯を中心に磁山文化、嵩山一帯の丘陵地帯を中心に裴李崗文化、山東丘陵地帯を中心に後李文化・北辛文化などの初期農耕文化が生まれた。磁山文化の標準遺跡でもある河北省武安県磁山遺跡(五)では、穀物としてのアワ、家畜としてのニワトリ、イヌ、ブタなどの動物骨が見つかったほか、遺跡内からは多数の貯蔵穴も検出された。それらの貯蔵穴のうち約八〇基からアワの貯蔵が確認され、集落の存続期間内に少なくとも五〇トンものアワが貯蔵されていたという推計がなされている(六)。これらのことは、植物栽培への依存度を高めながら、比較的安定した農耕集落がしだいに成立しつつあったことを示していよう。先仰韶文化とも呼ばれるこれらの文化では、河川両岸の台地上や丘陵上に比較的小さな集落を形成し、アワ・キビを主体とした雑穀栽培をその主な生業としていたようであるが、狩猟・採集もその生業体系のなかで依然として大きな比重を占めていたと思われ、多様な自然資源の利用が可能で、狩猟・採集にも有利な森林、草原、沼沢などからなる複合的環境がその居住地として選択された(七)。

ヒプシサーマル期と呼ばれる完新世の最温暖期をむかえた紀元前五〇〇〇〜四〇〇〇年紀ごろの黄河下流域では、太行山脈東麓の丘陵地帯を中心に後岡一期文化、嵩山一帯の丘陵地帯を中心に仰韶文化、山東丘陵地帯を中心に大汶口文化が、それぞれ前段階の文化に後続して展開した。ヒプシサーマル期の安定した気候条件のもと、この時期には人口が大きく増大し、そうした社会的背景のなかで集団の再編成を繰り返しながら長期的な定住を意図した農耕集落がさらに平原部へと広がっていく。これらの文化でも、基本的にはアワ・キビを中心とした雑穀栽培をその主な生業としていたが、狩猟・採集もなお、その生業体系のなかで大きな位置を占めていた。この仰韶文化期には、アワ・キビなどのC４植物が摂取植物全体の五〇パーセントほどを占めるにとどまる一方、続く龍山文化期になるとそれが七〇パーセント近くまで増加するという出土人骨の分析による調査結果が示されており(八)、農耕社会の安定化とその進展の様相がうかがえる。また、このヒプシサーマル期の温暖湿潤な気候を背景として、黄河下流域の黄河以南の地域においては、条件によって一部稲作をもその生業体系のなかに取り入れた複合的な生業が行われていた可能性があることも指摘されており、これは当時の黄河下流域が、アワ・キビなどを主体とした北方的な生態的環境と、イネを主体とした南方的な生態環境の交錯地帯であったことを物語る。(九) またこの時期には、平原部へのさらなる進出という社会的背景のもとで文化間の交流関係もより活発なものとなり、例えば、大汶口文化の前期においては西の仰韶文化から東の大汶口文化への影響が強くみられる一方、大汶口文化の中・後期になると今度は東の大汶口文化から西の仰韶文化への影響が強く認められるなど、黄河下流域の東西を舞台として文化間の交流関係もより複雑なものとなっていった。(一〇)

紀元前三〇〇〇年紀にはいると、農耕社会の基盤が確立しつつあった黄河下流域では、西に中原龍山文化、東に山東龍山文化という大きく二つの文化が展開した。中原龍山文化は、太行山脈東麓一帯の後岡二期文化、嵩山南北一帯の王湾三期文化、黄淮平原一帯の王油坊文化（造律台類型）など、それぞれの地理的、生態的環境にもとづいてさらにいくつかの文化に細分される。この龍山文化期の社会では地域的社会の規模がいっそう膨張するとともに、地域的社会内部における階層化が進行し、首長層が確立されたと考えられる。当時のこのような社会変化は集落のあり方などからうかがい知ることができ、たとえば山東龍山文化では、中心的な大集落と、それに従属するような中・小規模の集落からなる集落群が各地理的単位ごとにより顕著に見られるようになり、そのような状況から、地域社会内部における階層化した秩序関係がうかがえる。(一一) 中心的な大集落のなかには、その周囲を城壁で囲んだいわゆる囲壁集落もこの時期に多く見られるようになり、一般的な集落との差異がより明確なものとなっていった。ただ、山東龍山文化にしても、あるいは中原龍山文化にしても、各地理的単位を越えてその社会の全体をまとめるような強い統合は見られず、各地理的単位ごとにそれぞれの地域的社会が個別的に並存していたというのがこの時期の社会的状況であったと思われる。
仰韶文化期以降、より活発になっていった黄河下流域東西間の文化間の交流関係は、この時期においても引き続き同様に見られ、一時期西の中原龍山文化から東の山東龍山文化への影響が強くみられた時期もあったが、龍山文化期の晩期には東の山東龍山文化から西の中原龍山文化への影響が特に強く認められ、文化的にはむしろ山東龍山文化の方が優勢であった。[一二]
ところが、紀元前二〇〇〇年紀に入ると、黄河下流域の様相が大きく変化する。山東龍山文化は前二〇〇〇年紀のはじめまでに大きく変容し、この地域には新たに岳石文化が広がる。岳石文化では、この地域における集落数自体が大幅に減少し、また龍山文化期にみられた集落群も解消され、地域的社会における中心的集落としての大集落や囲壁集落もほとんど見られなくなるなど、文化的に大きく衰退したかのような様相をみせる。その一方で、洛陽盆地一帯を中心とした地域では、中原龍山文化のひとつである王湾三期文化を母体として、初期王朝文化としての二里頭文化が成立した。[一三]
二里頭文化の中心地であった河南省偃師市二里頭遺跡[一四]は、洛陽盆地のほぼ中央、現在の洛河南岸に位置する。二里頭遺跡は、現存面積で約三〇〇万平方メートルにおよぶ規模をもち、大型の建築基址が集中して発見された「宮殿区」や、青銅器鋳造址、玉石器製作址などの工房址などのほか、それらの遺構を繋ぐ道路網なども存在する大型の都市遺跡であったことが近年の発掘調査により明らかになっている。このような二里頭遺跡の全体像からは、そこに王権ないし政治的な権力の存在といったものが色濃くうかがえ、二里頭文化は中国史上最初の初期王朝文化として位置づけられている。
二里頭文化期の中原王朝[一五]は、王都二里頭を中心として、洛陽盆地とその周辺地域を畿内的地域として統制するとともに、さらにその外側に広がる地域（二次的地域）に、河南省駐馬店市楊荘[一六]、山西省夏県東下馮[一七]、山西省垣曲県垣曲商城[一八]、陝西省商州市東龍山[一九]などの拠点的集落を築きながら、その政治的領域を拡張させた。それだけでなく、二次的地域の外側に広がる地域をさらに大きく飛び越えて、さらなる遠隔地の在地的首長層との間にもゆるやかな関係圏を築きながら、二里頭文化期の中原王朝は、その政治的領域を構成していた[二〇]。

つまり、二里頭文化は、これまでの黄河下流域における一地域的文化という枠組みを大きく飛び越え、中国大陸のより広範な地域とも結びつきをもったいわば超地域的な文化として、それまでの新石器時代の文化とは質的に大きく異なるものであった。このような地域間の関係性における大きな質的な変化の出現にも、初期王朝文化としての二里頭文化の一端を重ね合わせてみることができよう。

二里頭文化期の黄河下流域には、山東丘陵一帯を中心に岳石文化が存在し、また太行山脈東麓一帯には後の殷王朝の母体となるいわゆる先商文化（下七垣文化）などが存在していた。ただ、先述したように、二里頭文化はより広範な地域と密接なつながりをもつ一方で、隣接するこれらの文化間との関係性はむしろ希薄であり、それは政体間の政治的な対立関係を示唆するものであるようにも思われる[二一]。

二里頭文化期の中原王朝に続いた殷王朝は、その前期には現在の鄭州に都を置き（鄭州商城[二二]）、二里頭文化の中心的地域であった洛陽盆地に偃師商城[二三]を建設するなどして特別な対応をみせるとともに、西方には山西省夏県東下馮[二四]、山西省垣曲県垣曲商城[二五]、北方には河南省焦作市焦作府城[二六]、南方には湖北省黄陂県盤龍城[二七]などの拠点的集落を築いてその政治的領域を拡大していった。中・後期には、現在の安陽に都を置くとともに（洹北商城[二八]、殷墟[二九]）、東方には山東省済南市大辛荘[三〇]、北方には河北省藁城県台西[三一]などの殷王朝と直接的な結びつきをもった拠点的集落を築き、その政治的領域を統制した。殷王朝の山東方面への拡張の動きには、渤海沿岸部における塩の生産と深い関連性があるという指摘があるが[三二]、青銅器の主原料となる銅の獲得などに代表される殷王朝における自然資源の獲得といった政治的な動向の一側面を物語るものとして興味深い。いずれにせよ、山東地域は殷王朝以降、しだいに中原王朝の王朝内秩序のなかに組み入れられていくこととなった。

このように、中国古代の黄河下流域では、太行山脈東麓の丘陵地一帯、嵩山南北の丘陵地一帯、山東丘陵一帯という三つの大きな地理的環境をその主な舞台として、それぞれの地域で初期農耕文化が生まれ、しだいに平原部へと展開していき、やがて社会的により複雑化した地域的社会が形成されていったが、紀元前二〇〇〇年紀における初期王朝文化としての二里頭文化の成立により、「中心」としての「中原」と、「辺縁」としての周辺諸地域という政治的な関係性がしだいに形作られ、その状況は殷王朝期になってより明確なものへとなっていったといえよう。

三、洛陽盆地の地理的、生態的環境と二里頭文化

黄河下流域における初期農耕文化の成立から初期王朝文化成立までの流れを概観したところで、本章では黄河下流域の様相を大きく変えることとなった二里頭文化が成立した洛陽盆地一帯の地理的、生態的環境に着目し、初期王朝文化としての二里頭文化が、この地に成立した背景等について考察を加えることとする。

（一）洛陽盆地の地理的環境

洛陽盆地は、黄河が黄土高原の河谷を抜け、広大な沖積平原へと流れ出る第二階梯と第三階梯のちょうど過渡的地帯に位置する。周囲を嵩山、熊耳山、崤山などの山々とそれらの山地から伸びた丘陵などによって囲まれた地理的環境をもっている。盆地内の平原部の海抜はおよそ一〇〇～二〇〇メートルほどで、西から東へ向かってゆる

やかにその高度を減じている。その平原部の周囲を三〇〇メートル前後の丘陵が取り囲み、さらにその外側には八〇〇メートル前後の山地がそびえ、平原部と山地、丘陵との比高差が大きく、この比高差をもって周囲の山地、丘陵から多くの河川が平原部へと流れ込む。

盆地西南方向からは洛河が流れ込み、その洛河には西から流れ込む澗河や北の邙山から流れ込む瀍河などが平原部で合流する。また、盆地南西方向からは伊河が流れ込み、その伊河には嵩山山麓から流れ込む沙河や馬澗河などが平原部で合流する。洛河と伊河は盆地平原部の東部付近で合流してひとつの河川（伊洛河）となり、さらに盆地を東へと抜けて行き、その後、嵩山北麓から流れ込む烏羅河や後寺河などの支流を合わせ、やがて黄河へ流れ込む。洛陽盆地には、東周、後漢、魏、西晋、北魏、隋、唐、後梁、後唐の九つの王朝がこの地に都を置き、また古くから「九州の腹地、十省の衢《ちまた》（大通り）に通ず」と称されてきたように、洛陽盆地は中国大陸の各地と結びつくことのできる複数の交通路が交差する交通上の要衝でもあった。

（二）洛陽八関と洛陽盆地の地理的環境

このような洛陽盆地が有する地理的環境をより明らかにするため、本節では漢代に洛陽盆地周辺に置かれた関塞（関所）の分布およびその立地状況などを材料として、洛陽盆地の空間的構成をとらえてみたい。

洛陽盆地周辺には、前漢前半から光武帝（位二五～五七年）による定都前後まで四関（函谷関、伊闕、成皋関、孟津関）が置かれ、前漢中期から安帝（位一〇六～一二五年）の頃になると大谷関、轘轅関が加わり六関（函谷関、旋門関、孟津関、大谷関、伊闕、轘轅関）が、さらに後漢末になると、広域関、小平津関が加わり八関（函谷関・広域関・伊闕・大谷関・轘轅関・旋門関・小平津関・孟津関）および一都尉治が置かれた。

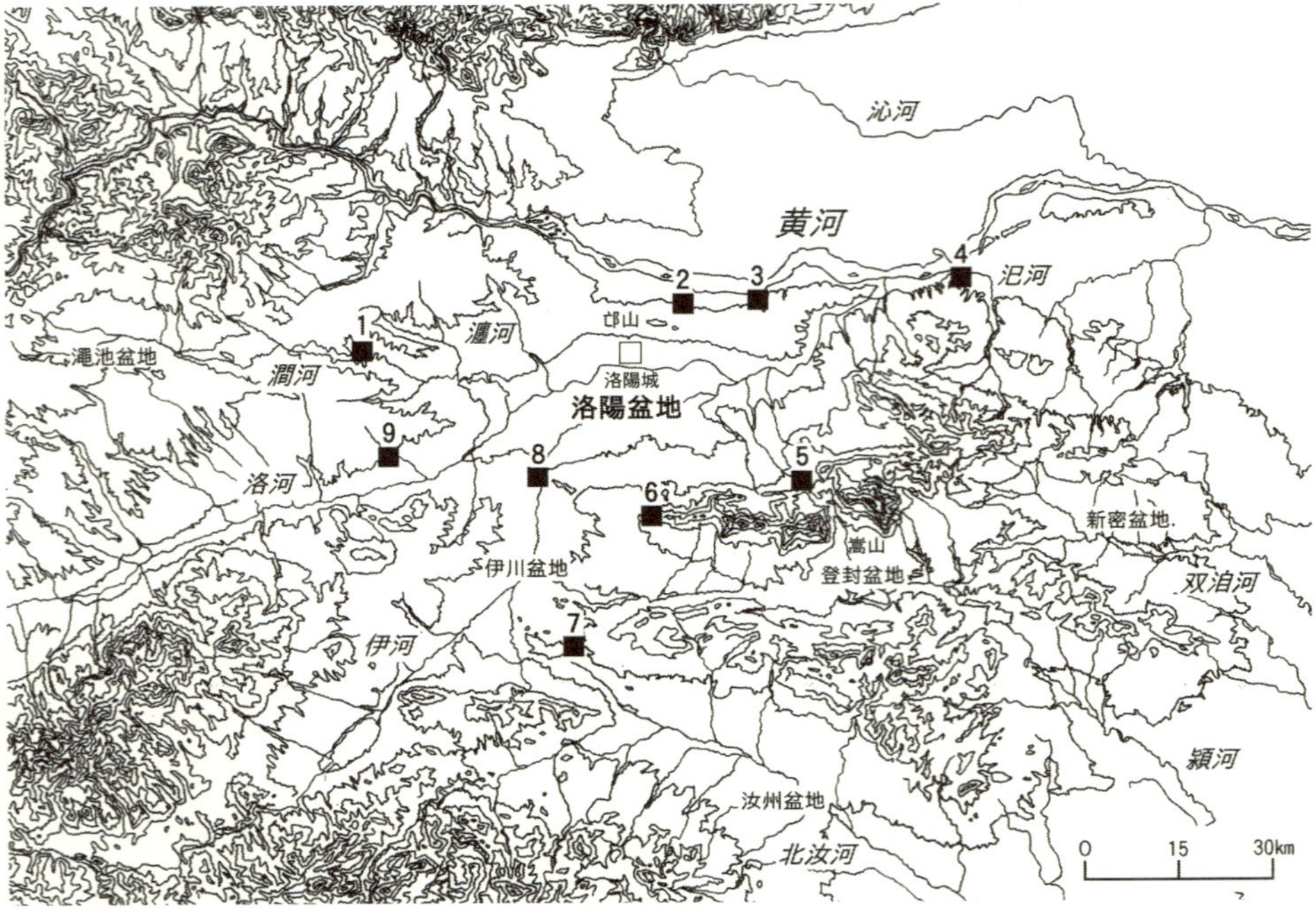

図1　洛陽八関および一都尉治の立地

1、函谷関　2、小平津関　3、孟津関　4、旋門関　5、轘轅関、6、大谷関　7、広域関　8、伊闕　9、都尉治

後漢末に置かれた八関および一都尉治を洛陽盆地周辺の地図上に落としてみたものが図1である。[三三] 西方との繋がりで重要な交通路のひとつであった澗河の河谷に函谷関（図1-1）が置かれ、北から黄河を渡り邙山を抜けて洛陽盆地へ入る交通路上、邙山台地北側の断崖に小平津関（図1-2）、孟津関（図1-3）の二関が置かれた。また、東方から伊洛河の河谷を抜けて洛陽盆地へ入る交通路上、嵩山北麓の渓谷に旋門関（図1-4）が置かれ、登封盆地から北へ向かい洛陽盆地に入る交通路上、嵩山の渓谷に轘轅関（図1-5）、登封盆地からいったん西へ向かいそこから北上して洛陽盆地へ入る交通路上の渓谷に大谷関（図1-6）が置かれた。また、南から伊河に沿って洛陽盆地に入る交通路上、伊川盆地と洛陽盆地とを隔てる渓谷に伊闕（図1-8）が置かれ、伊川盆地の東南部、伊川盆地と汝州盆地との境界付近に広域関（図1-7）が置かれた。また、洛河に沿って洛陽盆地へと入る交通路上に都尉治が置かれた（図1-9）。

これら漢代に置かれた八関および一都尉治は、洛陽盆地をちょうど取り囲むように分布しており、また、伊川盆地と汝州盆地との境界に立地する広域関を除き、[三四] そのほかの関塞および都尉治は洛陽盆地とその外側の世界を隔てる地理的な境界上に立地していることが看取できる。これら漢代の関塞および都尉治の立地から再認識できることは、洛陽盆地がその周囲を山地や丘陵で囲まれた「閉じられた空間」としての地理的環境をもっており、そのため洛陽盆地へとつながる交通路が盆地内へ流入する河川や河谷、あるいは渓谷などといった自然地形に限定されるということである。このことは逆に、洛陽盆地とその外側の世界との境界上に位置する限定された交通路上の要所を押さえさえすれば、洛陽盆地内につながる交通路を容易に統制することができるということを意味し、また、外の世界に繋がるこうした交通路上の要所を押さえることによって、その内的世界である洛陽盆地内部をも容易に統制しうるということも同時に意味しよう。

(三) 二里頭文化期の中原王朝と洛陽盆地

後漢末に置かれた八関および一都尉治の分布およびその立地などから、後漢王朝がそれらを設置することによって都の所在する洛陽盆地を防御し、また政治的な中心領域である洛陽盆地内を統制しようといった意図がうかがえるが、翻って考えるならば、二里頭文化期の中原王朝も王都としての二里頭集落を洛陽盆地内に形成しており、二里頭文化期の中原王朝にとっても洛陽盆地はその政治的中心地域としてやはり重要な意味を持っていたと推測される。そこで本節では、二里頭文化期の中原王朝が王都としての二里頭集落を形成し、その政治的な中心地域であったと考えられる洛陽盆地とその内外をいかにして統制していたのかという問題について考えてみたい。

当然のことながら二里頭文化期には漢代に置かれた関塞のようなものは存在しえないが、二里頭文化期の集落のなかで、一般的な集落とは異なり、王都と密接な関係をもちながら、その王朝内秩序のなかで重要な役割を果たしたと考えられる集落が想定され得る。それは、二里頭文化の遺跡のなかで陶礼器と呼ばれるやや特殊な土器を出土した遺跡として示される集落である。

二里頭文化期の中原王朝では、しばしば高嶺土などの特殊な原料を用いた白陶として製作された爵・觚・盉・鬹などといった陶礼器が、後の殷、周王朝における青銅礼器と同じような役割をもって王朝内部での秩序関係を示し、社会的ないし政治的な象徴性をもっていたと考えられ、そのような陶礼器をともなう集落は一般的な集落とは異なり、王朝内秩序のなかにおいてとくに重要な役割を果たしていたと考えることができる。(三五)

図2は、洛陽盆地一帯でこれらの陶礼器を出土した二里頭文化遺跡を地図上に落としたものである。(三六)

まず、洛陽盆地内およびその付近に立地する遺跡からみていきたい。洛陽盆地平原部の中央付近やや東よりに王都としての二里頭遺跡（図2-1）があり、盆地平原部の東端付近、嵩山西北麓から伸びる丘陵と邙山が迫ってちょ

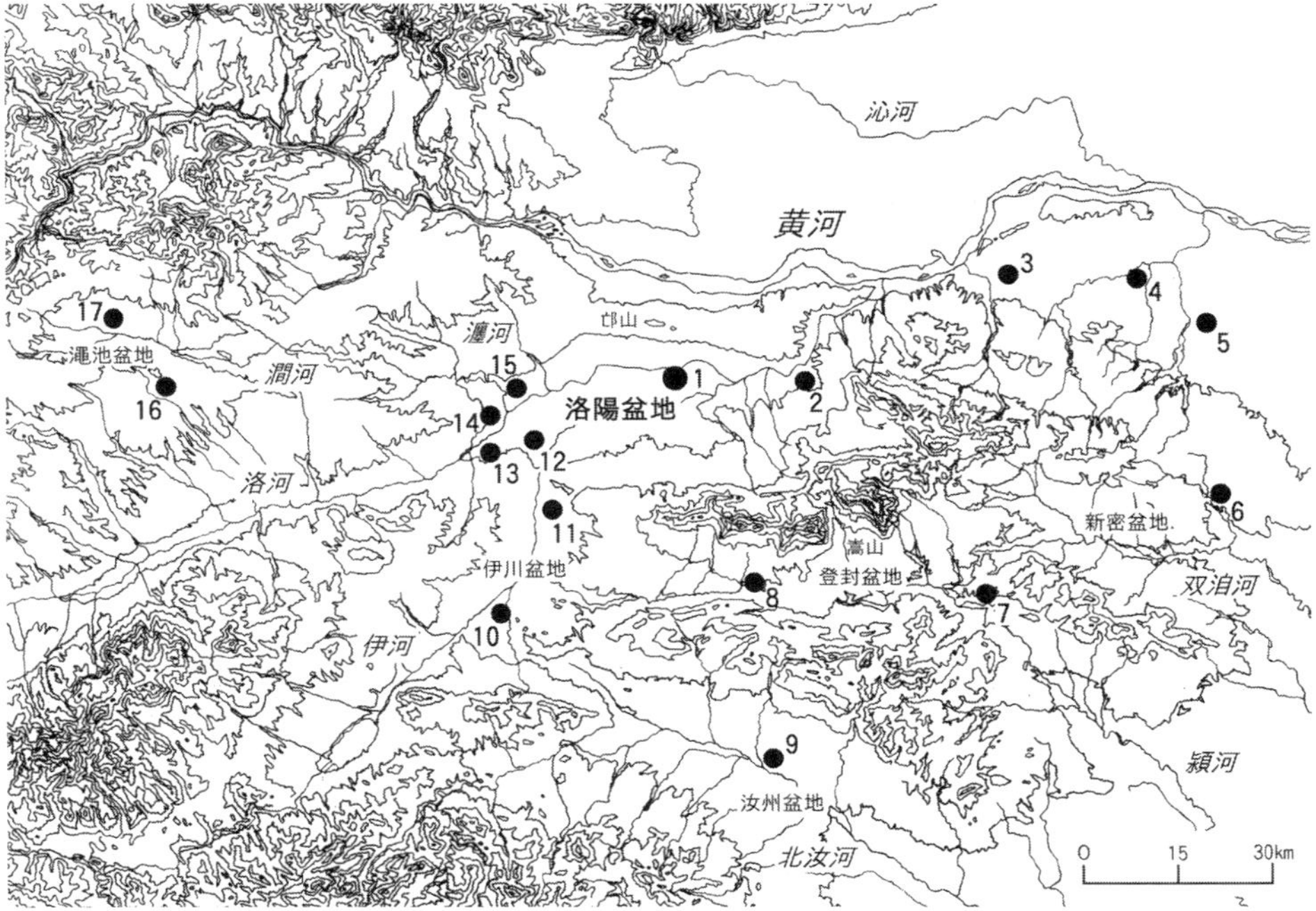

図２　陶礼器を出土した二里頭文化遺跡（洛陽盆地一帯に限る）

1、二里頭遺跡　2、稍柴遺跡　3、西史村遺跡　4、大師姑遺跡　5、洛達廟遺跡　6、曲梁遺跡　7、玉村遺跡　8、南窪遺跡　9、煤山遺跡　10、白元遺跡　11、南寨遺跡　12、皂角樹遺跡　13、矬李遺跡　14、東馬溝遺跡　15、東干溝遺跡　16、鹿寺遺跡　17、鄭窯遺跡

うど地理的な境界となっている地点に稍柴遺跡[三七]（図2-2）がある。盆地平原部の西端付近に目を移すと、伊川盆地と洛陽盆地とを隔てる境界付近に南寨遺跡[三八]（図2-11）があり、伊河が伊川盆地を抜けて洛陽盆地平原部へと流れ込む付近に皂角樹遺跡[三九]（図2-12）がある。また、洛河が洛陽盆地平原部へと流れ込む付近に矬李遺跡[四〇]（図2-13）があり、瀍河が洛陽盆地平原部へ流れ込み洛河と合流する付近に東馬溝遺跡[四一]（図2-14）、東干溝遺跡[四二]（図2-15）が立地している。

洛陽盆地の外側に目を向けると、嵩山の北側に西史村遺跡[四三]（図2-3）、大師姑遺跡[四四]（図2-4）、洛達廟遺跡[四五]（図2-5）があり、新密盆地に曲梁遺跡[四六]（図2-6）、登封盆地の東南端付近に玉村遺跡[四七]（図2-7）、西端附近には南窪遺跡[四八]（図2-8）がある。汝州盆地には煤山遺跡[四九]（図2-9）、伊川盆地に白元遺跡[五〇]（図2-10）、澠池盆地に鄭窯遺跡[五一]（図2-17）がそれぞれ立地し、澗河と洛河の分水嶺付近、澗河と洛河とを結ぶ交通路上に鹿寺遺跡[五二]（図2-16）が立地している。

遺跡の分布状況と洛陽盆地一帯の地理的環境とを照らし合わせて考えてみた場合、これら陶礼器を出土した遺跡を大きく二つグループにわけて考えることができるかもしれない。すなわち、洛陽盆地内およびその付近に立地する諸遺跡（洛陽盆地内グループ）と、洛陽盆地外に存在する諸遺跡（洛陽盆地外グループ）である。

洛陽盆地内グループの諸遺跡（二里頭、稍柴、皂角樹、矬李、東干溝、東馬溝、南寨）の立地上の特徴としては、二里頭遺跡を例外としてそのほかの諸遺跡が洛陽盆地平原部の東西の境界上に立地しているという点が挙げられる。すなわち、洛陽盆地平原部の東端、嵩山西北麓から伸びる丘陵と邙山が迫って地理的な境界となっている地点に稍柴遺跡が立地し、盆地平原部の西端付近、伊川盆地と洛陽盆地とを隔てる境界付近に南寨遺跡、伊河や洛河あるいは瀍河が洛陽盆地平原部へと流れ込む地点に皂角樹遺跡、矬李遺跡、東馬溝遺跡、東干溝遺跡などの諸遺跡がそれぞれ立地している。[五三]これらの遺跡の立地状況は非常に示唆的で、先に漢代の関塞および都尉治の立地状況から再確認したように、洛陽盆地は盆地内へとつながる交通路がそこに流れ込む河川や河谷、渓谷といったものに限定されるといった地理的環境をもっており、その点から考えると、洛陽盆地平原部の東端・西端に立地するこれらの諸遺跡は、まさに洛陽盆地平原部へと入る交通路上、ないしその内外を隔てる境界上に位置しているといえる。このような地理的に重要な地点に、陶礼器をともなった二里頭文化期の中原王朝のなかでも特別な意味を持っていたと考えられる集落が立地しているということは非常に注目される。また、洛陽盆地平原部の東端・西端に立地するこれらの諸集落を、あたかもその結節点として結びつけるような位置に王都である二里頭集落が立地していることも同時に注意しておきたい。

これら洛陽盆地内グループの諸集落の分布およびその立地からは、王都である二里頭集落を中心として、王都と密接な関係にあった特別な集落を洛陽盆地平原部の東端・西端といった地理的に重要地点に置くことによって洛陽盆地平原部へ繋がる交通路を統制し、また政治的な中心的領域であった洛陽盆地平原部を統制しようとした二里頭文化期の中原王朝の意図を読み取ることができるかもしれない。あるいはまた、後述する洛陽盆地内における稲作といった問題との関連性から考えてみるならば、比較的大きな河川が洛陽盆地平原部に流れ込む付近に立地することれらのいくつかの集落には、盆地内平原部へ流入する河川の管理に関わる何らかの水利・灌漑的な役割も持ち合わせていた可能性も考えられるかもしれない。

一方、洛陽盆地外グループ（西史村、大師姑、洛達廟、曲梁、玉村、南窪、煤山、白元、鄭窯、鹿寺）の特徴としては、伊川盆地、登封盆地、汝州盆地、新密盆地、澠池盆地などといった山間盆地を中心とした各地理的単位ごとに、それぞれの遺跡がある程度の距離をおきながら立地しているという点を挙げることができる。山間盆地を代表とするこうした各地理的単位のなかには、陶礼器を出土しない一般的な小集落も同時に複数点在しており、そのようなことから考えると、洛陽盆地外グループに属するこれらの陶礼器をともなった諸集落は、各地理的単位のなかにおける中心的集落であったことを示唆するように思われる。これらの洛陽盆地外グループの諸集落は、陶礼器の出土に示されるように、王朝内秩序のなかで王都である二里頭集落と密接な関係にあって王都と有機的なネットワークを結んでいたものと考えられ、地域的社会における中心的集落としての役割とともに、王都の二里頭集落と一体となって洛陽盆地周辺の地域を統制する役割も担っていたものと思われる。また、当然洛陽盆地一帯とさらにその外の地域とを結ぶ交通路上の拠点としての性格も同時に持ち合わせていたであろう。

これらの陶礼器を出土した遺跡の規模やその詳細な文化内容に関しては不明な点が多く、今後の詳細な発掘が待たれるが、陶礼器を出土した遺跡の分布および立地状況と洛陽盆地周辺の地理的環境と照らし合わせて考えてみた場合、二里頭文化期の中原王朝がその政治的な中心的領域であった洛陽盆地の内外をいかにして統制していたのかという問題を推察するうえで、ひとつの手がかりにはなるのではないだろうか。

初期王朝文化としての二里頭文化は、「開かれた空間」である黄河下流域のなかでも、地理的に「閉じられた空間」である洛陽盆地に王都としての二里頭集落を形成し、その盆地内平原部を政治的な中心領域としながらも、同時に、その周辺の山間盆地などに存在した地域的な中心的集落と密接な関係を保ちながら、その畿内的地域ともいえる洛陽盆地周辺を統制していたものと思われる。

（四）洛陽盆地の生態的環境と二里頭文化

このように、洛陽盆地は二里頭文化期の中原王朝においてもその政治的な中心地域として重要な役割を担っていたものと想定されるが、政体としていまだ未成熟な段階にあったと思われる二里頭文化期の中原王朝において、その社会を支えるうえで重要な役割を果たしていたと考えられるその経済基盤はいかなるものであったのであろうか。そこで本節では、二里頭文化成立前後の洛陽盆地一帯を、その生態的環境という視点からとらえてみたい。

洛陽盆地の古環境および環境変遷に関しては、盆地西南部に位置する皂角樹遺跡における環境考古学的な調査によって、大まかな環境変遷過程が明らかになっている。それによれば、一万年前から八〇〇〇年前、気候がしだいに温暖・湿潤に転じ、洛陽盆地は乾燥した草原環境から、草原ないし草原を主とした森林環境へと変化していき、八〇〇〇年前から四〇〇〇年の間には、盆地内平原部は草原・森林環境に、また盆地周囲の丘陵地は典型的な森林の景観となった。しかし、四〇〇〇年前から三〇〇〇年前には気候が明らかに寒冷・乾燥化へ向かい、盆地の景観はふたたび草原が絶対的優位となる。そして三〇〇〇年前以降は人間の農業活動が広がるなかで自然の景観は失われ、盆地内は農耕による植生が取って代わることになったとされる。(五四)

皂角樹遺跡における環境考古学的な調査によって明らかにされた洛陽盆地の古環境変遷のなかで、気候が寒冷・乾燥化へと向かったとされる四〇〇〇年前、すなわち紀元前二〇〇〇年前後という時期は、まさに二里頭文化の成立における過渡期に相当する。この時期に気候が寒冷・乾燥化へと向かったということは、同じ洛陽盆地内に立地する二里頭遺跡や、(五五)嵩山の北側に立地する河南省滎陽市竪河遺跡など(五六)における環境考古学的な分析でも同様の指摘がなされているほか、洛陽盆地やその周辺だけでなく、中国各地で行われた環境考古学的な調査からもほぼ同様の結果がもたらされている。また、この紀元前二〇〇〇年前後という時期は最終氷期以降のヒプシサーマル期を過ぎて気候の悪化（寒冷化）がしだいに顕著になる時期であったということが地球規模でも確認されるという。(五七)

紀元前二〇〇〇年前後の中国大陸の様相を顧みるならば、それぞれの地理的、生態的環境にもとづいて各地に展開していた龍山文化期の地域的諸文化が相次いで衰退あるいは大きく変容し、その一方で、洛陽盆地を含む嵩山南北一帯の王湾三期文化のみがさらなる発展を続け、二里頭文化を成立させることとなったが、その要因のひとつとして、それまで各地で発展していた龍山文化期の地域的諸文化がこの時期の気候の変動によって、それまで大きく依存していた単系的な経済基盤が大きく揺らぎ、その社会全体がくずれていった一方で、多系的な経済基盤をもっていた嵩山南北一帯の社会だけが後退することなく、環境の変動を乗りこえて二里頭文化へと連続して発展していったのではないかとする指摘がある。(五八)ただ、このような指摘がなされながらも、この時期における嵩山南北一帯の社会において、具体的にいかなる生業が行われていたのかという問題に関してはこれまで不明な点も多かったが、近年になってようやくその様相がしだいに明らかになってきており、より具体的な議論が可能となってきた。

先にも触れた二里頭文化期に属する皂角樹遺跡では、土壌の水洗浮遊選別法（ウォーターフロテーション・セパレーション）によって、二里頭文化の文化層からアワが四二件（検出された植物遺存体のうち四〇・四パーセント）、キビが二六件（同二五・〇パーセント）、ダイズが二一件（同二〇・二パーセント）、コムギが一六件（同一五・四パーセント）、イネが六件（同五・八パーセント）、そのほかごく少量の果樹類などが検出されている。(五九)

また、二里頭遺跡においても同様の手法を用いた分析が行われ、ある土壌サンプルから検出された穀物の遺存体一万二〇〇〇件中、アワ（キビを含む可能性あり）が約七〇〇〇件（約五八パーセント）、イネが約三〇〇〇件（約二五パーセント）、ダイズが約七〇件（約〇・六パーセント）、コムギがごく少量（一〇件以下）検出され、そのほかヤマイモの可能性がある植物などが検出された。(六〇)

これら皂角樹遺跡と二里頭遺跡における植物遺存体の検出状況からは、二里頭文化期の中原王朝がアワ、キビ、イネ、コムギ、ダイズなどといった非常に多系的な経済基盤を有していたことがうかがわれるが、同時に、当時の洛陽盆地一帯が、このような多系的な経済基盤を支えることができる多様な生態的地位（ニッチ）を有していたことも物語っていよう。(六一)

さらに、近年、龍山文化期から二里頭文化期への過渡的段階（新砦期）に相当し、嵩山東麓の新密盆地に位置する河南省新密市新砦遺跡(六二)でも同様の調査が行われ、その結果、龍山文化期に属する土壌サンプルから検出された二三一件の植物遺存体中、イネが一三四件（約五八パーセント）、アワ・キビが六二件（約二七パーセント）、ダイズが三〇件（約一三パーセント）、そのほかスモモ（二件）、アンズ（二件）、サネブトナツメ（一件）などが検出された。また、新砦期に属する土壌サンプルからは、七八九件の植物遺存体が検出され、そのなかでイネが四二九件（約五四パーセント）、アワが二五六件（約三二パーセント）、キビが九八件（約一二パーセント）、ダイズが六件（約〇・八パーセント）検出された。新砦遺跡では、検出された植物遺存体のなかでイネの占める割合が最も大きく、これらのことから当時の新砦集落では稲作を主体とした生業が行われていた可能性が指摘されている。(六三) イネは、アワやキビなどといった比較的乾燥した環境にも強い植物とは異なり、その生育には多量かつ恒常的な水の供給が必要される植物である。長江流域や淮河流域などの平原部に見られる水郷的な地理的環境にはない嵩山南北一帯において、このようにイネがその経済基盤のなかで大きな比重を占めていたという事実はそれ自体非常に興味深いが、(六四) むしろ重要なのは、二里頭文化成立の過渡的段階に相当する新砦期あるいはそれ以前の嵩山南北一帯の社会において、アワ・キビなどを主体とした北方的な生業のみならず、イネを主体とした南方的な生業をもその経済基盤に組み入れた多系的な経済基盤が存在していたということであり、このことは紀元前二〇〇〇年前後に起こったとされる気候の乾燥・寒冷化のなかで、単系的な経済基盤に依拠していた中国各地の地域的諸文化が衰退していった一方、この嵩山南北一帯を含んだ洛陽盆地周辺の社会のみがさらなる発展をみせ、のちに初期王朝文化としての二里頭文化を生み出すこととなったその背景として、やはりこうした多系的な経済基盤を有することを可能としたこの地の地理的、生態的環境にそのひとつの要因を求めることができるようにも思われる。

そしてまた、二里頭文化成立の過渡的段階（新砦期）の嵩山南北一帯の社会において、その経済基盤のなかですでに重要な位置を占めていたイネは、この時期に起こったとされる気候の乾燥・寒冷化のなかで、アワやキビなどよりも敏感にその生育に影響が及んだ可能性も同時に考えられよう。多系的な経済基盤をもちつつもそのなかで稲作もすでに主体的な生業の一部としていた嵩山南北一帯の社会では、ちょうどこの時期に起こったとされる気候の寒冷・乾燥化のなかで、果たしてそれまでと同じように稲作にもかなりの比重をおいた多系的な経済基盤を維持できたのであろうか。むしろ、気候の寒冷・乾燥化といった変動のなかで、稲作をも含んだこのような多系的な経済基盤を維持するための装置、つまり、より組織化・体系化された経済基盤の管理・維持システムといったものが新たに必要となったのではないだろうか。まさにそのような時期に、中国史上最初の初期王朝文化としての二里頭文化が、その過渡的段階である新砦期を経て、洛陽盆地を中心として成立したことは非常に注目されるところである。

二里頭遺跡や皂角樹遺跡から検出された一定量のイネの存在は、二里頭文化期の洛陽盆地においても、稲作もその経済基盤のなかである程度の地位を占めていたことを示唆するが、周囲の山地、丘陵から多くの河川が盆地内の平原部へと流れ込む、水環境の豊かな土地であった洛陽盆地平原部は、気候が寒冷・乾燥化へと向かうなか、稲作に不可欠な水の供給という面においても優れた地理的条件を持っていたと考えることができるかもしれない。当時の二里頭集落や皂角樹集落が、洛陽盆地内の平原部を流れる比較的大きな河川に直接面していたことや、二里頭集落が水辺の環境に臨んでいたという立地環境など(六五)は、その他の生業とともにその周辺において稲作も行われていた可能性を想起させる。(六六)そのような側面から考えてみると、先にみたように、伊河や洛河、澗河などの比較的大きな河川が洛陽盆地内の平原部に流れ込む境界付近に、二里頭文化期の中原王朝においてとくに重要な意味をもったと考えられる陶礼器をともなった集落が立地している状況は、洛陽盆地平原部における稲作というものを考えた場合、あるいは洛陽盆地に流れ込む河川の管理、つまり水利や灌漑に関わる何らかの役割も担っていたのではないかとも推察されるのである。

このように、二里頭文化の成立過程において、洛陽盆地一帯における多系的な経済基盤の存在がしだいに明らかになりつつあるなかで、洛陽盆地に初期王朝としての二里頭文化が成立した意味や、稲作をも含んだ複雑な経済基盤の管理・維持システムのあり方など、今後より具体的な議論を行っていくことが必要であろう。仮にイネが洛陽盆地付近で栽培されたものではなく、南方諸地域からもたらされたものであったとしても（あるいは気候の変動などにより、新たにそのような必要性が生じた可能性も考えられる）[六七]、現地での生産体制の管理、二里頭集落への運搬体制の整備、二里頭集落内における保存管理体制、二里頭文化期の中原王朝の政治的秩序に組み込まれた地域全体への供給・分配システムの構築など、そこにはより複雑な社会的システムが必要であったはずである。そのような面からみてみると、二里頭文化ないしその成立過程において、近年明らかになりつつある多系的な経済基盤のなかで決して少なくない位置を占めていたと考えられるイネの存在は、洛陽盆地において初期王朝文化としての二里頭文化が成立したその背景を考えるうえで非常に注目されるところである。

（五）小結――「境界」から「中心」へ

政体としていまだ未成熟な段階にあったと思われる二里頭文化期の中原王朝においては、その社会を支えるうえで重要な役割を果たしていたのは、やはりその経済基盤であったと考えられるが、気候の寒冷・乾燥化のなかで、王都としての二里頭集落およびその周辺に居住した多くの人口を養い、さらには王朝内秩序に組み込まれた政治的領域内に十分な食料などの物資を供給・分配するためには、より組織化・体系化された経済基盤の管理・維持システムといった社会構造的な条件のほか、地理的な条件として、多系的な生業が可能で水環境の豊かな広大な耕作地が必要であったと考えられる。

そのような意味で、多系的な生業が可能な生態的環境をもち、多くの河川が流入し豊富な水環境を有する地理的環境にあった洛陽盆地は、気候の寒冷・乾燥化なかで、多系的な経済基盤を支え、維持するための絶好の空間であったのではないだろうか。

また、組織化・体系化された経済基盤の管理・維持システムの中枢であった王都としての二里頭集落が立地し、二里頭文化期の中原王朝の経済基盤を支えるうえで特に重要な役割を果たしたと考えられる洛陽盆地は、地理的に「閉じられた空間」としての空間的特徴を有しており、王都を含んだ政治的中心地を守備ないし統制するといった意味において、非常に適した地理的条件をもっていたといえる。さらには、中国大陸の各方面に繋がることのできる交通路上の要衝でもあった洛陽盆地のもつ地理的条件は、各地域との交易などといった二里頭文化期の中原王朝における経済基盤を支えるうえでも重要な役割を果たしたものと思われる。このように、中国史上最初の初期王朝の成立を準備し、その多系的な経済基盤を支え、維持しえたのは、まさに洛陽盆地一帯のもつその地理的、生態的環境であったといえよう。

西に広がる黄土高原と東に広がる沖積平原地帯との東西の過渡的地帯に位置し、また、アワ・キビを主体的な生業とした北方地域と、イネを主体的な生業とした南方地域との生態環境上の南北の過渡的地帯でもあった洛陽盆地一帯は、新石器時代においては中国大陸のなかの「境界」に過ぎなかった。しかし、「境界」であったがゆえに、複数の異なる他文化と接触可能な地理的条件をもち、また、多系的な生業を可能にする生態的環境をもっていたともいえる。このような「境界」としての洛陽盆地一帯が二里文化の成立によって「中心」へと変化したとき、それまで「境界」を形成していた複数の異なった文化や異なった生態的環境にある他地域が、その中心を介して重層的かつ一同に結びつき、そこにはそれまでになかった大きな関係圏――「中国」的世界の原型とも言えるもの――が形成されたと考えられる。「境界」としての洛陽盆地が「中心」となったとき、まさにそこには中国史上最初の初期王朝が成立していたのである。

おわりに

中国古代の黄河下流域では、内包するそれぞれの地理的生態的環境にもとづいていくつかの地域的文化が生まれ、展開し、紀元前二〇〇〇年前後には中国史上最初の初期王朝が洛陽盆地一帯を中心として成立した。

歴史的に顧みれば、その後の中国諸王朝の動向ないしその消長は、中国大陸のみならず東アジア世界全体にも大きな影響を及ぼすことになったが、そのような意味において、中国史上最初の初期王朝としての二里頭文化の成立により、中国大陸にひとつの「中心」が生まれたとき、あるいは同時に東アジア世界にもひとつの大きな「中心」が生まれたともいえるかもしれない。初期王朝文化としての二里頭文化の成立は、単に中国古代史上の大きな画期であったばかりでなく、東アジア世界全体なかでも歴史的に非常に大きな意味を持つものである。

本稿では、黄河下流域のなかでもとくに二里頭文化成立の舞台となった洛陽盆地一帯の地理的、生態的環境に着目し、中国史上最初の初期王朝がこの地に成立した背景、および二里頭文化期の中原王朝がいかにしてその政治的な中心的地域であった洛陽盆地一帯を統制していたのかといった問題についての若干の考察を試みた。資料的な制約上、仮説作業段階にあると言わざるをえないが、「開かれた空間」としての黄河下流域のなかで、地理的に「閉じられた空間」であるこの洛陽盆地に中国史上最初の初期王朝が成立したその意味を今後さらに検討していく必要があろう。

【付記】
本稿は、国際学術シンポジウム「黄河下流域の生態環境と東アジア海文明」におけるポスターセッションでの発表内容をもとに、新たに稿を改めたものである。シンポジウムにおいて多くの方から有益なご教示を頂いた。記して感謝致します。

【注】

（一）黄河の流域区分に関しては、地理学的な区分や、歴史学ないし歴史地理学的見地からみた区分など、用いる観点によってさまざまな区分がなされるが、本稿では、黄河が黄土高原の河谷を抜け、広大な沖積平原へと流れ出る洛陽・鄭州一帯以東の地域をひとつのまとまりをもった地域としてとらえ、黄河下流域として扱うこととする。

（二）保定地区文物管理所・徐水県文物管理所・北京大学考古系「河北徐水県南荘頭遺址試掘簡報」（『考古』一九九二年第一一期）。

（三）河北省文物研究所・保定市文物管理処・容城県文物保管所「河北容城県上坡遺址発掘簡報」（『考古』一九九九年第七期）。

（四）北京市文物研究所『鎮江営与塔照』（中国大百科知識出版社、一九九九年）。

（五）河北省文物管理処・邯鄲市文物保管所「河北武安磁山遺址」（『考古学報』一九八一年第一期）。

（六）佟偉華「磁山遺址的原始農業遺存及其相関問題」（『農業考古』一九八四年第一期）。

（七）藤本強「華北早期新石器文化の遺跡立地――湖沼・沼沢地をめぐって」（『日本史の黎明――八幡一郎先生頌寿記念考古学論集』六興出版、一九八五年）。

（八）蔡連珍・仇士華「碳十三測定和古代食譜研究」（『考古』一九八四年第一〇期）。

（九）劉桂娥・向安強「史前〝南稲北粟〟交錯地帯及其成因浅析」（『農業考古』二〇〇五年第一期）。

（一〇）呉汝祚「北辛文化的幾個問題」（『慶祝蘇秉琦考古五十五年論文集』文物出版社、一九八九年）、西谷大「大汶口文化の廟底溝類型系彩陶」（『国立歴史民俗博物館研究報告』第三五集、一九九一年）、杜金鵬「試論大汶口文化潁水類型」（『考古』一九九二年第二期）。

（一一）張学海「試論山東地区的龍山文化城」（『文物』一九九六年第一二期）、張学海「山東史前聚落時空関係宏観研究――蘇秉琦学術思想在山東考古的再実践」（『蘇秉琦与当代中国考古学』科学出版社、二〇〇一年）。

（一二）靳松安『河洛与海岱地区考古学文化的交流与融合』（科学出版社、二〇〇六年）。

（一三）二里頭文化の形成過程においては、洛陽盆地を含んだ嵩山南北一帯地域の社会における複雑な再編成過程があったと考えられるが、少なくとも二里頭文化が初期王朝としての体制を整えたと考えられる二里頭文化二期以降には、その中心（王都）としての二里頭集落が洛陽盆地に置かれ、洛陽盆地がその政治的な中心的領域となったと考えられる。

（一四）中国社会科学院考古研究所『偃師二里頭』（中国大百科全書出版社、一九九九年）、中国社会科学院考古研究所二里頭工作隊「二里頭遺址二〇〇三～二〇〇四年田野考古新収穫」（『中国社会科学院古代文明研究中心通訊』二〇〇四年第八期）、中国社会科学院考古研究所二里頭工作隊「河南偃師市二里頭遺址宮殿及宮殿区外囲道路的勘察与発掘」（『考古』二〇〇四年第一一期）、許宏・陳国梁・趙海濤「二里頭遺址聚落形態的初歩考察」（『考古』二〇〇四年第一一期）、許宏（久慈大介訳）「二里頭遺跡における考古学的新収穫とその初歩的研究——集落形態を中心として」（『中国考古学』第四号、二〇〇四年）、中国社会科学院考古研究所二里頭工作隊「河南偃師二里頭遺址中心区的考古新発現」（『考古』二〇〇五年第七期）、趙海濤・陳国梁・許宏「二里頭遺址発現大型囲垣作坊区」（『中国文物報』二〇〇六年七月二一日版）。

（一五）初期王朝文化としての様相を多分に有する二里頭文化は、層位的ないし年代的にみて殷王朝以前に存在したとされる夏王朝の時代にほぼ相当し、また、その分布範囲が古文献上に記載された夏王朝と密接な関連をもつ地域と重なることなどから、二里頭文化は夏王朝の文化、つまり夏文化として同一視されつつある。しかし、二里頭文化が初期王朝文化としての様相を多分に有し、またその年代観や地域性などに照らし合わせてみて夏王朝との関連性が密であるといった多くの状況証拠はあるものの、二里頭文化が確実に夏王朝のものであると言える物的証拠は今のところ発見されてはいない。そのため、現段階では、この時期に洛陽盆地一帯を中心として存在していたであろう初期王朝としての政体を「二里頭文化期の中原王朝」として称しておくこととする。

（一六）北京大学考古学系・駐馬店市文物保護管理所『駐馬店楊荘』（科学出版社、一九九八年）。

（一七）中国社会科学院考古研究所・中国歴史博物館・山西省考古研究所『夏県東下馮』（文物出版社、一九八七年）。

（一八）中国歴史博物館考古部・山西省考古研究所・垣曲県博物館『垣曲商城』（科学出版社、一九九六年）。

（一九）楊亜長・王昌富「商州東龍山遺址考古獲重要成果」（『中国文物報』一九九九年一一月二五日版）、楊亜長「商州東龍山遺址的年代与文化性質」（『中国文物報』二〇〇〇年八月九日版）、楊亜長「陝西夏時期考古的新進展」（『古代文明研究通訊』二〇〇〇年総第五期）。

（二〇）西江清高「地域間関係からみた中原王朝の成り立ち」（『国家形成の比較研究』学生社、二〇〇五年）、西江清高・久慈大介「従

地域間関係看二里頭文化期中原王朝的空間結構」（『二里頭遺址与二里頭文化国際学術研討会論文集』科学出版社、二〇〇七年予定）。

（二一）その意味で注目されるのが、近年発見された河南省鄭州市大師姑遺跡（鄭州市文物考古研究所『鄭州大師姑』科学出版社、二〇〇四年）である。大師姑遺跡は、二里頭文化には数少ない城壁をともなった大型の遺跡で、その地理的位置から、二里頭文化期の中原王朝の東方ないし北方方面に対する政治的、軍事的な拠点であった可能性が高い。

（二二）河南省文物考古研究所『鄭州商城』（文物出版社、二〇〇一年）。

（二三）杜金鵬・王学榮主編『偃師商城遺址研究』（科学出版社、二〇〇四年）など。

（二四）中国社会科学院考古研究所・中国歴史博物館・山西省考古研究所「夏県東下馮」（『文物出版社、一九八七年）。

（二五）中国歴史博物館考古部・山西省考古研究所・垣曲県博物館『垣曲商城』（科学出版社、一九九六年）。

（二六）楊貴金・張立東「焦作府城古城遺址調査報告」（『華夏考古』一九九四年第一期）、袁広闊・秦小麗・楊貴金「河南焦作市府城遺址発掘簡報」（『華夏考古』二〇〇〇年第二期）、袁広闊・秦小麗「河南焦作市府城遺址発掘報告」（『考古学報』二〇〇〇年第四期）。

（二七）湖北省文物考古研究所『盤龍城』（文物出版社、二〇〇二年）。

（二八）中国社会科学院考古研究所安陽工作隊「垣北商城的発現与初歩勘察」（『考古』二〇〇三年第五期）、中国社会科学院考古研究所安陽工作隊「垣北商城宮殿区一号基址発掘簡報」（『考古』二〇〇三年第五期）、唐際根「垣北商城的発現及其対商代考古研究的影響」（『中国考古学』第四号、二〇〇四年）など。

（二九）中国社会科学院考古研究所『殷墟発掘報告』（文物出版社、一九八七年）、中国社会科学院考古研究所『殷墟的発現的研究』（科学出版社、一九九四年）など。

（三〇）山東省文物管理処「済南大辛荘遺址試掘簡報」（『考古』一九五九年第四期）、山東省文物管理処「済南大辛荘商代遺址勘査紀要」（『文物』一九五九年第一一期）、蔡鳳書「済南大辛荘商代遺址的調査」（『考古』一九七三年第五期）、任相宏「済南大辛荘龍山、商遺址調査」（『考古』一九八五年第八期）、山東大学歴史系考古専業・山東省文物考古研究所・済南市博物館「一九八四年秋済南大辛荘遺址試掘述要」（『文物』一九九五年第六期）。

（三一）河北省文物研究所『藁城台西商代遺址』（文物出版社、一九八五年）。

（三二）劉莉・陳星燦「城：夏商時期対自然資源的控制問題」（『東南文化』二〇〇〇年第三期）、劉莉・陳星燦「中国早期国家的形成——従二里頭和二里岡時期的中心和辺縁之間関係談起」（『古代文明』第一巻、文物出版社、二〇〇二年）、Liu Li and Chen Xingcan：*State Formation in Early China*, Duckworth, London, 2003.

（三三）塩沢裕仁「洛陽八関とその内包空間——漢魏洛陽盆地の空間的理解に触れて」（『法政考古学』第三〇集、二〇〇三年）。なお、関塞の比定に関しても塩沢氏の論文に依拠した。

（三四）塩沢氏によれば、後漢末の八関が取り巻く地域空間は、当時の洛陽の都市空間として認識することができるとし、広成関がこの地に置かれたのは後漢末の都市洛陽が伊川盆地までをも取り込んだ広域な都市空間を持つに至ったためであるとしている（塩沢裕仁「洛陽八関とその内包空間——漢魏洛陽盆地の空間的理解に触れて」『法政考古学』第三〇集、二〇〇三年）。

（三五）西江清高「地域間関係からみた中原王朝の成り立ち」（『国家形成の比較研究』学生社、二〇〇五年）、西江清高・久慈大介「従地域間関係看二里頭文化期中原王朝的空間結構」（『二里頭遺址与二里頭文化国際学術研討会論文集』科学出版社、二〇〇七年予定）。

（三六）陶礼器を出土した遺跡に関しては、西江清高「地域間関係からみた中原王朝の成り立ち」（『国家形成の比較研究』学生社、二〇〇五年）、西江清高・久慈大介「従地域間関係看二里頭文化期中原王朝的空間結構」（『二里頭遺址与二里頭文化国際学術研討会論文集』科学出版社、二〇〇七年予定）に依拠。ただし、近年発掘され、陶礼器を出土した河南省登封市南窪遺跡（鄭州大学歴史学院考古系・鄭州市文物考古研究所「河南登封南窪遺址二〇〇四年春試掘簡報」『中原文物』二〇〇六年第三期）を新たに加えた。

（三七）河南省文物研究所「河南鞏県稍柴遺址発掘報告」（『華夏考古』一九九三年第二期）、陳星燦・劉莉・李潤権・Henry T. Wright・Arlene Miller Rosen「中国文明腹地的社会複雑化進程——伊洛河地区的聚落形態研究」（『考古学報』二〇〇三年第二期）。

（三八）河南省文物考古研究所「河南伊川県南寨二里頭文化墓葬発掘簡報」（『考古』一九九六年第一二期）。

（三九）洛陽市文物工作隊『洛陽皂角樹』（科学出版社、二〇〇二年）。

（四〇）洛陽博物館「洛陽矬李遺址試掘簡報」（『考古』一九七八年第一期）。

（四一）洛陽博物館「洛陽東馬溝二里頭類型墓葬」（『考古』一九七八年第一期）。

（四二）考古研究所洛陽発掘隊「一九五八年東干溝遺址発掘簡報」（『考古』一九五九年第一〇期）、中国社会科学院考古研究所『洛陽発掘報告』北京燕山出版社、一九八九年）。

（四三）鄭州市博物館「河南省滎陽西史村遺址試掘簡報」（『文物資料叢刊』五、一九八一年）。

（四四）鄭州市文物考古研究所『鄭州大師姑』（科学出版社、二〇〇四年）。

（四五）河南省文化局文物工作第一隊「鄭州洛達廟商代遺址試掘簡報」（『文物参考資料』一九七五年第一〇期）、河南省文物研究所「鄭州洛達廟遺址発掘報告」（『華夏考古』一九八九年第四期）。

（四六）北京大学考古文博学院「河南省新密曲梁遺址一九八八年春発掘報告」（『考古学報』二〇〇三年第一期）。

（四七）韓維周・丁伯泉・張永杰・孫宝徳「河南省登封県玉村古文遺址概況」（『文物参考資料』一九五四年第六期）。

（四八）鄭州大学歴史学院考古系・鄭州市文物考古研究所「河南登封南窪遺址二〇〇四年春試掘簡報」（『中原文物』二〇〇六年第三期）。

（四九）洛陽博物館「河南臨汝煤山遺址調査与試掘」（『考古』一九七五年第五期）、中国社会科学院考古研究所河南二隊「河南臨汝煤山遺址発掘報告」（『考古学報』一九八二年第四期）、河南省文物研究所「臨汝煤山遺址一九八七―一九八八年発掘報告」（『華夏考古』一九九一年第三期）。

（五〇）洛陽地区文物処「伊川白元遺址発掘簡報」（『中原文物』一九八二年第三期）。

（五一）河南省文物研究所・澠池県文化館「澠池県鄭窯遺址発掘報告」（『華夏考古』一九八七年第二期）。

（五二）河南省文化局文物工作隊「河南澠池鹿寺遺址試掘簡報」（『考古』一九六四年第九期）。

（五三）二里頭文化期においては、洛河は現在よりも南よりの流路を通っていたと想定されており（古洛河）、当時の皂角樹集落は伊河と古洛河の合流地点付近、矬李集落は古洛河に面して立地していたと考えられている（河南省文物考古研究所『中国黄土高原東南部地区環境演変与遥古人類文化研究』地域研究与開発雑誌社、一九九六年。許天申「洛陽盆地古河道変遷初歩研究」『河南博物院落成暨河南省博物館建館七〇周年記念論文集』中州古籍出版社、一九九八年。洛陽市文物工作隊『洛陽皂角樹』科学出版社、二〇〇二年）。

（五四）葉万松・周昆叔・方孝廉・趙春青・謝虎軍「皂角樹遺址古環境与古文化初歩研究」（『環境考古学』第二輯、科学出版社、二〇〇〇年）、洛陽市文物工作隊『洛陽皂角樹』（科学出版社、二〇〇二年）。

（五五）宋豫秦・鄭光・韓玉玲・呉玉新「河南偃師市二里頭遺址的環境信息」（『考古』二〇〇二年第一二期）。

（五六）河南省文物研究所「河南滎陽竪河遺址発掘報告」（『考古学集刊』第一〇集、一九九六年）。
（五七）西江清高「中国初期王朝の出現をめぐる二、三の問題」（『考古学研究〔五〕——慶祝鄒衡先生七十五寿辰暨従事考古研究五十年論文集』科学出版社、二〇〇三年）。
（五八）西江清高氏の一連の論考。小澤正人・谷豊信・西江清高『中国の考古学』（同成社、一九九九年）、松丸道雄・池田温・斯波義信・神田信夫・濱下武志編『世界歴史大系　中国史一——先秦～後漢』（山川出版社、二〇〇三年）、西江清高「中国初期王朝の出現をめぐる二、三の問題」（『考古学研究〔五〕——慶祝鄒衡先生七十五寿辰暨従事考古研究五十年論文集』科学出版社、二〇〇三年）などを参照。
（五九）葉万松・周昆叔・方孝廉・趙春青・謝虎軍「皂角樹遺址古環境与古文化初歩研究」（『環境考古学』第二輯、科学出版社、二〇〇〇年）、洛陽市文物工作隊『洛陽皂角樹』（科学出版社、二〇〇二年）。
（六〇）趙志軍「二里頭遺址浮選結果的初歩分析（摘要）」（中国・二里頭遺址与二里頭文化国際学術研討会〔二〇〇五年一〇月一八日～二〇日、偃師市〕公布資料）、張亜武「二里頭文化時期洛陽種植五種農作物消費以粟稲為主」（『洛陽日報』二〇〇五年一一月四日版）。
（六一）二里頭遺跡において検出された植物遺存体総数のなかで、イネ遺存体の占める割合が皂角樹遺跡に比べて高いのは、当時の両集落の立地環境の差異によるものか、あるいは王都である二里頭集落とそうではない皂角樹集落という、両集落のもつ性格の差異に由来するものとも考えられる。
（六二）中国社会科学院考古研究所河南二隊「河南密県新砦遺址的試掘」（『考古』一九八一年第五期）、北京大学古代文明研究中心・鄭州市文物考古研究所「河南省新密市新砦遺址一九九九年発掘簡報」（『華夏考古』二〇〇〇年第四期）、北京大学古代文明研究中心・鄭州市文物考古研究所「河南省新密市新砦遺址二〇〇〇年発掘簡報」（『文物』二〇〇四年第三期）、中国社会科学院考古研究所河南新砦隊・鄭州市文物考古研究所「新密市新砦遺址聚落布局探索的新進展」（『中国社会科学院古代文明研究中心通訊』二〇〇四年第八期）、中国社会科学院考古研究所・鄭州市文物考古研究所「河南新密市新砦城址中心区発現大型浅穴式建築」（『考古』二〇〇六年第一期）。
（六三）趙春青「夏代農業管窺——従新砦和皂角樹遺址的発現談起」（『農業考古』二〇〇五年第一期）。
（六四）そのような意味において、筆者は、集落の周囲に巡らされた環濠には、集落の防衛などといった役割のほかに、水利・

灌漑的な意味で稲作とも何らかの関連性があると考えているが、イネの遺存体が大量に検出された新砦遺跡は、城壁と三重の環濠をともなった大集落であることが明らかになっている（中国社会科学院考古研究所河南新砦隊・鄭州市文物考古研究所「新密市新砦遺址聚落布局探索的新進展」『中国社会科学院古代文明研究中心通訊』二〇〇四年第八期。）。また、同じくイネの遺存体が大量に検出された二里頭文化期の拠点的集落のひとつである河南省駐馬店楊荘遺跡でも環濠の存在が確認されており、稲作との関連で注目される。なお、近年新たに発見された新砦期に属する河南省鞏義市花地嘴遺跡（鄭州市文物考古研究所・北京大学考古文博学院「河南鞏義市花地嘴遺址〝新砦期〟遺存」『考古』二〇〇五年、第六期）も四重の環濠をともなった大型の集落遺跡で、イネ遺存体の検出状況は明らかになっていないものの、嵩山を越えた北側に位置する環濠集落として非常に注目される。また、登封盆地西部に立地する二里頭文化期の集落遺跡である南窪遺跡でも環濠の存在が指摘されており（張松林・張莉「嵩山与嵩山文化圏」『中原地区文明進程学術研討会論文集』科学出版社、二〇〇六年。鄭州大学歴史学院考古系・鄭州市文物考古研究所「河南登封南窪遺址二〇〇四年春試掘簡報」『中原文物』二〇〇六年第三期）、同様の意味において注目される。このように、近年、嵩山南北一帯において新砦期あるいは二里頭文化期に属する環濠をともなった集落遺跡の発見が相次いでいるが、新砦遺跡において大量のイネ遺存体が検出されたこととも関連し、二里頭文化ないしその成立過程における嵩山南北一帯の地域社会の動態、とくにその経済基盤を探るうえで注目される。

（六五）許宏・陳国梁・趙海濤「二里頭遺址聚落形態的初歩考察」（『考古』二〇〇四年第一一期）、許宏（久慈大介訳）「二里頭遺跡における考古学的新収穫とその初歩的研究――集落形態を中心として」（『中国考古学』第四号、二〇〇四年）。

（六六）実際、二里頭遺跡Ⅸ区のＭ一四墓から出土した土器内部の土壌サンプルの珪酸体（プラント・オパール）分析の結果、二里頭遺跡付近で二里頭二期あるいはそれ以前に水稲稲作が行われていた可能性が指摘されている（中国社会科学院考古研究所『中国考古学　夏商巻』中国社会科学出版社、二〇〇三年）。

（六七）そのような意味で、二里頭文化期の南方方面における拠点的集落のひとつであった河南省駐馬店楊荘遺跡からはイネの遺存体が大量に検出され、当時この地で稲作を主体とした生業が行われていたことが明らかになっているが、このような当時の拠点的集落が、二里頭文化期の中原王朝の経済基盤を支えるうえで王都であった二里頭集落といかなる関係にあったのか、今後さらに注目していく必要があろう。

春秋時代の黄河――下流域諸国における境界認識の検討を中心に

水野　卓

はじめに

これまでの古代中国における黄河を主題とした研究は、専制国家の形成過程や河道の変遷、交通網の発達といったように、時代による移り変わりを念頭において論じられることが多かった。[一] 確かにそのような視点も重要ではあるが、時代ごとに黄河に対する人々の考え方・とらえ方は様々であり、ある時代を取り上げ、その時代固有の黄河観というものをあわせて検討することも必要であると思われる。

その意味で言えば、甲骨文に見える「河」の祭祀を詳細に検討し、殷代の祭祀体系を明らかにした赤塚忠氏や秦漢時代における河川の祭祀権掌握の過程を検討した鶴間和幸氏の研究は、それぞれの時代固有の河川観を探ろうとした数少ない研究であり注目に値するが、[二] 今回取り上げる春秋時代については、戦国期と合わせた視点からの研究はいくつか見られるものの、[三] 春秋期独自の黄河の特徴を導き出した研究はほとんど見当たらない。

春秋という時代を「神・人共同体」として、祖先の存在が強く意識されていたとしたのは高木智見氏であるが、[四] おそらくこのような時代的特性は、黄河に代表される当時の河川に対する認識にも現れていたのではないかと推測される。そこで本稿では、『春秋左氏伝』（以下『左伝』と略す）から黄河に関する記事を拾い上げ、それがどのような場面で現れ、当時の人々にとってどのように認識されていたのか、そこに春秋期固有の特徴があるのかといった点を中心に検討していきたいと思う。

春秋時代における黄河についての検討を進めるにあたり、史料としては、春秋時代の史実が比較的多く含まれているとされる『左伝』を中心に用い、『史記』『国語』などで補うこととする。そのため、特に断りのない限りは『左伝』からの引用であり、『春秋』からの引用の場合には「〇公〇年経」とし、注釈である晋・杜預『春秋経伝集解』の場合は「杜注」、竹添光鴻『左氏会箋』の場合は「会箋」と記している。なお、引用文中の〔　〕は筆者による補足を、（　）は同じく筆者による説明を意味している。また本書が一般向けであることから、書き下し文は常用漢字と新仮名遣いで示していること、さらに黄河に関して、今回の検討では黄河を上流・下流で分けた場合の下流、つまり春秋の諸侯国で言えば、晋を中心とした中原諸国から斉・魯にかけての部分を中心に検討を進めていることをあらかじめお断りしておく。

一、覇者と黄河

「はじめに」で少し述べたように、春秋時代固有の現象を探るという意味からすれば、覇者というのは春秋期特有の存在であるわけだが、実はこの覇者についても黄河との関わりが少なからず見られる。例えば斉については、

「我（斉桓公）が先君に履を賜い、東は海に至り、西は河に至り、南は穆陵に至り、北は無棣に至る」（僖公四年）

という記事や、『国語』「斉語」に、

「四隣大いに親しみ、既に侵地を反《かえ》し、其の封疆を正す。地は南のかた餉陰に至り、西のかた済に至り、北のかた河に至り、東のかた紀酅に至る」

とあるように、覇者の一人である斉桓公の時代の勢力範囲の一部として黄河が示されており、また晋についても、

「秦伯に賂《まいな》うに河外の列城五、東は虢の略《さかい》を尽し、南は華山に及び、内は解梁城に及ぶまでを以てす」(僖公一五年)

という記事や、『史記』「晋世家」に、

「此の時(献公二五年)に当りて、晋彊《つよ》し。西は河西を有《たも》ち、秦と境を接し、北は翟に辺し、東は河内に至る」

とあるように、同じく覇者の一人とされる文公の時代の勢力範囲の一部を示す際に、黄河が取り上げられていることがわかる。

邑制国家の春秋時代にあっては、各国の勢力範囲あるいはその領域概念を明らかにすることは難しく、(五)まして覇者としての斉や晋がどのような勢力範囲を思い描いていたかを見出すことは困難であるものの、この点に関して一つの見解を示したのが、斉・晋それぞれの覇業を検討した吉本道雅氏である。まず斉の覇業については、王朝の動向に関連づけて、その時代的推移を説明しつつ、先にも挙げた僖公四年の記事で、その勢力範囲の一部に黄河が示

された桓公時期を覇業達成の時期とし、「斉を盟主とする中原の同盟」ができあがっていたと述べるが、その際、「斉僖公・襄公以来、桓公に踏襲される斉の西方への不干渉志向」があった点を強調する。[六]

一方、晋の覇業についても、その時代的推移を検討するなかで、勢力範囲の一部として黄河が取り上げられた文公期は、後の襄公期とともに王朝の存在を前提とする、「西方の晋が中原諸国に対し覇権を行使する体制が構築された」時代であったとし、ここでも一貫して「斉・魯など東方諸国へのとりわけ当初における無関心」という点や、「遠隔の斉を永続的に服属させることは困難であり、同盟外に排除するのが次善の策とされたのであろう」といった点を特に指摘する。[七]

氏のこれらの見解を参考にすれば、斉が覇業として示した勢力範囲の限界の一部を黄河で示すのは、王朝を中心とした西方への不干渉志向が影響しているためであり、晋の覇業に基づく勢力範囲の限界の一部が黄河で示されるのも、東方諸国への無関心あるいは同盟外への排除という目的があったためであると理解できよう。つまり斉・晋それぞれが、その勢力範囲の限界に黄河を持ち出すのは、主にこのような当時の〝政治的背景〟に大きく影響されていたためと考えられるのである。

吉本氏の見解は当時の国際状況を詳細に検討した上で導き出されたものであり、このような〝政治的背景〟から東方勢力と西方勢力との境目にあると考えられる黄河が、両勢力の境界として設定されたことは十分にあり得ると言えよう。しかし、例えば斉に関して言えば、

「十一月、斉侯、晋に如くは、北燕を伐たんことを請うなり。士匄、士鞅を相《たす》け、諸《これ》を河に逆《むか》う。礼なり」（昭公六年）

「〔斉侯・衛侯〕師をして晋を伐たしめ、将に河を済《わた》らんとす……絳よりは三月ならざれば、河を出ずること能わず」（定公一三年）

とあるように、先に挙げた僖公四年の記事を含めて『左伝』には三例しか黄河と関わる記事は見られず、春秋期全体を通して、斉自体の勢力範囲が黄河と密接に関わっていたとは考えにくい。特に晋については、先に示した僖公一五年の記事を見ると、結果的に秦に割譲されたものの、この時点で晋の領有する城が、実際に黄河の外にも存在しており、斉・晋それぞれの実際の勢力範囲と覇者としての勢力範囲との間に隔たりがあることも事実としてある。確かに吉本氏は僖公四年の斉の勢力範囲について、「淮域の支配権を周初に仮託して正当化したもの」とその理由を説明してはいるが、(八)「周初に仮託」することがなぜ正当化になるのかという点は疑問として残されており、おそらく〝政治的背景〟のみでは説明のできない、この時代の黄河に対する特別な認識があったのではないかと推測されるのである。これらの疑問を含め節を改めて考えてみよう。

二、戦争における黄河

黄河に関する記事のなかで、最も多いのが戦争の場面においてであり、それを一覧にしたものが表1(次頁)である。この表を見ると、「河を済《わた》る」という記述が目に付くわけだが(表1下線部参照)、これについては『国語』「斉語」に、

「〔斉桓公の〕教大いに成り、三革を定《お》き、五刃を隠《や》め、朝服して以て河を済《わた》りて、怵惕する無し」

とあるような、斉桓公の功績によって、朝服のままで黄河を渡っても危惧することがなくなったという記述が参考

表1　戦争における黄河

年　月	国	記　述
閔公2年	衛×狄	「冬十二月、狄人、衛を伐つ……狄、衛に入り、遂に之を従い、又諸を河に敗る」
閔公2年	宋×狄	「宋の桓公、諸（衛の衆）を河に逆う。宵済る」（※1）
閔公2年	鄭×狄	「鄭人、高克を悪み、師を帥いて河上に次らしめ、久しうして召さず」（※2）
僖公28年	晋×衛	「晋侯、将に曹を伐たんとし、道を衛に仮る。衛人許さず。還りて南河より済る。曹を侵し、衛を伐つ」
僖公28年	晋×楚	「城濮の戦いに、晋の中軍、沢に風し、大旆と左旃とを亡う……　壬午、〔晋軍〕河を済る」
文公3年	晋×秦	「秦伯、晋を伐つ。河を済りて舟を焚き、王官を取りて郊に及ぶ」
文公12年	晋×秦	「秦伯、晋を伐ちて羈馬を取る。晋人、之を禦ぐ……〔晋の師〕以て秦の師に河曲に従う」
宣公12年	晋×楚	「〔楚王〕将に馬を河に飲いて帰らんとす。晋の師既に済ると聞き、〔楚〕王還らんと欲す」（※3）
成公16年	晋×楚	「五月、晋の師、河を済る。楚の師、将に至らんとするを聞く」
襄公11年	晋×秦鄭	「秦の庶長鮑・庶長武、師を帥いて晋を伐ち、以て鄭を救う……壬午、武、輔氏より〔河を〕済り、鮑と交〃晋の師を伐つ」（※4）
定公13年	晋×斉衛	「〔斉侯・衛侯〕師をして晋を伐たしめ、将に河を済らんとす」

（※1）杜注「夜に度るは、狄を畏るるなり」から、狄との戦争の場面であることがわかる。

（※2）会箋に「詩序に云う、狄を竟に禦ぐ。時に於いて狄、衛に入る。衛は河の北に在り。鄭は河の南に在り。其の河を渡りて鄭を侵すを恐る。故に河上に次るなり」とあり、衛に攻め込んだ狄と鄭とが黄河を挟んで対峙する状況がうかがわれる。

（※3）邲の戦いの場面では、この記事以外にも、「〔晋の師〕河に及ぶ……〔晋の〕師、遂に済る」「〔晋の〕趙嬰斉、其の徒をして先ず舟を河に具えしむ。故に敗れて先ず済れり」「晋の余師、軍すること能わず。宵に済る」とあり、黄河が戦場となっていることがわかる。

（※4）杜注に「輔氏より河を渡るなり」とあり、黄河を渡っていることが確認できる。

となろう。つまりこの『国語』の記事からは、それ以前において「河を済る」ということが、自らとは異なった地域へ行くとの認識があったことが推測されるわけで、少なくとも「河を済る」という記述がわざわざ記されているということは、黄河流域の戦争において黄河を渡ることの重要性がまずはうかがわれるのである。

また表1を見ると、僖公二八年の城濮の戦いや宣公一二年の邲の戦い、成公一六年の鄢陵の戦いなど、晋と楚とが衝突する大きな戦争の場面で黄河が戦場となっていることがわかる。ここで注目したいのが、これらについての『春秋』の記事であり、

「晋侯・斉の師・宋の師・秦の師、楚人と城濮に戦う」（僖公二八年経）

「晋の荀林父、師を帥《ひき》いて楚子と邲に戦う」（宣公一二年経）

「晋侯、楚子・鄭伯と鄢陵に戦う」（成公一六年経）

とあるように、いずれにも「戦」の語が見られるのである。

この『春秋』や『左伝』の記述を含めた春秋時代における「戦」について、関口順氏は「特殊な一つの戦争様式であった」とし、『戦』はたとえれば相撲のようなものである。戦場は土俵であり、陣は仕切りである」と述べており、(九)小林伸二氏も「敗」や「次」などの語句とともに「戦」について、『戦』『敗』（『敗績』）『次』は地名をともなって、対峙戦を伝えるもの」と規定している。(一〇)そこで、『春秋』に見える「戦」の記事を表2（次頁）として一覧にしたところ、「戦」の語が用いられる戦争では、戦場がほとんどの場合において記されており（表2下線部参照）、両軍の相対峙する場面が確認できるのである。だとすれば、これら大きな戦争において「戦」という語が用いられ、まさに黄河が戦場になっているということは、晋と楚とが黄河を隔てて対峙する状況が見出せるのであり、まさに黄

表2　『春秋』に見える「戦」

年　月	対戦国	記　述
桓公 10 年	斉衛鄭×魯	「斉侯・衛侯・鄭伯、来たりて郎に戦う」
桓公 12 年	魯×宋	「鄭の師と宋を伐つ。丁未、宋に戦う」
桓公 17 年	魯×斉	「斉の師と奚に戦う」
荘公 9 年	魯×斉	「斉の師と乾時に戦う。我が師敗績す」
荘公 28 年	衛×斉	「衛人、斉人と戦う。衛人敗績す」
僖公 15 年	晋×秦	「晋侯、秦伯と韓に戦う。晋侯を獲う」
僖公 18 年	宋×斉	「宋の師、斉の師と甗に戦う。斉の師敗績す」
僖公 22 年	宋×楚	「宋公、楚人と泓に戦う。宋の師敗績す」
僖公 28 年	晋斉宋秦×楚	「晋侯・斉の師・宋の師・秦の師、楚人と城濮に戦う。楚の師敗績す」
文公 2 年	晋×秦	「晋侯、秦の師と彭衙に戦う。秦の師敗績す」
文公 7 年	晋×秦	「晋人、秦人と令狐に戦う」
文公 12 年	晋×秦	「晋人・秦人、河曲に戦う」
宣公 2 年	宋×鄭	「宋の華元、師を帥いて鄭の公子帰生の帥いる師と大棘に戦う。宋の師敗績す」
宣公 12 年	晋×楚	「晋の荀林父、師を帥いて楚子と邲に戦う。晋の師敗績す」
成公 2 年	衛×斉	「衛の孫良夫、師を帥いて斉の師と新築に戦う。衛の師敗績す」
成公 2 年	魯晋衛曹×斉	「季孫行父・臧孫許・叔孫僑如・公孫嬰斉、師を帥いて晋の郤克・衛の孫良父・曹の公子首に会し、斉侯と鞌に戦う。斉の師敗績す」
成公 16 年	晋×楚鄭	「晋侯、楚子・鄭伯と鄢陵に戦う。楚子・鄭の師敗績す」
昭公 17 年	楚×呉	「楚人、呉と長岸に戦う」
定公 4 年	蔡呉×楚	「蔡侯、呉子を以いて楚人と柏挙に戦う。楚の師敗績す」
哀公 2 年	晋×鄭	「晋の趙鞅、師を帥いて鄭の罕達の帥いる師と鉄に戦う。鄭の師敗績す」
哀公 11 年	斉×呉	「斉の国書、師を帥いて呉と艾陵に戦う。斉の師敗績す」

河が晋と楚との軍事的な境界の役割を果たしていたと考えられるのである。

また、これら以外の黄河が戦場となる記事でも、その記述は比較的晋を中心としており（表1参照）、さらにこれらの記事の『春秋』に着目すると、

「晋侯、衛を伐つ」（僖公二八年経）

「秦人、晋を伐つ」（襄公一一年経）

とあるように、「伐」の語が見出せる。[一一]この『春秋』に見える「伐」については、「諸侯国名への『伐』は、やはり『国』邑の支配領域への攻撃を『伐』と記録したと考えて差支えないであろう。『伐』は、国境への軍事行為を表示するものに他ならないのである」という小林氏の指摘がある。[一二]支配領域や国境という概念がどういうものであったかなど、いくらか検討の余地は残されているものの、この見解を参考とするならば、少なくとも晋を主体とした「伐」という行為において黄河が記されているということは、晋にとって楚だけでなく、他国との関係においても、両者を区切る軍事的境界のような役割を黄河が果たしていたと考えられるのである。[一三]ただしこの場合の境界は、黄河に限らず、河川というものが両岸を隔てるという地理的な要素によるところが大きく、特に晋にとって黄河を隔てた対岸にある西方の秦や南方の楚に対して、このような河川が持つ〝地理的境界〟の面が強く現れていたと言えよう。まさに、第一節で述べた覇者の勢力範囲を示す場合に黄河が取り上げられた〝政治的背景〟の根幹には、このような〝地理的境界〟の要素がまずは大きく関わっていたと言えるのである。

三、盟誓場面での黄河

前節では戦争の場面に見える黄河記事から、晋にとっての黄河が対岸の秦や楚などを区別する〝地理的境界〟という側面を持っていたことを確認した。この点については第一節でも取り上げたが、

「秦伯に賂《まいな》うに河外の列城五、東は虢の略《さかい》を尽し、南は華山に及び、内は解梁城に及ぶまでを以てす」（僖公一五年）

杜注「河外は河の南なり」

会箋「河は龍門よりて南す。華陰に至りて東す。晋は西河の東、南河の北に在り、河の北を以て内と為し、河の南もて外と為すなり」

とあるように、本文に「河外」なる語が見え、会箋も晋にとって黄河の北が「内」、南が「外」であるとし、また、

「〔晋〕盍《なん》ぞ楚を釈《す》てて以て外懼と為さざるか、と」（成公一六年）

とあり、晋にとって楚は「外」と認識される存在であるとされるように、「内」「外」という概念的な区別からも、まさに晋と西方の秦・南方の楚とが、黄河を一つの境として隔てられていることがわかる。しかし、この〝地理的境界〟というものは、河川が両岸を隔てるものである以上、普遍的に存在するのであり、春秋時代固有の現象とは言えない。そこで注目すべきは、「はじめに」でも少し述べたように、この僖公一五年の記事で「河外」にも晋の

列城が存在している点である。このような事例に関して、齋藤道子氏は「国」と晋の境界・楚の境界となっている黄河や漢水との関係から言及し、楚の支配下にある邑が漢水の北側まで広がっている事例から、「黄河、漢水は『国』の竟のような社や宗廟の霊威と結びついた実体のある境界ではなく、私にはより心理的な境界、感覚的に文化圏を区切る境界とでも言うべきもののように思われる。晋にとっての黄河、楚にとっての漢水が、『国』邑を頂点とする邑のネットワークたる邑制国家の晋や楚の領域を区切る境界としては意味をなさない」と述べており[一四]、これを参考にすれば、黄河には地理的な境界とともに何か別の意識に基づいた境界としての性質も併せ持っていた可能性があるのではなかろうか。

そこで黄河に関して戦争以外の記事を見てみると、黄河を盟誓の対象とした記事が多いことに気がつく[一五]。それらを『左伝』から取り上げ、まとめたものが表3（次頁）であるが、この表を見る限り、黄河が盟誓の対象となる場合には、神格として河神が見られ、高木氏が山川での盟について、「凡そ、結盟の地は、社・廟・門の如くその地自体に神の存在を予想できる場合が少なくなく、丘陵或いは水辺の地が神格そのもの、少なくとも神の降臨する場所であったことは充分考えられる」と述べ、鶴間氏も「河川には河川神・水神が存在し、その威力が流域諸集団の存亡を掌握するものと考えられていた。河水（黄河）には河伯馮夷……と呼ばれた神々が見られる」と指摘していることから考えれば[一六]、黄河もそのような自然神の宿る場の一つであった可能性は大いにあると言えよう。また鶴間氏は「春秋期の諸侯は、自己の勢力範囲に位置する主要河川を望祭することを重要な務めとし、自国の存亡を河川神に委ねていた」とも指摘しており[一七]、ここから当時の諸侯国と河川神との深いつながりがうかがわれるわけだが、このことは前節で検討した地理的な境界としての戦争の場面においても、『周礼』「春官・肆師」に、

「凡そ師甸に牲を社・宗に用うれば、則ち位を為す。上帝を類造して大神に封じ、兵を山川に祭るも亦之の如くす」

表3　祭祀対象としての黄河

時　期	国名	種類	人　物	神　格
僖公 24 年	晋	盟誓	重耳と子犯	河神（※1）
僖公 28 年	楚	夢	子玉	河神
文公 12 年	秦	祈り	秦伯	河神？（※2）
文公 13 年	秦	盟誓	秦伯と子会	河神（※3）
宣公 17 年	晋	盟誓	献子（郤克）	河神（※4）
成公 11 年	秦・晋	盟	秦の史顆と晋侯（河の東） 晋の郤犫と秦伯（河の西）	河神？ 河神？
襄公 18 年	晋	祈禱	中行献子（荀偃）	河神？
襄公 19 年	晋	盟誓	欒懐子と荀偃	河神
襄公 27 年	衛	盟誓	子鮮と献公の使者	河神（※5）
襄公 30 年	鄭	盟誓？	游吉と子上	河神（※6）
昭公 24 年	周	祈り	王子朝	河神（※7）
昭公 31 年	魯	盟誓	昭公	河神（※8）
定公 13 年	晋	盟誓	晋侯と大臣	河神（※9）

（※1）「白水の如き有らん」（僖公 24 年）の会箋に「河と曰い日と曰うは、指して盟するところの神なり」とあり、神格として河神が想定できる。

（※2）「秦伯、璧を以て戦を河に祈る」（文公 12 年）の杜注に「勝ちを求むるを禱るなり」とあり、祭祀目的が祈りであると考えられる。

（※3）「爾の帑を帰さざる所の者あらば、河の如き有らん」（文公 13 年）の会箋に「河の如き有らんとは、河神これを罰するを言うなり。僖二十四年に詳かなり。凡そ如き有らんと言うは、盟誓の套語たれば則ち誓詞を述べずと雖も、其の神これを罰するの意なり」とあり、神格として河神が想定できる。

（※4）「能く河を渉ること無からん」（宣公 17 年）の会箋に「此れ河神に誓うなり」とあり、神格として河神が想定できる。

（※5）「使者を止めて河に盟う」（襄公 27 年）の杜注に「還らざるを誓うなり」とあり、祭祀目的が誓であると考えられる。

（※6）「両珪を用て河に質す」（襄公 30 年）の会箋に「両珪を用て河に質するは、此れ誓なり、盟に非ざるなり」とあり、祭祀の目的が誓のみの可能性もあるが、盟と誓とを史料から厳密に区別することは難しいと思われる。

（※7）「王子朝、成周の宝を用て河に沈む」（昭公 24 年）の杜注に「河に禱り福を求むるなり」とあり、祭祀目的が祈りであると考えられる。

（※8）「己、能く夫の人を見る所の者あらば、河の如き有らん」（昭公 31 年）の杜注に「言うこころは、若し季孫に見えば、己も又まさに禍を受くべし、明らかに河に如き以て自ら誓うなり」、会箋に「河の如き有らんとは、只是れ誓いて見えざるの辞なり」とあり、祭祀目的が誓であると考えられる。

（※9）「載書は河に在り」（定公 13 年）の杜注に「盟書を為りて之を河に沈めるなり」とあり、祭祀目的が盟誓であると考えられる。

鄭玄注「山川は、蓋し軍の依止する所なり」

とあるように、進軍して河川に対峙した際には祭祀が行われ、赤塚氏も『左伝』の記載によれば、征役にあたって河神を祭るのは、その途次そこを済るためである〔襄一八〕」と述べていることからすれば〔一八〕、黄河が地理的な境界とともに、河神のような自然神が意識された場であったことがまずは見出せるのである。

次に盟誓の記事を詳しく見てみると、

入国：「春、王の正月、秦伯、之〔晋文公〕を納《い》る。書せざるは、入るを告げざればなり。〔晋文公〕河に及ぶ……其の璧を河に投ず。河を済《わた》り、令狐を囲み、桑泉に入り、臼衰を取る」〔僖公二四年〕

使者：「秦伯曰く、若し其の言に背くも、爾〔晋の子会〕の帑を帰さざる所の者あらば、河の如き有らん、と。乃ち〔子会〕行く」〔文公一三年〕

「晋侯、郤克をして会を斉に徴《め》さしむ……献子〔郤克〕怒り、出でて誓いて曰く、此に報いざる所あらば、能く河を渉ること無けん、と」〔宣公一七年〕

出奔：「〔衛の子鮮〕遂に晋に出奔す。公之を止めしむ。可《き》かず。河に及ぶ。又之を止めしむ。使者を止めて河に盟《ちか》う」〔襄公二七年〕

「八月甲子、〔鄭の游吉〕晋に奔る。駟帯、之を追う。酸棗に及び、子上と盟《ちか》い、両珪を用て河に質す」〔襄公三〇年〕

放逐：「〔魯昭公曰く〕己能く夫の人〔季孫意如〕を見る所の者あらば、河の如き有らん、と」〔昭公三一年〕

とあるように、入国・使者・出奔・放逐といった、いずれも内部から外部、あるいは外部から内部への移動の場面において黄河が見られるのであり、ここから「内」なる空間と「外」なる空間とを行き来する際の「境界」という場として、黄河が認識されていたことがわかる。

またこれらの記事のなかで、僖公二四年・文公一三年・昭公三一年などは、直接君主が盟誓に立ち会っており、[一九]君主が立ち会う盟について、高木氏の「当時の外交関係全般が祖先神の監督の下で行われたことを思えば会盟の場にも降臨するのは当然である」という指摘を参考にすれば、[二〇]祖先神が立ち会っていた可能性は十分に考えられよう。特に、

「秦・晋成《たいら》ぎを為し、将に令狐に会せんとす。晋侯先ず至る。秦伯肯《あえ》て河を渉らず、王城に次《やど》る。史顆をして晋侯に河東に盟《ちか》わしむ。晋の郤犨、秦伯に河西に盟《ちか》う」（成公一一年）

とあるように、晋侯が参加する盟は晋の勢力範囲であると考えられる黄河の東側で行われ、秦伯が参加する盟は秦の勢力範囲と考えられる黄河の西側で行われていることからすれば、まさに祖先神を含めた晋と秦との境界が黄河によって区切られていたと言えよう。

さらに晋にとっては秦に対してだけでなく、

「〔楚〕河に祀り、先君の宮を作り、成事を告げて還れり」（宣公一二年）

とあり、第二節で見たように、黄河を戦場として邲の戦いに勝利した楚が、先君という祖先神への戦勝の報告に際

して、「河を祀る」ことを行なっており、高木氏が「春秋時代の戦争には祖先神が軍隊とともに出陣していた」と述べていることからすれば、(二一)楚にとっての黄河にも、祖先神を含めた世界での境界の意味が含まれていたと思われるのである。

これらの事例を見る限り、晋にとっての黄河とは、河神などの自然神や祖先神の世界においても、「内」と「外」とを区別する境界として認識されていたわけだが、さらに言えば、実際の境界としては、先に挙げた僖公一五年の記事に見られるように、晋の勢力範囲は黄河の外にまで及んでいたのであり、その意味で黄河は、齋藤氏が言うところの「国」の竟とは次元の異なる、いわば〝心理的境界〟の役割も果たしていたのである。(二二)おそらく、祖先の存在が強く意識された春秋時代にあっては、この側面が〝地理的境界〟よりも重視されていたと考えられるのである。

以上のことから、特に晋にとっての黄河というものは、戦場という現実的な「人」の世界から見た場合には他国との〝地理的境界〟として、また成公一一年の記事に特に示されているように、盟誓における自然神・祖先神といった観念的な「神」の世界においては、他国との〝心理的境界〟として認識されていたのであり、これこそまさに「神・人共同体」の名にふさわしい、(二三)春秋時代固有の黄河観なのである。

おわりに

春秋時代において黄河がどのように認識されていたかを探ったところ、戦争の場面での検討から、両岸を隔てるという〝地理的境界〟という側面が、また盟誓の対象としての検討から、自然神・祖先神を含んだ当時の人々にとっての〝心理的境界〟という側面が見出せ、いわば「神・人共同体」的な境界の面を黄河が備えていることが明らかとなったわけだが、ここでようやく第一節で提示した疑問にも解答が得られたように思われる。覇者の勢力範囲を示す際に黄河が取り上げられた理由として、先にも挙げたように、吉本氏は特に僖公四年の斉の勢力範囲について「周初に仮託して正当化したもの」と述べたわけだが、これは諸侯が封建された周初より代々祖先によって、黄河を境界とする認識が受け継がれてきたからこそ、正当化たりえたと考えられるのである。つまり、当時の〝政治的背景〟ばかりでなく、河川が持つ〝地理的境界〟はもちろんのこと、祖先神を含めた世界においても、春秋時代の人々が黄河を境界として認識していた点が大きく影響していたのであり、たとえ覇者として自国の勢力範囲を超えた中原諸国の盟主になろうとも、斉や晋にとって、黄河を他国との境界とする認識が先祖代々受け継がれていたため、覇者となった後も実際に有した勢力範囲とは異なり、黄河をその勢力範囲の境界として取り上げたと考えられるのである。

なお今回の検討では晋を中心とした視点となってしまったが、鶴間氏が「領域国家を目ざした戦国諸国家の対立抗争する時代に入ると、河川は領域防衛の役割を果す。戦国各国について見ると、斉は泗水・河水・済水、燕は呼沱水・易水、趙は河水・漳水・滏水・清河、魏は淮水・潁水・沂水・河水、韓は洛水・洧水、楚は漢水・江水、秦は涇水・渭水をそれぞれ国境の防衛線としている」と指摘するように[二四]、戦国期になると、黄河が領域国家の〝政治的背景に強く影響された国境〟へと認識されるようになる状況から考えれば、やはり〝祖先観念が強く意識された境界〟として認識されていた状況こそ、晋に限らず、他の諸国にも共通した、春秋時代をより特徴づける黄河観と言えるのである[二五]。

本稿での検討から、黄河が持つ春秋時代の黄河観として、いくつかの種類の境界という側面を黄河が合わせ持っていたということが導き出されたわけだが、この境界という概念は、中国古代史において重要なテーマである、邑制国家から領域国家への変化を探る上でも一つの手がかりになると考えられるため、今後は黄河に限らず他の河川についても検討していくことが課題となろう。

【注】

(一) 黄河を主題とした代表的な研究としては、日比野丈夫「黄河道の変遷」(『新講座地理と世界の歴史』アジア篇上、雄渾社、一九五六年)や宮崎市定「中国河川の史的考察」(『歴史教育』第一六巻第一〇号、一九六八年。後に同『宮崎市定 アジア史論考』中巻・古代中世編、朝日新聞社、一九七六年に所収)などがある。

(二) 赤塚忠「殷王朝における『河』の祭祀」(同『中国古代の宗教と文化――殷王朝の祭祀』、研文社、一九九〇年)。鶴間和幸「中国古代の水系と地域権力」(中国水利史研究会編『佐藤博士退官記念中国水利史論叢』、国書刊行会、一九八四年)。

(三) 例えば、森鹿三「晋・趙の北方進展と山川の祭祀」(『東洋史研究』第一巻第一号、一九三五年。後に同『東洋学研究 歴史地理編』、同朋舎、一九七〇年に所収)は、晋・趙に国は限られているが、春秋から戦国にかけての河川について言及しており、鶴間前掲注(二)論文も、春秋から戦国期にかけての河川の持つ共同体的機能について触れている。

(四) 高木智見「春秋時代の結盟習俗について」(『史林』第六八巻第六号、一九八五年)・「春秋時代の軍礼について」(『名古屋大学東洋史研究報告』第一一号、一九八六年)・「古代中国における肩脱ぎの習俗について」(『東方学』第七七輯、一九八九年)・「春秋時代の聘礼について」(『東洋史研究』第四七巻第四号、一九八九年)・「夢にみる春秋時代の祖先神――祖先観念の研究(二)」(『名古屋大学東洋史研究報告』第一四号、一九八九年)・「春秋時代の神・人共同体について」(『中国――社会と文化』第五号、一九九〇年)・「瞽矇の力――春秋時代の盲人楽師について」(『山口大学文学会志』第四一巻、一九九〇年)・「古代中国の庭について」(『名古屋大学東洋史研究報告』第一六号、一九九二年)・「春秋時代の『譲』について――自己抑制の政治学」(中国中世史研究会編『中国中世史研究続編』、京都大学学術出版会、一九九五年)など。

(五) この時代の領域概念に関しては、例えば五井直弘「春秋時代の県についての覚書」(『東洋史研究』第二六巻第四号、一九六八年)が、晋の県制の問題に関連して、「鄙と鄙、鄙と国邑との封疆を明確にする必要もうまれて来たにちがいない。それがやがて境域観念をうみだす端緒にもなったと考えられる」(四〇二頁)と晋の領域概念について言及しており、山田崇仁「春秋楚覇考――楚の対中原戦略」(『立命館文学』第五五四号、一九九八年)も、楚の覇者体制に絡めて、「楚覇の及ぶ範囲＝楚疆域」

（一四二六頁）と楚の領域概念についての見解を提示している。

（六）吉本道雅『中国先秦史の研究』（京都大学学術出版会、二〇〇五年、一二三・一三〇頁。初出は「春秋斉覇考」『史林』第七三巻第二号、一九九〇年、一〇八・一一四頁）。

（七）吉本前掲注（六）著書、一四四・一五〇頁。初出である「春秋晋覇考」（『史林』第七六巻第三号、一九九三年）では七三・七七頁。

（八）吉本前掲注（六）著書、一二九頁。初出である「春秋斉覇考」では一一四頁。

（九）関口順「春秋時代の『戦』とその残像」（『日本中国学会報』第二七集、一九七五年）、六五・六八頁。

（一〇）小林伸二「春秋時代の対峙戦について」（『鴨台史学』第六号、二〇〇六年）、三頁。なお、「戦」については「敗」「次」とともに、小林伸二「春秋時代の侵伐について」（『大正大学大学院研究論集』第一六号、一九九二年）にもいくらか言及があり、『春秋』での出現状況について、前期から次第に減少していく傾向を見出している。

（一一）『春秋』と『左伝』の用語を同じ意味として捉えてよいかどうかは、更なる検討が必要であるものの、『左伝』でも表1を見る限り、「狄人、衛を伐つ」（閔公二年）、「〔晋侯〕曹を侵し、衛を伐つ」（僖公二八年）、「秦伯、晋を伐つ」（文公三年）、「秦伯、晋を伐ちて羈馬を取る」（文公一二年）、「秦の庶長鮑・庶長武、師を帥いて晋を伐ち、以て鄭を救う」（襄公一一年）、「〔斉侯・衛侯〕師をして晋を伐たしめ、将に河を済らんとす」（定公一三年）とあるように、黄河が関わる戦争では、「伐」の語が多く用いられていることがわかる。

（一二）小林前掲注（一〇）論文「春秋時代の侵伐について」、一五八頁。

（一三）このような晋を中心とした記事が多い中で、表1を見ると、「狄、衛に入り、遂に之を従い、又諸を河に敗る」（閔公二年）の杜注に「衛、将に東走して河を度らんとす。狄、復た逐いて之を敗るなり」とあるように、衛と狄との戦争の場面においても黄河は戦場となっており、黄河は衛と狄とを隔てる境界でもあった可能性がある。

（一四）齋藤道子「春秋時代の『国』――『国』空間の性質とその範囲」（『東海大学紀要文学部』第七一輯、一九九九年）、八三頁。

（一五）春秋時代の盟誓については、呂静氏に一連の研究があり、特に黄河との関わりで言えば、「春秋時期黄河・長江流域における政治秩序再建に関する検討――盟誓の分析をめぐって」（『昭和薬科大学紀要　人文・社会・自然』第三九号、二〇〇五年）が挙げられる。氏の検討が参考になった部分も多くあるが、黄河自体を盟誓の対象とした事例についてはあまり言及されていないため、本稿でこの点を取り上げて検討する意味はあると思われる。

（一六）高木前掲注（四）論文「春秋時代の結盟習俗について」、五九頁。鶴間前掲注（二）論文、五頁。

（一七）鶴間前掲注（二）論文、一六頁。

（一八）赤塚前掲注（二）論文、五九頁。

（一九）他にも君主が立ち会う黄河が関わる盟としては、「荀躒、晋侯に言いて曰く、君、大臣に命ず、禍を始めし者は死す、と。載書、河に在り」（定公一三年）がある。表3の宣公一七年や襄公二七年も君主の代理の者が盟誓を行っている記事であり、何らかの形で君主が関わっている事例と言えよう。ただし、襄公三〇年の記事は鄭の大夫同士による盟誓で、その続きとして、「〔游吉〕公孫肸をして入りて大夫に盟わしむ。己巳、復帰す」とあるように、盟誓の後に国に入っている記述が見られることからすれば、少なくとも鄭においては、大夫層の人々にとっても、黄河がある種の境界として考えられていた可能性がある。

（二〇）高木前掲注（四）論文「春秋時代の結盟習俗について」、五八頁。

（二一）高木前掲注（四）論文「春秋時代の軍礼について」、一三頁。

（二二）本稿で用いる〝心理的境界〟という語について、基本的には、齋藤前掲注（一四）論文の見解を踏襲し、「祖先の霊威」が及ぶ範囲としての「国」の竟とは〝次元の異なる境界〟として捉えているが、今回の検討から考えるに、「心理的な境界、感覚的に文化圏を区切る境界」にも、やはり祖先の存在がいくらか意識されていたと言えよう。

（二三）高木前掲注（四）論文「春秋時代の神・人共同体について」。

（二四）鶴間前掲注（二）論文、九頁。

（二五）春秋時代の黄河については、本文で述べてきたことが明らかとなったわけだが、春秋諸国の領域と河川との関係から見ると、さらなる可能性も推測される。例えば、第三節でも取り上げたように、鶴間氏は前掲注（二）論文で「春秋期の諸侯は、自己の勢力範囲に位置する主要河川を望祭することを重要な務めとし、自己の存亡を河川神に委ねていた」（一六頁）と述べており、その際各国の事例として、楚については、「初め、昭王、疾有り。卜するに曰く、河祟りを為す、と。王、祭らず。大夫、諸を郊に祭らんと請う。王曰く、三代の命祀は、祭るに望を越えず。江・漢・睢・漳は、楚の望なり。禍福の至る、是に過ぎざるなり。不穀、不徳なりと雖も、河は罪を獲る所に非ざるなり、と。遂に祭らず」（哀公六年）とある記事から江水・漢水・睢水・漳水を、晋については、『礼記』礼器篇の「晋人将に河に事有らんとすれば、必ず先ず、悪池に事有り。斉人将に泰山に事有らんとすれば、必ず先ず、配林に事有り」とある記事から悪池を、鄭については、「鄭、大水あり。龍、時門の外の洧淵に闘う。国人、禜を為さんと請う」（昭公一九年）や『史記正義』の引く『韓詩外伝』に「鄭の俗に、二月の桃花水の時、溱洧水の上に会し、以て自ら祓除す」とある記事から溱水や洧水といった河川をそれぞれ挙げている。

ここで注目すべきは、どの国も黄河をその望祭の対象としていないという点である。鶴間氏の「河川祭祀権の掌握の成否は邑制国家的地域集団の拡大・再編成の際に重要な条件となった」（一六頁）という指摘を参考にすれば、黄河はどの国にも属さない中立の存在であり、だからこそ、二つの集団が対立する戦争や共同を確認する盟誓の場として黄河が選ばれたのかもしれない。さらに言えば、黄河という場が当時の人々にとって神聖で侵すべからざる場であったからこそ、望祭の対象とならなかった可能性もあるが、これらのことを確認するためには、黄河の特殊性を見出す必要があり、その意味でも今後、他の河川について検討していくことが求められよう。

戦国趙の邯鄲遷都と黄河下流域
――所謂「禹河」をめぐる議論をてがかりに

下田　誠

本稿は春秋戦国時代における黄河下流域の河道変遷に関する議論を手がかりに、戦国趙の邯鄲遷都と黄河下流域の開発と環境について論ずる。

漢代以前における、黄河下流域の河道に関する歴史地理学・歴史文献学からの研究成果は、[一]筆者のこれまで進めてきた戦国国家の成立過程に関する議論（具体的には戦国三晋諸国の「県」制・官僚制の形成について）にも裨益する所が大きい。[二]

なお、筆者は一昨年（二〇〇五年）三月下旬に学習院大学東洋文化研究所の企画のもと行われた黄河下流域の現地調査に参加した。そこでの知見もまた本稿の基礎としている。

一、所謂「禹河」について

所謂「禹河」とは、『禹貢』に見える河のことで、禹貢河とか、禹王故道などと呼ばれる黄河の古河道の一つとされる[三]。ただし、古来より異説が絶えず、前注（一）の諸氏によって、近代までの諸説は整理され、それぞれ一家言を為している。

『禹貢』「導河」章には「東して洛汭を過ぎ、大伾に至り、北のかた降水を過ぎて、大陸に至り、又た北のかた播《わか》れて九河と為り、同じく逆河と為りて、海に入る」と黄河下流域での河道が叙述されている。この古河道を一般に「禹河」と呼んでいる（図1）。

黄河は歴代河道を大きく変えているが、その第一とされるのは、『漢書』巻二九「溝洫志」に王莽時の大司空掾王横の言として「周譜に云う、定王五年、河徙る」とある記事で、「禹河」を次に見る前漢河道といわれる河道（通称、王莽河）と区別する最初の記事である。

前漢河道は通例、『水経注』「河水注五」に見る漢代の濮陽・元城・館陶・高唐・平原各県を流れ、清水と合流する「大河故瀆」として記される[四]。

問題は、そもそも「溝洫志」中の『周譜』なる史料は如何なる史料か、という所から始まるが、その後、胡渭『禹貢錐指』巻一三中之下及下において周定王五年（前六〇二）の黄河の移動を、河南省浚県西南の宿胥口とし、移動前を「禹河」（『禹貢』に見える黄河）とし、移動後の黄河は西漢河道、つまるところ、『水経注』「河水注」の「大河故瀆」とした。『漢書』巻二八「地理志」の魏郡鄴県の下には「故大河」とあり、「禹河」の存在を傍証する。

それに対し、史念海氏は周定王五年以前に宿胥口北を流れた河は禹河ではなく淇水（宿胥故瀆）であるとし、濮陽県西の王莽河が禹河故道とする（三三八頁図2）。ただし、内黄県以北のルートについては、私見によれば、譚其驤氏の説と大きな違いはなく、本稿のねらいからも少し離れる[五]。

ここでは、同氏らの議論から展開する興味深い論点を拾っておきたい。それは譚氏によれば、①戦国以前の城邑遺跡分布図の作成から、春秋以前の河北平原中部に広大な空白地帯の存在を指摘していること、そして②黄河

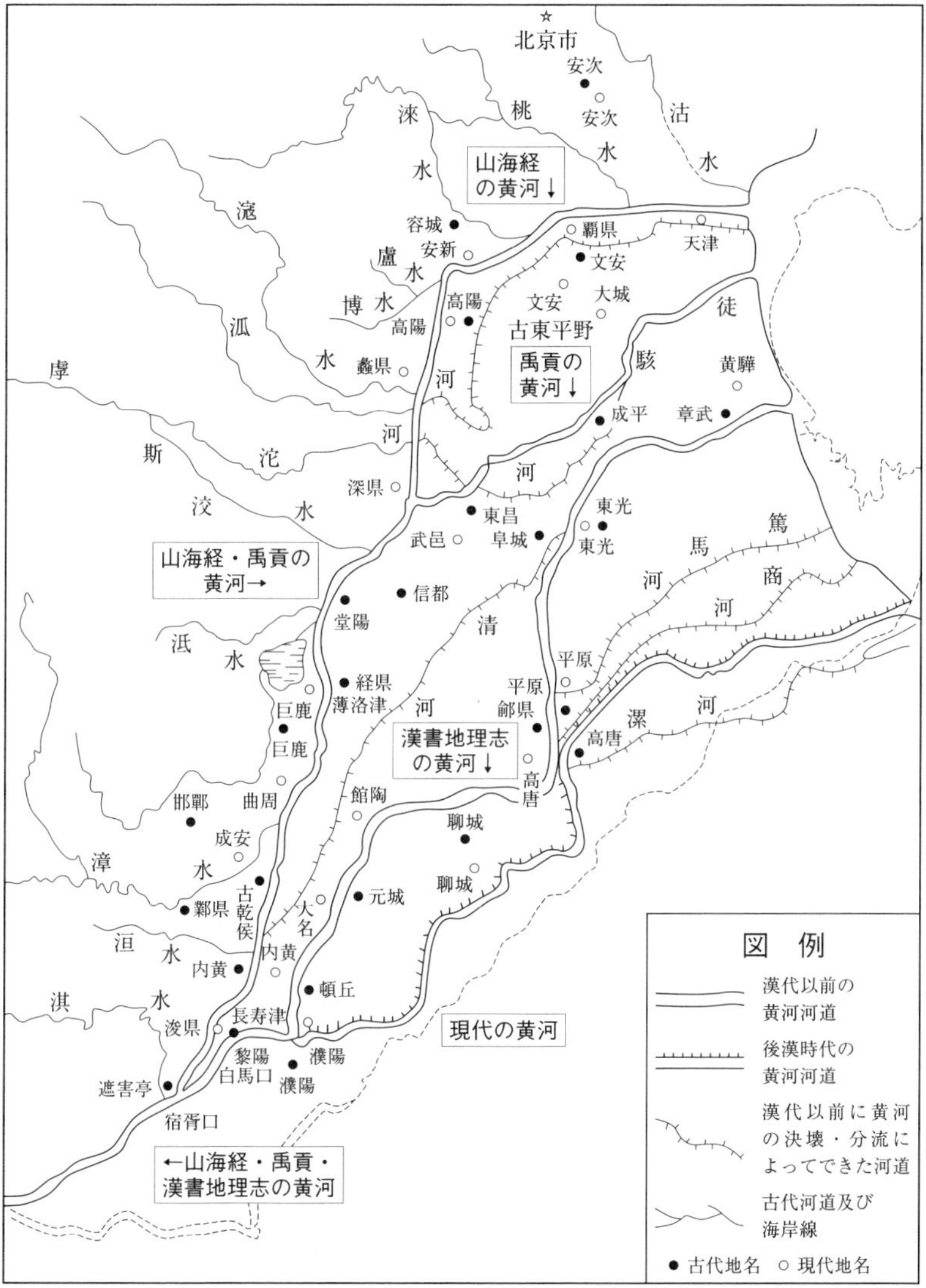

図１　漢以前の黄河下流域図（譚其驤「西漢以前的黄河下游河道」より一部改変）

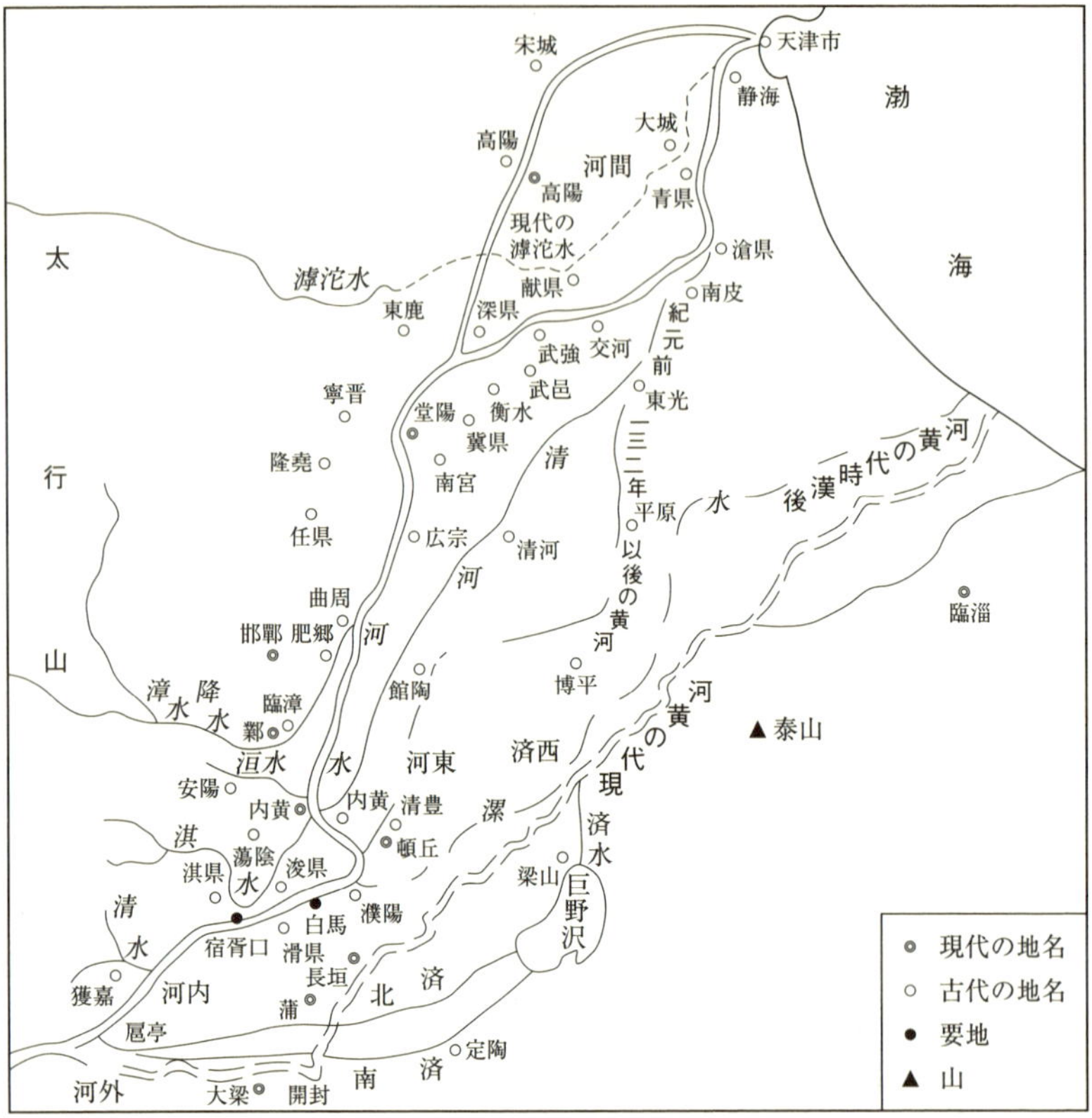

図２　春秋戦国時代の黄河下流域図
（史念海「論《禹貢》的導河和春秋戦国時期的黄河」より一部改変）

道の変遷を周定王五年とする議論を信ずるに足らないと退けた上で、戦国時期に所謂「禹河」と「王莽河」の併存を説き（細部略）、「禹河」断流のきっかけを前三四〇年代前後の堤防建設ラッシュにあったことを指摘していることである[六]（図3）。このような自然環境と大量動員政策との関係は、この時期の長城建設・戦争激化とあいまって、戦国趙の王権確立と「県」の統治機構整備に進展をもたらしただろう。また堤防の建設は、期せずして、人びとの移動と開発の拡大をもたらした。この点は第四節でも再論する。こうした舞台の上に、遷都問題を再検討していく。

図３　耕地化した河川。大名県馬頬河にて。遠方に橋が見える。断流後の河川の利用を窺える（2005 年 3 月 26 日、筆者撮影）

二、晋陽から中牟へ

戦国初期、趙献侯は趙国の首邑を晋陽（今の山西省太原市）から中牟に遷す[七]。趙国史上の重大事である。「中原に鹿を追う」の視点からは邯鄲遷都よりむしろ中牟への移動の検討が重要となる[八]。

中牟の位置については、従来より大きく三説あり、河南中牟説・河北邯鄲邢台間説・河南鶴壁説の三つである。それぞれ基づく所はあり、軽々な議論を許さないが、現状、第三説が有力である。以下、中牟への本拠地移動の背景を考察したい[九]。

まず中牟の良好な交通条件と戦略的位置である。『韓非子』「外儲説左下」「中牟、三国（斉・衛・晋）の股肱、邯鄲の肩髀」といった交通のかなめとしての立地や斉の夷儀攻撃時の救援に関する『左伝』定公九年「晋車千乗、中牟に在り」といった記事からは軍事上の拠点としての地位もうかがえる。

また一九六〇年、八八年の鶴壁鹿楼郷故県村の調査によって、戦国中期から漢代にかけての冶鉄遺址が発掘されている。中牟はそうした基礎を備えていたのだろう。さらに『韓非子』「外儲説左上」には中牟の令王登が趙襄子に推薦した二人の人物が中大夫に就けられたことにより、「中牟の人其れ田耘を棄て、宅圃を売り、而して文学に随う者、邑の半」といった状況になったという著名な説話を載せる。個別の用字・内容に後代性を指摘できるが、農事から切り離された存在を養う条件にあったことを予測させる。

ただ、中牟への本邑移動の最大の理由は継承問題に端を発する政変とすべきである。趙襄子毋恤はもともと趙簡子の庶子の一人で、簡子は代地の可能性を見抜いた毋恤の能力を買って、太子伯魯を廃し嗣子とした経緯がある。襄子は自らの後継に伯魯の子代成君を所望したが、彼の死を受け、その子の浣を立てて太子とし、襄子の死後、これが献侯となった。しかし襄子の子（弟の説あり）の桓子が代に自立し、内紛となった。その争いを収めて、献侯は正式に即位した（『史記』巻四三「趙世家」）、という流れである。晋陽に残る桓子派勢力との決別というのは、理解される所である[一〇]。

三、邯鄲遷都と邯鄲故城

邯鄲は中牟の北、同じく太行山脈の東麓に位置する。渚水と沁水が南北に注ぎ、それぞれ東流して市中心東部を流れる滏陽河に合流する[一一]（図４）。

すでに一九四〇年に、日本の東亜考古学会が一カ月ほどの調査・発掘を行っていた[一二]。その際、調査団は市西南部の品字型の所謂「趙王城」を戦国趙の都邯鄲と考えた（現在、趙王の宮城と考えられている）。その後、一九七〇年代以降、市中心部を囲むように東西約三二〇〇メートル、南北約四八〇〇メートルの地下城墻が発見された[一三]（現在、なお部

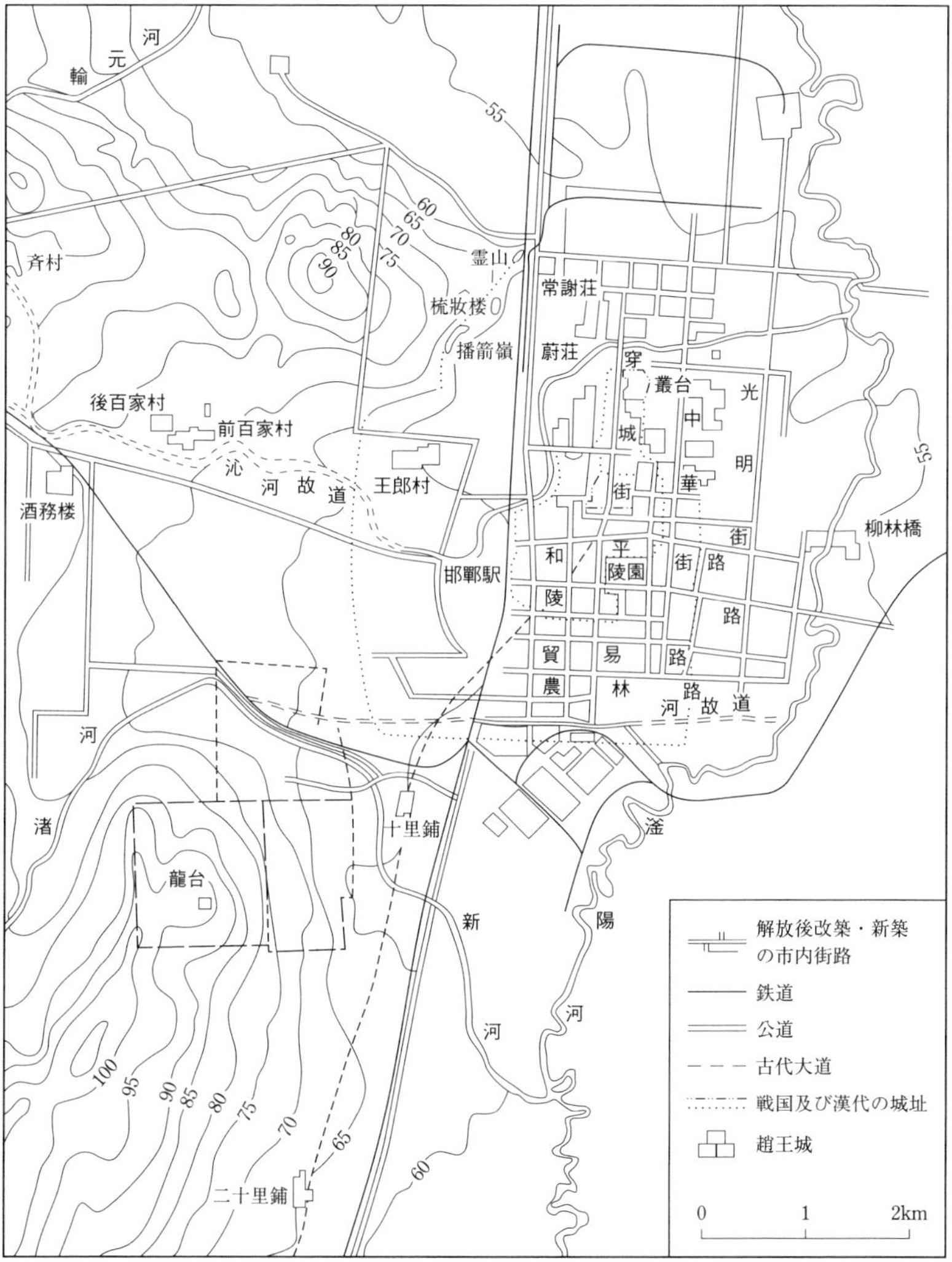

図４　邯鄲故城とその地形図（侯仁之「邯鄲城址的演変和城市興衰的地理背景」より一部改変）

分的に発掘作業は継続中である[一四]。この「大北城」からは鉄器・銅器・陶器・骨器石器などの遺物・製作遺址も発見されており、文献史料からも知られる商工業都市の面目を示している[一五]。

戦国趙の王陵については、邯鄲市の西北紫山東麓の丘陵地帯に五座の陵台が存在し、一～三号陵は邯鄲県陳三陵村・周窰村に、四～五号陵は永年県温窰村にある（図5）。邯鄲遷都後、趙氏宗主は八代を数えるが、そのうち現存の五墓は、文献の記載によるなら敬侯・成侯・恵文王・孝成王・悼襄王の五人と考えられる[一六]。ただし、この五墓のうち二墓は一つの陵台の上に、二つの封土を築いていることから、郝良真氏は粛侯・武霊王をも含めて考える（図6）。しかし夫婦異穴合葬墓の可能性もあり、推測の域を出ない。なお、一九九七年に二号陵においては盗掘にあったのだが、公安局・文物部門の努力によって三件の青銅馬ほか獣面銅鋪首・金牌飾・玉片などの文物を回収している。

それでは、邯鄲遷都の理由はどこにあるのだろうか。

まずは地理的条件から考えることにしよう[一七]。前述の通り、史念海・譚其驤両氏によれば、内黄県以北の河道はその流量はともかく存在していたのであり、邯鄲は黄河（所謂「禹河」と「王莽河」）・清河・漳河・滏水と太行山の要害に囲まれていた。

『戦国縦横家書』第一六章に「夫れ〔山を越え河を踰《こ》え〕、韓の上党を〔絶《わた》〕りて強趙を攻むるは、是れ復た閼輿の事なり。秦必ず為さざるなり。若し河内に道し、鄴・朝歌に背き、漳・滏〔水〕を絶りて、〔趙兵と〕邯鄲の郊〔に決すれば〕、是れ知伯の禍なり」（『史記』巻四四「魏世家」・『戦国策』「魏策三」により補う）と記すように、天然の要害に守られていた[一八]。なお、「閼輿の事」とは、前二七〇年秦軍が趙奢の率いる軍に大敗した戦いで、「知伯の禍」とは韓氏・魏氏・趙氏の策謀のもとに滅ぼされた史上に著名な事件である。また武霊王も胡服騎射にあたり、「我が先王は世の変に因り、以て南藩の地を長じ、阻を漳・滏の険に属し、長城を立つ」（『史記』「趙世家」）と自然の防衛線に沿って築かれた趙の南の長城に言及する。ちなみに、建造は粛侯一七年（前三三四）のことである。

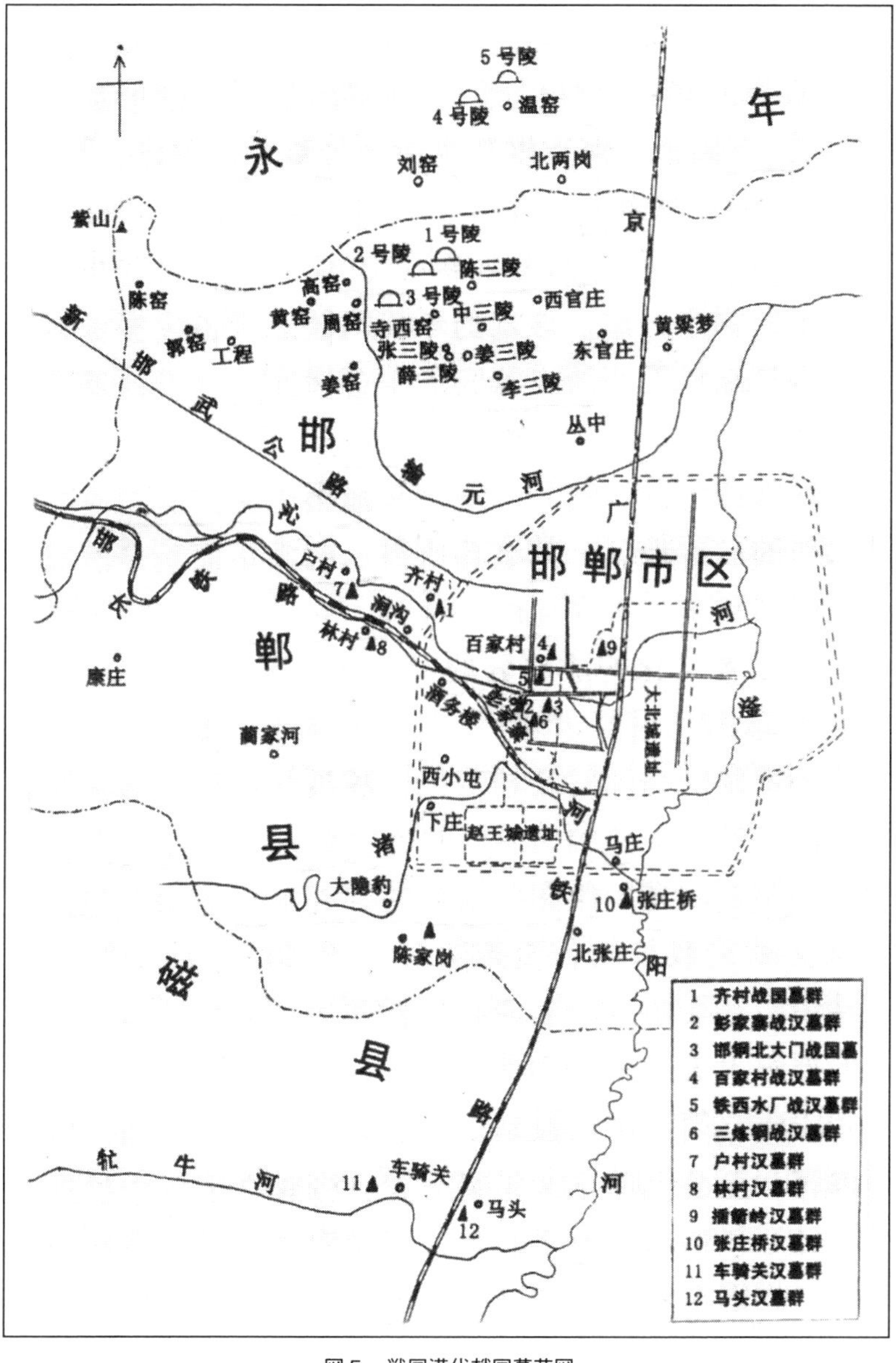

図５　戦国漢代趙国墓葬図

（「従邯鋼出土銅器看趙国貴族墓葬区域」『先秦両漢趙文化研究』p288 より転載）

図6　趙王陵二号陵（2005年3月25日、筆者撮影）

一方、『史記』巻一二九「貨殖列伝」には「邯鄲は亦た漳・河の間の一都会なり。北のかた燕・涿に通じ、南のかた鄭・衛に通ず」とあり、また『戦国策』「趙策二」には「四輸（鮑本は輪に作る）の国」というように、四方に道路の通じた交通の便のよい地であった。のちに太行八陘の一つとして知られる「滏口陘」は、滏陽河の淵源から命名されたという。

農業・商工業の条件も大きい。『史記』「貨殖列伝」に「邯鄲郭縦は鉄冶を以て業を為し、王者と富を埒《ひと》しくす」といい、鉄冶をもって富を得た蜀卓氏の祖先もまた趙人であった。前述の大北城からは二〇カ所に及ぶ製鉄遺址が発見されており、そのうち二カ所は戦国時期の遺跡である。また邯鄲市西四〇キロメートルの武安県磁山鎮には露天鉄鉱を有す。精銅業も盛んで、邯鄲百家村戦国墓からは七〇〇件を超す青銅器（礼器・兵器・車馬具・工具など）が出土している。[一九]

そして豊富な物資と交通の要衝という立地を背景に、商人は集まり、呂不韋もまた邯鄲での商いにおいて、子楚を見出した（『史記』巻八五「呂不韋列伝」）。

ただし、直接の原因について考えると中牟同様、継承問題（これは筆者の推定によるのだが）に注目せざるをえない。中牟にあっての前四〇三年、献侯の次の烈侯の時、趙は周王より諸侯に任ぜられた。「相国」公仲連のもと一定の改革が進められたという。『史記』「趙世家」では「九年、烈侯卒す。弟武公立つ。武公十三年卒す」とするが、すでに司馬貞『索隠』に譙周の疑問を載せ、魏世家には「魏武侯元年、趙敬侯初めて立つ」とあり、その『索隠』に『竹書紀年』を引き「魏武侯の元年、趙烈侯の十四年に当つ」という。以上の問題から、楊寛氏らは烈侯に武公の分を加えて、烈侯は二二年におわり、翌前三八六年に敬侯元年とする。[二〇] 平勢隆郎氏の年表では紀年の記事を受け、烈侯一四年、前三九五年に立年称元で敬侯元年となる。[二一] 両者ともにその年を邯鄲遷都の年とする。敬侯元年の「武公子朝作乱」については、楊氏は「武」の字の衍字とし、公子朝（魏世家では「公子朔」という）の乱となし、平勢氏は中山武公の子か、とする。

ここにおいては、やはり朝は魏に通じ、太子章（のちの敬侯）と争ったと見られ、敬侯期に開始する三晋衝突は、その点、外交機軸をめぐる相違を物語り、遷都により同勢力との分断を図ったと筆者は考えるのである。

たしかに直接のきっかけといえば、魏それ自体の強勢もまた本拠地移動の契機となっただろう。趙の中牟時期は、およそ魏文侯の時代にあたり、趙の道を借りての中山攻撃（前四〇八～前四〇六年）や邯鄲から目と鼻の先にある鄴地における西門豹の活動など圧力となったと考えられる。

四、戦国趙の中原進出と黄河下流域の開発

こうして前節までにおいては、中牟・邯鄲への本邑移動について、軍事地理的・経済的要因を考慮しつつ、直

接的な原因として継承問題を見てきた。なお、継承についていえば、敬侯以後も、成侯・粛侯・武侯（武霊王）と、同様の問題を引き起こしている。[二二] しかし、そのときに際し再び本邑を移すということはなかった。[二三] そのことはかえって邯鄲の本格的都城として歩みを示しているといえるだろう。

そして黄河下流域の開発（とりわけ京広鉄道以東の河北平野）は、中牟・邯鄲遷都と堤防建設の結果、進展したものと予想される。それはあくまで結果であって、必ずしも王権側により意図された開発ではなかった。[二四]

堤防建設と軍事的・技術的にも通ずる「城」建設の時代は、粛侯一七年（前三三四）「魏の黄を囲みて、克たず。長城を築く」（『史記』「趙世家」）と河南省内黄県西北の黄を攻略できず、漳水に沿った趙南の長城を建設することで、中原への展開という点では、一つのくぎりを迎える。翌年、「斉・魏、我を伐ち、我、河水を決して之に灌ぎ、兵去る」（趙世家）とあるように、この時期までには、「堤防の作」は完成されていたと見られる。

こうして賈譲の「治河三策」にいうよう、人びとはなお、「游盪」する河川のもとではあるが、「填淤肥美」の土地を得て、耕田し、聚落をなすことになった。[二五] 戦国趙はここに「粟支十年」（『戦国策』趙策二）と称される農業生産の基盤をあらたに確保したのである。

おわりに

本稿では、所謂「禹河」に関する歴史地理学からの議論を手がかりに、戦国趙の邯鄲遷都と黄河下流域の開発について検討してきた。

趙の邯鄲遷都は直接には、継承問題に端を発する移動であった。しかし趙氏宗主にはすでに邯鄲の山川により隔てられた軍事地理的条件と農業・商工業の良好な環境を認識し、君主の居城として邯鄲という地を選択した側面も認められる。

趙の中原進出という点についていえば、邯鄲以前に中牟への移動がより注目される。ただし、その本拠地移動は、やはり直接的には継承問題を原因とするものであった。その際、黄河の河道変遷（あるいは流量変化）が考慮に値する問題となっていたか、判断は難しい。しかし邯鄲時代（紀元前四世紀〜紀元前三世紀）にはすでに黄河は現在の内黄県以北と以東の二本の河道を有していたであろう、ということである。

とはいえ、紀元前四世紀の趙・魏・斉の厳しい軍事的対立の中で、長城・邑の城壁とともに、堤防も建設され、それは結果として、人びとの移動を促し、開発を拡大したと考えられる。

そして堤防の建設は、その当初の意図は軍事的な対応であったのであるが、図3に見るように（これはあくまで現代の断流した河川の開発の事例であるが）、人びとは洪水の危険の去った良好な条件のもとには、積極的に開墾を進めていった。人びとは二本の黄河河道の近隣にも居住するようになり、「河」は趙・燕・斉の「領域」を区分することとなった。

紀元前四世紀以後に進展したと考えられる開発は、賈譲に回顧される通りである。しかし、前漢中期以降に「洪水」が大きな議題となるのも、戦国以降、河北平野に人びとの移動と開発があったからである。[二六] 人びとの生活に影響を及ぼすようになったときはじめて、黄河下流域の河道変遷は注目されるようになったのである。

【注】

（一）岑仲勉『黄河変遷史』（人民出版社、一九五七年。岑仲勉著作集一三、中華書局、二〇〇四年）、譚其驤「《山経》河水下游及其支流考」（『中華文史論叢』第七輯）、同「西漢以前的黄河下游河道」（『歴史地理』創刊号、一九八一年、ともに同主編『黄河史論叢』復旦大学出版社、一九八六年所収）、史念海「論《禹貢》的導河和春秋戦国時期的黄河」（『陝西師大学報（哲学・社会科学版）』一九七八年第一期）、同「河南浚県大伾山西部古河道考」（『歴史研究』一九八四年第二期）、劉起釪「卜辞的河与《禹貢》大伾」（一九八七年、『古史続辨』中国社会科学出版社、一九九一年）。

（二）拙稿「戦国韓国の権力構造──政権上層部の構成を中心に」（『史海』五一、二〇〇四年）、「鄭韓故城出土銅兵器の基礎的考察」（『学習院大学人文論集』一三、二〇〇四年）、「戦国韓国の地方鋳造兵器をめぐって──戦国後期韓国の領域と権力構造」（『学習院史学』四三、二〇〇五年、『中国古代国家の形成と青銅兵器』学習院大学博士学位論文、二〇〇六年三月所収）。

（三）『禹貢』は『尚書』の一篇であり、それ自体、成立年代など複雑な議論がある。渡辺信一郎『天空の玉座』第Ⅲ章第二節（柏書房、一九九六年）など参照。

（四）前漢黄河故河道の復元については、前掲注（一）の著作のほかに、近年、衛星画像を利用した長谷川順二「前漢期黄河故河道の復元──衛星画像と文献資料の活用・濮陽を例に」（『学習院史学』四二、二〇〇四年）参照。

（五）ただし、岑仲勉氏は定王五年を貞定王五年（氏の基づく所の紀年では紀元前四六三年）とし、漢以前にこの一度の河道変更を想定する。また戦国以前の黄河下流は斉・魯疆域内の済水であるとし、貞定王五年に『禹貢』に論ずる所の河道に移るとするが、すでに史念海・譚其驤両氏によって、批判は尽くされていると考える。

（六）譚其驤氏前掲注（一）「西漢以前的黄河下游河道」二一頁。なお、佐藤栄「瓠子の『河決』──前漢・武帝期の黄河の決壊」（『史滴』一四、一九九三年）は譚其驤説をふまえ、戦国時代以降の河北平野の開発の進展を指摘する。

（七）通説は趙献侯の元年（前四二三）とする。近年、『史記』の年代矛盾の問題に体系的に取り組まれた平勢隆郎氏の『新編史記東周年表──中国古代紀年の研究序章』（東京大学出版会、一九九五年）では、趙献侯の元年は前四二六年とする。

（八）吉本道雅「戦国期前半の中原──覇者体制の再建」（『中国先秦史の研究』京都大学学術出版会、二〇〇五年）は戦国趙の中原進出を春秋期からの連続性のもとに説明する。

（九）李久昌「論戦国趙都中牟的歴史地位」（『史学月刊』二〇〇五年第四期）二二頁。以下、中牟の戦略的位置・遷都の契機については、李氏論文を参照。なお、中牟の河南鶴壁説については、張新斌「河南鶴壁鹿楼古城為趙都中牟説」（『文物春秋』一九九三年第四期）、沈長云等『趙国史稿』第五章（中華書局、二〇〇〇年）のほか、二〇〇〇年に中国古都学会等の主催のもと開催された「中国・鶴壁趙都与趙文化学術研討会」における学術報告等を掲載する鶴壁趙都（http://202.102.234.206/wenwu/index.htm）を参照。

（一〇）ただし、中牟＝河南鶴壁説については、その地望につき漳水以南を魏地とする議論や文献史料の不足も指摘され、必ずしも定論を見るには至っていない（胡進駐「趙都中牟新考」『文物春秋』二〇〇四年第三期、孫継民・郝良真「戦国趙都中牟瑣見」『河北学刊』一九八七年第五期、同『先秦両漢趙文化研究』方志出版社、二〇〇三年）。

（一一）侯仁之「邯鄲城址的演変和城市興衰的地理背景」（『歴史地理学的理論与実戦』上海人民出版社、一九七九年）。邯鄲故城については、五井直弘『中国古代の城――中国に古代城址を訪ねて』（研文出版、一九八三年）「一　邯鄲」にも紹介がある。

（一二）駒井和愛・関野雄『邯鄲――戦国時代趙都城址の発掘』（東亜考古学会、一九五四年）。

（一三）河北省文物管理処・邯鄲市文物保管所「趙都邯鄲故城調査報告」（『考古学集刊』四、一九八四年）。

（一四）喬登云・楽慶森「趙邯鄲故城考古発現与研究」前掲注（一〇）『先秦両漢趙文化研究』所収。ほぼ同文は『邯鄲学院学報』（一五―一、二〇〇五年）に掲載。

（一五）楊寛「春秋戦国、中原諸都城における『西城東郭』構造」（『中国都城の起源と発展』学生社、一九八七年）。

（一六）河北省文管処・邯鄲地区文保所・邯鄲市文保所「河北邯鄲趙王陵」（『考古』一九八二年第六期）、趙樹文・燕宇編著『趙都考古探索』（当代中国出版社、一九九三年）、郝良真「趙国王陵及其出土銅馬的若干問題探微」（『文物春秋』二〇〇三年第三期）、趙建朝「趙王陵出土金飾牌小考」（『文物春秋』二〇〇四年第一期）。日本では杉本憲司『中国の古代都市文明』（思文閣出版部、二〇〇二年）に紹介がある。なお、成侯の次の粛侯については、『史記』巻四三「趙世家」「（粛侯）十五年、寿陵を起こす」の張守節『正義』に「徐広云う、常山に在り」という。粛侯の次の武霊王については『正義』に『括地志』を引いて「趙武霊王墓は蔚州霊丘県東三十里に在り」という。

（一七）以下、陳光唐・王昌蘭編著『邯鄲歴史与考古』（文津出版社、一九九一年）など参照。

（一八）佐藤武敏監修／工藤元男・早苗良雄・藤田勝久訳注『馬王堆帛書戦国縦横家書』（朋友書店、一九九三年）参照。

（一九）河北省文化局文物工作隊「河北邯鄲百家村戦国墓」（『考古』一九六二年第一二期）。

（二〇）楊寛『戦国史料編年輯証』（上海人民出版社、二〇〇一年）二〇五頁。

（二一）平勢氏前掲注（七）参照。

（二二）次の成侯即位時は公子勝と争い、その次の粛侯は公子緤と争っている。同三年にも公子范が邯鄲を攻めている。恵文王の時の公子章もその事例の一つである。

（二三）邯鄲の非常時における陪都について別に研究がある（孫継民「関于戦国趙都城的幾個問題」『河北学刊』一九八六年第六期、前掲注（一〇）『先秦両漢趙文化研究』第三編所収）。

（二四）『史記』「趙世家」に「（粛侯）一六年、粛侯、大陵に游び、鹿門より出づ。大戊午、馬を扣えて曰く、『耕事方に急なり。一日作さざれば、百日食わず』と。粛侯、車を下りて謝す」とある。ただ、政権主導による開発を読むのは難しいだろう。

（二五）『漢書』巻二九「溝洫志」に「蓋し隄防の作、近く戦国に起こり、百川を雍防し、各々以て自ら利とす。斉と趙・魏は、河を以て竟と為す。趙・魏は山に瀕し、斉地は卑下なれば、隄を作りて河を去ること二五里。河水東のかた斉隄に抵たれば、則ち西のかた趙・魏に泛れ、趙・魏も亦た隄を為りて河を去ること二五里。其れ正に非ずと雖も、水尚お游盪する所有り。時に至りて去れば、則ち填淤肥美、民之を耕田す。或いは久しく害無く、稍々室宅を築き、遂に聚落を成す。大水時に至り漂没すれば、則ち更に隄防を起こし以て自ら救い、稍々其の城郭を去り、水沢を排して之に居り、湛溺するも自ら其れ宜とす」とある（濱川栄「黄河と中国古代史――特に黄河下流域という『空間』の意義について」歴史学研究会古代史部会二〇〇六年度大会報告参照）。なお、漢代の水利事業の展開については、藤田勝久「漢代における水利事業の展開」（『歴史学研究』五二一、一九八三年、『中国古代国家と郡県社会』汲古書院、二〇〇五年、改題の上、所収）を参照。

（二六）河北平野の戦国以後の開拓については、いくつか留保が必要だが、木村正雄氏により史料的に検証されるところである（『中国古代帝国の形成〔新訂版〕』比較文化研究所、二〇〇三年、六五六頁）。

中国古代における車馬埋葬の変遷
――特に黄河下流域の特殊性に注目して

益満　義裕

はじめに

本論は車馬坑の登場する殷代からそれが衰退する漢代までを概観し、その期間に車馬の埋葬の規模や形態がどのように変化したかを述べるものである。前稿では主に馬俑についてまとめたが、(一)今回は車馬の埋葬についての考古事例を中心に扱う。

考古事例の検討をする前に、まず「車馬」とは何かという問題に触れなければならない。日本語では「車馬」という言葉はあまり馴染みがないが、現代中国語においても同様である。通常「馬車」という言葉を用いる。では、なぜ「車馬坑」や「銅車馬」の場合は日中ともにこの語が使用されているのだろうか。どうして「馬車坑」「銅馬車」と言わないのだろうか。日本語は中国語で使われている言葉をそのまま使っている可能性が高いので、その原因は中国側に求められる。それならば中国語でこのように表記するのはどうしてだろうか。中国語での一般的な理解では、車馬は即ち馬車であり、文字どおり馬が引っ張る車という意味がある。また「車馬」で車と馬という複数をひとつにまとめて表す言葉としても使用する。現在でも「車馬盈門（車馬が門前に満ちて、繁栄を極めるさま）」や「車馬之喧（客の出入りが多いさま）」という成語が存在しているので、やや古い言い回しであるような印象を受ける。

以前、ひとつの仮説を立てた。もともと車と呼ばれるものには馬が引く車、すなわち馬車しか存在していなかったため、車は全て馬車だった。つまり、車には必ず馬がセットになっていて、全て車馬だったという仮説である。しかし、この説は正しくない。古代より馬車以外にも牛の引く牛車が存在した。実際に史書中にも「牛車」という言葉が散見する。例えば『史記』の中では、「車馬」という用例は一五件見られるものの、「馬車」という用例は見当たらない。一方、「牛車」の用例は七例見られる。しかし、「馬車」の意味で使用されている「軺車」や、同様に「牛車」と意味を同じくする「大車」も数件見られるほか、単独の「車」の使用例も大変多い。（二）ただし、馬車と牛車では使用方法で大きな差異があった。馬車は主に人を乗せ、戦争に使われることが多く、牛車は荷物を載せて運搬用に使われることが多い。これは両者のスピードの違いに起因するものであろう。人が牛車に乗ることが主流になるのは魏晋期以降で、特に唐宋代になってからと言われている。また、画像資料を見てみると、画像石・画像磚の中でも鹿が引く鹿車や羊が引く羊車などを見ることができる。これら史書中の「車」の使用例に関しては稿を改めて論じることとし、本論中では混乱を避けるために、馬が引いている馬車のことを「車馬」という表記で統一することとする。

さて、車馬坑及び車馬に関する先行研究は比較的多い。その第一人者は鄭若葵氏である。特に殷（商）代の車馬について論じたものがいくつかあり、また最近では「二〇世紀中国車馬坑考古」という報告で、これまで発見された車馬坑について発掘年代順に説明を加えている。（三）他には崔大庸氏が両周時期の車馬について述べており、（四）秦始皇帝陵の銅車馬については、精緻な発掘報告書をはじめとして数多くの論文が発表されている。（五）また漢代の車馬については高崇文氏や鄭灤明氏の論攷がある。（六）ただし漢代の両論文の主眼は車馬の種類であり、いかに当時の儀礼に則ったものだったかということについて述べたものである。始皇帝陵の銅車馬に関しても、車馬の部品に関する考察が多い。また、斉の地域に限定したものとして張光明氏と辺希鎖氏の論文があり、主に殉葬制度について述べている。[七] いずれも年代を区切っており、長いスパンの車馬の出土状況を鑑みて通論を述べたものではない。日本では林巳奈夫氏に馬車に関連する論文がいくつかあり、[八] また川又正智氏の『ウマ駆ける古代アジア』が非常によくまとまった著作として発表されている。[九] これには中国だけではなく、西アジア地方の考古学的成果も広く収められている。

本論では車種の分類や随葬の場所などの細部は省略し、車馬坑通史として概略を述べ、特に黄河下流域でどのような傾向が見られるかを考察する。

一、馬の家畜化と車馬の起源

車馬を構成する重要な要素である馬については、以前拙稿において簡単にまとめてある。[一〇] そこで得た結論は、馬の家畜化の起源については現在のところはっきりとわかっていないということである。現在では、およそ紀元前四〇〇〇年頃にウクライナの草原地帯で最初の家畜化が行なわれたのであり、その種類はタルパンという、現在すでに絶滅している品種だったということが定説になっている。そして中国においては、犬・豚・鶏・羊・牛に遅れて、紀元前三〇〇〇年頃に野生の品種が家畜化されたのであろうと考えられている。

同様に、車馬についてもその起源がよくわかっていない。史書には、夏代に奚仲が創造したという記事があるが、それ以外にもいくつか説がある上に、いずれも信憑性に欠ける。[一一] 西アジアから伝わったと考えられるのが一般的だが、西方にあった四輪馬車が中国にはないということから、中国では独自に車馬を開発したのだとする意見も未だ根強く残っている。[一二] 一方、林氏は車馬がメソポタミアから中国へ伝播した可能性を指摘しているが、[一三] その時期については不明であるとしている。この件に関して川又氏は、様々な学説を検討した上で、前第四〇〇〇年紀のメソポタミアで発明されたという説を支持している。(一四)

考古文物に見られる文字資料では、甲骨文に「車」の記載がいくつも見られる。「車」は戦車を平面に写した形をしているので、殷代に車馬が利用されていたことはまず間違いない。林氏は「車」字が甲骨の第一期から存在しているので、現在出土している実物の車馬よりも古い時代から車両があったと推測している。(一五)現在まで、殷の都であった河南省安陽の遺跡からいくつもの車馬坑が発掘されており、少なくとも殷代晩期には車馬があったことが実証されている。つまり確実に車馬の存在が確認できるのはこの時期からということになる。そして、安陽以前の都であったとされている河南省の偃師城からは車馬坑は発見されていない。また、その城門の幅は二・四メートルと狭く、安陽から発見された馬車の幅とほぼ同じくらいの幅しかないことから、偃師城の時代には車馬がなかったのではないかとも言われている。(一六)しかし、『中国文物報』の報告によれば偃師城にも車輪の轍の跡が発見されたとのことであるので、(一七)安陽以前にも車馬が存在した可能性がある。ただし車馬そのものの考古遺物は発見されていない。安陽以前に車馬が存在しなかったとすると、安陽時代に急に車馬が出現したことになるが、それはやや不自然である。この件に関しては、今後の詳細な発掘報告を待ちつつ、検討を続けなければいけない。

殷代の車馬はいわゆる戦車である。車馬はまず戦車としての利用があり、戦争において対歩兵戦に有利な兵器として登場した。それゆえ諸国はこぞって戦車の量産につとめたのである。春秋時代の史書に「千乗之国」という言葉がたびたび見られるのはその影響である。(一八)そして戦国時代頃より車馬から車の部分を取り除いた形式である騎馬の利用が重視され、漢代では特に戦争において騎馬部隊が中心になる。秦始皇帝の兵馬俑には戦車が約一〇〇台埋まっていると推測されているが、漢代の楊家湾漢墓では騎兵坑六基、歩兵坑四基に対して車馬坑は一基しかない。また獅子山漢墓の兵馬俑坑においては戦車は一台しかない。地域的な問題もあるかもしれないが、明らかに車馬から騎馬へと戦略が変化していることがわかる。もちろん車馬の利用がなくなったわけではない。晋代や明代に戦車を使って作戦を実行した例がある。また、『後漢書』「輿服志」などに車馬の規定が細かく規定されているように、儀礼用として、また普段の乗り物として生き残った。しかし魏晋期になると、貴族の乗り物として牛車が主に利用されるようになる。魏晋期以降の陶俑や壁画などの考古資料を見ると、急激に牛や牛車を扱ったものが増えることからもそれは明らかである。

二、車馬の埋葬の変遷

本節では、車馬の埋葬の移り変わりについて述べる。

まず、車馬を埋葬する形態は、大きく三つに分類できる。ひとつ目は馬だけを埋葬したもので、これは一般に馬坑もしくは殉馬坑と呼ばれる。これは馬一頭だけのものもあれば、数頭のものもあり、ときには数百頭もの馬を大量に殉葬させているものもある。ふたつ目は車の部分だけを埋めたもので、これは車坑と言われる。例えば山西省太原の晋国趙卿墓から発見されたものは馬坑と車坑であり、それぞれ別々になっている(一九)。ただし、馬坑と車坑との距離はそれほど離れておらず、両者はセットになっていると考えてよい。三つ目が馬と車の両方を同じ坑に埋葬したもので、これが一般に車馬坑と呼ばれるものである。その車馬坑にも二種類あって、本物の馬を埋葬しているものと、陶器や青銅器で作ったレプリカの馬を埋葬しているものとがある。前者は実物大であり、後者はほとんどがミニチュアである。

次に、発掘された車馬を、時代順に見ていくことにする（次頁参考資料1）。中国ではまず最初に、殷代に車馬が

参考資料1　車馬埋葬一覧表

番号	時　代	墓　名	種　類	数	車	馬
1	殷	河南安陽小屯	車馬坑	6		
2	殷	河南安陽殷墟 1001 号大墓	車坑	1	1	
3	殷	河南安陽殷墟 1003 号大墓	車坑	2	2	
4	殷	河南安陽殷墟 1001・1004 号大墓付近	車坑	1	25	
5	殷	河南安陽大司空村	車馬坑	?		
6	殷	河南安陽郭家荘	車馬坑	?		
7	殷	河南安陽孝民屯南地 M7	車馬坑	1	1	2
8	殷	河南安陽孝民屯南地 M1613	車馬坑	1	1	2
9	殷	河南安陽白家墳	車馬坑	?		
10	殷	山東益都蘇埠屯	車馬坑	2	不明	不明
11	殷	山東滕県前掌大	車馬坑	5	不明	不明
12	殷	山東滕県前掌大	馬坑	2	不明	不明
13	殷	陝西西安牛坡	車馬坑	1	1	2
14	殷	陝西西安牛坡	馬坑	1		1
15	西周	河南浚県辛村 3 号車馬坑	車馬坑	1	12	72
16	西周	河南浚県辛村 25 号車馬坑	車馬坑	1	7 ～ 8	30 ～ 40
17	西周	陝西長安県張家坡	車馬坑	12	13	30
18	西周	北京房山瑠璃河	車馬坑	21	5	14
19	西周	山西曲沃北趙晋侯墓地	車坑・馬坑	2		
20	西周	陝西宝鶏強国墓地	車馬坑	2		
21	東周～春秋	河南輝県瑠璃閣	車馬坑	1		
22	東周～春秋	河南汲県山彪鎮	車馬坑	1		
23	東周～春秋	河南三門峡市上村嶺虢国墓地	車馬坑	20	100 以上	140 以上
24	東周～春秋	河南淅川下寺楚墓	車馬坑	5		
25	東周～春秋	河南鄭州新鄭故城	馬坑	2	22	
26	東周～春秋	山西太原金勝村	車馬坑	1	13	44
27	東周～春秋	山西臨猗程村	車馬坑	6	10	20
28	東周～春秋	湖北宜城護洲村	車馬坑	1	7	18
29	東周～春秋	山東臨淄后李	車馬坑	1	10	36
30	東周～春秋	山西曲沃天馬曲村晋侯墓地	車馬坑	1	7	
31	東周～春秋	山東臨淄斉故城	馬坑	1	―	600 以上
32	東周～春秋	湖北丹江口市武当山	車馬坑	1	?	20
33	東周～春秋	山西侯馬上馬墓地	車馬坑	1	3	6
34	東周～春秋	河南洛陽東周王城内（C1M6768）	車馬坑	1	3 未満	14 未満
35	東周～春秋	（C1M6768）の東南 180m	車坑	1	不明	不明
36	東周～春秋	（C1M6768）の東南 180m	馬坑	1	不明	不明
37	東周～春秋	（C1M6768）付近	車坑	1	不明	不明

38	東周～春秋	（C1M6768）付近	馬坑	6	不明	不明
39	戦国	山東臨淄田斉陵大墓	車坑	1	20	
40	戦国	山東臨淄田斉陵大墓	馬坑	1		69
41	戦国	河南輝県瑠璃閣	車馬坑	1	10程度	
42	戦国	河南洛陽中州路	車馬坑	1	1	4
43	戦国	河南淮陽馬鞍冢	車馬坑	2	31	24
44	戦国	湖北宜城羅崗	車馬坑	1	7	18
45	戦国	河北平山中山王陵	車馬坑	2	8	24
46	戦国	河北易県燕下都	車馬坑	1	不明	不明
47	戦国	河北邯鄲斉村趙国貴族墓1号墓	車馬坑	1	4	10
48	戦国	河北邯鄲斉村趙国貴族墓3号墓	車馬坑	1	4	20
49	戦国	河北邯鄲戦国趙王陵2号墓	車馬坑	1	4	14
50	戦国	河北邯鄲百家村戦国1号墓	馬坑	1		600程度
51	秦	陝西臨潼秦始皇帝陵兵馬俑坑	車馬坑？	4	100?	500以上
52	秦	陝西臨潼秦始皇帝陵銅車馬坑	車馬坑	1	2	8
53	秦	陝西臨潼秦始皇帝陵馬厩坑	馬坑？	?	0	
54	秦	陝西臨潼秦始皇帝陵六号坑（文官俑坑）	車馬坑？	1	1	20程度
55	前漢初期	山東臨淄斉王墓	随葬		4	13
56	前漢初期	山東章丘洛荘	随葬		3	12
57	前漢武帝期	陝西咸陽景帝陽陵	随葬		1	
58	前漢武帝期	広州象崗南越王墓	随葬		1	
59	前漢武帝期	江蘇徐州亀山M2	随葬			1
60	前漢武帝期	河北獲鹿高荘漢墓	随葬		3	14
61	前漢武帝期	河北満城陵山M1	随葬		6	16
62	前漢武帝期	河北満城陵山M2	随葬		4	13
63	前漢武帝期	山東巨野紅土山漢墓	随葬		1	4
64	前漢武帝期	山東長清双乳山M1	随葬		5	7
65	前漢武帝期	河北定県三盤山M120	随葬		3、	12
66	前漢武帝期	河北定県三盤山M121	随葬		3	14
67	前漢武帝期	河北定県三盤山M122	随葬		3	9
68	前漢武帝期	山東曲阜九龍山M2	随葬		3	16
69	前漢武帝期	山東曲阜九龍山M4	随葬		3	13
70	前漢武帝期	山東曲阜九龍山M5	随葬		3	13
71	武帝期以降	陝西咸陽市茂陵陪葬墓	車馬坑	1	3	10?
72	前漢中期以降	山東曲阜九龍山M3	随葬		3	8
73	前漢中期以降	河北定県八角廊M40	随葬		3	13
74	前漢中期以降	北京大葆台M1	随葬		3	11
75	前漢中期以降	北京大葆台M2	随葬		3	12

登場する。前節でも触れたが、河南省安陽の殷墟から多くの車馬坑が発見されている。代表的なものでは河南省安陽小屯、大司空村、郭家庄、孝民屯南地、白家墳などがあり、崔大庸氏によれば、現在のところ全部で一八の車馬坑が発見されている。(二〇) しかし、河南省からのみ発見されているわけではない。山東省の益都蘇埠屯や滕県前掌大、陝西省西安の牛坡遺跡からもそれぞれ車馬坑が発見されている。(二一)

西周時代の代表的な車馬坑としては河南省浚県辛村のものが挙げられる。(二二) 大きく分けて二つの車馬坑が発掘されており、三号車馬坑からは一二台の車と七二頭の馬、それに八匹の犬が発見された。また二五号車馬坑からは、少なくとも七～八台の車と、三〇～四〇頭の馬が発見されている。また、この遺跡には大規模な馬坑があり、そこには一二の坑に二～八頭の馬がそれぞれ埋葬されている。また陝西省長安県の張家坡遺跡からは一二座の車馬坑が見つかっており、車一台と馬が埋められていた坑が六座、車二台の坑が二座、車三台の坑が一座発見されている。(二三) 不思議なことに、車一台の坑にはそれぞれ馬は二頭埋められているのだが、車二台の坑では四頭のものと六頭のものがあり、車三台の坑には八頭の馬が埋められていた。これは、必ずしも馬の数が一定していなかったということだろうか、それともそれぞれ車馬の種類が違ったのだろうか。これ以外にも北京房山瑠璃河、(二四) 山西省曲沃の北趙晋侯墓地、(二五) 陝西省宝鶏の𢐗国墓地(二六)などからそれぞれ車馬坑が発見されている。

東周及び春秋時代では河南省から比較的多く車馬坑が出土している。例えば輝県瑠璃閣(二七)や山彪鎮、(二八) 三門峡市の上村嶺虢国墓地、(二九) 淅川下寺の楚墓(三〇)などでそれぞれ発掘されている。そして二〇〇一年、鄭州新鄭故城から大規模な車馬坑が見つかり、一号車馬坑から二二台もの車が見つかった。(三一) 最近でも洛陽の東周王城遺址から三座の車馬坑が発見されている。春秋時代は車馬の数がそのまま国力に繋がるイメージがあった。したがって大量の車馬、大量の馬を保持していることが強国の証であり、また一種のステータスシンボルとなり得るため、その影響力は大きかったようである。そのせいか、山東省臨淄で発見された斉景公墓の陪葬坑は膨大な数の馬を埋葬した殉馬坑である。そ

れは門字型になっていて、びっしりと敷き詰められた馬は全部で六〇〇頭にもなると想定されている。(三二)

戦国時代になると、実物の代用品としての俑を墓に埋葬する事例が増加してきたことから、本物の車馬の埋葬はやや下火になる。しかしそれでも、山東省臨淄の田斉陵大墓のような大規模なものがあり、ここの車馬坑からは二〇台の車馬が見つかっている。(三三)また、この墓からは車馬坑以外にも単独の殉馬坑が発見され、そこから六九頭の馬が見つかっている。この他に河南省輝県瑠璃閣、洛陽中州路、淮陽馬鞍冢、湖北省宜城羅崗、河北省平山中山王陵、易県燕下都遺跡などが挙げられる。(三四)また、邯鄲博物館の展示によれば、二〇〇〇年六月に発掘された邯鄲斉村趙国貴族墓からは一号墓、三号墓それぞれに車馬坑があり、戦国趙王陵二号墓でも、陵台の東南に車馬坑がある。また百家村戦国一号墓の殉馬坑からは現在二六頭の馬が発掘されており、全体では約六〇〇頭が埋葬されていると推測されている。(三五)つまり、この殉馬坑は山東臨淄の斉景公殉馬坑と同規模ということになる。

秦代では陝西省咸陽の秦始皇帝陵の陪葬坑、および兵馬俑坑が代表的な車馬坑である。(三六)陪葬坑には馬厩坑と銅車馬坑がある。馬厩坑には本物の馬が埋葬されているが、一方の銅車馬坑の馬は青銅器のミニチュアである。また、近年発見された六号坑（文官俑坑）からも車馬が発掘され、ここには本物の馬が二十数頭と木の車が埋葬されていた。

漢代では、主に諸侯王墓から車馬が出土している（次頁参考資料2）。ただし漢代以前とは異なり、車馬坑という単独の坑以外に、車馬を墓室に随葬する形式として登場する。

時代の古い順に挙げていくと、まず恵帝期から文帝期の間と考えられる山東省臨淄の斉王墓がある。(三七)ここは陪葬坑しか発掘されていないが、車馬坑から四台の車と一三頭の馬が発見されている。また山東省の洛荘漢王陵一一号墓からも車馬坑が見つかっており、三台の車と一二頭の馬が発見された。次に陝西省咸陽にある漢景帝の陽陵。(三八)この陪葬墓からは車馬の車輪部分が発見されているが、馬の骨が見つかったかどうかは不明である。陽陵は皇帝陵であり、比較する対象がないので、諸侯王墓とは分けて考えるべきかもしれない。

参考資料２　漢代諸侯王墓一覧

時　期	墓　名	墓　主	車	馬	その他
漢初５年	河北石家荘小沿村漢墓	趙王張耳	0		
前漢初期	山東章丘洛荘	呂台	3	12	
前漢初期	江蘇徐州獅子山	楚王劉郢客 or 劉戊	?		
恵帝期～文帝期	山東臨淄斉王墓	斉悼恵王劉肥 or 哀王劉襄	4	13	
文帝期	江蘇徐州北洞山楚王墓	楚王	0		
文景時期	湖南長沙象鼻嘴一号墓	長沙王	0		
文景時期	湖南長沙陡壁山曹娱墓	長沙王后曹娱	0		
武帝期	陝西咸陽景帝陽陵	景帝	1		
武帝期	広州象崗南越王墓	南越文王趙昧	1		木の模型車
武帝元鼎２年	江蘇徐州亀山 M2	楚襄王劉注	?	1	
武帝元鼎３年	河北獲鹿高荘漢墓	常山王劉舜	3	14	
武帝元鼎４年	河北満城陵山 M1	中山靖王劉勝	6	16	車模型 11
武帝期	河北満城陵山 M2	劉勝の妻竇綰	4	13	
武帝後元２年	山東巨野紅土山漢墓	昌邑哀王劉髆	1	4	
武帝後元２年	山東長清双乳山 M1	済北王劉寛	5	7	
前漢前～中期	河北定県三盤山 M120	中山王家人	3	12	
前漢前～中期	河北定県三盤山 M121	中山王 or 王后	3	14	
前漢前～中期	河北定県三盤山 M122	中山王 or 王后	3	9	模型車４
前漢中期	山東曲阜九龍山 M2	魯王 or 王后	3	16	模型車６
前漢中期	山東曲阜九龍山 M4	魯王 or 王后	3	13	
前漢中期	山東曲阜九龍山 M5	魯王 or 王后	3	13	
宣帝甘露３年	山東曲阜九龍山 M3	魯孝王劉慶忌	3	8	模型車８
宣帝五鳳３年	河北定県八角廊 M40	中山懐王劉修	3	13	模型車４
元帝初元４年	北京大葆台 M1	広陽頃王劉建	3	11	
元帝初元４年前後	北京大葆台 M2	劉建の妻	3	12	
前漢中晩期	北京老山漢墓	燕王 or 王后	0		
前漢中晩期	江蘇高郵天山一号漢墓	広陵王	0		
前漢中晩期	江蘇徐州東洞山二号漢墓	楚王后	0		

武帝期になると数が急に多くなる。まず広東省広州の南越王墓、[三九]江蘇省徐州亀山の、楚襄王劉注のものとされる墓、[四〇]河北省の常山王劉舜の墓である獲鹿高荘漢墓、[四一]そして中山靖王劉勝夫妻が眠る満城漢墓、[四二]山東省では昌邑哀王劉髆の墓である巨野紅土山漢墓と、済北王劉寛の墓である長清双乳山漢墓などが挙げられる。[四三]また河北省定県三盤山からは中山王とその后と見られる墓が発見され、[四四]山東省曲阜の九龍山からは魯王とその后と見られる墓が見つかっている。[四五]これら武帝期の漢墓から発見される車はほとんどが三台であり、馬は一一頭から一六頭の間であって大差ない。

武帝期以後では、河北省定県八角廊にある中山懐王劉修墓、[四六]山東省曲阜九龍山の魯孝王劉慶忌墓が宣帝期のものと見られている。[四七]元帝期では北京大葆台の広陽頃王劉建夫妻の墓がある。[四八]これらの墓も武帝期のものと同じく、それぞれ三台ずつの車が発見されている。

後漢時代になると本物の車馬を陪葬した墓は見られない。馬俑や車馬俑で代用されることが主流になったことが主要な原因のひとつであろう。また、後漢代の墓から急増する画像石・画像磚には馬の図案が多く見られ、そちらに移行した可能性も高い。画像資料の中では車馬出行図・狩猟図などで生き生きとした馬が数多く描かれている。

三、黄河下流域の馬坑や車馬坑

本節では、前節での概観を踏まえ、黄河下流域における馬坑と車馬坑について見ていく。

前節で展開した変遷をまとめると、殷代に始まった車馬の歴史は、まず西周・春秋時代に盛んになる。特に中原と呼ばれる地域で大型の車馬坑が発見されていることがその証左となる。そして戦国時代になるとその数や規模が減少する。これは、俑を代わりに使用するようになった影響が考えられる。しかしそのような減少傾向の中でも、斉や趙の地域では相変わらず大量の馬を殉葬する事例が継続して見られる。春秋期の斉、戦国期の趙では、ともに六〇〇頭とも言われる大量の馬の殉葬が見られる。ただし、斉の殉馬坑に埋葬されていた馬は、報告書によれば六歳以上の馬が多いということであり、殉葬する馬を選別していたと考えられる。(四九) そもそも「千乗の国」とは、「千乗」を戦車一〇〇〇台と理解すれば、一台につき馬が四頭必要になるので、単純に計算すれば四〇〇〇頭の馬がいることになる。その最少の頭数で考えても、埋葬した六〇〇頭は一五パーセントにしかならない。当然予備の馬、種馬、母馬、子馬なども存在したと考えれば、六〇〇頭は一割程度もしくはそれ以下にしかならない。大量の殉馬坑と言うが、実際はそれほど大規模ではなかったのではないだろうか。そうは言うものの、それだけの馬を飼養できる国は限られていたはずである。

秦代は始皇帝陵及び兵馬俑坑があげられる。六号坑（文官俑坑）に従来のような車馬が見られ、また殉馬坑によく似た馬厩坑もある一方で、これまでになかった、俑を大量に使用した陪葬坑を造営している。非常に独特な事例である。

漢代に関しては時期を三つに分けることができる。前漢初期、武帝期、そしてそれ以降（前漢晩期から後漢期）である。前漢初期は、『史記』「平準書」に、

漢が興ったときは、秦末以来の混乱の余弊を受け、男子はなお戦場に出ており、老人や弱年の者は軍糧を運搬し、労役がはなはだしく、物資が欠乏していた。このため天子でさえ四頭立ての馬車を備えることができず、将軍や宰相の中には牛車に乗る者があり、一般の人民には全く蓄えがなかった。

とあるように、(五〇)楚漢戦争の影響から馬が極端に減少した時期である。この時期の陪葬墓では本物の馬を埋葬したものが少なく、江蘇省徐州の獅子山漢墓(五一)や陝西省咸陽の楊家湾漢墓(五二)に見られるような大量の陶俑を利用しているものが目立つ。また、同時期の漢墓、例えば河北省石家荘小沿村の張耳墓、(五三)湖南省長沙砂子塘及び象鼻嘴の長沙王墓、(五四)広西壮族自治区の貴県羅泊湾漢墓(五五)といった諸侯王墓からは車馬が発見されていない。これは、この時期は馬が不足しているために、埋葬したくても埋葬できなかった時代と考えられる。しかし例外的に山東臨淄の斉王墓と山東洛荘漢王陵十一号墓だけがこの時期に車馬を埋葬している。

続く景帝期には、『漢書』「景帝紀」の如淳注が漢儀注を引いて、

太僕と牧師は三六所の苑を北と南に分け、郎がそれらの苑と官奴婢三万人、馬三〇万頭を監督する。

と記してあるように、(五六)養馬が盛んになって、馬は有り余るほどになり、武帝期には十分な余裕ができたようである。前漢初期と異なり、この時代の諸侯王墓からは必ずといっていいほど車馬が随葬されている。

そして元帝の時代になると、貢禹が、

廐の馬は数十頭を超えるべきではありません。ただ長安城の南苑の土地にだけ留めおいて、そこを田猟の地とされますように。城の西南から山まで、西は鄠にいたるまで、全て上林苑の土地をもとの田地に戻し、それを貧民に与えられますように。(『漢書』「貢禹列伝」)

と上奏し、(五七)これを機に車馬を埋葬することが減少し始める。成帝期には、

有司が言った、乗輿車、牛馬禽獣は全て礼の制度にないものなので、これらを副葬すべきではない、と。この奏上が裁可された。（『漢書』「成帝紀」）

とあって、[五八]車馬の埋葬が禁じられる。これ以降諸侯王墓における車馬の埋葬例は見られない。前漢晩期のものと考えられる北京老山漢墓[五九]から車馬器がいくつか発掘されているが、車馬そのものは発見されていない。これは江蘇省揚州高郵の天山漢墓、[六〇]同じく徐州の南洞山漢墓・東洞山漢墓[六一]でも同様である。特に老山・天山に関しては、黄腸題湊を使った大規模な墓葬であるにもかかわらず車馬が発見されないということなので、成帝期に決定された車馬の埋葬禁止は影響力が大きかったと言える。そして後漢期には車馬の埋葬は見られず、馬俑・車馬俑などの代用品や、画像石・画像磚の中での車馬出向図などの表現が盛んになる。

全体的に見ると、殷代に始まった車馬坑の流行は、西周・春秋期と漢代武帝期という二度の興隆を経て、前漢末にその幕を閉じることになる。しかし、俑の導入によって車馬坑が一時期減少した戦国期や、楚漢戦争の影響で実物の馬の埋葬が事実上困難だった前漢初期においても、黄河下流域にあたる斉や趙の地域では多くのケースで馬や車馬の埋葬が続けられている。

ではなぜこの地域では全体と異なる傾向があるのだろうか。張・辺両氏は、斉では古来より殉葬の習慣があったと主張しているが、[六二]やや根拠が薄く、決定的ではない。原因のひとつとして考えられるのが地域性である。黄河下流域では六〇〇頭規模の殉馬坑を作ることができたが、これは馬の供給が保証されているからこそ可能だったとも言える。『春秋左氏伝』「昭公四年伝」に、

河北の大地は、馬を産する土地である。

という記述があり、（六三）古くから黄河下流域は馬の産地として知られていた。現在でも河北省は馬や驢馬の飼育では全国有数の省であり、驢馬に関しては全国一位の新疆ウイグル自治区とほとんど差がない。（六四）また、水があり、平原が広がっているという地形は馬を育てるだけではなく、戦車を使った戦術を実行するのにも適していると言える。

おわりに

本稿は二〇〇五年一一月に学習院大学で開催された国際学術シンポジウム「黄河下流域の生態環境と東アジア海文明」における報告を基にしている。雑然と資料を並べてその傾向を示したに過ぎないが、最後に簡単な要約と今後の展望をまとめておきたい。

まず「車馬」という言葉の意味についての明確な答えが得られなかった。これは中国人研究者に聞いてもはっきりした回答は返ってこない。おそらく曖昧なまま使われている言葉なのだろうが、それならば史書中でどのように使用されてきたか分析する必要があろう。これは「車」字の用法とともに、当面の課題とする。

車馬の起源については諸説あるようだが、おそらく西アジアからの伝播と考えて間違いはないと思われる。ただし中国でいつ使用され始めたかについては最新の考古発掘報告に注目して見定めなければならない。これまで偃師時代には車馬はなかったと考えられてきたが、轍のあとが発見されたことで、更に時代がさかのぼる可能性が出てきた。今後新たな考古発見があるかもしれず、注意する必要がある。

埋葬の変遷については、殷代・春秋代は盛況、戦国代は俑の影響からやや縮小化傾向になり、漢代は車馬坑が墓に組み込まれ、随葬という形になる。漢代は初期は山東省のみ車馬の埋葬が見られ、武帝期はほぼ全ての諸侯王墓に車馬の随葬が見られる。元帝期・成帝期を経て車馬の埋葬が禁止され、それ以降本物の車馬の埋葬が途絶える。特に漢代初期、疲弊した社会状況の中で、臨淄斉王墓と洛荘漢王陵一一号墓のみ車馬の埋葬が行われたことは特筆すべきことであるが、その原因については十分な答えが出せていない。養馬の経営規模や、戦争における馬の消費など、具体的な数字を出して解明する必要があろう。また後漢期から魏晋期にかけて馬から牛へとシフトしていく過程も、出土文物だけでなく、画像石・画像磚等の画像資料も加味して分析をしなければいけない。

最近でも続々と新しい考古遺物発見のニュースが飛び込んでくる。本稿が今後の車馬坑研究の資料の一端になれば幸いである。

【注】

（一）拙稿「俑から見た中国古代のウマの変容」（『学習院史学』四一号、二〇〇三年）。

（二）現在のところ結論は出ていないが、「騎馬」との対比で「車馬」を使ったのではないかと考えている。まだ資料的な実証ができていない。

（三）鄭若葵氏の論文には主なものとして以下の四本がある。①「試論商代的車馬葬」（『考古』一九八七年五期）、②「論商代馬車的形制和系駕法的復原」（『東南文化』一九九二年六期）、③「論中国古代馬車的淵源」（『華夏考古』一九九五年三期）、④「二〇世紀中国車馬坑考古」（『文物天地』二〇〇二年二期）。

（四）崔大庸「初論両周時期車馬埋葬制度」（『夏商周文明研究』中国文聯出版社、一九九九年）。

（五）秦俑考古隊『秦始皇陵銅車馬発掘報告』（文物出版社、一九九八年）が一番まとまっているが、それ以外に張仲立『秦陵銅車馬与車馬文化』（陝西人民教育出版社、一九九四年）などがある。

（六）高崇文「西漢諸侯王墓車馬殉葬制度探討」（『文物』一九九二年二期）、鄭濼明「西漢諸侯王墓所見的車馬殉葬制度」（『考古』二〇〇二年一期）。

（七）張光明・辺希鎖「斉国殉馬探略——先秦斉及諸国殉馬発現略述」（『管子学刊』二〇〇二年一期）。

（八）林巳奈夫氏の馬及び馬車に関する論文には以下のものがある。①「中国先秦時代の馬車」（『東方学報（京都）』二九、一九五九年）、②「中国先秦時代の馬（一）」（『民族学研究』二三―四、一九五九年）、③「中国先秦時代の馬（二）」（『民族学研究』二四―一・二、一九六〇年）、④「後漢時代の馬車（上）（下）」（『考古学雑誌』四九―三・四、一九六四年）、⑤「後漢時代の車馬行列」（『東方学報』三七、一九六六年）、⑥「西周金文に現れる車馬関係語彙」（『甲骨学』一一、一九七六年）。

（九）川又正智『ウマ駆ける古代アジア』（講談社選書メチエ一一、一九九四年）。

（一〇）注（一）参照。

（一一）『綱鑑』「夏紀」には「昔、黄帝が車を作り、少昊が牛を用い、奚仲が馬を用い、禹が奚仲に命じて車を整えた」とあり、『呂氏春秋』「勿窮覧」には「乗雅は駕車を作った」などとある。

（一二）鄭若葵「論商代馬車的形制和系駕法的復原」（『東南文化』一九九二年六期）。

（一三）林巳奈夫①「中国先秦時代の馬車」（『東方学報（京都）』二九、一九五九年）。

（一四）注（九）参照。

（一五）注（一三）参照。

（一六）岡村秀典「馬車から騎馬へ」（大修館『しにか』一九九三年五月）。

（一七）『中国文物報』一九九六年一二月八日「偃師商城獲重大考古新成果」参照。

（一八）例えば『論語』「学而篇」に「道千乗之国、敬事而信、節用而愛人、使民以時（千乗の国を道むるに、事を敬して信に、用を節して人を愛し、民を使うに時を以てす）」とあり、ほかにも『春秋左氏伝』『孟子』などに見える。

（一九）山西省考古研究所・太原市文物管理委員会「太原金勝村二五一号春秋大墓及車馬坑発掘簡報」（『文物』一九八九年九期）、『太原晋国趙卿墓』（文物出版社、一九九六年）。

（二〇）崔大庸「初論両周時期車馬埋葬制度」（『夏商周文明研究』中国文聯出版社、一九九九年）。

（二一）注（二〇）参照。

（二二）郭宝鈞『濬県辛村』（科学出版社、一九六四年）。

（二三）中国社会科学院考古研究所『灃西発掘報告』（文物出版社、一九六三年）、中国社会科学院考古研究所灃西発掘隊「一九六七年長安張家坡西周墓葬的発掘」（『考古学報』一九八〇年四期）、中国社会科学院考古研究所豊鎬工作隊「一九九七年灃西発掘報告」

（『考古学報』二〇〇〇年二期）。
（二四）郭宝鈞『山彪鎮与瑠璃閣』（科学出版社、一九五九年）。
（二五）注（一四）参照。
（二六）盧連成・胡智生『宝鶏強国墓地』（文物出版社、一九八八年）。
（二七）中国社会科学院考古研究所『輝県発掘報告』（科学出版社、一九五六年）。
（二八）注（二四）参照。
（二九）河南省文物考古研究所・三門峡市文物工作隊「三門峡虢国墓地M2010的清理」（『文物』二〇〇〇年一二期）。
（三〇）河南省文物研究所『淅川下寺春秋楚墓』（文物出版社、一九九一年）。
（三一）馬俊才・衡雲花「鄭国君王的車馬奇観」（『文物天地』二〇〇二年二期）。
（三二）山東省文物考古研究所「斉故城五号東周墓及大型殉馬坑的発掘」（『文物』一九八四年九期）。
（三三）山東省文物考古研究所『山東省文物考古工作五十年』（『新中国考古五十年』文物出版社、一九九九年）。
（三四）洛陽市文物工作隊「洛陽東郊C5M906号西周墓」（『考古』一九九五年九期）など。
（三五）正式な報告書はないが、最近王興・李六存・趙建朝編著『千古風雨趙王陵』（文物出版社、二〇〇六年）を得た。
（三六）『秦始皇帝陵兵馬俑坑一号坑発掘報告一九七四～一九八四』上下（文物出版社、一九八八年）など。
（三七）山東省臨淄市博物館「西漢斉王墓随葬器物坑」（『考古学報』一九八五年二期）。
（三八）陳海「茂陵陪葬墓車馬坑弐号車的復原研究」（『考古与文物』二〇〇一年五期）。
（三九）広州市文物管理委員会『西漢南越王墓』（文物出版社、一九九一年）。
（四〇）「銅山亀山二号西漢崖洞墓」（『考古学報』一九八五年一期）、「『銅山亀山二号西漢崖洞墓』一文的重要補充」（『考古学報』一九八五年三期）、「江蘇銅山県亀山二号西漢崖洞墓材料的再補充」（『考古』一九九七年二期）。
（四一）石家荘市文物保管所・獲鹿県文物保管所「河北獲鹿高荘出土西漢常山国文物」（『考古』一九九四年四期）。
（四二）中国社会科学院考古研究所『満城漢墓発掘報告』（文物出版社、一九八〇年）。
（四三）山東省荷沢地区漢墓発掘小組「巨野紅土山西漢墓」（『考古学報』一九八三年四期）、山東大学考古系「山東長清県双乳山一号漢墓発掘簡報」（『考古』一九九七年三期）。

(四四)河北省博物館・文物管理所編『河北省出土文物選集』(文物出版社、一九八〇年)。
(四五)山東省博物館「曲阜九龍山漢墓発掘簡報」(『文物』一九七二年五期)。
(四六)河北省文化局文物工作隊「河北定県北荘漢墓発掘報告」(『考古学報』一九六四年二期)、河北省文物研究所「河北定県四〇号漢墓発掘簡報」(『文物』一九八一年八期)。
(四七)注(四五)参照。
(四八)北京市古墓発掘弁公室「大葆台西漢木槨墓発掘簡報」(『文物』一九七七年六期)、大葆台漢墓発掘組・中国社会科学院考古研究所『北京大葆台漢墓』(文物出版社、一九八九年)。
(四九)注(三二)参照。
(五〇)「漢興接秦之弊、丈夫従軍旅、老弱転糧饟、作業劇而財匱、自天子不能見鈞駟、而将相或乗牛車」(『史記』「平準書」)。
(五一)楚王陵考古発掘隊「徐州獅子山西漢楚王陵発掘簡報」(『文物』一九九八年八期)。
(五二)陝西省文物会・博物館「咸陽楊家湾漢墓発掘簡報」(『文物』一九七七年一〇期)。
(五三)石家荘市図書館文物考古小組「河北石家荘市北郊西漢墓発掘簡報」(『考古』一九八〇年一期)。
(五四)長沙市文物局文物組「長沙咸家湖西漢曹娭墓」(『文物』一九七九年三期)、湖南省博物館「長沙象鼻嘴一号西漢墓」(『考古学報』一九八一年一期)。
(五五)広西壮族自治区博物館『広西貴県羅泊湾漢墓』(文物出版社、一九八八年)。
(五六)「太僕牧師諸苑三六所、分布北辺・西辺。以郎為苑監、官奴婢三万人、養馬三〇万疋」。
(五七)「廏馬可亡過数十匹。独舍長安城南苑地以為田猟之囿、自城西南至山西至鄠皆復其田、以与貧民」(『漢書』「貢禹列伝」)。
(五八)「有司言:乗輿車・牛馬・禽獣皆非礼、不宜以葬、奏可」(『漢書』「成帝紀」)。
(五九)李欣『探墓手記 老山漢墓考古発掘全景紀実』(中国青年出版社、二〇〇一年)。
(六〇)梁白泉「高郵天山一号漢墓発掘記」(『文博通訊』第三二期、一九八〇年)。
(六一)徐州博物館「徐州石橋漢墓清理報告」(『文物』一九八四年一一期)。
(六二)注(七)参照。
(六三)「冀之北土、馬之所生。無興国焉、恃険与馬(冀の北の土は、馬の生ずる所なり。国の興る無くして、険と馬を恃む)」。

（六四）『中国畜牧業年鑑　二〇〇四』（中国農業出版社、二〇〇四年）を参照した。

おわりに

村松　弘一

二〇〇五年三月二三日のこと。この日は学習院大学東洋文化研究所のプロジェクト「黄河下流域の生態環境と古代東アジア世界」の黄河下流現地調査の三日目にあたる。河北省館陶県での調査が濃霧のためおこなえず、早朝に館陶県を出発し、邯鄲市まで直行した。午後には霧も晴れていたので邯鄲市の西南にある趙王城を訪問した。高さ一九メートルの基壇からは東方大平原に広がる農村風景が見渡せた。ところが、調査中、徐々に西方から強い風が吹きはじめ、ついには黄砂が私たちのまわりを包んだ。息もできないぐらいの状態が五分ぐらい続いただろうか。まさに、「沙塵暴」(砂嵐)である。秦史の研究者の多い私たちのグループでは、これは秦に滅された趙王の「たたり」に違いないと口々に冗談を言ったが、それにしても激しい砂嵐であった。後日、日本の新聞で確認したところ、その翌日、黄砂が西日本一帯にまで飛来したという。この黄砂は黄河の上・中流域に広がる黄土高原から舞い上がって来たものにほかならない。まさに、黄土高原―黄河下流―日本列島は「黄砂の道」なのである。

黄河下流域は「黄砂の道」の途中であるとともに、「黄河の道」でもある。かつて「黄河」の水は黄色ではなかったという説がある。黄土高原の開発のありかたによって、その河川に含まれる黄土の泥砂の量は変化すると考えられている。黄土高原の開発によって黄土の浸食がすすみ、それが小河川・黄河本流へと流れ込み、黄河下流に至って河床に堆積し、天井川が形成され、洪水等が発生し、黄河の河道は変動する。このようなメカニズムを通じて、黄河の上中流域は下流の環境に大きな影響を与えることとなった。現在の黄河は北流して渤海湾へと注ぐが、一二世紀から一九世紀中葉までは南の淮河へと流れ込んでいた。黄河南流の時期である。その時代に生きた人々の治河の問題は治淮の問題でもあった。時代による環境の変化によって、人の地理環境を見る眼は全く違った方向へと向けられる。例えば、『水滸伝』の物語の舞台である梁山泊は黄河の水が流れ込むことによって形成されたもので、黄河の氾濫がなければ梁山泊に無頼の英傑があつまることは無かった。また、黄河のかつての河道には水が無くなったのちに、砂丘が形成される。この砂丘をどのように利用するかは、時代によってその砂丘が開発される場合もあれば、放棄される場合もあった。「絶」という工事は該所に大量の水が流れているからこそ考えられた河工技術であったと言える。つまりある環境への視点も時代によって変化する。このような環境史研究にとって基盤となる黄河下流の環境変化をしっかりとおさえておくことは重要である。その意味でも衛星写真や地図資料を利用しつつ黄河の古河道を復元する作業は不可欠である。それは、黄河沿岸の邯鄲や鄴の成立条件や春秋戦国時代の境域を知る上でも必要な作業である。

また、黄河下流域は「文明の道」でもあった。黄河下流域でかたちづくり出された文明の原型は移民を介して朝鮮半島や日本へと伝わった。それは黄河下流に交通路が集中していたことにもよる。「文明の道」は人間が生活していた証である遺跡の調査が最も説得力を持つ。洛陽盆地の初期国家形成に関しては当地の水環境が大きく影響しているが、それは黄河下流における文明の広がりにおいても前提となる地理環境であった。都市遺跡からみえる国家の発生やそこで生活した人々の人口の変化は考古学の発掘成果や環境考古学という方法を利用することによってわかるようになってきている。地下世界から発掘される画像石や車馬（俑）などの文化遺産も人々の生活を示す重要な資料である。黄河下流には周辺地域から多くの人々が流入した。西方のソグド人はこの地を拠点として唐王朝の実権を握るに至ったし、北朝の鮮卑族の政権である東魏が鄴を拠点として活動していたことは、農耕民のみならず、遊牧民に対しても黄河下流域は生活の基盤となる環境が整っていたということになる。この事実は農耕民を中心に見てきた黄河文明の形成について、今一度考え直すことを示唆している。

それぞれの樹木の葉の色は異なっていても、森の外からみる森全体の色彩は一定のまとまりがあるようにも見える。本書の論文はバラバラな内容と思われるかもしれないが、黄河下流域という地域を設定することによって、いま見たような、一定程度のまとまりのある内容となったのである。それは東洋文化研究所のプロジェクトでの研究会や現地調査に基づいたものであり、執筆者の共通の体験をとおしてそのようなまとまりができあがったのである。

黄河下流域はさまざまな人・モノが通る「道」であった。この道を通り、その東へと広がる海を経て文明は朝鮮半島そして日本へと伝わった。もし、中国大陸の東に広がる海域を「東アジア海」と称したならば、その文明は「東アジア海文明」と呼ぶことができるかもしれない。そのようなことを思索しつつ、黄河下流域を舞台とした東洋文化研究所のプロジェクトは「東アジア海文明」の探索という新たな段階へとつながることとなった。学習院大学を日本の研究拠点とした「東アジア海文明の歴史と環境」は二〇〇五年九月に日本学術振興会アジア研究教育拠点事業として採択された。「はじめに」にも示されているように本書がもととした国際学術シンポジウム「黄河下流域の生態環境と東アジア海文明」は東洋文化研究所のプロジェクトのまとめであるとともに「東アジア海文明の歴史と環境」のスタートとしておこなわれた。当日は日本・中国・韓国の研究者が一同に会し、その参加者は二〇〇名以上にのぼった。今回掲載した報告のほか、シンポジウムでは韓国史研究者（二名）・中国史研究者（四名）からコメントをいただいた。張東翼氏（韓国・慶北大学校師範大学・高麗史研究）は一三世紀から一四世紀に高麗の船は南流時期の黄河を経由して元の大都へ入ったことから、黄河南流時期の河道の研究は元と高麗の交流史にとって重要であり、また、高麗の側の資料からも黄河の河道研究が可能ではないかと指摘した。禹仁秀氏（韓国・慶北大学校師範大学・朝鮮時代史）は葛剣雄氏の報告に関連して、韓国の族譜も中国から朝鮮半島への移民に関する資料として利用できるのではないかと述べた。族譜の記載が歴史的事実かどうかは問題があるが、祖先を「中国人」であるとする意識がなぜ生成されたかを考えることも重要であると指摘した。黄暁芬氏（日本・東亜大学・中国考古学）は楽浪墳墓（平壌）と黄海沿岸部に位置する山東・江蘇北部で発見された漢墓の内部構造や出土品（鏡・漆器・印等）の共通性を指摘し、技術や文化が黄海沿岸部から朝鮮半島さらには日本列島へとつながる系譜復元の重要性を述べた。呂静氏（中国・復旦大学文物与博物館学系・先秦史）は東アジア海地域に共通して見られる漢字の歴史やその伝播の歴史（木簡等）にかかわる研究の重要性を述べた。韓昇氏（中国・復旦大学歴史系・隋唐史）は「黄河の文明」と「東アジア海文明」の結びつきについて人や技術・文化の移動などからも研究をすすめるべきであるとした。また、北方において生態環境が変化したため生業が変わったのか、それとも遊牧民の南下などの政治環境の変化によって生産環境が変わったのかなど、生態環境と政治環境とをどう関係づけるのかも今後の課題であるとした。洪性鳩氏（韓国・慶北大学校師範大学・明清史）は明代に寧波から大運河を経て北京へと至った朝鮮の崔溥『漂海録』と日本の策彦周良『入明記』には、当時の黄河下流域での洪水や干ばつ等によって山東の人々の気質は粗く、治安も不安定であったとの記載があると指摘し、これにとどまらず、山東半島の文化に対するイメージの形成は黄河下流域の生態環境とも一定の関連があるとした。このようなコメントを踏まえ、今後さらに、黄河下流域から東アジア全体の歴史と環境の問題にとりくんでゆきたいと考えている。

今回のシンポジウムを受けて、今後、私たちはどのような方向へと研究の進路をとるべきなのだろうか。これまでの日本と中国・韓国の関係史は各国史の存在を前提としてすすめられた。つまり、日本史・中国史・韓国史というものがあり、その上で日中関係史や日韓関係史というものが論じられた。このような国民国家という幻想を前提とした各国史・関係史をどう乗り越えられるか。「東アジア海」という全く新しい海域名称を設定した目的はここにある。環境をキーワードに「東アジア海文明」史をどう構築することができるのか。このような課題に対し、じっくりと時間をかけて、詳細な研究を進めてゆきたいと考えている。

二〇〇六年四月八日。この日、記録的な量の黄砂が日本にまで飛来した。この細かい粒子はきっと黄土高原の人々の足元から黄河下流域・朝鮮半島のひとびとの生活を空から見下ろし、いま私たち日本人の前に落下したはずである。黄砂の来た道には国境はない。かつて人間や文化の来た道にも国境はなかった。歴史のなかに東アジアの明日のすがたを見いだすことは可能でないかと信じている。

本書の刊行にあたって御尽力いただいた東方書店コンテンツ事業部の方々に心から御礼を申し上げたい。
なお、本書は平成一八年度学習院大学研究成果刊行助成の助成金を受けて刊行されたものである。

執筆者一覧（五十音順）

市来弘志（いちき ひろし）	学習院大学非常勤講師
大川裕子（おおかわ ゆうこ）	日本学術振興会特別研究員
王　建華（おう けんか）	吉林大学辺疆考古研究中心博士後研究員
王　子今（おう しきん）	北京師範大学歴史系教授
葛　剣雄（かつ けんゆう）	復旦大学歴史地理研究中心教授
菅野恵美（かんの えみ）	文教大学非常勤講師
久慈大介（くじ だいすけ）	中国社会科学院考古研究所研究生院
下田　誠（しもだ まこと）	学習院大学文学部特別研究員
鶴間和幸（つるま かずゆき）	学習院大学文学部教授
中村威也（なかむら たけや）	学習院大学非常勤講師
長谷川順二（はせがわ じゅんじ）	学習院大学大学院
濱川　栄（はまかわ さかえ）	共立女子大学非常勤講師
益満義裕（ますみつ よしひろ）	南京暁庄学院外国人専家
水野　卓（みずの たく）	慶應義塾大学大学院
村松弘一（むらまつ こういち）	学習院大学東洋文化研究所助手
森部　豊（もりべ ゆたか）	関西大学文学部助教授
欒　豊実（らん ほうじつ）	山東大学歴史文化学院教授

翻訳者一覧（五十音順）

青木俊介（あおき しゅんすけ）	学習院大学大学院
柏倉伸哉（かしわくら しんや）	学習院大学大学院
福島　恵（ふくしま めぐみ）	学習院大学大学院
放生育王（ほうじょう いくおう）	学習院大学大学院

編著者略歴

鶴間和幸（つるま かずゆき）

1950年生まれ。東京大学大学院人文科学研究科博士課程単位取得。文学博士。現在、学習院大学文学部教授。『中国古代文明』(山川出版社)『中国の歴史03　ファーストエンペラーの遺産　秦漢帝国』（講談社）『始皇帝陵と兵馬俑』（講談社学術文庫）ほか論著多数。

黄河《こうが》下流域《かりゅういき》の歴史《れきし》と環境《かんきょう》
――東《ひがし》アジア海文明《かいぶんめい》への道《みち》

学習院大学《がくしゅういんだいがく》東洋文化《とうようぶんか》研究叢書《けんきゅうそうしょ》

二〇〇七年二月二八日　初版第一刷発行

編著者●鶴間和幸

発行者●山田真史
発行所●株式会社東方書店
東京都千代田区神田神保町一―三 〒一〇一―〇〇五一
電話〇三―三二九四―一〇〇一
営業電話〇三―三九三七―〇三〇〇
振替〇〇一四〇―四―一〇〇一
装　幀●戸田ツトム
印刷・製本●株式会社シナノ

定価はカバーに表示してあります

ISBN978-4-497-20702-9　C3022